DROIT À L'IMAGE

et droit de faire des images

Joëlle Verbrugge

• édition : novembre 2013 •

DOCUMENTS À TÉLÉCHARGER

Pour télécharger les modèles présentés dans cet ouvrage :
www.competencephoto.com/droit

ESPACE QUESTIONS/RÉPONSES

Pour poser vos questions de droit à Joëlle Verbrugge :
www.competencephoto.com/droit

Éditions KnowWare
70, rue Georges Villette
77250 Ecuelles
www.knowwareeditions.com

Photo de couverture : © Getty images / Brad Wilson
Autres photos : Joëlle Verbrugge

AVANT-PROPOS

J'anime depuis 2009 le blog *Droit & Photographie* qui traite tous les aspects juridiques liés à la photographie. Une des questions qui revient le plus fréquemment est la question du droit à l'image. Peut-être est-ce le nombre d'affaires qui défraient la chronique ? La complexité de la question ? Les abus constatés ou le nombre de plaintes ? Une législation et une réglementation difficiles à comprendre et à interpréter ? Ou tout simplement que tout ce qui est lié au droit fait peur et peut coûter cher ? Force est de constater que le droit à l'image est une préoccupation constante des photographes.

Les questions autour du droit à l'image sont multiples et délicates. Il n'est pas toujours possible de tirer un trait rouge et de conclure que tout ce qui est à gauche du trait est autorisé et tout ce qui est à droite ne l'est pas. Cet ouvrage a pour but de vous aider à trancher les questions que vous vous posez - Suis-je autorisé à agir ainsi ? Ou au contraire ne suis-je pas en droit de faire cela ? - quand c'est possible avec une réponse concrète ou, à défaut, en vous fournissant des informations et une méthodologie permettant de limiter les risques.

Bonne lecture.

Joëlle Verbrugge

SOMMAIRE

CHAPITRE 2
L'AUTORISATION TACITE

CHAPITRE 3
DROIT À L'IMAGE SUR LES BIENS

CHAPITRE 4
LES IMAGES INTERDITES OU RÉGLEMENTÉES

CHAPITRE 5
L'INDEMNISATION

CHAPITRE 6
LES AUTORISATIONS D'UTILISATION DE L'IMAGE

CHAPITRE 7
PETIT ESSAI DE MÉTHODOLOGIE ET CAS PRATIQUES

CHAPITRE 8
DROIT À L'IMAGE ET PROCÉDURE

CHAPITRE 9
LE DROIT À L'IMAGE À L'ÉTRANGER
DROIT À L'IMAGE ET LOI NATIONALE

INTRODUCTION
NOTIONS FONDAMENTALES

DROIT D'AUTEUR ET DROIT À L'IMAGE

Pour commencer cet ouvrage, il faut distinguer deux notions :

- le droit du créateur de la photographie, qui découle du Code de la Propriété intellectuelle. Il s'agit du « droit d'auteur », qui lui permet notamment de s'opposer à des utilisations non-autorisées. On parle parfois de droit *sur* l'image, mais cette appellation est susceptible d'entrainer une confusion, car certains l'utilisent également pour parler du droit de la personne représentée. Pour éviter toute confusion, je me contenterai donc de parler de « droit d'auteur ».

- le droit *à* l'image, qui est celui de la personne qui y est représentée de s'opposer éventuellement à la diffusion de son image. Le raisonnement est identique pour une photographie représentant un bien (mobilier, immobilier, animal) : le droit *à* l'image est alors celui du propriétaire de ce bien de s'opposer éventuellement à la diffusion de l'image représentant celui-ci.

Les notions de droit à l'image et de droit d'auteur interagissent en permanence. Tout d'abord, parce qu'elles ne sont pas toujours bien comprises, bon nombre de photographes ou de sujets photographiés confondant ces deux champs de règles juridiques et utilisant indifféremment l'un et l'autre.

Ensuite, parce que certains litiges font intervenir les deux types de règles. Prenons l'exemple d'un photographe qui souhaite diffuser une photographie sur laquelle apparaît un immeuble. À première vue, son interrogation devra être abordée sous l'angle du droit à l'image: le propriétaire de l'immeuble dispose-t-il du droit de s'opposer à la diffusion de l'image de son bien ? Les choses se compliqueront si l'immeuble fait lui-même l'objet d'un droit de propriété intellectuelle, par exemple parce qu'il s'agit d'une maison d'architecte. Il n'est pas toujours facile de tracer la limite entre ces deux matières, et cet ouvrage, consacré au droit à l'image, abordera à certains moments la matière du droit d'auteur dans la stricte mesure nécessaire à une bonne compréhension. C'est inévitable si l'on veut appréhender la matière de façon précise.

Mais ces deux catégories de droits obéissent malgré tout à des règles très différentes. Le droit d'auteur, est régi essentiellement par le Code de la Propriété intellectuelle et divers traités internationaux. S'il fallait résumer la philosophie de ce système, on

pourrait avancer qu'en matière de reproduction de l'œuvre d'autrui, tout ce qui n'est pas formellement autorisé par l'auteur est interdit.
De son côté, le droit à l'image est régi par le Code civil ou certaines dispositions spécifiques que nous examinerons dans la suite de l'ouvrage. Et de façon générale, tout ce qui n'est pas expressément interdit est au contraire autorisé. La difficulté étant, par contre, que ces « interdictions » vont le plus souvent résulter d'une source de droit incertaine et fluctuante : la jurisprudence, interprétant éventuellement l'une ou l'autre règle légale spécifique.

Enfin, à ces deux grands volets s'ajoutent parfois certaines normes administratives, lorsque le droit de diffuser des images est limité par l'autorité publique. Nous examinerons ainsi les restrictions dans certains lieux publics tels que musées, gares, métros. Nous verrons que le « droit de faire des images » est donc potentiellement limité de différentes manières, mais que toutes ne sont pas nécessairement fondées ou légalement justifiables.
Tout ce qui sera dit dans cet ouvrage est bien entendu valable pour les captations d'images en vidéo, voire d'autres arts (dessin, peinture, etc.), les règles étant identiques quels que soient le support ou la technique. La jurisprudence choisie concernera d'ailleurs parfois des séquences filmées. Et si, au fil de mon ouvrage et du fait du lectorat auquel je m'adresse le plus souvent, je parle en général des photographes ou des vidéastes, vous pouvez sans difficulté remplacer cela par tout autre artiste qui pourrait être amené à utiliser l'image de personnes ou de biens.

QU'EST-CE QUE LA « JURISPRUDENCE » ?

Dans cet ouvrage, et après avoir rappelé les quelques brèves dispositions légales qui peuvent être invoquées en matière de droit à l'image, j'évoquerai tout au long du parcours des affaires ayant donné lieu à des procédures, soldées par des jugements ou arrêts. C'est ce que l'on appelle la « jurisprudence ». Et c'est elle, précisément, qui tricote et détricote en permanence cette matière difficile que l'on englobe sous le terme de « droit à l'image ».

Il m'a donc paru utile de rappeler ce qu'est précisément la « jurisprudence », comment s'articulent les décisions des différentes juridictions, et quelle importance elles peuvent avoir sur l'évolution du droit.

Notion

Parmi les sources de droit, on distingue généralement trois grandes catégories :

• la Loi, au sens large, terme qui désigne alors toutes les normes étatiques (Constitution, lois, décrets, arrêtés, etc.) ou même supra-étatiques (conventions internationales, traités communautaires, etc.)

• la Jurisprudence, constituée par toutes les décisions des instances chargées de juger : il peut s'agir de juridictions administratives ou judiciaires, voire supranationales.

• et enfin la Doctrine, constituée par les écrits des théoriciens du droit (professeurs d'université, praticiens, chercheurs, etc.).

En droit français, les juridictions ont pour mission d'appliquer le droit, de l'interpréter ou d'en préciser les contours lorsque la loi ne peut s'adapter à toutes les situations.

Fluctuations jurisprudentielles

Contrairement aux systèmes de Common Law (aux USA ou en Grande-Bretagne notamment), une décision ne lie pas obligatoirement les autres juridictions qui auront à statuer sur le même type de litige. Des décisions très différentes peuvent ainsi être rendues selon la localisation géographique des juridictions. Une évolution peut aussi se faire sentir au sein de la même cour ou du même tribunal. Certes l'avocat produit bien sûr la jurisprudence en illustration de son argumentation, mais celle-ci n'est qu'un moyen parmi d'autres d'entrainer la conviction du magistrat saisi du nouveau litige.

Cette situation a deux conséquences :

• d'une part, elle crée une certaine insécurité juridique puisque des juridictions peuvent appréhender le même type de litige de façon totalement différente, comme nous le verrons à plusieurs reprises,

• d'autre part - mais c'est ici un point positif - elle permet également une évolution pour s'adapter à celle des techniques et/ou des mentalités.

La structure du système juridictionnel est schématiquement la suivante :

<table>
<tr><th></th><th>Ordre Judiciaire
La majorité des affaires en matière de droit à l'image sera de la compétence des juridictions de l'Ordre Judiciaire.</th><th>Ordre Administratif
Relativement au droit à l'image, les juridictions administratives ne seront compétentes que lorsqu'un litige met en jeu une administration. En pratique, essentiellement la question des photos dans les musées.</th></tr>
<tr><td rowspan="2">1er degré de juridiction</td><td>• Juridictions de Proximité (« JP ») (qui, récemment créées, disparaitront en principe - et sauf nouveau report - au premier janvier 2015) : demandes inférieures ou égales à 4.000 €
• Tribunaux d'Instance (« TI ») : demandes de 4.001 à 10.000 €
• Tribunaux de Grande instance (« TGI »): à partir de 10.001 €</td><td>tribunaux administratifs</td></tr>
<tr><td colspan="2">☛ Tous les tribunaux rendent des « jugements »</td></tr>
<tr><td rowspan="2">2ème degré de juridiction - appel</td><td>Cours d'Appel
(pour tous les litiges au-dessus de 4.000 € - sous ce taux, les juridictions de première instance statuent en premier et dernier ressort.)</td><td>Cours Administratives d'Appel</td></tr>
<tr><td colspan="2">☛ Toutes les Cours rendent des « arrêts »</td></tr>
<tr><td rowspan="3">Contrôle du respect des formes, de la procédure ou de la conformité à la loi des jugements ou arrêts</td><td>Cour de Cassation</td><td>Conseil d'État</td></tr>
<tr><td colspan="2">☛ La Cour de Cassation et le Conseil d'État rendent également des « arrêts »</td></tr>
<tr><td colspan="2">Il ne s'agit pas de 3èmes degrés de juridictions. Ces Cours sanctionnent les éventuels vices de procédure, ou la mauvaise application des lois par les juridictions du fond. Si elles cassent un arrêt (ou un jugement), l'affaire est alors renvoyée devant une juridiction du même degré que celle qui a rendu le jugement ou l'arrêt réformé. Ce peut être, géographiquement, la même juridiction, mais autrement composée (les magistrats sont alors remplacés par d'autres pour le réexamen).
Dans la plupart des cas, la juridiction de renvoi se plie alors à l'analyse de la Cour de Cassation ou du Conseil d'État, mais certains revirements mémorables sont issus d'une résistance des juridictions de fond, qui ont fini par faire plier la Cour suprême. Lorsque la Cour de renvoi suit l'opinion de la Cour de Cassation (ou du Conseil d'État), l'arrêt n'est généralement pas publié. Par contre, lorsque les juridictions de fond refusent de suivre la Cour de Cassation, l'arrêt de la seconde Cour est alors publié et si l'opération se répète sur la même question de droits dans différentes affaires, on peut s'attendre à un arrêt de la Cour de Cassation en assemblée plénière pour trancher la question de droit de façon plus complète.
En effet, lorsque le litige est important et que la juridiction suprême est consciente de devoir prendre une position déterminante dans l'évolution d'une matière, l'arrêt est rendu en séance plénière, c'est-à-dire une formation composée de son Premier président, et du Président de chacune des chambres (ainsi que d'un conseiller pour chacune d'elles). L'assemblée plénière va notamment siéger lorsque les juridictions inférieures font de la résistance, et qu'après un premier renvoi, un nouveau pourvoi est à nouveau formé sur les mêmes moyens juridiques.</td></tr>
</table>

Dans certains cas, il se peut également que le plaignant saisisse la juridiction dans l'urgence. On parle alors de procédure de « référé ». Cette procédure d'urgence existe tant devant les tribunaux judiciaires que devant les tribunaux administratifs. Cela sera le cas, par exemple, lorsqu'une personne concernée par la publication d'un livre souhaite demander l'interdiction de sa diffusion avant qu'il soit mis en vente. Le Juge saisi (le Président de la juridiction concernée) statue alors sur une demande qui ne peut pas toucher au fond du litige, et qui a pour seul but d'obtenir une décision provisoire. En matière de droit à l'image, il peut s'agir par exemple d'une demande d'interdiction de diffusion d'une publication, dans l'attente d'un jugement au fond qui statuera réellement sur le préjudice complet du plaignant. Ce juge rend une « ordonnance de référé », laquelle est également susceptible d'appel (voire de pourvoi en cassation ou devant le Conseil d'État, mais c'est plus rare).

Lorsque les juridictions sont saisies sur le fond du litige (donc hors les procédures de référé), un arrêt de Cour d'Appel entraine souvent dans son sillage différentes juridictions de première instance, mais ce n'est pas une règle absolue.

De la même manière, un arrêt de la Cour de Cassation agit généralement comme un élément fédérateur entrainant à son tour une certaine uniformisation des décisions, sous réserve des cas rares qui ont été évoqués ci-avant. Ou avant que la loi ne soit éventuellement modifiée. Rien n'est donc figé et le droit est loin d'être une science exacte.

En matière de droit à l'image, l'essentiel des règles découle donc de la jurisprudence, ce qui explique leur fluctuation constante, et l'impossibilité d'énoncer des vérités intangibles. Mais ceci ne nous dispense pas d'essayer d'y voir plus clair.

Nous verrons au fil de cet ouvrage que d'importants arrêts ont été rendus, notamment en 2008 en matière de droit à l'image des individus dans le cadre du conflit avec la liberté d'expression artistique, et en 2004 en matière de droit à l'image des biens.
Pour cette raison, et au vu de l'évolution constante de la matière, il est bien sûr important, lorsque devez argumenter face à un adversaire ou une juridiction, de n'utiliser que des décisions récentes, en tout état de cause postérieures aux arrêts de principe dans la matière concernée et qui pour l'instant n'ont pas fait l'objet d'un revirement important. Certes le juge saisi conserve son pouvoir d'appréciation, et un nouveau revirement n'est jamais exclu, mais produire des décisions contraires à ce qui est appliqué de façon plus ou moins uniforme depuis quelques années ne servira en tout état de cause à rien du tout, si ce n'est à donner à vos adversaires l'occasion d'en tirer argument justement pour démontrer que votre argumentation n'est plus valable.

Une règle d'or

Avant de rentrer dans le détail de cette jungle de décisions parfois très contradictoires, il me semble utile de rappeler un principe fondamental et ce que je crois être vraiment LA règle à ne pas perdre de vue : ne vous interdisez jamais de prendre une photo pour cause de droit à l'image. Sauf circonstances vraiment exceptionnelles ou bien entendu sauf cas de conscience, prenez la photo !

S'il faut pour le photographe se réciter un cours complet sur le droit à l'image avant de déclencher, il sera forcément trop tard : la lumière aura changé, le sujet aura bougé, ou sera parti. La photo n'existera plus, et l'occasion ne se reproduira sans doute jamais !

Et surtout, ce qui peut éventuellement poser problème, c'est la *diffusion* de l'image. Mais à titre personnel, le photographe peut sans aucun doute profiter de sa photographie dans une sphère privée. Sans compter que ce qui est problématique à une époque donnée peut fort bien ne plus l'être quelques années plus tard, parce que la jurisprudence a changé. Ou tout simplement parce que vous serez parvenu à obtenir le consentement de la personne représentée.

Ne vous privez donc pas de photographier, et gardez les questions juridiques pour l'étape suivante.

Structure de l'ouvrage

Après quelques rappels théoriques qui vous permettront de bien appréhender le cadre légal dans lequel nous évoluons, j'entrerai dans le vif du sujet à l'aide d'exemples pratiques et de cas concrets.

J'examinerai des jugements ou arrêts dont je résumerai les faits avant de synthétiser ce qu'il faut en retenir. Les cas concrets permettent bien souvent de mieux appréhender la portée des règles juridiques, et les particularités d'un litige opposant un photographe à un plaignant permettent de raccrocher ces règles souvent arides des situations de fait que vous rencontrez au quotidien.

LES DISPOSITIONS LÉGALES ET LES PRINCIPES EN CONFLIT

LES RÈGLES LÉGALES

En cas de conflit quant à la diffusion d'une image, le tribunal saisi aura à trancher entre deux grands types de dispositions : celles qui autorisent la diffusion d'une image, et celles qui au contraire pourraient y faire obstacle. Certaines de ces dispositions, de part et d'autre, sont en outre des principes constitutionnels. Et le délicat travail du juge sera alors de déterminer lequel des principes doit l'emporter sur l'autre, pour quelles raisons et éventuellement dans quelles limites.

Lorsque l'on ajoute à la complexité liée aux imprécisions légales et à ces conflits de normes le fait que cette appréciation est en outre largement teintée de subjectif dans l'esprit du magistrat, on perçoit mieux pourquoi la matière est en perpétuelle évolution et pourquoi, surtout, il est difficile d'en dresser une cartographie complète et fiable.
La bonne compréhension de cette matière impose toutefois de passer par une énumération plus théorique des normes, après quoi nous pourrons nous lancer dans l'examen des situations pratiques plus concrètes et - vraisemblablement - plus agréables à lire.

Pour tenter de clarifier le paysage, j'ai par contre établi dès à présent le schéma ci-contre qui récapitule l'agencement des différentes normes dont il sera question.

LE CADRE LÉGAL GÉNÉRAL DU DROIT À L'IMAGE

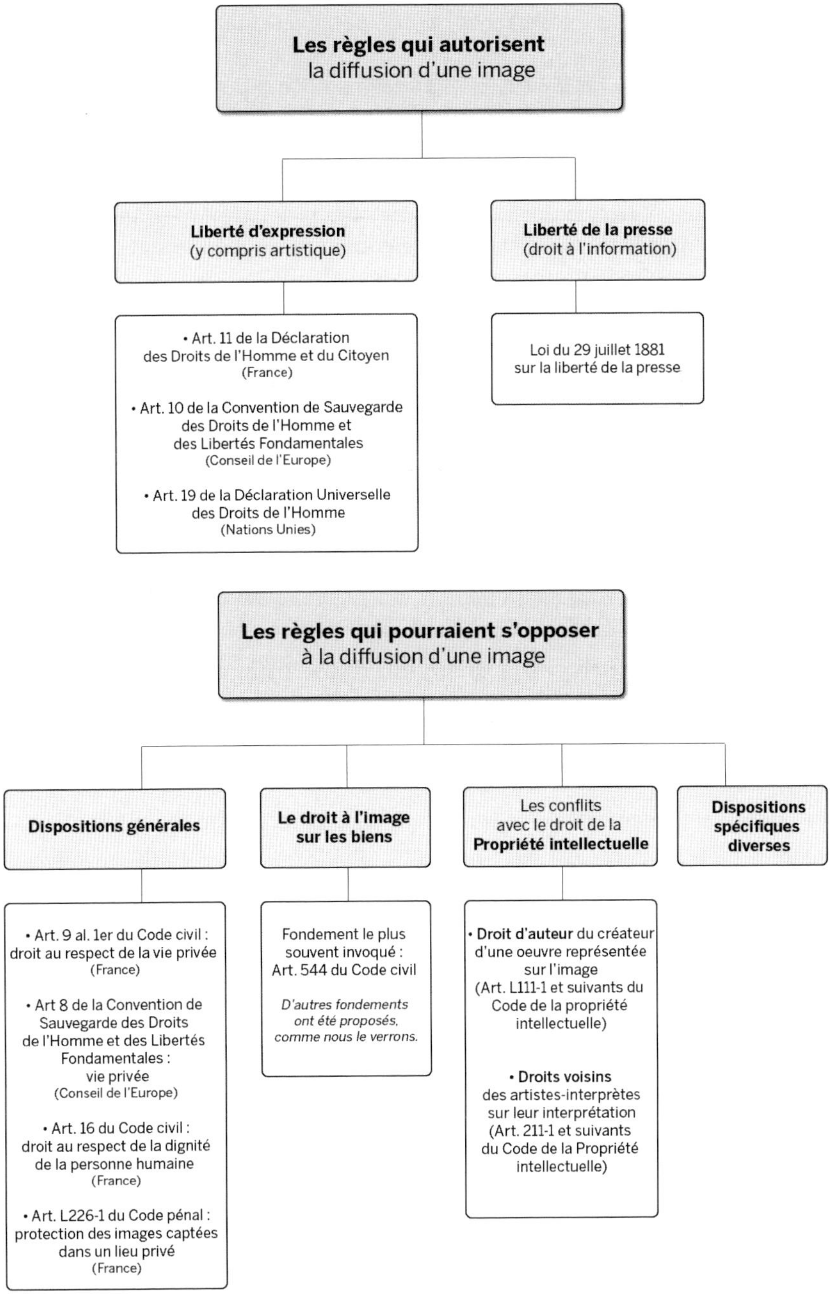

Le cadre visant les « dispositions spécifiques diverses » sera détaillé vers la fin de l'ouvrage, afin de ne pas compliquer l'exposé à ce stade. Il s'agit dans l'immédiat de bien comprendre le cadre général des normes potentiellement en conflit.

Un examen rapide de ce tableau de synthèse amène à penser qu'il existe plus de règles restrictives que de libertés. Toutefois, ne perdons pas de vue que les libertés présentées à gauche du tableau comptent parmi les principes fondamentaux. Ainsi, l'article 11 de la Déclaration des Droits de l'Homme et du Citoyen rappelle lui-même que la libre communication des pensées est *« l'un des droits les plus précieux de l'Homme »*, de telle sorte que seule la loi peu réprimer les abus de son exercice.

Lorsqu'un conflit lui est soumis, toute la tâche du juge sera donc de mettre en balance ces principes, en déterminant lequel doit l'emporter, tout en motivant sa décision pour ne pas subir les foudres de la Cour de Cassation ou du Conseil d'État.

LES DISPOSITIONS LÉGALES FONDAMENTALES

Voyons à présent de plus près les dispositions légales qui constituent la colonne vertébrale de la matière. Je commencerai, comme dans le schéma proposé, par celles qui autorisent la diffusion d'une image, avant d'aborder les règles qui pourraient au contraire la restreindre ou l'interdire.

Les règles qui autorisent la diffusion d'une image

Les principes à cet égard garantissent d'une part la liberté d'expression (y compris l'expression artistique), et d'autre part le droit à l'information.

Ces principes, fondamentaux, se retrouvent dans différents textes qui sont souvent confondus les uns avec les autres, du fait notamment de leurs appellations très semblables :

- Déclaration des Droits de l'Homme et du Citoyen, création française datant de 1789 et constituant toujours l'un des actes juridiques fondamentaux du système français (*www.assemblee-nationale.fr/histoire/dudh/1789.asp*)

- Convention Européenne des Droits de l'Homme (dite également *Convention de Sauvegarde des Droits de l'Homme et des Libertés Fondamentales*) prise au sein du Conseil de l'Europe (47 membres à l'heure actuelle) - voir infra pour quelques détails.

• La Déclaration Universelle des Droits de l'Homme, qui constitue la charte fondamentale des Nations Unies (*www.un.org/fr/*) qui comptent actuellement 193 États membres à l'échelle de la planète.

Lorsqu'il s'agira de ces dispositions, je préciserai donc, dans l'énumération ci-après, leur cadre d'origine afin de bien les situer. Pour toutes les autres (Code civil, Code pénal, lois diverses) il est évident qu'il s'agit bien de dispositions strictement issues du système français.

Le principe de la liberté d'expression (y compris artistique)

Il faut à ce sujet citer essentiellement la Convention de Sauvegarde des Droits de l'Homme et des Libertés Fondamentales (Conseil de l'Europe), et la Déclaration des Droits de l'Homme et du Citoyen (France). Pour être complète, j'ajouterai le texte de la Déclaration Universelle des Droits de l'Homme, bien que celui-ci ne serve pas de base aux actions que nous examinerons.

« La libre communication des pensées et des opinions est un des droits les plus précieux de l'Homme : tout Citoyen peut donc parler, écrire, imprimer librement, sauf à répondre de l'abus de cette liberté dans les cas déterminés par la Loi. »
(Art. 11 de la Déclaration des Droits de l'Homme et du Citoyen - France)

Article 10 de la Convention Européenne des Droits de l'Homme

« 1. Toute personne a droit à la liberté d'expression. Ce droit comprend la liberté d'opinion et la liberté de recevoir ou de communiquer des informations ou des idées sans qu'il puisse y avoir ingérence d'autorités publiques et sans considération de frontière. Le présent article n'empêche pas les États de soumettre les entreprises de radiodiffusion, de cinéma ou de télévision à un régime d'autorisations.

2. L'exercice de ces libertés comportant des devoirs et des responsabilités peut être soumis à certaines formalités, conditions, restrictions ou sanctions prévues par la loi, qui constituent des mesures nécessaires, dans une société démocratique, à la sécurité nationale, à l'intégrité territoriale ou à la sûreté publique, à la défense de l'ordre et à la prévention du crime, à la protection de la santé ou de la morale, à la protection de la réputation ou des droits d'autrui, pour empêcher la divulgation d'informations

> *confidentielles ou pour garantir l'autorité et l'impartialité du pouvoir judiciaire. »*
> (Convention Européenne des Droits de l'Homme,
> Art. 10 - Conseil de l'Europe)
>
> **Article 19 de la Déclaration Universelle des Droits de l'Homme**
> *« Tout individu a droit à la liberté d'opinion et d'expression, ce qui implique le droit de ne pas être inquiété pour ses opinions et celui de chercher, de recevoir et de répandre, sans considérations de frontières, les informations et les idées par quelque moyen d'expression que ce soit. »*
> (Déclaration Universelle des Droits de l'Homme, Nations Unies)

La structure de deux premières dispositions est identique : le principe est affirmé, mais l'État, par voie légale, peut en fixer les limites ou restreindre cette liberté lorsque des impératifs le commandent. Parmi ceux-ci, la protection des droits d'autrui.
L'article issu de la Déclaration Universelle des Droits de l'Homme reste plus général, mais se devait d'être cité.

Le principe du droit à l'information
Ce principe découle essentiellement de la loi du 29 juillet 1881 sur la liberté de la presse modifiée à diverses reprises, et notamment l'article 5 :

> *« Tout journal ou écrit périodique peut être publié sans déclaration ni autorisation préalable, ni dépôt de cautionnement. »*
> (Art. 5 de la loi sur la presse du 29/7/1881)

Les règles qui pourraient s'opposer à la diffusion d'une image

De part adverse, voyons à présent quelles sont les dispositions légales qui pourraient restreindre - voire interdire - la diffusion d'images. Ces dispositions peuvent être de plusieurs ordres :

- La principale touche au principe du respect de la dignité humaine
  certaines sont à ranger dans les droits personnels de l'individu tels que découlant du Code civil ou des Droits de l'Homme.

• D'autres visent des situations plus spécifiques : présomption d'innocence, protection des mineurs, etc.

• D'autres, concernant les biens, sont généralement reliées au droit de propriété, bien que différents fondements puissent être invoqués.

• Enfin, une dernière catégorie résulte des droits de propriété intellectuelle d'autrui (droit d'auteur ou droits voisins).

Le respect de la dignité de la personne humaine

Citons tout d'abord l'article 16 du Code civil, qui garantit le droit pour chacun au respect de sa dignité en tant qu'être humain. Si cette disposition est moins fréquemment utilisée en matière de droit à l'image, elle reste néanmoins un fondement important notamment dans des affaire touchant à la presse à sensation, comme nous le verrons dans la suite de cet ouvrage.

> *« La loi assure la primauté de la personne, interdit toute atteinte à la dignité de celle-ci et garantit le respect de l'être humain dès le commencement de sa vie. »*
> (Art. 16 du Code civil)

Le droit au respect de la vie privée

La seconde disposition à citer est sans aucun doute le laconique article 9 alinéa 1er du Code civil.

> *« Chacun a droit au respect de sa vie privée. »*
> (Art. 9 alinéa 1er Code civil)

Cet article, si fréquemment invoqué, est pourtant formulé de façon très générale, ce qui laisse une part d'appréciation immense au magistrat saisi du conflit. Cette petite phrase, qui n'est que le premier alinéa, est complétée par la précision suivante :

> *« Les juges peuvent, sans préjudice de la réparation du dommage subi, prescrire toutes mesures, telles que séquestre, saisie et autres, propres à empêcher ou faire cesser une atteinte à l'intimité de la vie privée : ces mesures peuvent, s'il y a urgence, être ordonnées en référé. »*
> (Art. 9 alinéa 2 du Code civil)

Ce second alinéa n'est dès lors d'aucune aide pour fixer les limites de ce « droit au respect de la vie privée », que la jurisprudence a rapidement utilisé comme fondement du droit à l'image. Lorsque, dans la suite de cet ouvrage, je ferai référence à l'article 9, il s'agira donc bien de son premier alinéa.

À ses côtés, et formulant la même idée, on retrouve la Convention de Sauvegarde des Droits de l'Homme et des Libertés Fondamentales, cette fois dans son article 8.

> *«T oute personne a droit au respect de sa vie privée et familiale, de son domicile et de sa correspondance. »*
> (Art. 8 Convention Européenne des Droits de l'Homme et des Libertés Fondamentales - Conseil de l'Europe)

Les règles générales issues du Code pénal

Le législateur a également promulgué diverses dispositions visant des situations ou catégories de personnes spécifiques.

La plus importante est la protection des personnes contre la diffusion d'images prises dans un lieu privé. C'est, à cet égard, le Code pénal qui règle la question dans son article L226-1.

> *« Est puni d'un an d'emprisonnement et de 45.000 Euros d'amende le fait, au moyen d'un procédé quelconque, volontairement de porter atteinte à l'intimité de la vie privée d'autrui :*
> *1° En captant, enregistrant ou transmettant, sans le consentement de leur auteur, des paroles prononcées à titre privé ou confidentiel ;*

> *2° En fixant, enregistrant ou transmettant, sans le consentement de celle-ci, l'image d'une personne se trouvant dans un lieu privé.*
> *Lorsque les actes mentionnés au présent article ont été accomplis au vu et au su des intéressés sans qu'ils s'y soient opposés, alors qu'ils étaient en mesure de le faire, le consentement de ceux-ci est présumé. »*
> (Art. L226-1 du Code pénal)

Citons également - toujours pour rester dans les dispositions générales - l'interdiction de diffuser des images de mineurs à caractère pornographique, contenue elle aussi dans le Code Pénal.

> *« Le fait, en vue de sa diffusion, de fixer, d'enregistrer ou de transmettre l'image ou la représentation d'un mineur lorsque cette image ou cette représentation présente un caractère pornographique est puni de cinq ans d'emprisonnement et de 75 000 Euros d'amende.*
> *Le fait d'offrir, de rendre disponible ou de diffuser une telle image ou représentation, par quelque moyen que ce soit, de l'importer ou de l'exporter, de la faire importer ou de la faire exporter, est puni des mêmes peines./…/ »*
> (Art. L227-23 du Code pénal)

Le fondement du droit à l'image des biens

Vient ensuite l'éventuel droit à l'image sur les biens. Le fondement souvent invoqué est l'article 544 du Code civil.

> *« La propriété est le droit de jouir et disposer des choses de la manière la plus absolue, pourvu qu'on n'en fasse pas un usage prohibé par les lois ou par les règlements. »*
> (Art. 544 du Code civil)

Ce texte sert de base à toute la théorie de la propriété en matière civile, et constitue également le fondement de la théorie des troubles de voisinage. La mention de ces « troubles de voisinage » n'est pas faite au hasard, puisque nous verrons en abordant la question du droit à l'image sur les biens que la jurisprudence, telle qu'elle est actuellement fixée, exige la démonstration par le propriétaire qui se plaint de la diffusion de l'image de son bien, d'un « trouble anormal ». Ce critère de « trouble anormal » est comparable à celui qui est exigé pour retenir un trouble de voisinage. Mais pour autant, ce fondement ne convient pas toujours. Nous verrons en étudiant cette matière que différentes autres notions peuvent être avancées comme sources de droit pour l'appréciation des torts éventuels en cas de diffusion de l'image du bien d'autrui.

Les limitations découlant des droits de propriété intellectuelle d'autrui
Enfin, la possibilité de diffuser une image peut être limitée du fait de l'existence de droits de propriété intellectuelle de tiers.

Le droit d'auteur
Il s'agira le plus souvent du droit d'auteur, par exemple celui de l'auteur d'une œuvre elle-même représentée sur l'image que l'on veut diffuser. Dans ce cas, la source de ce conflit de normes sera tout simplement les articles L111-1 et suivants du Code de la Propriété intellectuelle, qui énumèrent les droits des auteurs (droits moraux et patrimoniaux), et restreignent la possibilité pour autrui de reproduire leur œuvre autorisation).

Citons notamment les dispositions suivantes :

« L'auteur d'une oeuvre de l'esprit jouit sur cette oeuvre, du seul fait de sa création, d'un droit de propriété incorporelle exclusif et opposable à tous. Ce droit comporte des attributs d'ordre intellectuel et moral ainsi que des attributs d'ordre patrimonial, qui sont déterminés par les livres Ier et III du présent code. »
(Art. L111-1 alinéas 1 et 2 du Code de la Propriété intellectuelle)

« Le droit d'exploitation appartenant à l'auteur comprend le droit de représentation et le droit de reproduction. » (Art. L122-1 du CPI)

« Toute représentation ou reproduction intégrale ou partielle faite sans le consentement de l'auteur ou de ses ayants droit ou ayants cause est illicite. Il en est de même pour la traduction, l'adaptation ou la transformation, l'arrangement ou la reproduction par un art ou un procédé quelconque. »
(Art. L122-4 du CPI)

> *« Toute édition d'écrits, de composition musicale, de dessin, de peinture ou de toute autre production, imprimée ou gravée en entier ou en partie, au mépris des lois et règlements relatifs à la propriété des auteurs, est une contrefaçon et toute contrefaçon est un délit.*
> *La contrefaçon en France d'ouvrages publiés en France ou à l'étranger est punie de trois ans d'emprisonnement et de 300 000 euros d'amende.*
> *Seront punis des mêmes peines le débit, l'exportation et l'importation des ouvrages contrefaisants. Lorsque les délits prévus par le présent article ont été commis en bande organisée, les peines sont portées à cinq ans d'emprisonnement et à 500 000 euros d'amende. »*
> (Art. L335-2 du CPI)

Il faudra donc - et je m'y attarderai longuement - concilier droit d'auteur d'autrui et droit d'auteur du photographe souhaitant diffuser son image.

Les droits voisins

Une autre situation de conflit avec la propriété intellectuelle existe, mettant en jeu cette fois les « droits voisins », reconnus par le même Code de la Propriété Intellectuelle aux artistes interprètes et portant sur l'image de leur représentation. J'examinerai cette matière en détail au moment d'évoquer le droit à l'image des artistes de spectacle. La source de ces droits est à charger dans les articles L211-1 et suivants du Code de la Propriété intellectuelle, sous le titre *Les droits voisins du droit d'auteur.*

Les marques, dessins et modèles

Nous verrons au moment d'étudier le droit à l'image des biens que le droit des marques et des dessins et modèles peut également intervenir, mais dans une mesure nettement moins importante, de telle sorte que je n'ai - volontairement - pas inscrit ces limitations dans mon schéma général. La matière sera abordée plus en détail dans le chapitre approprié.

QU'EST-CE QUE LA « VIE PRIVÉE » ?

Par ailleurs, il est permis de se demander ce qu'est la « vie privée » ? Les tribunaux sont bien sûr chargés d'en délimiter les contours mais la question peut se poser de la nature des actes pris en photographie et qui peuvent donner lieu à une plainte. Faut-il nécessairement que la personne représentée soit immortalisée dans le cadre d'un fait croustillant relatif à sa vie amoureuse, par exemple, pour invoquer une violation du droit au respect de la vie privée ?

La réponse est bien entendu négative, et toute photographie d'une personne prise le cadre de sa sphère familiale ou dans ses activités personnelles est susceptible d'entrer dans le champ de la « vie privée », même si lesdites activités sont banales.

La jurisprudence a eu l'occasion de le préciser notamment dans une affaire dont il sera question plus loin dans l'ouvrage à propos des photos de détenus. Le Tribunal de Grande Instance de Paris relevait en effet, à propos de photos d'un détenu jouant aux cartes, ou étendu sur son lit, que *« l'argument pris du caractère banal des occupations auxquelles se livre le demandeur sur ces clichés ne saurait être retenu, la banalité de l'activité d'une personne n'étant nullement exclusive de la vie privée. »*
(TGI Paris, 17ème ch., 4/5/2011, RG 09/19208)

L'AUTORISATION DOIT ÊTRE EXPLICITE POUR DES IMAGES PRISES DANS UN LIEU PRIVÉ

Lorsque des images ont été prises dans un lieu privé, il faut en outre que l'autorisation de diffusion soit claire et explicite, émanant de la personne représentée sur l'image, et il ne saurait être question de la déduire d'un silence quelconque.
La règle a été rappelée dans une affaire qui avait fait grand bruit, et dans laquelle, juridiquement, l'éditeur poursuivi avait fait preuve d'une belle dose d'imagination.

Après le décès du Président François Mitterand, un journaliste avait trouvé le moyen de s'introduire dans le bâtiment où sa dépouille était exposée et d'y prendre quelques photographies, dont l'une avait été largement diffusée. Sur plainte de la veuve du Président ainsi que des enfants de ce dernier, l'éditeur avait été poursuivi, parallèlement à la plainte contre X déposée puisque l'identité du journaliste n'avait jamais été diffusée.
Au titre des moyens de défense invoqués par l'éditeur figurait une argumentation pour le moins osée puisque l'éditeur soutenait :
- que la fixation de l'image d'une personne dans un lieu privé n'est punissable que si elle a été effectuée sans le consentement de la personne comme cela découle du texte-même du Code pénal (Art. L226-1)

> - que dès lors, cette opposition ne peut pas émaner d'une personne décédée au moment où l'image a été prise, et qu'en conséquence, la loi pénale étant de stricte interprétation, il fallait considérer qu'il n'y avait pas violation de la vie privée ;
>
> La Cour d'appel, et à sa suite la Cour de Cassation, ne s'y sont toutefois pas trompées, cette dernière rappelant que *« la fixation de l'image d'une personne, vivante ou morte, sans autorisation préalable des personnes ayant pouvoir de l'accorder est prohibée et que la diffusion ou la publication de ladite image sans autorisation entre nécessairement dans le champ d'application des article 226-1, 226-2 et 226-6 du Code pénal. »*
> (Cass. crim., 20/10/1998, pourvoi n°97-84.621)

La solution aurait bien entendu été différente si la dépouille du Président s'était trouvée dans un lieu exposé au public.

« VIE PRIVÉE » ET « DROIT À L'IMAGE » SONT-ILS SYNONYMES ?

Distinction

Contrairement une opinion répandue, ces deux notions ne sont pas totalement synonymes. Certes, elles sont invoquées de façon conjointe par la quasi-totalité des plaignants lors des litiges, mais à strictement parler, elles visent deux atteintes qui peuvent être très légèrement différentes, et donner lieu à ce titre à des indemnisations séparées. Ce fut le cas par exemple dans les deux affaires suivantes, l'une concernant le droit à l'image des personnes, et l'autre celui des biens.

Affaire n°1

Un site internet hébergé en Belgique avait publié des photographies d'une actrice française, prises sur les lieux de l'un de ses tournages, et ce à l'occasion de la visite de son époux (lui aussi acteur) avec leur bébé, pour illustrer un article sobrement intitulé *« /..../ reçoit la visite de son bébé sur son tournage »*. Pour s'opposer à la publication de ces trois photographies, les deux acteurs et parents avaient alors saisi le Tribunal de Grande Instance de Paris tant sur le fondement de l'atteinte à leur vie privée que sur ce lui de leur droit à l'image.

L'article précisait le nom du film dont le tournage avait nécessité la présente de l'actrice, le nom du réalisateur, et avait décrit les costumes portés par la plaignante. Les termes de l'article lui-même ne posaient pas difficulté, seules les photographies étaient visées par la procédure.

Le Tribunal va distinguer les deux fondements, et statuer dans les termes suivants.

Concernant tout d'abord l'atteinte à la vie privée, le jugement relève que *« (l'article) mentionne clairement dans le dernier paragraphe la visite de son fils /.../ sur le lieu du tournage du film, visite annoncée par le titre aux fins d'attirer l'attention du lecteur. Cette information est néanmoins anodine et s'inscrit dans le contexte du tournage d'un film attendu du public. Elle ne caractérise aucune atteinte concernant la vie privée de la comédienne, qui s'est entretenue avec divers médias à plusieurs reprises auparavant sur l'épanouissement que la naissance de son fils lui procurait et sur sa volonté de pouvoir concilier sa vie professionnelle et sa vie familiale, ce que la «visite» de son bébé sur un tournage vient parfaitement illustrer. »*

Les plaignants sont dès lors déboutés au titre de l'atteinte à la vie privée.

Par contre, le Tribunal fait droit à la demande, quant à son principe, sur le plan du droit à l'image. Le jugement relève en effet que *« s'il est exact que les trois photographies ont été prises sur le lieu d'exercice de la profession de la demanderesse et non dans l'intimité d'un lieu privé, elles n'en demeurent pas moins une atteinte à son droit à l'image puisque l'actrice a manifestement été photographiée avec son bébé dans les bras alors qu'elle ne jouait pas un rôle, et qu'elle n'a en rien autorisé ni le support, ni la diffusion. »* (TGI Paris, 19/6/2013, RG 12/08269)

Affaire n°2

Un cinéaste avait rédigé un moyen-métrage relatant l'histoire d'une famille de paysans marocains. Ce film incluait certaines scènes dans lesquelles il était question d'un litige relatif à un terrain. L'un des protagonistes de ce conflit de voisinage avait assigné le réalisateur, la chaine de télévision qui s'apprêtait à diffuser le film ainsi que le producteur de celui-ci devant le Tribunal de Grande Instance de Paris.

Au titre de ses demandes, il invoquait différents préjudices liés à la violation de sa vie privée et de son droit à l'image, ainsi qu'au droit à l'image de ses biens.

Sur le droit à l'image, le tribunal, après avoir rappelé le principe selon lequel le propriétaire d'un bien ne peut s'opposer à la diffusion de l'image de son bien qu'à charge de démontrer un « trouble anormal » (voir plus loin dans l'ouvrage), débouta le demandeur qui ne démontrait pas l'existence d'un tel trouble.

Par contre, le documentaire fut déclaré attentatoire à la vie privée du demandeur sur un point précis : les indications données dans le film permettaient d'identifier l'adresse précise de la maison du demandeur.

(TGI Paris, 5/3/2013, RG 13/02543)

Les deux notions ne sont donc pas exactement synonymes. Et il arrive fréquemment que les tribunaux rappellent, à ce sujet, qu'une photo prise dans l'exercice d'une activité professionnelle de la personne représentée est nécessairement exclusive de toute atteinte à la vie privée, alors que l'atteinte au droit à l'image peut être admise.

Un fonctionnaire de police avait été filmé dans le cadre de la réalisation d'un reportage où il apparaissait dans l'exercice de ses fonctions. Il avait par la suite assigné le producteur du reportage ainsi que France Télévisions au titre d'une atteinte à sa vie privée. Mais la Cour d'Appel le débouta sur ce fondement, estimant *« qu'il ne peut y avoir d'atteinte à (la) vie privée du seul fait de la diffusion d'un film dans lequel il apparait dans le strict exercice de sa profession de policier, sans aucune incursion ou évocation de sa vie privée, à l'occasion de son exercice et durant le temps de son apparition. »*

(CA Aix-en-Provence, 22 avril 2010; RG 09/13738)

Je reviendrai plus loin dans l'ouvrage sur la question des photos des forces de l'ordre. Mais cet arrêt a le mérite de bien poser le principe, au demeurant logique, selon lequel il ne peut y avoir atteinte à la « vie privée » lorsque le sujet est filmé dans le strict cadre de son activité professionnelle, sauf à imaginer que la photo soit détournée de son contexte, ou qu'elle illustre un article qui, lui-même, contient des intrusions dans la sphère privée du sujet. J'y reviendrai également.

Comment les condamnations sont-elles formulées ?

Ainsi, on trouve différentes catégories de décisions :

- celles qui mêlent totalement les deux notions, allouant un seul et même montant au titre des deux violations,

- celles qui, bien qu'ayant distingué droit à l'image et droit au respect de la vie privée, fusionnent à nouveau les notions au moment d'allouer un unique montant forfaitaire,

- et celles qui, enfin, octroient (ou refusent éventuellement) des indemnisations distinctes pour l'un et/ou l'autre de ces préjudices.

Ces débats sont toutefois très théoriques en ce qui concerne le photographe ou le créateur d'images en général, pour qui le plus important sera de savoir si la diffusion de l'image est ou non susceptible d'entrainer une condamnation. Dès lors, pour simplifier le débat, j'évoquerai la jurisprudence dans un seul et même cheminement, quel que soit le ou les fondements retenus par les juridictions. Je me contenterai, si cela est nécessaire, de relever qu'un tribunal ou une cour a fait la distinction entre « vie privée » et « droit à l'image » si cela a un intérêt pour l'explication de la matière.

QUAND Y A-T-IL « PUBLICATION » ?

Enfin, il reste à déterminer à partir de quand il y a « publication » ou « diffusion ».
Si prendre une photo représentant la personne de son choix n'est en principe pas interdit, c'est la diffusion de cette photographie qui posera éventuellement difficulté. Mais faut-il pour cela que la diffusion soit professionnelle, inscrite dans une recherche de profit quelconque ?

Absolument pas, et toute diffusion sera prise en considération, qu'il s'agisse d'une publication sur un support matériel, dans une exposition, dans la presse ou, bien sûr,

sur internet et dans les réseaux sociaux. De la même manière, il ne faut pas non plus démontrer une intention de nuire pour que la diffusion soit susceptible d'entrainer une condamnation, qu'elle soit civile ou pénale. Dans la minute où la photo quitte l'espace privé que constitue l'ordinateur (ou à tout le moins le domicile) du photographe pour être reproduite, montrée à des tiers sous quelque forme que ce soit, il y a « publication ». Pour cette raison, l'ensemble des développements qui sont proposés dans cet ouvrage concernent donc tous les modes de publication existants, ainsi que ceux à venir au fil des développements technologiques.
Enfin, il peut également y avoir « publication » lorsque la communication se fait au sein d'une corporation professionnelle, même en principe liée par le secret professionnel, et ce du fait de la divulgation d'informations de nature à identifier les personnes lorsque ceci porte atteinte à leurs droits. L'affaire suivante, particulièrement révoltante, en est un exemple concret.

Une femme avait donné naissance, après fécondation in vitro, à deux bébés - grands-prématurés - soignés dans le service de néonatologie d'un hôpital. Un médecin exerçant dans cet hôpital avait traité de cette naissance dans un mail adressé à quarante-et-un de ses confrères. Mais en lieu et place de se contenter d'évoquer les faits, les pathologies et les risques, le médecin avait ajouté à son récit, dans un ton qu'il voulait sans doute humoristique, des considérations pour le moins injurieuses à l'égard de la famille et des nouveaux nés eux-mêmes, des jumeaux dont le premier décéda d'ailleurs en cours de procédure.

« Cette image est dédiée à ceux qui sont à l'origine de ce bébé FIV (Fécondation In Vitro) afin qu'ils prennent conscience de ce qui arrive quand on fait n'importe quoi sur n'importe qui. /.../Et ce n'est pas tout : à moins de 700 g et avant le 15° jour de vie, déjà deux laparotomies pour Lexomil. (On peut appeler cette petite Lexomil car c'est un bébé médicament !)

Qui lui ont soulagé d'1/3 de son potentiel digestif Lexomil fera sensation, avec sa xypho pubienne, quand la jeune fille ira (à la plage). Si elle le peut. Pas évident, le fauteuil à roulette dans le sable./.../. » Les propos se poursuivaient sur plusieurs pages d'explication, contenant notamment des interrogations sur la santé mentale des parents et des calculs sur le coût global de l'opération pour la sécurité sociale.

> Le mail était illustré d'une photographie prise par le médecin et montrant l'un des enfants. L'un des médecins destinataires - sans doute outré lui-même de ce qu'il avait lu - avait remis le courrier aux parents des enfants qui bien entendu ont soumis - sous divers fondements dont celui d'injure non-publique - l'affaire au Tribunal de Grande Instance, qui condamna le médecin mais sans retenir l'atteinte à la vie privée ni la violation du secret médical.
> Le médecin avait interjeté appel de ce jugement. En degré d'appel, les parents demandaient donc la confirmation du jugement, sauf en ce qu'il rejetait l'atteinte à la vie privée qu'ils considéraient clairement établie.
> La Cour d'appel considéra avec bon sens que *« les termes Lexomil, clopinette et mégot pour qualifier les deux nourrissons sont outrageants et particulièrement blessants, vis-à-vis d'enfants en grande difficulté vitale ; que le contexte médical du courrier ne donne pas tous les droits à son auteur ;*
>
> *que le (défendeur) devait faire preuve de retenue dans le cadre d'un débat qu'il qualifie lui-même de médical et éthique, et n'était donc pas obligé de traiter (la mère) et ses enfants en des termes aussi injurieux pour étayer sa diatribe ;*
>
> *qu'enfin, l'association de la photographie de l'un des enfants aux qualificatifs utilisés constitue une aggravation du caractère outrageant de l'écrit ;*
>
> *qu'en l'espèce, le (défendeur) a pris en photo (le nourrisson) sans l'autorisation des parents de cette dernière, seuls habilités pour ce faire, puis a joint cette photo à son mail ; que la captation de l'image et sa diffusion, sans aucune autorisation, constitue une atteinte à la vie privée ou au droit à l'image et ouvre droit à réparation. »*
>
> (Arrêt en ma possession - Références non communiquées eu égard à son contenu). La Cour retint donc l'atteinte à la vie privée, notamment parce que les indications données dans le mail permettaient, indirectement, aux destinataires de déterminer l'identité des intéressés, et condamna le médecin.

Comme vous le voyez, il n'est donc pas nécessaire que la diffusion se fasse par voie de presse ou par internet pour que le litige soit examiné par un tribunal, et qu'une condamnation intervienne éventuellement au titre de l'article 9 du Code civil.

Ces notions étant définies, je vous propose d'entrer dans le vif du sujet en débutant par la question du droit à l'image des personnes.

CHAPITRE 1

LE DROIT À L'IMAGE DES PERSONNES

Pris isolément ou en groupe, anonymes ou vedettes, au repos ou dans le cadre de leur activité professionnelle, les gens sont l'objet principal des photographies qui suscitent un conflit ou à tout le moins des inquiétudes liées au droit à l'image. Si l'on excepte les règles particulières en matière de protection de l'enfance et de respect de la présomption d'innocence, il faut bien reconnaître que la petite phrase laconique de l'article 9 alinéa 1er du Code civil (*« Chacun a droit au respect de sa vie privée »*) ne nous dit pas grand-chose.

Comment, à partir de cette énonciation sommaire, le magistrat peut-il tisser une théorie complète et cohérente du droit à l'image qui embrasserait l'ensemble des situations concrètes qui lui sont soumises ?

Nous verrons dans les exemples et situations pratiques évoqués tout au long de cet ouvrage que le chemin est loin d'être linéaire, et qu'il faut parfois de la patience et un brin d'obstination pour tenter de démêler l'écheveau des décisions rendues. Et toute tentative de créer une cartographie claire de la situation est de toute façon sujette à des mises à jour fréquentes, au fil de l'évolution des décisions qui seront rendues.

Si les affaires mettent parfois en oeuvre tous les principes en même temps, j'ai fait le choix, pour la clarté des explications, de distinguer deux types de conflit de normes :

- J'examinerai tout d'abord le conflit entre droit à l'image et liberté d'expression artistique.
- Dans un second temps, il sera question du conflit entre ce même droit à l'image et, cette fois, le droit à l'information.

Je commencerai donc par ces deux explications, avant d'aborder ensuite les différentes situations pratiques mettant en cause des enfants, des foules, des salariés, des sportifs, etc.

Cette méthodologie est un peu arbitraire, car certaines décisions classent la liberté d'expression artistique au sein même du droit à l'information. Mais il me semble préférable d'aborder les deux notions séparément, afin de bien les appréhender, quitte à les combiner plus tard. En pratique, les litiges dans lesquels le droit à l'image est en conflit avec le droit à l'information touchent plus généralement le droit de la presse, alors que le conflit droit à l'image/liberté d'expression artistique est susceptible de concerner également le photographe travaillant de façon isolée dans le cadre d'un travail qui sera diffusé plutôt sous forme d'expositions ou de livres. Mais comme je l'évoquais, les notions peuvent s'entrechoquer dans certaines affaires.

Enfin, si statistiquement le droit à l'information est plus souvent invoqué pour justifier une publication que la liberté d'expression artistique, je commencerai néanmoins par cette dernière qui permet d'aborder plus facilement certaines notions qui seront ensuite réutilisées pour l'examen du droit à l'information lorsque l'exposé se compliquera très légèrement. L'appréhension des notions sera donc, je l'espère, facilitée en procédant de la sorte.

Mais avant tout, il nous faut partir de la base : la distinction entre le lieu privé et le lieu public.

LIEU PRIVÉ/LIEU PUBLIC DÉFINITIONS

BASE LÉGALE

Comme nous l'avons vu dans le tableau ci-avant, la base légale de l'interdiction de diffuser une image prise dans un lieu privé est prévue par le Code Pénal.

> *« Est puni d'un an d'emprisonnement et de 45.000 Euros d'amende le fait, au moyen d'un procédé quelconque, volontairement de porter atteinte à l'intimité de la vie privée d'autrui :*
> *1° En captant, enregistrant ou transmettant, sans le consentement de leur auteur, des paroles prononcées à titre privé ou confidentiel ;*
> *2° En fixant, enregistrant ou transmettant, sans le consentement de celle-ci, l'image d'une personne se trouvant dans un lieu privé.*
> *Lorsque les actes mentionnés au présent article ont été accomplis au vu et au su des intéressés sans qu'ils s'y soient opposés, alors qu'ils étaient en mesure de le faire, le consentement de ceux-ci est présumé. »*
> (Art. L226-1 du Code Pénal)

Mais à partir de quand peut-on estimer que la photo a été prise dans un lieu public ? Quels sont les critères ?

L'ÉTAT ACTUEL DE LA JURISPRUDENCE

Le principe

C'est à nouveau aux cours et tribunaux qu'il est revenu de préciser cette notion dans le cadre du droit à l'image. Dans la mesure où la disposition ci-dessus est issue du Code Pénal, ce sont le plus souvent les juridictions pénales (tribunaux correctionnels et chambre criminelle d'une Cour d'Appel ou de la Cour de Cassation) qui sont amenées à définir ce qu'il faut entendre par « lieu privé » au sens de cet article.

La jurisprudence semble actuellement bien fixée sur le principe suivant.

Un journaliste était poursuivi sur pied de l'article L226-1 du Code Pénal pour avoir filmé le délibéré d'une session de Cour d'Assises, ce qui est interdit par la loi. Condamné par la Cour d'Appel, il s'était pourvu en Cassation, ce qui donna l'occasion à la Cour de Cassation, dans son arrêt rejetant le pourvoi, de rappeler que le « lieu privé » se définit *«a u terme d'une jurisprudence constante, comme un lieu où quiconque ne peut pénétrer ou accéder sans le consentement de l'occupant, peu important que ce lieu se trouve inclus dans un bâtiment ouvert au public. »*
(Cass. crim. 16/2/2010, Pourvoi n° 09-81.492)

Dans un arrêt plus ancien, la même chambre criminelle de la Cour de Cassation avait précisé que *« doit être qualifié public le lieu accessible à tous sans autorisation spéciale de quiconque, que l'accès en soit permanent et inconditionnel ou subordonné à certaines conditions, heures ou causes déterminées ». /…/* En l'espèce, il s'agissait de photos prises au téléobjectif à partir d'un immeuble voisin, et ayant pour objet les détenus dans la cour d'une prison. La Cour de Cassation a fort justement considéré qu'une prison était un lieu privé puisque *« par définition, il est interdit d'entrer et (qu'on ne peut en) sortir sans une autorisation particulière et strictement limitée ».*
(Cass.crim.28/6/1988, 87-85460)

Ce n'est donc pas le statut du propriétaire du bien qui déterminera le caractère public ou privé du lieu. Une prison est en effet gérée par une personne de droit public, mais n'en reste pas moins un lieu privé au regard des dispositions que nous évoquons ici.

Dans d'autres cas, il a été décidé que la perception éventuelle d'un droit d'entrée ne suffit pas à faire du lieu un espace privé, ce droit n'étant considéré que comme l'une des conditions qui peuvent en subordonner l'accès, tout en le laissant accessible à l'ensemble de la population.

À l'inverse, un lieu privé tel qu'un magasin ou une salle de spectacle peut être considéré comme public. Peu importe, d'ailleurs, que le lieu concerné soit un bâtiment ou autre chose, il peut fort bien s'agir d'un navire, voire d'un véhicule automobile, comme l'a confirmé la Chambre criminelle de la Cour de Cassation en 2006.

Des paparazzis avaient capté l'image d'une célèbre héritière de famille royale au volant de sa voiture, pour insister - détail important s'il en est - sur l'existence d'une calvitie qui perçait à cette époque au sommet du crâne de cette éminente conductrice. Sur plainte pénale de l'intéressée, les prévenus avaient été condamnés, et avaient soumis l'affaire à la Cour de Cassation. Ce fut l'occasion pour celle-ci de confirmer l'analyse de la Cour d'Appel, et rappeler que *« pour dire établi le délit d'atteinte à l'intimité de la vie privée /.../ le lieu privé, au sens de l'article L226-1 du Code pénal s'entend de l'endroit qui n'est ouvert à personne, sauf autorisation de celui qui l'occupe, et que tel est le cas du véhicule automobile dans lequel se trouvait la partie civile ».*
(Cass. crim. 28/11/2006, Pourvoi n°06-81200)

L'interdiction de diffuser ou d'utiliser des images prises dans un lieu privé sans autorisation est applicable à tous

Deux décisions peuvent être citées pour illustrer cette affirmation.
Elles montreront d'une part que le principe reste valable quelle que soit la finalité de l'utilisation des images, et même si les conséquences pratiques peuvent heurter, et d'autre part, qu'il s'applique également aux forces de l'ordre.

Interdiction de diffusion nonobstant la finalité de celle-ci

Une association dont l'objet social est de lutter contre la maltraitance des animaux destinés à la consommation avait été informée de ce qu'un « éleveur » de poules enfreignait des directives européennes. Son action consista, d'un côté, à tenter de démontrer « administrativement » la violation des normes et la maltraitance des animaux et d'un autre côté, pour appuyer ses dires, à diffuser des images tournées dans les locaux de l'entreprise concernée, et obtenues à l'insu de l'entreprise.
L'entreprise concernée assigna l'association devant le Juge des Référés pour obtenir qu'il lui soit fait interdiction de diffuser les images, dès lors que celles-ci avaient été prises sans l'accord du propriétaire des lieux et dans un lieu privé.
Il a été fait droit à cette demande par une ordonnance du 16 juillet 2013 (RG:13/00227) rendue par le Président du TGI de Chalon-sur-Saône.

L'ordonnance rendue dans cette affaire ne signifie pas que le magistrat approuvait les pratiques de l'entreprise, mais simplement que la preuve rapportée, constituée par des images captées dans un lieu privé et diffusées sans l'autorisation du propriétaire - et pour cause ! - n'était pas recevables au titre de preuve, l'acte de diffusion étant lui-même illégal.

Le principe s'applique aux forces de l'ordre

Pour les images prises par des membres des forces de l'ordre, le mécanisme est un peu différent, puisque l'autorisation doit émaner cette fois d'un magistrat, et non du propriétaire des lieux. Mais la sanction en cas de captation et d'utilisation des images sans autorisation est par contre la même : le principe du respect de la vie privée est violé, et les images ne peuvent pas être utilisées.

> Dans un arrêt rendu le 21 mars 2007, la Cour de Cassation avait invalidé une preuve rapportée par deux enquêteurs qui, au téléobjectif, avaient surveillé les mouvements de véhicules dans une propriété privée dans le but de démontrer la réalité d'un trafic de voitures.
>
> La cour s'exprimait ainsi : *« /..../ toute surveillance irrégulière d'un domicile constitue une ingérence injustifiée de l'autorité publique dans l'exercice du droit au respect de la vie privée; /.../ l'ingérence par les autorités publiques dans la vie privée d'une personne ne peut être effectuée que sous le contrôle du juge judiciaire, gardien des libertés individuelles. »*
> (Cass. Crim. 21/3/2007, n° pourvoi 06-89444)

Un lieu peut changer de statut selon la nature de l'évènement

Par ailleurs, le caractère « public » ou « privé » peut ainsi varier, pour un même lieu, selon l'activité qui s'y déroule.

Lieu privé considéré comme public le temps d'un événement

> Une journaliste qui participait à une conférence de presse dans un hôtel avait elle-même été filmée. La séquence vidéo avait été ensuite diffusée dans un contexte que la Cour de Cassation (qui n'est pas chargée de

trancher le fond du litige, rappelons-le) ne précise pas.
Le prévenu avait été acquitté en appel, la Cour d'Appel de Paris (Chambre de l'instruction, décidant du renvoi éventuel devant le Tribunal correctionnel) estimant que *« la description des lieux faite par les différents témoins permet de conclure au caractère public de ces lieux, la conférence de presse s'étant même poursuivie dans les couloirs, un groupe d'individus étant massés autour (de la vedette du jour) ; que'est dans un lieu public et non privé que (la plaignante) a été filmée en qualité de journaliste dans le cadre de son activité professionnelle; que les images enregistrées ne concernaient aucunement son intimité; et pas davantage la sphère de sa vie privée. »*
(CA Paris, 22/11/2007, Ch. de l'Instruction)

En temps normal, cet hôtel devait être considéré comme lieu privé, et la plaignante avançait le fait qu'il n'était accessible que selon certaines conditions. Mécontente de l'arrêt rendu, elle s'était pourvue en Cassation.

Se posait à la cour essentiellement une question : l'hôtel où se déroulait la conférence de presse devait-il être considéré comme un lieu privé ou comme un lieu public ? Dans le premier cas le délit de l'article L226-1 était possiblement constitué, dans le second cas il fallait acquitter l'auteur de la vidéo. La cour a entériné la motivation de la Cour d'Appel, le lieu devant être considéré comme public pour l'occasion, et acquitta l'auteur des images diffusées représentant la plaignante. (Cass. crim.30/9/2008, Pourvoi n°08-80639)

Lieu public restant public malgré le caractère privé de l'événement qui s'y déroule

Il semble par contre plus difficile, quelle que soit la nature de l'événement, de considérer qu'un lieu en général public est temporairement « privé ».

Des journalistes de la presse people avaient été poursuivis pour violation de l'article L226-2 du Code Pénal, après avoir pris des photos lors de la cérémonie de mariage d'une personnalité, laquelle cérémonie se déroulait dans une synagogue. Très logiquement, s'ensuivit devant le Tribunal Correctionnel la question de la qualification du lieu : privé ou public ?
Le premier juge avait estimé qu'il s'agissait d'un lieu public, et dès lors avait débouté les plaignants de leur demande. En appel, la Cour d'Appel de Paris a confirmé cette analyse dans les termes suivants :

> *« En vertu de l'article 25 de la loi du 9 décembre 2005,le caractère public des cérémonies religieuses s'impose à l'autorité religieuse célébrant un mariage. En l'espèce, le mariage ne pouvait être considéré comme une réunion privée et les parties civiles ne disposaient pas librement du lieu de la célébration. L'accès à la synagogue n'était pas réservé aux seuls invités des mariés et les images n'ont pas été fixées clandestinement. Le délit n'est donc pas établi. »* (CA Paris, Pôle 2, Chambre 7, 10/12/2000,RG 09/06038)

Dans le même ordre d'idées, le fait que les sujets des photographies aient conclu éventuellement un contrat d'exclusivité pour la couverture d'un événement ne suffira pas à interdire, par principe, toute autre prise de vue dès lors que le lieu est considéré comme public. C'est ce qu'ont appris à leurs dépends les deux protagonistes de l'affaire suivante

> Une personnalité du monde de la télévision et son futur époux, homme d'affaire, avaient conclu avec l'éditeur d'un journal people un contrat d'exclusivité pour la couverture photographique leur cérémonie de mariage. En contrepartie de cette signature, les futurs époux avaient reçu la bagatelle de 90.000 euros HT, prix de l'exclusivité concédée au magazine en question.
>
> Or, peu après le mariage, un autre magazine, concurrent du premier, avait reproduit l'image des mariés en couverture de l'un de ses numéros, ainsi que dans un article de deux pages à l'intérieur de celui-ci.
>
> Les intéressés avaient alors assigné l'éditeur de la seconde publication, en lui reprochant d'avoir reproduit leur image sans leur autorisation, et d'avoir ainsi porté atteinte à leur droit patrimonial sur leur image.
>
> En première instance, ils avaient toutefois été déboutés par le Tribunal de Grande Instance de Nanterre (TGI Nanterre, 25/9/2008).
>
> Devant la Cour d'Appel de Versailles, saisie en second degré, les plaignants réitéraient leur demande de condamnation à une somme de 30.000 € au titre de réparation du préjudice *« subi du fait de l'exploitation commerciale qui a ainsi été faite de leur image, de leur nom et de leur notoriété »*.

La cour s'exprime en ces termes :

« De ce fait, le mariage (des plaignants), cérémonie publique, constituait un événement dont il était légitime que la presse people rende compte ce que les intéressés avaient d'ailleurs tout à fait admis puisqu'ils avaient conclu un contrat avec la société /…/ afin de permettre à cet éditeur de réaliser et publier, en exclusivité, un reportage sur la cérémonie y compris dans le cadre de la réception privée qui a suivi la célébration du mariage /…/
Il n'est pas contesté que l'article litigieux a été publié quelques jours après le mariage de sorte qu'il relatait un fait d'actualité.

Les photographies ont manifestement été prises avec le consentement des intéressés puisqu'elles les représentent lors de l'échange des alliances, à la sortie de la mairie, dans leur voiture (sur ce cliché ils regardent vers l'objectif). Quant au cliché sur la seconde page de l'article, il est à l'évidence posé.

Ces photographies illustrent avec pertinence un article, qui sans porter atteinte au respect de la vie privée des époux car les commentaires sont anodins, est consacré à leur mariage de sorte qu'il existe un lien direct entre les clichés et l'article.

La diffusion de ces images est en conséquence légitimée par le principe de la liberté de la presse, le mariage d'une célébrité constituant un fait d'actualité dont la presse pouvait rendre compte dans un article illustré par des photographies de la cérémonie publique et ce bien qu'il s'agisse de circonstances étrangères aux activités professionnelles des intéressés.

Il ne pouvait être fait obstacle au droit à l'information en raison de la conclusion d'un contrat avec la société /…/ en vue d'un reportage exclusif. L'éventualité de la publication par d'autres éditeurs avait d'ailleurs été envisagée par les parties , les futurs époux s'étant engagés à assurer au maximum la confidentialité de l'événement notamment quant à l'accès au site du mariage et des différentes cérémonies ainsi qu'à leur visibilité extérieure et des éventuelles prises de vue qui pourraient être réalisées. Il avaient ainsi une obligation de moyens et il n'est ni soutenu ni démontré que (le premier éditeur) aurait formulé quelque grief que ce soit à leur encontre du fait de la publication des photographies litigieuses.

> *Au surplus, en tout état de cause, ayant déjà cédé (au premier magazine) l'exclusivité du reportage sur la célébration de leur mariage, ils étaient dans l'impossibilité de procéder à une autre cession sauf à violer leurs engagements contractuels. Ils ne justifient donc d'aucun préjudice patrimonial.*
>
> *En conséquence, la publication par (le second magazine) dans les jours qui ont suivi la cérémonie, d'un article relatif à un événement d'actualité, le mariage de Mme /.../ , personnalité médiatique, illustré de photographies se rapportant à ce mariage, dont le public avait un intérêt légitime à être informé, n'est pas fautive.* » (CA Versailles, 15/4/2010, n° 09/01152)

Appréciation en fait

Dans tous les cas, le magistrat saisi va donc examiner les circonstances précises de l'évènement pour se prononcer sur la nature du lieu au moment où ont été prises les images litigieuses. S'il arrive à la conclusion que le lieu est privé, toute diffusion d'image sera susceptible d'être sanctionnée au visa de l'article du Code Pénal cité. Dans le cas contraire, nous entrerons dans le monde merveilleux des controverses doctrinales, et de l'évolution souvent erratique voire houleuse de la jurisprudence. La suite de l'ouvrage concernera donc les images prises dans des lieux publics.

LA « PATRIMONIALISATION » DE L'IMAGE

NOTION

Enfin, il me faut aborder une notion qui sous-tendra une série de décisions lorsque celles-ci concerneront des personnalités célèbres, tous secteurs confondus. Il s'agit de ce que l'on nomme la « patrimonialisation de l'image ». Derrière ce terme se cache une tendance de plus en plus fréquente à considérer l'image d'une personne non plus uniquement comme un droit strictement personnel, tenant à son statut en tant qu'individu (et souvent intimement liée à son droit au respect de la vie privée), mais également comme une valeur entrant dans son patrimoine.

Comme vous l'aurez compris, plus une personnalité est connue, et plus son image « fera vendre », quel que soit le type de message que l'on souhaite lui associer. Dès lors, et outre les éventuelles autorisations « classiques » ou les dédommagements en cas d'utilisation non autorisée, il faudra tenir compte de la « valeur » que peut représenter l'image de la personne concernée sur le plan purement financier.

L'aspect patrimonial que pourra alors revêtir l'image des personnalités concernées sera évoqué dans les décisions rendues en cas de procédure. Soit qu'un contrat à cet égard n'ait pas été respecté, soit, tout simplement, qu'il s'agisse de ventiler des dommages et intérêts entre d'une part le droit personnel à l'image (et au respect de la vie privée), et d'autre part la valeur plus « commerciale » que l'intéressé peut éventuellement démontrer sur sa propre image. Les sujets photographiés vont avoir tendance à augmenter très substantiellement leurs prétentions en cas d'action en justice, ce qui n'implique pas toujours des condamnations à due concurrence, les juridictions étant parfaitement libres d'évaluer comme elles l'entendent le préjudice réellement perçu par les plaignants. Et dans la majorité des cas où cet aspect entre en ligne de compte, le préjudice éventuel s'apprécie en fonction du manque à gagner que le plaignant subit du fait de l'impossibilité d'avoir pu négocier lui-même le prix de l'utilisation. En d'autres termes, plus il sera connu, plus les dommages et intérêts risquent d'être élevés.

Nous verrons également que l'existence d'un contrat conclu entre un sujet et l'utilisateur de l'image, même contre paiement d'un prix très substantiel, ne fait absolument pas obstacle à l'application des règles ordinaires en la matière : le tribunal avant de trancher examinera si la photo a bien été prise dans un lieu public ou au contraire dans un lieu privé, et se penchera sur la réalité du préjudice en cas d'indemnisation si l'utilisation est considérée comme illégale.

Si cette notion suscite des débats doctrinaux sans fin dans le détail desquels je ne rentrerai pas, c'est en raison de la contradiction apparente entre la notion de « droit de la personnalité », dont dispose chaque être humain, et l'aspect purement pécuniaire que peut revêtir un litige sur l'utilisation de l'image d'une personne en fonction de la notoriété de celle-ci. Mais, controverse ou pas, cette tendance est de plus en plus prononcée, et il était important de faire dès à présent mention de cette notion, qui interviendra notamment pour les sportifs, les acteurs, chanteurs, et autres personnalités tous domaines confondus.

CONSÉQUENCES PRATIQUES

La première conséquence de cette tendance est la création d'un équilibre fragile entre deux droits :

- le droit de faire état d'informations relatives aux personnalités célèbres, pour répondre au « besoin légitime d'information du public » : plus la personne est célèbre, plus elle doit s'attendre à ce que son image puisse être utilisée ;

- et d'autre part, cette même utilisation, *si* toutefois elle est déclarée illicite, donnera lieu par contre à une indemnisation potentiellement plus importante, du fait même de la notoriété du sujet qui s'en plaint

En d'autres termes, soyez d'autant plus prudents en diffusant l'image d'une célébrité : si la sphère de sa « vie publique » est par nature plus large que celle d'un anonyme, l'indemnisation en cas d'abus sera aussi potentiellement plus importante. Au fur et à mesure que la sphère privée se réduit, les dommages et intérêts, à l'inverse, augmentent en cas d'abus.

QUAND S'APPRÉCIE LA VALEUR PATRIMONIALE DE L'IMAGE D'UNE PERSONNE ?

Une question peut également se poser : la valeur patrimoniale de l'image d'une personne doit-elle être appréciée au moment où se conclut le contrat ou peut-elle dépendre du succès que l'image concernée rencontrera ensuite ? Ceci doit-il entraîner une révision du contrat de départ ?

En 1984, un célèbre photographe italien avait réalisé pour la société Benetton une photographie destinée à la campagne de pub 1984/85. Elle représentait deux très jeunes enfants noirs, l'un avec le drapeau américain, l'autre tenant le drapeau de l'URSS, et s'embrassant sous le slogan « *United Colors of Benetton* ».

Cette photo avait été utilisée sur de multiples supports après la campagne de l'hiver 84-85 et avait même fait l'objet de plusieurs récompenses internationales. En 2008, les deux jumeaux devenus grands assignèrent le siège italien et la société Benetton France au titre de leur droit à l'image pour les multiples utilisations de leur image. Les demandeurs ne contestaient pas que leur mère avait à l'époque signé un contrat pour l'utilisation de leur image mais, au vu du succès planétaire de l'image, estimaient qu'il y avait lieu de tenir compte de l'ampleur de cette diffusion, invoquant la valeur de leur image.

Ceci donna l'occasion au Tribunal de Grande Instance de rappeler certains principes relatifs à la « valeur » de l'image des anonymes : « *Les circonstances particulières de l'espèce conduisent à ajouter plusieurs considérations :*

• *le succès ou la notoriété d'une photographie n'est pas systématiquement le fait des personnes qui y figurent, notamment quand ces dernières sont anonymes, mais procède le plus souvent du travail de conception ou de réalisation du photographe, du choix d'un slogan, toutes choses auxquelles les personnes photographiées sont étrangères, seraient-elles le sujet de la photographie, choisies comme telles par le photographe ou ses préposés ;*

• *le principe de la liberté contractuelle ne permet pas au juge ni à quiconque d'autre qu'à la personne titulaire du droit cédé - en l'espèce la mère des demandeurs - de substituer sa propre appréciation de la juste rétribution de la cession du droit à l'image, faute qu'un vice du consentement ou une autre cause de nullité du contrat soit, en l'espèce, allégué ;*

• *si en matière d'exploitation commerciale de l'image, le professionnalisme ou la notoriété du mannequin participe de la juste rémunération de la cession de son droit à l'image, dès lors que celle-ci contribue au succès de la compagne publicitaire, tel n'est jamais le cas quand l'image est celle d'enfants n'ayant,*

> *comme en l'espèce, jamais participé à une campagne commerciale et n'étant connus que de leur entourage ou de leurs proches ;*
>
> *• enfin, aucun principe du droit des contrats ou des usages professionnels n'établit de rapport entre le succès d'une campagne publicitaire, ses retombés commerciales ou la trace qu'elle est susceptible de laisser dans la mémoire collective et la rémunération de la cession du droit à l'image de qui y figure, seul l'accord des volontés à la signature du contrat commandant son économie générale. »* (TGI Paris, 4/5/2011, RG 08/16619)
>
> Les demandeurs n'ont donc pas eu gain de cause sur le fondement de la diffusion de la compagne publicitaire elle-même. Par contre, ils furent indemnisés pour les utilisations qui n'avaient pas été prévues à l'origine (affichettes, cartes postales, site internet, etc).

La solution est logique dans son principe. Comme je le rappellerai à différentes occasions dans cet ouvrage, droit à l'image et droit d'auteur ne fonctionnent pas sur les mêmes règles. Autant, en matière de droit d'auteur il est par principe obligatoire de faire dépendre les revenus de l'auteur de l'ampleur des utilisations de l'image autant, en droit à l'image, il faut par contre s'en tenir au contrat conclu. Et s'il est autorisé, nous le verrons concernant les mannequins notamment, de prévoir une rémunération proportionnelle aux utilisations, autant, lorsque le contrat n'est pas libellé en ce sens, il n'y a pas lieu de le réviser pour cette raison.

Cette affaire est également intéressante dans la mesure où elle semble exclure, en principe, les enfants du champ de cette tendance à valoriser commercialement la valeur de l'image, du fait précisément de leur absence de notoriété. Il est certain, comme le précise d'ailleurs le tribunal, que pour des enfants connus (artistes prodiges, mannequins déjà rôdés à la « profession », enfants de stars, etc.) le raisonnement serait différent.

L'UTILISATION PROFESSIONNELLE DE L'IMAGE

Enfin, j'ai pu trouver une décision dans laquelle une cour d'appel fait une application quasiment identique en retenant les conséquences professionnelles de la diffusion d'une image et en comparant la situation à celle d'un mannequin, au motif que la diffusion aurait nécessairement des conséquences sur les chances de succès de la plaignante lors d'une élection.

Une élue locale qui exerçait la fonction d'adjointe déléguée à la culture, une femme avait transmis une photo d'identité pour l'établissement de sa carte d'identité professionnelle. Parallèlement, et en vue d'une publication dans le bulletin de la commune informant de la composition du nouveau conseil municipal, elle avait transmis une photo nettement plus flatteuse où elle apparaissait souriante et détendue, ce que ne permet pas une photo d'identité respectant les normes administratives. Un tiers avait publié la photo d'identité dans un journal d'opposition, ce qui d'après la plaignante avait pour effet de la présenter sous un jour volontairement défavorable.
Le Tribunal de Grande Instance saisi avait fait droit à sa demande, mais l'éditeur du magazine d'opposition avait interjeté appel. Il n'eut toutefois pas plus de succès en degré d'appel, la Cour estimant *« qu'une photographie d'identité destinée à figurer sur une carte professionnelle doit présenter des caractéristiques quasi-anthropométriques pour permettre l'identification de la personne indépendamment de sa coiffure, de l'expression de son visage ou de ses éventuelles parures, ce qui fait qu'elle est rarement flatteuse. La publication d'une telle photographie porte atteinte au droit à l'image de (la plaignante) qui a le droit de contrôler son image pour ne pas être présentée aux électeurs sous une apparence dévalorisante, d'autant plus que (l'éditeur) pouvait trouver sur le site Internet de la commune ou dans le journal d'informations municipales la photographie de (la plaignante) sur le même format d'identité mais beaucoup plus naturelle et souriante. »*
(CA Versailles, 30/11/2011, RG 10/06742)

La profession de la plaignante, dans ce cas d'espèce, n'était pas à proprement parler en lien avec la valeur de son image, comme ça le serait pour un mannequin ou à moindre mesure un sportif professionnel sous les liens de contrats. Mais malgré cela, l'incidence de la publication sur l'image donnée dans sa vie professionnelle fit pencher la balance dans le sens qui vient d'être précisé.
Ceci étant posé, poursuivons à présent l'examen en commençant par l'exposé des deux grands types de conflits de normes, avant d'examiner les différentes situations de captation d'images dans des lieux publics. On lit sur internet tout et son contraire, ce qui est bien compréhensible au vu des errements fréquents de la jurisprudence. Voyons à l'aide d'exemples concrets comment peuvent se résoudre ces différents conflits entre principes juridiques contradictoires. Et bien entendu, par « photo de rue » on entend non seulement les photos prises, précisément, en rue, mais également dans tous les lieux accessibles au public.

LES DEUX GRANDS CONFLITS DE NORMES

CONFLIT DROIT À L'IMAGE / LIBERTÉ D'EXPRESSION ARTISTIQUE

La photo « de rue » est souvent citée parmi les situations les plus anxiogènes en matière de droit à l'image. Dans tous les espaces publics, isoler une personne anonyme pour lui faire occuper la place principale dans une photo débouche ensuite sur des questionnements sans fin. Faut-il flouter ? Masquer le visage ? Obtenir à tout prix une autorisation écrite ?

L'évolution antérieure

Après plusieurs années de tergiversations, au cours desquelles il était fréquemment exigé des photographes de disposer d'une autorisation des personnes représentées quelle que soit l'utilisation des images, un premier espoir survint en 2004, dans une affaire qui fit grand bruit à l'époque dans les milieux photographiques.

Un photographe avait réalisé différentes photos dans le métro, dans le cadre d'un projet qui déboucha sur un livre intitulé *L'Autre* (Luc Delahaye, Magnum, Ed. Phaidon Press Limited, 1999). Les photos du livre étaient toutes des portraits d'anonymes dans le métro parisien. Un homme qui était représenté sur l'une des photos avait alors assigné tant le photographe que l'éditeur, ainsi que le producteur d'une émission dans laquelle la photo avait été diffusée.

Le Tribunal de Grande Instance de Paris avait, pour la première fois de façon aussi claire, débouté le demandeur en faisant prévaloir la liberté d'expression artistique au terme d'une motivation rédigée comme suit :

« Attendu que les défendeurs font valoir que la démarche photographique (de l'auteur) crée un contexte dans lequel la notion de faute doit être appréciée au regard de la liberté d'expression ; que la photographie (du demandeur), comme celles des autres personnes figurant dans le livre, illustre « l'Homme anonyme » et sert une œuvre artistique aussi bien dans le livre que dans le film où elle apparaît deux secondes.

Attendu que si toute personne dispose sur son image et sur l'utilisation qui en est faite d'un droit exclusif lui permettant de s'opposer à sa captation et à sa reproduction sans son autorisation, ce droit n'et pas absolu et cède, notamment devant le droit à l'information, droit fondamental protégé par l'article 10 de la Convention européenne des droits de l'Homme, qui autorise la publication d'images de personnes impliquées dans un événement, sous réserve du respect de la dignité de la personne humaine; qu'il doit en être de même lorsque l'exercice par un individu de son droit à l'image aurait pour effet de faire arbitrairement obstacle à la liberté de recevoir ou communiquer des idées qui s'exprime spécialement dans le travail d'un artiste ;

attendu que l'ouvrage (de l'auteur) est incontestablement une œuvre artistique par l'originalité de la démarche de l'auteur, photographe mettant son art au service d'une observation sociologique /.../. Attendu que le but recherché n'aurait pas pu être atteint si le photographe avait agi à découvert; que s'il a «volé» ces images, ce n'est pas spécialement dans un but commercial ou mercantile comme le prétend le demandeur, mais dans la perspective de fournir un témoignage sociologique et artistique particulier sur le comportement humain, étayé par l'analyse d'un philosophe et sociologue cosignataire du livre ;

attendu que la photographie représentant le demandeur ne montre pas

> *celui-ci dans une situation dégradante; que l'expression qui se dégage de son portrait ne le tourne pas en ridicule; qu'il ne peut sérieusement prétendre avoir souffert moralement de se voir reproduit dans le livre en cause, étant observé qu'il ne verse aucune pièce susceptible d'établir la réalité du préjudice qu'il allègue. »*
> (TGI Paris, 2/6/2004, RG 02/12034)

Ce jugement fut la première pierre d'une évolution consacrée quatre ans plus tard par l'arrêt qui constitue actuellement la pierre angulaire de ce conflit de normes entre droit à l'image et liberté d'expression artistique, et dont il est question ci-dessous.

L'arrêt de principe

En 1998, la Cour d'Appel de Paris confirmait en effet la jurisprudence citée ci-avant, et d'autres intervenues entretemps.

> Le photographe (et par ailleurs romancier) François-Marie Banier avait publié un livre de photographies intitulé *Perdre la tête* (Editions Gallimard). Ce livre, composé de photographies réalisées dans les rues de la capitale, rassemblait des portraits de divers anonymes croisés au fil de ses balades. Sur le site de son éditeur, l'ouvrage est décrit en ces termes les sujets photographiés : *« Travailleurs de rue aux allures de guerriers mythologiques, promeneurs, passants, couples, solitaires, ils ont vécu des histoires et des épreuves que nous ne pouvons que deviner, qui laissent sur leur visage, dans leur démarche, leur apparence, les traces d'un chemin toujours visible qui nous touche ». (www.gallimard.fr/Catalogue/GALLIMARD/Livres-d-Art/Perdre-la-tete)*
>
> Parmi les photographies qui composaient l'ouvrage figurait celle d'une dame style « B.C.B.G. » assise sur un banc, téléphone portable à la main, petit chien en laisse.
> Après la parution du livre, cette femme n'avait pas apprécié de figurer dans cette galerie de portraits, qu'elle qualifiait de « cour des miracles », et avait donc attaqué l'éditeur devant le tribunal, invoquant son droit au respect de la vie privée (Art. 9 du Code civil).
> Déboutée par le Tribunal de Grande Instance, elle a interjeté appel ce qui a

> amené la Cour d'Appel de Paris à prononcer un arrêt qui reste pour l'instant la référence dans ce conflit constant entre respect de la vie privée et liberté d'expression.
> La cour, dans ce cas, précis, a fait primer le principe de liberté d'expression, en considérant que « *ceux qui créent, interprètent, diffusent ou exposent une œuvre d'art contribuent à l'échange d'idées et d'opinion indispensable à une société démocratique* » avant de relever que « *le droit à l'image doit céder devant la liberté d'expression chaque fois que l'exercice du premier aurait pour effet de faire arbitrairement obstacle à la liberté de recevoir ou de communiquer des idées qui s'expriment spécialement dans le travail d'un artiste, sauf dans le cas d'une publication contraire à la dignité de la personne ou revêtant pour elle des conséquences d'une particulière gravité* ».
> (CA Paris, 5/11/2008, I. de C. c/ Gallimard)

Cet arrêt constitue à l'heure actuelle une base importante et les principes qu'il a dégagés sont régulièrement confirmés par les juridictions. Bien entendu, il appartient au magistrat d'apprécier si la publication est éventuellement « *contraire à la dignité de la personne* » ou si celle-ci revêt pour le plaignant « *des conséquences d'une particulière gravité* ». Et en ce domaine, la résolution des litiges reste bien sûr tributaire de leur appréciation.

Mais la situation reste malgré tout plus confortable qu'elle ne l'était par le passé, puisqu'il est à présent admis que le principe reste la liberté d'expression artistique, auquel on ne pourra déroger qu'à certaines conditions.

La publication « contraire à la dignité humaine »

Comme le rappelle cet arrêt, la liberté d'expression artistique ne suffirait pas à justifier une publication contraire à la dignité humaine. Cette exigence fait référence au texte de l'article 16 du Code civil rappelé dans l'énoncé des dispositions générales pouvant entraver la circulation d'une image. J'examinerai en outre cette notion plus en détails dans le cadre du conflit droit à l'image / droit à l'information, car il est plus fréquemment utilisé en cas de publications dans la presse.

Mais il était important de retenir qu'il s'agit également de la première barrière pouvant s'opposer à la diffusion artistique d'une photographie. À la fin de l'ouvrage, je propose un essai de méthodologie reprenant, dans l'ordre de leur importance, les questions à se poser avant de diffuser des images. Très logiquement, celle relative à la dignité humaine sera parmi les premières évoquées.

Que signifie « conséquences d'une particulière gravité » ?

Ceci étant posé, reste au moment de post-traiter les images, au calme devant votre écran ou dans votre laboratoire la délicate question de savoir à partir de quand une diffusion peut entraîner pour le sujet de la photo des *« conséquences d'une particulière gravité »*.

Imaginez la situation suivante, d'apparence très banale : appareil à la main, vous vous trouvez sur la voie publique, et soudain une scène très photogénique s'impose à vos yeux. Un couple s'embrasse dans un décor parfaitement composé, et vous entrevoyez un succès à la façon du *Baiser de l'Hôtel de Ville* de Doisneau qui fera décoller votre carrière d'artiste pour de bon. Le temps de cadrer, et la photo est dans la boîte. À l'usage, il s'avère que votre intuition était bonne, et que votre image rencontre un vif succès. D'expositions en concours, elle vous vaut une certaine notoriété et bien sûr, sa reproduction dans différents médias se systématise. Seulement vous n'aviez pas prévu que vos amoureux n'avaient en réalité pas à être présents à cet endroit, ou du moins pas dans cette situation, et que de leur côté, l'épouse de Monsieur et/ou le mari de Madame, s'emparant du succès de la photo en tirera parti pour obtenir un superbe jugement de divorce pour cause déterminée, avec le cas échéant, en outre, une jolie prestation compensatoire à charge du conjoint fautif.

Les conséquences, dans ce cas, sont incontestablement pour vos sujets « *d'une particulière gravité* ». Mais d'un autre côté, vous ne pouvez pas enquêter sur la vie privée de chaque personne dont l'image se retrouvera sur vos cartes mémoire.
C'est à mon sens le bon sens qui doit toujours présider dans une situation de ce genre. Pour revenir à l'exemple précis que j'imaginais, plusieurs possibilités pourraient se présenter :

- Tout d'abord, après avoir faire la première photo, celle qui s'est imposée à vous, changez d'angle. Capturez, si vous avez le temps, la scène de dos, ou à contrejour, pour disposer également d'images sur lesquelles les sujets ne sont pas reconnaissables (voir ci-après pour l'importance de cette précision).

- Il reste également possible d'envisager une approche pacifique des personnes photographiées, du moins dans certains cas. Reprenons l'exemple des deux sujets en train de s'embrasser. Si vous voyez la possibilité de vous approcher, pourquoi ne pas aller les voir, leur montrer la photo en leur disant que la scène a attiré votre attention et que vous vous proposez de leur envoyer la photo gracieusement. Ceci vous permettra de disposer de leurs coordonnées d'une part bien sûr pour tenir votre engagement, et d'autre part pour recueillir leur autorisation si la photo est, après traitement, conforme à votre attente. Bien entendu, vous veillerez à ce que l'accord soit formalisé par écrit (un mail suffit), de façon suffisamment précise par rapport aux modes de diffusion que vous envisagez. Et vous prendrez également la précaution de sauvegarder ce mail à un endroit où vous êtes assuré qu'il ne risque pas de disparaître dans le prochain crash de votre disque dur. J'aborderai la question des autorisations écrites plus loin dans l'ouvrage.

L'exemple donné ci-dessus peut paraître extrême ou caricatural. Mais la pratique montre qu'il peut y avoir plus étonnant encore.

Pendant plusieurs années, un pompier volontaire et l'une de ses collègues avaient entretenu une relation extraconjugale au sein de leur unité. Ils avaient souhaité pimenter leurs ébats en se photographiant à deux reprises, et conservaient les fichiers sur un cd rangé dans le casier de Madame à la caserne, casier fermé à clé bien entendu. Mais la serrure du cadenas ne devait pas être suffisamment robuste pour résister aux assauts des collègues, puisqu'ils avaient vu ensuite une partie de ces photographies circuler sur Internet, après qu'elles aient été envoyées à certaines casernes de la région.

Les intéressés avaient alors déposé plainte pour vol à l'encontre du collègue responsable de l'effraction du casier, et, parallèlement, avaient introduit une action civile devant le Tribunal de Grande Instance sur pied de l'article 9 du Code civil et de l'article 1382 du même Code (fondement de la responsabilité civile extracontractuelle). Les plaignants invoquaient au titre de leur préjudice, et outre l'aspect moral, le fait qu'ils avaient été contraints de démissionner suite à la diffusion des photographies. Le Tribunal de Grande Instance avait condamné l'intéressé, mais en limitant le préjudice, considérant que la démission était en premier lieu due à l'existence des ébats sur le lieu de travail et pendant les heures de service.
Le collègue un peu trop curieux avait alors interjeté appel de la condamnation. Il plaidait le fait que la diffusion n'avait pas été réalisée à

> grande échelle, et que les plaignants avaient pris le risque de conserver leur cd sur le lieu de travail.
> Mais dans son arrêt, la Cour d'Appel relevait que le même collègue s'était emparé dans le casier de correspondances échangées entre les deux plaignants, et s'était cru autorisé à transmettre celles-ci à l'épouse de son collègue, pendant la procédure de divorce qui les opposait.
> La cour confirmait donc - y compris sur les montants alloués, que les plaignants estimaient insuffisants - le jugement dont appel.
> (CA Colmar, 11/1/2013,RG 11/03853)

Si cette affaire précisément ne fait pas avancer la théorie du droit à l'image - l'arrêt ne contenant aucun enseignement particulier et n'opposant pas le sujet et le photographe -, elle est par contre la démonstration de l'incidence que peut avoir pour une personne représentée, la diffusion d'une photographie.

Il est évident que dans la majorité des cas, les photos pour lesquelles se pose la question de la diffusion sont d'un autre ordre. Et qu'ici, un minimum de bon sens aurait dû amener le collègue à s'abstenir de toute diffusion, même s'il a indiqué ensuite lors de l'enquête qu'il avait juste voulu s'amuser, sans imaginer l'ampleur que prendrait l'affaire.

De son côté, le photographe qui saisit un moment d'intimité entre deux personnes se posera par contre la question de la diffusion, les chances que la diffusion ait des conséquences sur la vie privée étant par définition plus élevées.
C'est en tout état de cause toujours le bon sens qui doit présider.

Le sujet doit être reconnaissable

La règle

Très logiquement, le sujet d'une photographie qui entend s'opposer à la diffusion de son image doit - comme nous le verrons dans le chapitre relatif à l'indemnisation - apporter la preuve de certains éléments. Mais avant cela, il faut au plaignant, pour être accueilli dans sa demande, qu'il soit reconnaissable sur la photographie dont il veut s'opposer à la diffusion.

En effet – et même si cela paraît évident – il ne peut y avoir de préjudice causé à la vie privée si le sujet n'est pas susceptible d'être reconnu. Si la précision semble couler de source, il s'avère pourtant qu'elle fait souvent l'objet de discussions dans les affaires où cette question est évoquée. Le principe a donc été rappelé de manière claire par la jurisprudence à différentes reprises, et notamment dans l'affaire suivante.

Une personne détenue dans une maison d'arrêt apparaissait sur une photographie publiée, et avait assigné l'éditeur de la publication. Il fut cependant débouté en première instance et en degré d'appel, la Cour d'appel de Paris relevant qu'il *« n'indiquait pas ce qui, dans la silhouette, la démarche ou les vêtements permettrait d'identifier le prisonnier ; qu'il n'établit pas, notamment , que des téléspectateurs l'auraient reconnu ; que la seule affirmation de l'appelant selon laquelle il se serait lui-même reconnu est insuffisante à établir qu'il est bien le prisonnier filmé. »*
(CA Paris, 15/4/2005, CCE 2005, Comm. 142)

Dans la photo ci-contre, il ne saurait donc être question de droit à l'image. Les sujets se reconnaîtraient sans doute, mais il n'en serait pas de même pour les tiers. Il ne suffit pas en effet que le plaignant se reconnaisse lui-même, il faut que les gens puissent le reconnaître, ce qui est différent.

Et lorsqu'un plaignant n'est pas reconnaissable, il est donc purement et simplement débouté de sa demande, aucune atteinte à son droit à l'image ou à sa vie privée ne pouvant être retenue.

Une société commercialisant des produits alimentaires (en l'occurrence de la brandade de morue) avait fait réaliser une campagne de communication incluant une photographie représentant un torero et trois banderilleros, tous vus de dos, en train de saluer le public dans les arènes de Nîmes
Une action avait ensuite été introduite par un homme qui se présentait comme le torero de la photographie en vue de faire interdire l'utilisation de la photographie sur cette campagne de publicité, et bien entendu d'obtenir une indemnisation de son préjudice au titre du droit à l'image.

Débouté par le Tribunal de Grande Instance de Nîmes, il avait alors interjeté appel. Mais son recours ne fut pas non plus couronné de succès, la Cour d'Appel de Nîmes estimant dans son arrêt que *« les seules caractéristiques du personnage dans lequel l'appelant se reconnaît ne permettaient pas, plus de onze années après la manifestation au cours de laquelle la photographie aurait été prise selon son affirmation, d'affirmer que (l'appelant) est bien le torero apparaissant sur la publicité en cause alors que ces caractéristiques, cheveux bruns, taille et corpulence moyenne, costume bleu foncé et doré, sont communes à de très nombreux toreros.*

Les nouvelles attestations produites /.../ ne font plus mention de la date du 16 septembre 1995, et font état d'une reconnaissance « sans difficultés » en considération de « la silhouette, la démarche, le maintien » de « la gestuelle » ou encore de « la façon de tenir les fleurs en levant le bras » (de l'appelant).

Elles ne sont cependant pas davantage probantes alors que ces affirmations ne reposent pas sur le constat d'une identité avec des caractéristiques elles mêmes identifiables et propres à la personne (de l'appelant), le caractère particulièrement subjectif des attestations apparaissant nettement si l'on observe qu'une simple photographie ne permet pas réellement d'apprécier les qualités décrites par ces attestants.

Il convient par voie de conséquence de confirmer, à défaut de possibilité d'identification de la personne représentée par la publicité en cause, le jugement entrepris en ce qu'il a débouté (l'appelant) de ses demandes. »
(CA Nîmes, 15/11/2012, RG 11/04701)

> Une autre affaire peut être citée, qui mettait en cause une danseuse brésilienne dont l'image avait été selon elle utilisée abusivement sur un papier d'emballage de sucre. Au vu de la taille du visuel et de la place (quelques millimètres) occupée par le visage, la Cour d'Appel débouta la plaignante : « *Ainsi que l'a déjà dit le tribunal, si la photographie produite par Yolande O. et qui la représente en costume de danseuse brésilienne présente des caractéristiques communes avec l'image, au demeurant banale, figurant sur les emballages de sucre, l'intéressée ne peut être identifiée en raison de la petite taille de la vignette, soit la dimension de la plus grande face d'un morceau de sucre, le visage du personnage reproduit n'occupant qu'une surface de trois millimètres sur deux, les attestations fournies en cause d'appel par l'appelante n'étant pas de nature à modifier cette évidente constatation.*
>
> *Aussi, l'atteinte au respect dû à l'image n'étant pas constituée faute d'identification de la personne représentée sur les emballages litigieux, c'est à bon droit que les premiers juges ont débouté Yolande O. de ses demandes, ce que la cour confirmera.* »
> (CA de Paris (Pôle 2, chambre 7, 19/1/2011, RG 08/02897)

Cette condition doit s'apprécier non seulement par rapport à la photo elle-même, mais également par rapport au contexte, ou au texte qui l'accompagne éventuellement. Ainsi donc, on peut imaginer qu'une personne représentée soit de dos, son visage totalement caché, mais que la légende accompagnant l'image permette de l'identifier avec certitude. Cela suffirait pour une action au titre de l'article 9 du Code civil.

Cette règle est-elle absolue ?

Cette obligation pour le plaignant qui invoque une violation de son droit à l'image d'être, à tout le moins, reconnaissable sur l'image (ou grâce à la légende qui l'accompagne) est systématiquement invoquée lorsque le fondement de l'action est le droit à l'image lui-même. Mais nous avons vu que « droit à l'image » et « droit au respect de la vie privée » n'étaient pas toujours synonymes.

Dans l'affaire suivante, le tribunal a été amené à condamner un éditeur du fait de la publication de photographies sur lesquelles les sujets n'étaient pas reconnaissables, en raison des circonstances des prises de vue.

Un présentateur vedette du petit écran avait organisé sa cérémonie de mariage dans un château, privatisé pour l'occasion et y avait convié l'ensemble de ses invités.

Afin de contourner l'interdiction faite à la presse de pénétrer dans les lieu, un photographe avait trouvé judicieux de prendre malgré tout des photographies de l'événement en ULM en survolant la propriété.
L'article décrivait le décor général, les animations présentes pour les convives, la tenue vestimentaire adoptée par l'ensemble des invité, etc.
Et trois photographies aériennes servaient à illustrer le texte.
Une quatrième photographie, prise avec une longue focale, représentait le présentateur/marié lui-même, avec la légende : *« /.../ a tenu à assurer l'animation lui-même. Allez, karaoké géant pour tout le monde ».*
Ce survol avait bien été peu apprécié par les jeunes mariés, qui avaient, très logiquement, assigné l'éditeur sur pied de l'article 9 du Code civil.
Celui-ci se défendait en invoquant le fait que, pour les trois grandes photos à tout le moins, les convives n'étaient pas reconnaissables, et qu'au surplus, le fait même du mariage n'avait rien de privé puisqu'il avait fait l'objet de publications officielles comme la loi l'exige, avant la cérémonie.
Ceci avait valu au tribunal saisi du litige d'accueillir les demandes des jeunes mariés dans les termes suivants :

« /.../ si, comme le soutient la société défenderesse, le mariage civil est soumis à des formalités de publicité préalables et constitue un acte d'état civil, de sorte que, public par nature, sa relation par la presse lorsqu'il s'agit de personnalités médiatiques est légitime, tel n'est pas le cas d'une réception privée d'invités dont le lieu, l'organisation et le déroulement relèvent exclusivement de la sphère de la vie privée des intéressés.
L'article de presse qui fait état de la liste des invités, décrit le lit nuptial, et révèle le lieu de la réception, contient des informations qui ne peuvent être qualifiées d'anodines et portent atteinte à la vie privée des demandeurs, dès lors qu'il n'est nullement démontré que ces derniers avaient par leurs propres déclarations ou comportement manqué à la discrétion qu'ils revendiquent.

Enfin et surtout, si les photographies ne permettent pas d'identifier les convives, celles-ci ont été prises au téléobjectif en survolant la propriété du

> château en ULM, en dehors du consentement des demandeurs, qui avaient pris soin d'organiser cette réception dans un parc privé éloigné de Paris. Ainsi le procédé utilisé afin d'obtenir ces photographies constitue une immixtion particulièrement attentatoire dans la vie privée des demandeurs. » (TGI Paris, 17ème ch., 8/6/2011, RG 10/12.666)

Le tribunal a donc distingué les fondements. Sur base du droit au respect de la vie privée, il a condamné l'éditeur pour les photos sur lesquelles les sujets n'étaient pas reconnaissables. Et pour être complet il faut préciser que pour la quatrième photo, sur laquelle le présentateur/jeune marié était identifié et entouré, c'est le droit à l'image qui a servi de fondement à une condamnation distincte.

Expression artistique et dignité humaine

L'histoire de la photographie comporte quelques exemples d'affaires où au titre de la protection des enfants, ou du respect de la dignité humaine, des expositions ou publications ont été censurées ou du moins ont défrayé la chronique. Se pose alors toujours la question de savoir où s'arrête l'expression artistique et où commence l'atteinte à la dignité.

> L'une des modèles qui avait posé pour les prises de vue de David Hamilton dans les années 1970-71 avait assigné l'éditeur d'un recueil paru en 2006 et ce devant le Juge des Référés, donc vraisemblablement au moment de sa publication, pour parvenir à interdire celle-ci.
> La plaignante faisait valoir que la publication des photographies sans son accord était constitutive d'un « trouble manifestement illicite » (le genre de trouble que le Juge de l'urgence qu'est le Juge des référés est en droit de sanctionner dans le cadre de cette procédure rapide). Selon elle, le fait que ses parents avaient donné leur autorisation à l'époque ne l'empêchait nullement d'agir au titre du respect de sa dignité.
> Je n'ai pas eu accès à l'ordonnance rendue, mais elle avait été déboutée en première instance. Devant la Cour d'Appel, à qui elle a donc soumis le litige pour second examen, elle n'eut pas plus de succès, la Cour rappelant que le droit à l'image doit céder devant la liberté de création artistique, y compris par le biais de la diffusion d'une œuvre constituée de photographies dès

> lors que ces dernières respectent la dignité de la personne humaine.
> *« Considérant que les ouvrages David H. et David H. Les Contes érotiques en cause sont le reflet de l'œuvre artistique du photographe D.H. dont les photographies mises en scène et posées de (la plaignante) font partie intégrante.*
> *Que si les clichés photographiques - déjà publiés à plusieurs reprises sans que l'appelante ne réagisse -, la représentent partiellement ou totalement dénudée, il n'est pas évident, eu égard à la nature de l'ouvrage et à la faible probabilité qu'elle soit reconnue, qu'elle puisse se prévaloir d'une atteinte portée à sa dignité, seule restriction indiscutable à la liberté de création de l'artiste.* » (CA Paris, Chambre 14, Section B, 7/10/2007, n°07/04603)

Le simple caractère dénudé - a fortiori quand les prises de vue avaient été autorisées par les parents de la jeune fille mineure à l'époque - ne suffit donc pas à fonder une atteinte à la dignité humaine. Du moins pas dans notre droit, car il s'agit là d'une notion par nature fluctuante, en fonction de la culture et de la religion d'une société (cf. à la fin de cet ouvrage, l'entretien avec Philippe Rochot sur la mise en œuvre pratique à l'étranger).

Qu'est-ce qu'un mode de diffusion dans le cadre de l'expression artistique ?

Une autre question délicate se pose ensuite quant au mode de diffusion. Dès lors qu'une œuvre artistique a en général vocation à être commercialisée ensuite (sous forme de livre, de posters, etc.), où s'arrêtera la « liberté d'expression artistique » et où commencera l'exploitation commerciale ?
Je n'ai pu à ce jour trouver aucune réponse précise sur la limite à ne pas franchir pour un artiste dans la diffusion de la photographie au titre de sa liberté d'expression artistique.

Suggestion de critère

Si je devais proposer un critère, je ferais volontiers le rapprochement avec la difficile matière des statuts des photographes. Il est une frontière nettement mieux tranchée - bien que pavée de quelques flous - entre ce que peut faire un auteur photographe (ayant un statut d'artiste) et ce qui, au contraire, implique un statut d'artisan autorisant le commerce.
Pour résumer, un auteur photographe, avec son statut d'artiste, peut :

• soit vendre des tirages originaux dans la limite de trente exemplaires par photo, tous supports et formats confondus, et pour autant qu'ils soient tirés par ses soins ou sous son contrôle, signés et numérotés,

• soit procéder à une cession de droits sur son œuvre au profit d'un diffuseur (lire à ce sujet l'ouvrage *Vendre ses photos*, 3ème éd., juillet 2013, Ed. KnowWare)

Toutes autres opérations sont considérées comme commerciales et impliquent un statut de photographe artisan (ou bien sûr une activité exercée sous forme de société commerciale). Or, il me semble que ces mêmes critères pourraient aider à délimiter le champ des modes de diffusion possibles au titre de la liberté d'expression artistique lorsque celle-ci vient en opposition au droit à l'image. En d'autres termes, on considérerait que les modes de diffusion autorisés à un auteur photographe (à savoir une vente de tirage original et/ou une cession de droits) restent dans le champ de la « liberté d'expression artistique ».

Comment cela pourrait-il s'illustrer en pratique ?

À l'occasion d'une balade, vous prenez une photo mais ne disposez pas de l'autorisation du sujet (ici, plutôt, de ses parents) pour la diffuser. Au retour, la photo vous plait, et après post-traitement, vous décidez de l'intégrer à votre prochaine exposition sur

le thème de l'enfance. Se pose alors la question de l'éventuel droit des parents de s'opposer à cette diffusion.

L'enfant est certes reconnaissable, mais la photo n'est absolument pas contraire à la dignité humaine, et sa diffusion, au vu de l'image, ne parait pas pouvoir entraîner des « conséquences d'une particulière gravité » pour l'enfant. Passant au-dessus de vos doutes, vous faites tirer la photographie sur un beau support, vous la numérotez, vous la signez et vous l'intégrez à votre exposition.
Un éditeur vous contacte, après avoir vu l'exposition, pour vous proposer d'intégrer cette photo à un ouvrage qu'il va éditer. Et par ailleurs, au vu des réactions des visiteurs, vous décidez après l'exposition de décliner le visuel sur une série d'articles divers.

Vous mettez ceux-ci en vente via votre site ou physiquement dans vos locaux.
Le critère de délimitation proposé consisterait à raisonner comme suit :

- Puisqu'un artiste a le droit d'exposer (et de vendre) un tirage original numéroté et signé, cette forme d'exploitation de la photo dont il est question ici entrerait bien dans le champ de la liberté d'expression artistique. Et sauf « conséquences d'une particulière gravité », les parents de l'enfant représenté ne pourront pas faire obstacle à l'exposition de la photo et à la vente du tirage et des vingt-neuf autres de la série.

• De la même manière, et puisqu'un auteur photographe avec son statut d'artiste peut également procéder à des cessions de droits, celle faite dans notre exemple au profit d'un éditeur rentrerait également dans le champ de la liberté d'expression artistique. Il faut noter à cet égard que dans l'arrêt de principe dont nous avons parlé (l'affaire Banier), l'exploitation se faisait bien sous forme d'ouvrage vendu dans le commerce, la Cour d'appel ne voyant apparemment pas de contradiction entre la forme du support et l'expression artistique de l'auteur de l'image.

• Par contre, la diffusion d'objets commerciaux comme ceux que vous avez déclinés ensuite avec la même image doit indiscutablement être rangée parmi les actes commerciaux, que seul un artisan pourrait envisager. Dès lors, pour cette photo précisément, le droit à l'image s'oppose à une exploitation sous cette forme par le photographe.

Ce mode de raisonnement ne signifie pas, bien sûr, qu'un artisan serait plus libre de ses mouvements qu'un auteur avec cette photographie donnée à titre d'exemple. La référence aux statuts d'auteur et d'artisan ne servant, vous l'aurez compris, qu'à délimiter les modes d'exploitation qui entreraient dans le champ de la liberté d'expression artistique et ceux qui au contraire le dépasseraient.

C'est en quelque sorte ce qu'a tranché un tribunal dans l'affaire ci-après.

Des parents avaient confié à un photographe exerçant en société le soin de réaliser quelques portraits de leur fils au polaroïd, portraits qu'ils avaient tous achetés par la suite. Par la suite, ils s'étaient aperçus que la société du photographe avait affiché dans la vitrine des agrandissements de certaines des photos de leur enfant, et en avaient même reproduites sur un tapis de souris commercialisé, le tout bien sûr sans leur demander leur autorisation. Ils avaient dès lors assigné la société en question devant le Tribunal de Grande Instance de Charleville Mézières en sollicitant notamment une indemnisation à hauteur de 6.000 €. De son côté, le photographe invoquait le fait que le tapis de souris incriminé ne provenait pas de son magasin, et n'avait pu être réalisé qu'à l'aide d'un négatif alors que les photos litigieuses étaient issues d'un polaroïd. Par un jugement du 3 mai 2006, le tribunal avait débouté les parents de leur demande, estimant qu'ils ne rapportaient pas la charge de la preuve d'une faute incombant au photographe.

> Les parents avaient donc interjeté appel.
> La Cour d'Appel de Reims a quant à elle totalement réformé le jugement attaqué et condamné la société (à ce moment en liquidation), en considérant que *« c'est à tort que le premier juge a rejeté le principe d'une faute commise par la SARL , laquelle ne pouvait sans l'accord préalable de l'intéressé ou, en l'espèce, de ses représentants légaux, utiliser à des fins commerciales l'image de celui-ci.*
> *Attendu que la faute étant établie, il convient toutefois de limiter l'indemnisation à 1.500 € au lieu des 6.000 € réclamés par les appelants, eu égard au faible préjudice en ayant résulté pour (l'enfant), et à la modestie de l'entreprise, menée par ailleurs à l'évidence sans intention de nuire ».*
> (CA Reims, 30/1/2008, RG 06/01739)

Dans ce jugement, c'est donc bien la nature purement commerciale de l'utilisation faite par la société du photographe (les posters dans la vitrine en guise d'argument commercial et la commercialisation du tapis de souris) qui ont posé difficulté et entrainé la condamnation de sa société. Certes les circonstances étaient un peu différentes, et il s'agissait plus d'un abus par rapport à la commande initiale de portrait que de liberté d'expression artistique d'un photographe créant la photo d'un tiers qu'il ne connait pas, mais l'affaire est intéressante.

Ce critère d'appréciation, bien sûr, n'est pas parfait, et il subsisterait des difficultés. Que penser, par exemple, du cas où dans le cadre de sa liberté d'expression artistique un auteur céderait des droits à un éditeur, opération à priori autorisée si l'on garde le même mode de raisonnement, mais où cet éditeur déclinerait de son côté la photo en articles dérivés ?

Mais s'il faut tenter de poser des limites, pourquoi ne pas aussi les baser sur la distinction entre activité artistique et prestation commerciale ? (pour plus de détails sur ces notions, il est renvoyé au livre *Vendre ses photos*, 3ème édition, Ed. KnowWare 2013).

LE CONFLIT DROIT À L'IMAGE / DROIT À L'INFORMATION

Dans ce type de conflit de normes, les litiges opposent le plus souvent les personnes représentées sur les images à un organe de presse. Mais ceci n'est pas une obligation : le droit à l'information peut aussi être invoqué par un particulier dans le cadre de la vie de son blog, par exemple, ou par toute personne désireuse de communiquer des informations au public.

Par contre, dans tous les cas, il s'agira d'examiner si la représentation de l'image du plaignant rentre bien dans les nécessités de l'information ou si ce principe fondamental n'est invoqué par l'éditeur (ou le photographe) que pour tenter de justifier à posteriori un abus constituant une violation de la vie privée.

Enfin, avant d'aborder les limites posées par la jurisprudence à ce « droit à l'information », relevons qu'il peut concerner tant l'illustration d'une actualité brûlante que celle d'un « débat d'intérêt général », les limites qui seront posées étant valables pour ces deux cas de figure.

Vous constaterez également que la jurisprudence citée est parfois plus ancienne que 2008. L'arrêt de 2008 dont je faisais état plus haut était strictement relatif au conflit entre droit à l'image et liberté d'expression artistique. Et pour cette raison, j'ai tenté de limiter ensuite mes exemples à des cas récents. Il n'en va pas de même pour la matière du droit à l'information. En effet, il n'y a pas d'arrêt « de principe » à signaler dans cette matière, les règles étant relativement constantes depuis quelques années, de telle sorte que l'on peut sans danger tirer des enseignements de décisions un peu plus anciennes.

Pour commencer, examinons la plus importante des limites : celle de l'atteinte à la dignité humaine, découlant notamment de l'article 16 du Code civil déjà évoqué.

La photo ne doit pas attenter à la dignité humaine

Si cette exigence existe bien entendu aussi dans le cadre du conflit entre le droit à l'image et la liberté d'expression artistique, c'est - comme je l'indiquais plus haut - essentiellement en matière de droit à l'information qu'elle a trouvé à s'appliquer.

Les hypothèses où la solution jurisprudentielle s'impose

Dans certains cas, l'issue d'une procédure ne fait pas de doute, tant la représentation de la personne atteint des limites non acceptables.

Deux affaires peuvent à cet égard être citées en exemple de ce qu'il convient, précisément, de ne pas faire. Elles ont donné l'occasion aux juridictions de sanctionner sévèrement les abus d'une certaine presse.

Une publication de la presse à sensation avait publié une photographie représentant un jeune homme bâillonné et entravé, la tête bandée et sous la menace d'une arme. Il s'agissait de la célèbre affaire du décès tragique d'Ilan Halimi, torturé à mort.
Sur plainte de la famille de la victime, l'éditeur de cette publication avait été condamné par la Cour d'appel de Paris (CA Paris, 28/5/2009) à occulter dans tous les exemplaires du numéro 120 de ce magazine de juin 2009, les cinq reproductions de la photographie litigieuse, et ce sous peine d'astreinte.
L'éditeur avait alors introduit un pourvoi en Cassation, à l'appui duquel il invoquait essentiellement :

- que la liberté d'expression devait prévaloir sur l'atteinte au sentiment d'affliction de la famille de la victime, et ce dès lors notamment que ce sentiment était *« éminemment subjectif »* et que la Cour d'appel, en décidant du contraire, avait violé l'article 10 de la Convention européenne de Sauvegarde des Droits de l'Homme et des libertés fondamentales
- que si *« atteinte à la dignité »* il y avait, ce n'était que dans le chef des tortionnaires à l'égard de leur victime, et non à dans le chef des éditeurs
- et qu'enfin, la liberté d'expression ne pouvait se voir limiter que dans un but de protection des droits des tiers, et qu'en l'espèce, sachant notamment que la photographie avait notamment été diffusée dans une émission télévisée à laquelle participait la famille de la victime, une telle atteinte n'était pas démontrée.

La Cour de Cassation débouta toutefois l'éditeur de son pourvoi, et confirma l'arrêt de la Cour d'Appel en considérant notamment :

- que la photographie avait été prise par les tortionnaires d'Ilan Halimi, et figurait au dossier pénal, ayant été utilisée par ces derniers pour leur demande de rançon adressée à la famille ;
- qu'elle n'avait aucune vocation être diffusée dans le public
- qu'elle était au surplus particulièrement impressionnante
- que le magazine s'en était servi à différentes reprises dans le même numéro y compris pour illustrer le bulletin d'abonnement proposé aux lecteurs.

Sur cette base, la cour considère que l'utilisation de ce cliché

> constitue pour les proches de la victime une atteinte grave à leurs sentiments d'affliction, et ce indépendamment de l'utilisation du cliché dans une émission de télévision à laquelle ils avaient participé.
> Ainsi, considérant également que *« la recherche de sensationnel constitue la ligne éditoriale revendiquée par le magazine /.../ »*, la cour relève malgré tout que cela ne « *l'autorisait nullement à cette atteinte à la vie privée* » de la famille de la victime au-delà des nécessités de l'information.
> La cour, abordant la question de la dignité humaine, rappelle la motivation de la Cour d'Appel pour en confirmer le bien fondé et rejeter le pourvoi de l'éditeur.
> *« Mais attendu que les proches d'une personne peuvent s'opposer à la reproduction de son image après son décès, dès lors qu'ils en éprouvent un préjudice personnel en raison d'une atteinte à la mémoire ou au respect dû au mort ; qu'à cet égard la cour d'appel énonce que la photographie litigieuse, dont il est constant qu'elle avait été prise par les tortionnaires de Ilan X. et adressée à sa famille pour appuyer une demande de rançon, a été publiée sans autorisation ; qu'elle ajoute que cette photographie qui montre Ilan X., le visage entouré d'un ruban adhésif argenté laissant seulement apparaître son nez ensanglanté et tuméfié, l'ensemble du visage donnant l'impression d'être enflé sous le bandage de ruban adhésif, les poignets entravés par le même ruban adhésif, son trousseau de clefs glissé entre les doigts, un journal coincé sous la poitrine et un pistolet braqué à bout touchant sur la tempe par une main gantée, l'épaule gauche de son vêtement tiraillée vers le haut, suggère la soumission imposée et la torture ; qu'estimant que la publication de la photographie litigieuse, qui dénotait une recherche de sensationnel, n'était nullement justifiée par les nécessités de l'information, elle en a justement déduit que, contraire à la dignité humaine, elle constituait une atteinte à la mémoire ou au respect dû au mort et dès lors à la vie privée des proches, justifiant ainsi que soit apportée une telle restriction à la liberté d'expression et d'information ; que le moyen n'est fondé en aucune de ses branches. »* (Cass. 1/7/2010, Pourvoi n°09-15.479)

La solution, dans cette affaire, avait notamment été dictée - outre bien sûr le caractère particulièrement impressionnant de la photographie et son utilisation par l'éditeur jusque sur le bulletin d'abonnement du magazine - par le fait que l'image était issue du dossier répressif et avait été obtenue de façon peu conventionnelle.

Mais il n'est pas nécessaire que l'éditeur se soit procuré la photographie d'une façon anormale voire illégale pour que la diffusion soit censurée par la jurisprudence.

Suite à la catastrophe du téléphérique du Pic de Bure le 1er juillet 1999, au cours de laquelle le téléphérique s'était décroché de son câble, provoquant la mort de ses vingt passagers, Paris Match avait publié une photographie en double page de son édition du 15 juillet 1999, sous le titre *La vallée du désespoir*.

La photo litigieuse représentait le lieu de la chute de la cabine, et permettait de discerner les corps de plusieurs victimes, certaines ayant conservé une apparence d'intégrité, les autres malheureusement en bien plus piteux état.

Deux frères de victime avaient saisi le Tribunal Correctionnel (Chambre de la Presse), considérant qu'en publiant ce cliché, l'hebdomadaire avait commis à leur égard un délit de violence volontaire, ne pouvant pas ignorer l'impact que ces photos auraient sur les familles victimes, particulièrement vulnérables à ce moment.

Sur ce fondement précis, ils furent déboutés, le Tribunal Correctionnel estimant que les dispositions du Code pénal invoquées ne pouvaient pas voir leur champ d'application élargi dans la mesure invoquée par les plaignants, mais tout en relevant que la publication était de nature à susciter un débat éthique, et suggérant lui-même une poursuite fondée sur la violation de leur vie privée par la profonde atteinte à leur sentiment d'affliction. (Trib. Corr. Paris, Chambre de la Presse, 8/3/2000).

Les mêmes plaignants ont donc tout naturellement saisi, par la suite, la juridiction civile.

Celle-ci, après avoir rappelé le principe de la liberté de communication et du droit à l'information (Art. 10 de la Convention Européenne des Droits de l'Homme) note malgré tout que la photographie aérienne qui constituait le centre du litige ne représentait pas une vue d'ensemble du lieu de l'accident, *« mais bien une vue dont le cadrage et le grossissement sont étudiés pour attirer l'attention sur les corps déchiquetés des victimes, identifiés par un numéro aisément lisible, caractérise la recherche du sensationnel en faisant fonctionner le ressort émotionnel face au spectacle de la mort »*, avant de conclure donc que cette représentation délibérée ne constituait pas une nécessité. L'hebdomadaire fut donc sévèrement condamné (TGI Nanterre, 26/2/200).

Les hésitations jurisprudentielles

Il n'en reste pas moins que dans l'exercice de leur pouvoir d'appréciation, les magistrats semblent parfois, face à des circonstances identiques, hésiter sur la conduite à tenir.

Pour vous en convaincre, je relate ci-dessous deux affaires aussi comparables que possible et ayant débouché sur deux décisions diamétralement opposées. Lorsque les plaignants invoquent l'atteinte à la dignité humaine (outre, éventuellement, leurs sentiments d'afflictions personnels), et que l'éditeur rétorque « droit à l'information » ou « débat d'intérêt général », il n'est pas facile de tracer la frontière entre ce qui est toléré et ce qui ne l'est plus.

La limite découlera peut-être de la définition que l'on pourrait donner de cette « dignité humaine », au sens de l'article 16 du Code civil. Sans oser me risquer moi-même à un tel exercice, je crois judicieux de vous citer la définition suggérée par un éminent juriste : *« /.../ est attentatoire à la dignité humaine (notion de droit) la publication journalistique, dans le temps suivant un évènement dramatique, de l'image qui prend pour objet essentiel la représentation d'une personne identifiée ou aisément identifiable (notion de fait), et saisie dans une situation particulièrement humiliante ou dégradante (notion de fait encore). A ce dernier égard, il s'agira selon les espèces, des gros plans sur les blessures ou handicaps majeurs, sur les trais figés sous le coup d'un choc mortel ou défigurés par l'angoisse ou la souffrance, du visage hagard ou de la quasi-nudité suscités par l'évènement violent auquel on vient juste d'être mêlé. Dans toutes ces hypothèses, certaines publications jettent en pâture au public un élément consubstantiel à la personne et que celle-ci, ou les protecteurs naturels de son image que sont ses proches si elle est décédée, étaient en droit de retenir. »* (J-P Gridel, *Retour sur l'image du préfet assassiné, dignité de la personne humaine et liberté de l'information d'actualité*, Recueil Dalloz 2001, p. 872)

Mais si la définition proposée par ce juriste - par ailleurs conseiller à la Cour de Cassation -, a le mérite d'être complète, et précise, elle n'explique pas pour autant les errements dans les affaires que je vais exposer ci-après.

Imaginez un journaliste ramenant la photographie d'une victime, étendue sur le sol, visage reconnaissable, et par la suite un éditeur publiant ladite photographie en illustration d'un article consacré à l'événement survenu ou à un débat d'intérêt général. Cette situation constitue le point de départ de chacune des deux premières affaires que j'évoque dans cette section.

Affaire n°1

Le magazine Paris Match avait publié un article intitulé *Routes, la guerre oubliée*, et dans lequel il était question comme on l'imagine des accidents de la route de façon générale. Pour illustrer cette publication, l'éditeur avait notamment utilisé la photographie d'un adolescent de seize ans, victime d'un accident de la circulation, avec la légende : *« Il faisait la course en scooter. Il avait 16 ans. Les médecins ne pourront le réanimer »*. La photo représentait le jeune homme étendu sur un brancard, entouré de secouristes. On pouvait apercevoir son visage ensanglanté.
Les parents du jeune homme avaient alors assigné l'éditeur devant le Tribunal de Grande Instance de Nanterre.
Le tribunal suivi par la Cour d'appel avait considéré qu'eu égard au manque total de précautions pour garantir l'anonymat de la victime, il fallait faire droit aux demandes des parents. Mais, saisie sur pourvoi de l'éditeur, la Cour de Cassation ne fut cependant pas de cet avis et fit reproche à l'arrêt de la Cour de Versailles de n'avoir pas *« recherché si l'information des lecteurs justifiait la publication de la photographie litigieuse, ni caractérisé l'atteinte portée par celle-ci à la dignité de la victime »*. L'arrêt fut donc cassé et l'affaire renvoyée devant la Cour d'appel de Paris, pour nouvel examen (Cass. Civ. 2ème ch, 4/11/2004). En d'autres termes, la Cour de Cassation considère que la Cour d'appel aurait dû rechercher quelle était l'atteinte réelle à la dignité de la victime, et motiver en ce sens.

Dans cette première affaire, c'est donc au final le droit à l'information qui a primé à défaut pour les parents, d'avoir démontré l'atteinte à la dignité de leur fils décédé, ou du moins à défaut pour la Cour d'Appel d'avoir recherché si cette dignité avait été mise en péril, justifiant alors une limitation au droit à l'information.

Examinons à présent la seconde affaire.

Affaire n°2

Suite à l'assassinat du préfet Érignac, le même magazine que dans l'affaire n°1 avait publié une photo montrant le corps de ce dernier au sol, la tête auréolée d'une tache de sang.
La famille de la victime avait introduit une procédure fondée notamment sur

l'article 9 du Code civil (droit au respect de la vie privée).
Si je n'ai pu avoir accès qu'à l'arrêt de Cassation, il est probable que l'assignation et les débats en première instance visaient également l'article 16 du même Code, puisque celui-ci *« interdit toute atteinte à la dignité de (la personne) et garantit le respect de l'être humain dès le commencement de sa vie. »* (art. 16 du Code civil)
Paris Match avait été condamné par les juges du fond, et avait ensuite introduit un pourvoi en cassation.

Dans un arrêt relativement bref, la Cour de Cassation rejette le pourvoi de l'éditeur, en considérant : *« /…/ qu'ayant retenu que la photographie publiée représentait distinctement le corps et le visage du préfet assassiné, gisant sur la chaussée d'une rue d'Ajaccio, la cour d'appel a pu juger, dès lors que cette image était attentatoire à la dignité de la personne humaine, qu'une telle publication était illicite, sa décision se trouvant ainsi légalement justifiée au regard des exigences tant de l'article 10 de la Convention européenne que de l'article 16 du Code civil /…/ »*
(Cass. Civ. 1ère ch., 20/12/2000)

Objectivement, on voit mal ce qui différencie ces deux situations. Que l'on considère ou non que les photos portent atteinte à la dignité humaine, la solution me parait devoir alors être identique dans les deux affaires. La différence viendrait-elle de la nature même des faits dont il était question ? Le préfet Érignac a en effet succombé à un assassinat, ce qui diffère des circonstances du décès du jeune homme en scooter, que l'on présente d'ailleurs dans l'article comme responsable de son propre accident (« *Il faisait la course en scooter* »).

Dans de telles conditions, faut-il alors considérer que les victimes d'attentats (au sens large) sont plus à même de faire valoir leur droit à la dignité ? Rien n'est moins sûr, si l'on envisage l'affaire suivante :

Affaire n°3
Suite à l'attentat commis en 1995 dans la station de RER Saint Michel à Paris, une victime, photographiée en partie dénudée, et sans son consentement, avait attaqué l'éditeur de la photo, sur laquelle

> il était possible de la reconnaître.
> En degré d'appel, elle avait obtenu gain de cause, la Cour d'Appel estimant que la publication de la photo incriminée n'était pas nécessaire pour l'information des lecteurs. Il aurait suffi, selon la Cour d'Appel, que l'on se contente de montrer que l'attentat avait fait de nombreuses victimes (CA Paris, 30/12/1998).
> La Cour, sur pourvoi de l'éditeur, avait accueilli le pourvoi cassé l'arrêt de la Cour d'appel en relevant considérant que la photographie ne portait pas atteinte à la dignité de la plaignante, et ne faisait que rendre compte de la détresse des victime suite à un fait d'actualité particulièrement brûlant. Elle précisait que la photo *« était dépourvue de recherche du sensationnel et de toute indécence et qu'ainsi, elle ne portait pas atteinte à la dignité de la personne représentée. »* (Cass. crim. 20/2/2001, Pourvoi n°98-23-471). Une décision similaire avait été rendue sur plainte d'une victime de l'explosion de l'usine AZF à Toulouse en septembre 2001 (TGI Toulouse, Référé, 8/3/2002).

Je continue à mal appréhender les différences de traitement entre ces différentes affaires. Certes, le préfet Érignac était malheureusement décédé, ce qui n'était pas le cas de la victime de l'attentat du RER. Mais celle-ci, bien que moins célèbre, n'en n'aurait pas moins à supporter, de son vivant, les remarques éventuelles de son entourage sur la publication de cette photo et les souvenirs douloureux qu'elle évoquerait pour elle, sans parler des séquelles éventuelles de ses blessures.

Si l'on veut fixer une limite à cette « dignité humaine » et sanctionner ses dépassements, encore faut-il à mon sens que sa définition soit identiquement appliquée pour tous. La photo de la victime de l'attentat du RER dont il vient d'être question était probablement bien dépourvue de toute quête du sensationnel, mais c'était aussi le cas de la photo du préfet Érignac. La géométrie de cette notion de « dignité humaine » reste donc très variable.

L'interdiction est-elle absolue, ou la personne représentée peut-elle malgré tout donner son autorisation ?

Au vu de l'importance de l'interdiction, et sachant qu'il ne faut pas prendre le respect de la dignité humaine à la légère, la question peut se poser de savoir si une photo manifestement choquante à cet égard est interdite de façon absolue ou si, au contraire, la personne représentée peut valablement donner son accord pour sa diffusion.

La question s'est posée notamment - mais sans qu'il y ait eu procédure à ma connaissance - dans le cadre d'une avancée médicale importante que constituait la première greffe de visage. La victime des graves morsures d'un chien avait subi une opération qui constituait une première en France. L'ensemble des médias concourait à tenter de couvrir l'évènement de façon exclusive, et c'est finalement l'hebdomadaire Paris Match qui a « raflé la mise » en signant avec l'intéressée un contrat d'exclusivité. Si l'on peut sans doute s'étonner d'une telle pratique, la question, sur le plan juridique, était de savoir si le Parquet allait éventuellement réagir, et si oui, sur quelle base puisque les articles 9 et 16 du Code civil consacrent des droits civils et strictement personnels.

Il n'y eut toutefois pas de procédure, et la liberté de chacun de monnayer si besoin l'utilisation de son image semble ainsi confirmée, fût-elle susceptible de ne pas être conforme à la dignité humaine.

Notions de « droit à l'information » et d'illustration de « débat d'intérêt général »

Distinction

Cette question de l'atteinte éventuelle à la dignité humaine étant à présent évoquée, restent - lorsqu'elle n'est pas en jeu - à fixer les limites du « droit à l'information » et de l'illustration d'un « débat d'intérêt général ».

Ces deux notions se distinguent essentiellement par le caractère d'actualité des évènement auxquels elles se rapportent. Pour reprendre les exemples ci-avant, l'assassinat du préfet Érignac était, au moment de sa survenance, une actualité brûlante rentrant dans le « droit à l'information » (mais nous avons vu que cela n'autorisait pas aux yeux du juge la publication de n'importe quelle photographie). Par contre, l'article sur les dangers de la route était plus intemporel, et s'inscrivait plutôt dans cette notion d'illustration du « débat d'intérêt général ». Mais dans les deux cas, la licéité de la publication s'appréciera selon les mêmes critères.

L'exception relative à l'événement historique

Cet impératif, pour ce qui est de l'illustration d'un événement tenant à l'actualité immédiate ou à un débat d'intérêt général trouve toutefois une exception.
En effet, il a été admis par la jurisprudence que l'utilisation d'une photo ancienne pouvait être légitimée lorsqu'il s'agissait d'illustrer un événement historique, dans le cadre d'une rétrospective directement liée à cet événement.

Lors des manifestations de mai 1968, une femme juchée sur les épaules d'un homme, et brandissant un drapeau vietnamien, se trouvait à l'avant d'un cortège. Elle figurait, de façon reconnaissable, sur une photo largement diffusée à l'époque. Cette photo a par la suite été souvent reprise pour illustrer des articles relatifs à ces événements historiques.

Des années plus tard, elle introduit une action contre l'agence de presse qui diffusait toujours la photographie, en soutenant que son consentement, qui n'avait pas été demandé à l'époque, ne pouvait pas se déduire de sa seule participation aux événements. Elle relevait que l'image d'elle ainsi diffusée la faisait apparaître comme *« une égérie de la révolution, ce qui ne correspond pas à sa véritable personnalité, lui causant un grave préjudice (...) »*.
La Cour d'Appel de Versailles ne fut toutefois pas de cet avis, et considéra *« qu'il est de principe que le droit exclusif et absolu à l'image qu'a toute personne trouve ses limites, lorsque les photographies sont prises dans le cadre d'événements ou de manifestations se déroulant dans les lieux publics (...). [La femme], âgée à l'époque de 28 ans, ne pouvait ignorer l'impact de cette manifestation et les conséquences pouvant résulter de sa participation avec des milliers d'autres personnes, (...) la photographie la montre dans une situation l'exposant nécessairement, (...) brandissant, dans un geste dont le symbolisme n'a pu lui échapper, un drapeau vietnamien à la vue des photographes. (...) sa divulgation, même répétée est tout autant licite et ne requiert pas son consentement, dès lors que la reproduction intervient toujours dans le cadre des événements de mai 1968 (...) dans le seul but d'illustrer la mémoire d'événements qui appartiennent à l'histoire (...). »* (CA Versailles, 14/3/2001)

À l'exception de ces événements historiques, retenez donc que l'événement d'actualité doit être récent, cette condition étant appréciée au regard de la fréquence de la publication concernée. Ainsi, on admettra qu'une photo soit publiée plusieurs mois après l'événement si elle apparaît dans une rétrospective annuelle. Par contre, s'il s'agit d'un quotidien ou d'un hebdomadaire, l'image devra suivre de près la survenance des faits.

Voyons à présent les différentes limites posées par la jurisprudence à l'utilisation d'une image dans le cadre du droit à l'information.

La personne représentée doit être directement concernée par l'information

L'affirmation semble évidente, mais ne l'est manifestement pas pour tout le monde. Elle est donc régulièrement rappelée par les juridictions, comme ce fut le cas dans l'affaire suivante, soumise à la Cour de Cassation.

Une chaine de télévision publique avait consacré un sujet dans l'un de ses journaux télévisés à la question de l'accroissement de la délinquance sur le site de l'aéroport de Roissy-Charles de Gaulle. Après avoir filmé deux interventions du responsable de la P.A.F. (Police de l'Air et des Frontières), elle enchainait avec une séquence filmée assortie du commentaire verbal suivant : *« Cet après-midi, les policiers repèrent un personnage suspect sur un parking : contrôle d'identité, la routine quoi ! »*. La séquence montrait un véhicule en patrouille, et la conversation des policiers avec l'occupant d'une voiture. À droite de l'écran apparaissait un homme parfaitement reconnaissable, qui s'était alors plaint de l'utilisation de son image.
Il avait obtenu gain de cause devant la Cour d'appel, ce qui avait valu à France Télévision de déposer un pourvoi en cassation contre cet arrêt, en invoquant que *« la personne qui assiste à un événement d'actualité ou s'y trouve impliquée par sa seule présence ne peut, en l'absence de cadrage sur elle, s'opposer à son apparition sur l'écran »*. France Télévision relevait également que la Cour d'appel n'avait pas détaillé à suffisance le préjudice qu'elle reconnaissait avoir été subi par le plaignant.

Mais la Cour de Cassation ne l'entendit pas de cette oreille, et rejeta le pourvoi en estimant que *« si le reportage portait sur l'actualité que constituait le travail policier en réaction à une insécurité particulière et était pertinemment illustré par le contrôle d'identité intervenu, (le plaignant) n'était en rien concerné par le sujet évoqué, et qu'il appartenait à la chaîne de télévision d'éviter qu'il fût reconnaissable lors de la projection ultérieure à l'écran, et, sur la seconde branche, que la seule constatation de l'atteinte à l'image ouvre droit à réclamation »*.
(Cass. civ. 1ère ch., 5/7/2006, Pourvoi n° 05-14738)

Comme vous l'avez compris, la solution n'aurait pas été identique pour la personne se trouvant dans le véhicule et dont l'identité était contrôlée. Ici, le plaignant n'était qu'un passant qui s'était trouvé dans le champ de la caméra au moment de la prise de vue, la Cour précisant alors qu'il appartenait à la chaîne de faire le nécessaire pour qu'il ne soit pas reconnaissable.

L'image doit illustrer l'information, et non l'inverse

Par ailleurs, il faut préciser que si l'utilisation d'une image, dans ce cadre, du droit à l'information, est admise pour illustrer l'information, encore ce rapport doit-il rester équilibré. L'image est autorisée pour illustrer l'événement dont le public peut légitimement s'attendre à être informé, mais ne doit pas constituer le corps de la publication, avec quelques informations en guise de légende.

C'est notamment ce qu'a rappelé le Tribunal de Grande Instance de Paris dans l'affaire suivante.

En 1998, le coureur cycliste Richard Virenque assignait l'éditeur d'un livre qui lui était consacré, et ce au titre de son droit à l'image puisqu'il n'avait pas été sollicité préalablement à cette publication pour donner son accord. Bien entendu, l'éditeur de son côté arguait du droit à l'information du public. Saisi du litige, le Tribunal de Grande Instance de Paris fit droit à la demande dans les termes suivants : *« Attendu que selon M. Virenque toute personne a sur son image un droit exclusif, lui donnant vocation à s'opposer à toute exploitation de celle-ci sans son autorisation expresse ; que ce principe s'affirmerait d'autant plus lorsque l'image jouit d'une très grande notoriété et représente une grande valeur patrimoniale que les sportifs de très haut niveau, notamment, négocient auprès de partenaires prêts à payer des sommes importantes pour l'exploiter en exclusivité dans leur secteur d'activité ;*
attendu que (l'éditeur) oppose au demandeur le droit à l'information lequel prévaudrait sur le droit à l'image lorsque le portrait de l'intéressé a été pris dans un lieu public, à l'occasion d'une manifestation publique ou dans l'exercice de son activité professionnelle ; qu'ainsi M. Virenque a été pris au cours de compétitions cyclistes, principalement le Tour de France, sur son vélo ou en tenue de coureur cycliste ; Mais attendu qu'il n'est pas contesté que (la défenderesse) s'est abstenue de solliciter l'autorisation expresse de Monsieur Virenque pour la diffusion d'un tel ouvrage ; que cet ouvrage se trouve caractérisé par le fait que le contenu iconographique prédomine largement sur le texte /.../ pour apparaître davantage comme

un album photographique des performances de la carrière de M. Virenque, que comme la relation de sa vie ; qu'ainsi l'usage abondant de photographies de l'intéressé pour constituer un tel ouvrage a été réalisé à des fins purement commerciales ;
attendu que la mission d'information invoquées par l'éditeur est très accessoire, qu'elle n'a rien de commun avec les photographies illustrant les articles de la presse sportive couvrant ce genre d'événements ; qu'ainsi le consentement implicitement donné par un sportif à l'utilisation de photos prises dans l'exercice de son activité professionnelle, se trouve ici détourné de sa vocation originelle ;
attendu qu'une telle situation qui ne pouvait échapper à une professionnelle de l'édition, aurait dû inciter (l'éditeur) à recueillir le consentement exprès de M. Virenque ; qu'en ne le faisant pas, la défenderesse a commis une faute à l'origine du préjudice que subit M. Virenque du fait de l'atteinte portée à, et sur son image, faute engageant sa responsabilité sur le fondement de l'article 1382 du Code civil. »
(TGI Paris, 3ème ch., 25/2/1998, RG 98/1725)

Il est donc primordial de garder ce rapport entre l'information dispensée et l'image qui ne doit servir qu'à l'illustrer.

« Concernée » ne signifie pas « victime »

S'il est admis qu'une personne concernée par un fait d'actualité ou un débat d'intérêt général peut se voir déboutée d'une action au titre du droit à l'image, du fait précisément de son implication dans l'événement, encore ne faut-il pas confondre « acteur » de l'événement et « victime ».

Un hebdomadaire friand d'informations choc avait publié en 2003 un article intitulé *Ballets de proxénètes en plein Paris.* L'article était sous-titré dans les termes suivants : *« Dans le 17ème arrondissement les villes venues de l'Est font le trottoir sous très haute surveillance d'une armée d'hommes de main ».* Cet article était illustré par une photo en double page représentant trois femmes parfaitement identifiables, qui avaient alors saisi le tribunal au titre de leur droit à l'image.
Elles avaient obtenu gain de cause au fond, tant en première instance qu'en

appel, et l'éditeur s'était alors pourvu en Cassation, invoquant le droit à l'information sur un débat d'intérêt général. Mais la Cour de Cassation a rejeté le pourvoi au terme d'une motivation rédigée comme suit :
« Attendu que le jugement confirmé avait retenu que dans le cas d'espèce, la légitimité d'un reportage sur la prostitution à Paris ou sur le sort que des réseaux criminels peut réserver à des filles venant de l'Europe de l'Est, comme d'ailleurs, le souci de l'illustration du propos, était parfaitement compatible avec le respect des droits de la personnalité des intéressées, par le recours à des procédés techniques tels que le « floutage », la « pixellisation » ou l'apposition d'un bandeau sur le visage des personnes représentées, procédés qui auraient dû s'imposer avec d'autant plus d'évidence que l'article présentait les prostituées représentées comme les victimes de personnages sans scrupules et que ces dernières se trouvaient en tout état de cause, exposées à d'éventuelles poursuites pénales du chef de racolage passif et, du fait de la publication, à la réprobation de ceux de leurs proches, relations personnelles ou voisinage, pouvant être dans l'ignorance de leurs activités. »
(Cass. 1ère ch. civ., 18/9/2008, Pourvoi n°07-16471)

Dans ce cas, la cour, confirmant l'analyse des juridictions de fond, a donc entendu privilégier les femmes concernées, estimant fort logiquement qu'elles étaient les premières victimes de la situation.

Illustrer un débat d'intérêt général implique qu'il soit réellement invoqué dans la publication

Bon nombre d'éditeurs, notamment dans la presse people invoquent le fait que l'utilisation de l'image des plaignants par la nécessité d'illustrer un « débat d'intérêt général ». Mais bien souvent, à l'examen du contenu de l'article, force est de constater que le prétendu débat n'est pas même évoqué, de telle sorte que les juridictions retiennent alors la violation du droit à l'image, et condamnent sur cette base. Ce fut le cas dans l'affaire suivante.

Une journaliste qui entamait une relation privée avec un homme politique avait fait l'objet d'une filature serrée de la part de journalistes de la presse people. Outre les commentaires accompagnant nécessairement ce genre d'article, la journaliste relevait la présence de photographies dont certaines prises de nuit et au téléobjectif, démontrant qu'elle avait fait l'objet d'une surveillance rapprochée.

Elle avait donc assigné l'éditeur devant le Tribunal de Grande Instance de Paris, mais n'avait pas obtenu gain de cause, ou du moins pas entièrement. L'éditeur se défendait en invoquant l'illustration d'un débat d'intérêt général, à savoir celui lié à l'impartialité des journalistes partageant leur vie avec un homme politique, lequel débat justifiait selon lui la publication.

Je n'ai pas pu trouver le premier jugement, mais l'arrêt rendu par la cour sur appel interjeté par la journaliste réforme la décision entreprise, sur base d'une motivation formulée comme suit :

« /.../ loin de participer à un débat d'intérêt général sur la question des relations entre les hommes politiques et les journalistes, la publication litigieuse viole tous les aspects de la vie intime de l'appelante;
La page de couverture indique qu'il s'agit de révéler pour la première fois au public une situation sur laquelle les intéressés ne s'étaient pas exprimés au moment de la publication le 9 janvier 2010 et l'article litigieux caractérise une immixtion manifestement fautive dans la sphère protégée de son intimité. /..../
Que surtout, l'annonce faite par le magazine /.../ ne fait à aucun moment référence aux répercussions possibles de cette nouvelle relation sur la déontologie professionnelle de l'intéressée, ni davantage sur un plan plus général à la question des rapports entre les journalistes et le pouvoir politique, mais s'attache exclusivement à alimenter la curiosité du public en divulguant avec complaisance des détails de la vie personnelle de la journaliste relatifs aux circonstances de la naissance de sa relation sentimentale avec son nouveau compagnon. »
(CA Paris, Pôle 2, 7ème ch, 6/3/2013, RG 10/06607)

Le « débat d'intérêt général » doit donc être réellement abordé dans la publication, et ne pas constituer un prétexte a posteriori.

L'IMPACT DU DROIT SUPRANATIONAL

Nous avons vu au moment d'énumérer les règles légales applicables, que certaines étaient issues de la Convention Européenne des Droits de l'Homme. Pour cette raison, et très logiquement, la jurisprudence de la Cour Européenne des Droits de l'Homme pourra avoir une incidence sur l'évolution des notions abordées dans cet ouvrage. Vie privée, droit à l'image et atteintes à ces deux notions doivent donc également s'apprécier au regard de la jurisprudence de cette instance supranationale.

J'avais également cité, au titre des normes applicables, la Déclaration Universelle des Droits de l'Homme, mais celle-ci ne donne pas lieu à une jurisprudence, de telle sorte qu'une fois énoncés les principes qu'elle contient, elle est moins utile au quotidien pour faire valoir ses droits. Je m'en tiens donc, au moment d'examiner la jurisprudence supranationale, à celle de la Cour Européenne des Droits de l'Homme (CEDH) qui siège à Strasbourg.

QUEL RÔLE JOUE LA COUR EUROPÉENNE DES DROITS DE L'HOMME ?

Contrairement à ce que son nom pourrait laisser entendre, la Cour Européenne des Droits de l'Homme (CEDH) n'est pas une création intégrée dans l'Union Européenne (au sens de l'espace économique Européen), mais une création internationale créée en 1959 dans le cadre du Conseil de l'Europe, et qui compte plus de membres qu'il n'y en a dans la Communauté européenne.

Pour ne pas perdre de vue cette distinction, souvenez-vous simplement que l'Union européenne (vingt-huit pays au jour de la mise sous presse de cet ouvrage) a essentiellement un objectif économique (libre-échange, etc.) alors que le Conseil de l'Europe est une organisation internationale dont les buts essentiels sont la protection des Droits de l'Homme et des Libertés Fondamentales et le renforcement de la démocratie. Il compte actuellement 47 États membres (http://hub.coe.int/fr/).

Son texte de référence est donc la Convention européenne des Droits de l'Homme. Chaque individu tire des droits personnels de la Convention Européenne des Droits de l'Homme et peut, s'il estime que l'État dont il ressort n'a pas mis en œuvre tous les moyens pour faire respecter ses droits, assigner cet État (et non son adversaire initial) devant la Cour Européenne des Droits de l'Homme.

Pour cette raison, les arrêts rendus par cette juridictions mettent toujours en présence une personne d'une part, un État d'autre part. Et lorsque la Cour Européenne de Droits de l'Homme estime qu'en effet l'État attaqué n'a pas mis en œuvre les moyens nécessaires à l'application de la Convention, elle prononce une condamnation à l'égard de cet État.

COUR EUROPÉENNE, VIE PRIVÉE ET DROIT À L'IMAGE

Il est intéressant de voir de quelle manière tranche cette juridiction supranationale, puisque sa jurisprudence est susceptible d'influencer la jurisprudence interne.

Un très important arrêt fut rendu à cet égard en 2004 et résume bien l'évolution de cette juridiction depuis de nombreuses années. Il mérite donc que l'on s'y attarde un peu.

La princesse Caroline de Monaco, lasse d'être poursuivie par les paparazzis de toutes nationalités, avait initié une série de procédures, et notamment à l'égard d'éditeurs allemands. Ces procédures avaient été introduites devant les juridictions allemandes. Mais celles-ci (et jusqu'à la Cour fédérale) n'avaient pas intégralement donné raison à la plaignante, de telle sorte qu'elle avait alors attaqué non plus les éditeurs, mais l'Etat allemand devant la Cour Européenne des Droits de l'Homme.
Elle invoquait donc l'irrespect, par les juridictions allemandes (et donc l'État, indirectement) de l'article 8 de la Convention Européenne qui lui garantit le respect de sa vie privée.

Ceci donna lieu à un très long arrêt de la Cour Européenne des Droits de l'Homme dans lequel, après avoir énuméré les dizaines des photographies incriminées, décrit les commentaires qui les accompagnaient, elle pose la règle qui doit servir de guide pour l'appréciation de l'équilibre entre le respect de la vie privée et le droit à l'information.

« La Cour rappelle que la notion de vie privée comprend des éléments se rapportant à l'identité d'une personne tels que son nom ou son droit à l'image. De plus, la sphère de la vie privée, telle que la Cour la conçoit, couvre l'intégrité physique et morale d'une personne ; la garantie offerte par l'article 8 de la Convention est principalement destinée à assurer le développement, sans ingérences extérieures,

de la personnalité de chaque individu dans les relations avec ses semblables. Il existe donc une zone d'interaction entre l'individu et des tiers qui, même dans un contexte public, peut relever de la « vie privée ». /…/ Dans le cas de photos, la Commission européenne des Droits de l'Homme, en vue de délimiter la portée de la protection accordée par l'article 8 contre une ingérence arbitraire des autorités publiques, a examiné si elles se rapportaient à un domaine privé ou à des incidents publics, et si les éléments ainsi obtenus étaient destinés à un usage limité, ou susceptibles d'être rendus accessibles au public en général. /…/ Cette protection de la vie privée doit être mise en balance avec la liberté d'expression garantie à l'article 10 de la Convention.

Dans ce contexte, la Cour rappelle que la liberté d'expression constitue l'un des fondements essentiels d'une société démocratique. Sous réserve du paragraphe 2 de l'article 10, elle vaut non seulement pour les « informations » ou « idées » accueillies avec faveur ou considérées comme inoffensives ou indifférentes, mais aussi pour celles qui heurtent, choquent ou inquiètent. Ainsi le veulent le pluralisme, la tolérance et l'esprit d'ouverture sans lesquels il n'est pas de « société démocratique ». A cet égard, la presse joue un rôle essentiel dans une société démocratique : si elle ne doit pas franchir certaines limites, s'agissant notamment de la protection de la réputation et des droits d'autrui, il lui incombe néanmoins de communiquer, dans le respect de ses devoirs et responsabilités, des informations et des idées sur toutes les questions d'intérêt général. La liberté journalistique comprend aussi le recours possible à une certaine dose d'exagération, voire de provocation.

Si la liberté d'expression s'étend également à la publication de photos, il s'agit là néanmoins d'un domaine où la protection de la réputation et des droits d'autrui revêt une importance particulière. En l'occurrence, il s'agit de la diffusion non pas d'« idées », mais d'images contenant des « informations » très personnelles, voire intimes, sur un individu. De plus, les photos paraissant dans la presse à sensation sont souvent réalisées dans un climat de harcèlement continu, entraînant pour la personne concernée un très fort sentiment d'intrusion dans sa vie privée et même de persécution. Dans les affaires relatives à la mise en balance de la protection de la vie privée et de la liberté d'expression dont la Cour a eu à connaître, elle a toujours mis l'accent sur la contribution que la parution de photos ou d'articles dans la presse apportait au débat d'intérêt général. » (CEDH,

24/1/1994, Von Hannover/Allemagne, Requête n°59320/00)
Sur le fond, la cour a censuré certaines des publications et considéré, donc, que l'État allemand aurait dû prononcer une condamnation à ce titre, mais tout en estimant que pour d'autres photos, représentant la princesse dans des activités certes privées mais ne tenant pas à ses éventuelles relations amoureuses, la liberté de la presse devait l'emporter du fait de la notoriété de la plaignante.

Comme on le voit, les critères dégagés par la Cour Européenne des Droits de l'Homme semblent légèrement plus favorables aux éditeurs, la notion de liberté d'expression étant placée sur un plan manifestement plus important que celle de la liberté individuelle. Certes la Cour Européenne des Droits de l'Homme définit la notion de vie privée, et consacre l'importance que l'image d'une personne peut avoir dans le cadre de l'intimité de celle-ci, mais il faut apparemment une atteinte plus grave à cette vie privée pour que la juridiction européenne accepte de mettre en péril le principe de liberté d'expression. Tout dépend donc de l'endroit où la juridiction saisie placera la limite de la sphère privée.

Une décision fut ensuite rendue entre les mêmes parties en 2012.

La plaignante avait alors saisi à nouveau les juridictions allemandes, se prévalant de l'arrêt de la Cour Européenne des Droits de l'Homme. À nouveau, la procédure franchit toutes les étapes sur le plan interne : tribunal, Cour d'appel et Cour Fédérale. Cette cour fédérale allemande estima que l'intérêt de l'information du public justifiait la publication des photographies qui, pourtant, avaient été l'objet de la censure de la Cour européenne. Celle-ci fut donc à nouveau saisie par les plaignants. Ceci lui permit d'insister - en les classant de façon plus systématique - sur les critères d'appréciation à mettre en œuvre.

« iv. Les critères pertinents pour la mise en balance
S'agissant de la mise en balance du droit à la liberté d'expression et du droit au respect de la vie privée, les critères se dégageant de la jurisprudence qui s'avèrent pertinents en l'espèce sont énumérés ci-après.
α) La contribution à un débat d'intérêt général
Un premier élément essentiel est la contribution que la parution de photos

ou d'articles dans la presse apporte à un débat d'intérêt général./.../ La définition de ce qui fait l'objet de l'intérêt général dépend des circonstances de l'affaire.

β) La notoriété de la personne visée et l'objet du reportage
Le rôle ou la fonction de la personne visée et la nature des activités faisant l'objet du reportage et/ou de la photo constituent un autre critère important, en lien avec le précédent. A cet égard, il y a lieu de distinguer entre des personnes privées et des personnes agissant dans un contexte public, en tant que personnalités politiques ou personnes publiques. Ainsi, alors qu'une personne privée inconnue du public peut prétendre à une protection particulière de son droit à la vie privée, il n'en va pas de même des personnes publiques. /.../ On ne saurait en effet assimiler un reportage relatant des faits susceptibles de contribuer à un débat dans une société démocratique, au sujet de personnalités politiques dans l'exercice de leurs fonctions officielles par exemple, à un reportage sur les détails de la vie privée d'une personne ne remplissant pas de telles fonctions.

Si, dans le premier cas, le rôle de la presse correspond à sa fonction de « chien de garde » chargé, dans une démocratie, de communiquer des idées et des informations sur des questions d'intérêt public, ce rôle paraît moins important dans le second cas. De même, si dans des circonstances particulières, le droit du public d'être informé peut même porter sur des aspects de la vie privée de personnes publiques, notamment lorsqu'il s'agit de personnalités politiques, cela n'est pas le cas, même si les personnes visées jouissent d'une certaine notoriété, lorsque les photos publiées et les commentaires les accompagnant se rapportent exclusivement à des détails de leur vie privée et ont pour seul but de satisfaire la curiosité du public à cet égard /.../. Dans ce dernier cas, la liberté d'expression appelle une interprétation moins large.

γ) Le comportement antérieur de la personne concernée
Le comportement de la personne concernée avant la publication du reportage ou le fait que la photo litigieuse et les informations y afférentes ont déjà fait l'objet d'une publication auparavant constituent également des éléments à prendre en compte (Hachette Filipacchi Associés (ICI PARIS), précité, §§ 52-53, et Sapan, précité, § 34). Toutefois, le seul fait d'avoir coopéré avec la presse antérieurement n'est pas de nature à priver

l'intéressé de toute protection contre la publication de la photo litigieuse
δ) Le contenu, la forme et les répercussions de la publication est représentée sur la photo ou dans le reportage peuvent également entrer en ligne de compte. /…/ De même, l'ampleur de la diffusion du reportage et de la photo peut, elle aussi, revêtir une importance, selon qu'il s'agit d'un journal à tirage national ou local, important ou faible.

ε) Les circonstances de la prise des photos
Enfin, la Cour a déjà jugé que l'on ne peut faire abstraction du contexte et des circonstances dans lesquels les photos publiées ont été prises. A cet égard, il importe d'examiner la question de savoir si la personne visée a donné son consentement à la prise et à la publication des photos ou si celles-ci ont été faites à son insu ou à l'aide de manoeuvres frauduleuses. Il convient également d'avoir égard à la nature ou à la gravité de l'intrusion et des répercussions de la publication de la photo pour la personne visée. En effet, pour une personne privée inconnue du public, la publication d'une photo peut s'analyser en une ingérence plus substantielle qu'un reportage écrit. »
(CEDH, 7/2/2012, Requête n°40660/08, Von Hannover c/ Allemagne)

LES MULTIPLES SITUATIONS PRATIQUES

Tout ceci étant posé, j'aborderai à présent une série de cas pratiques, classés en fonction des activités ou du type de personnes représentées. Ceci nous permettra une mise oeuvre très concrète des principes et critères exposés jusqu'à présent.

LES ENFANTS

Puis-je photographier un enfant que je ne connais pas et utiliser diffuser ensuite la photographie ? La situation en ce qui concerne les photos d'enfants est un peu particulière. Si, à la base, les principes rappelés par certaines décisions sont identiques à ceux que la jurisprudence met en œuvre pour les adultes, on constate toutefois deux tendances :

- d'une part, la notion de « conséquences d'une particulière gravité », qui amène éventuellement le juge à reconnaître l'atteinte à la vie privée est appréciée de façon plus sévère ;

- d'autre part, certaines normes fleurissent pour renforcer encore la protection des enfants, surtout lorsqu'il s'agit de les filmer dans le cadre de programmes télévisés (reportages, documentaires, journaux télévisés, etc.).

Voyons comment ces différentes tendances s'articulent en pratique.

Le rappel des principes et leur application aux photos représentant des enfants

Une chaîne publique de télévision avait diffusé un documentaire consacré aux disparitions, et à la façon dont pouvaient réagir, face à une telle situation, les proches des disparus. Dans ce cadre, et parmi d'autres sujets abordés, figurait notamment une enquête sur l'intégration présumée d'une famille dans un mouvement sectaire.

Les proches des « disparus » avaient été amenés à témoigner sur leur perception de la situation. Et pendant la diffusion de leurs propos, des images représentant les époux concernés ainsi que leur bébé de sept mois étaient diffusées.

Les parents avaient ensuite assigné la chaîne et le producteur du documentaire, à divers titres, parmi lesquels la violation du droit à l'image de leur enfant mineur.

Sur ce point précis, le tribunal avait toutefois rejeté leur demande, en considérant *« que l'image dans le film d'un bébé de sept mois /.../ ne permettait nullement, en l'absence d'aucun élément distinctif, une identification de cet enfant dans la diffusion litigieuse faite un an plus tard, alors que celui-ci est âgé de 19 mois. »*

(TGI Paris, 17ème ch., 21/3/2011, RG 10/01034)

Outre ce principe de base imposant que l'enfant représenté soit reconnaissable - au même titre que devrait l'être un adulte - pour qu'une éventuelle demande soit examinée plus avant, les juridictions ont à différentes reprises admis le principe d'une autorisation tacite lorsqu'il s'agit d'enfant, et pour autant bien sûr qu'elle émane des représentants légaux. Nous examinerons cet aspect dans le chapitre consacré aux autorisations tacites.

L'appréciation plus sévère des critères conduisant à reconnaître une atteinte à la vie privée

De façon générale, il est bon de recommander la prudence lorsqu'il s'agit d'utiliser une photo d'enfant pour l'illustration d'un propos. L'affaire dont il est question ci-après en est la preuve. Il me faut toutefois attirer l'attention sur le fait qu'il s'agit d'un arrêt assez ancien (en termes de droit à l'image toutefois), puisqu'il date de 2000. Il n'est pas certain qu'aujourd'hui la même affaire aboutirait à une solution identique, mais il s'agit d'une affaire souvent citée et je n'ai pas connaissance d'une jurisprudence en sens contraire lorsqu'il s'agit du conflit entre le droit à l'image d'un enfant et le droit à l'information.

Un enfant avait été pris en photo alors qu'il participait à une fête folklorique. Le cliché avait été par la suite utilisé pour illustrer un article qui n'était pas directement lié à cette fête, et les parents de l'enfant avaient alors assigné l'éditeur et/ou le photographe au titre du droit à l'image de leur fils. La Cour d'Appel de Montpellier, dans un arrêt du 8/7/1998 dont je n'ai toutefois pas pu trouver copie, avait débouté les parents, en estimant que la publication était faite à des fins d'illustration, sans aucune atteinte à la vie privée de l'enfant.
Mais sur pourvoi des parents, la Cour de Cassation avait cassé cet arrêt, estimant que *« l'image de l'enfant était isolée de la manifestation au cours de laquelle elle avait été prise, et que le photographe avait procédé à une publication de cette image sans l'autorisation des parents »*.
(Cass. 1ère ch. civ., 12/12/2000, n°98-21.311).

Attention dès lors lorsqu'il s'agit de représenter un enfant, même dans une situation totalement anodine et sans préjudice apparent en ce qui le concerne.

L'apparition de normes parallèles

Au vu du caractère pour le moins sommaire et imprécis des dispositions légales, l'autorité chargée de réguler le paysage audiovisuel, le CSA (Conseil Supérieur de l'Audiovisuel - www.csa.fr) a pris plusieurs délibérations qui sont accessibles sur le site de cet organisme. Je les évoquerai dans le *Chapitre 4 - Les images interdites ou réglementées.*

Les enfants-mannequins

Enfin, reste la question de la réglementation protectrice des enfants dès lors qu'il s'agit de faire appel à eux comme mannequins. J'exposerai celle-ci plus loin dans l'ouvrage (cf. *Chapitre 4 - Les images interdites ou réglementées*).

LES GROUPES ET LES FOULES
LES MANIFESTATIONS SUR LA VOIE PUBLIQUE

Les principes

À cet égard, exiger une autorisation de toute personne se trouvant dans une foule serait bien entendu une entrave totale à la liberté d'expression artistique ou au droit à l'information. De telle sorte que, de façon logique, lorsque l'image n'est pas centrée sur une personne en particulier, il faut admettre qu'elle puisse être diffusée.

Jurisprudence

Par un arrêt du 25 mars 1997, la Cour d'appel de Paris avait débouté un plaignant qui protestait contre la diffusion d'une photographie sur laquelle il apparaissait. La photo avait été publiée pour illustrer un article consacré à une opération de police dirigée contre les milieux islamistes. Le plaignant, pour sa part pratiquant israélite et portant la barbe, était en effet identifiable sur la photo, parmi d'autres personnes qui se trouvaient sur place au moment des faits. La Cour d'appel l'avait débouté de sa demande, de telle sorte qu'il saisit la Cour de Cassation. Celle-ci, par un arrêt très bref, valida la motivation de la Cour d'appel en considérant que : *« la photographie était prise sur le seuil d'un bâtiment public, que rien ne venait isoler M. X... du groupe de personnes représentées sur la photographie, centrée non sur sa personne, mais sur un événement d'actualité, auquel il se trouvait mêlé par l'effet d'une coïncidence due à des circonstances tenant exclusivement à sa vie professionnelle. »*
(Cass. civ. 1ère ch., 25/1/2000, pourvoi n°97-15.163)

LES SPORTIFS

S'il s'agit de rester dans le cadre d'une compétition amateur, dans une association sportive, la question du droit à l'image se réglera au regard des règles que nous avons énoncées dans le début de cet ouvrage, pour des adultes ou des enfants. Mais dès que l'on aborde le domaine du sport professionnel, la question se corse légèrement. L'image du sportif peut en effet être source de difficultés juridiques à différents niveaux :

- tout d 'abord à l'égard du sportif pris individuellement lorsque la publication est constitutive d'une atteinte soit à son droit personnel à l'image soit même - puisque cette notion est à présent bien intégrée - à son droit patrimonial à l'image ;

• ensuite, dans la relation de travail entre le sportif et son club, au titre du « droit collectif à l'image » ;

• ensuite dans la relation entre l'organisateur de la compétition et l'auteur des photographies, comme nous allons le voir.

Le droit personnel à l'image du sportif

L'aspect personnel du droit à l'image

En principe, et lorsqu'il s'agit d'informer ou de restituer des images d'actualités relatives à une compétition sportive, l'image du sportif ayant participé à cette compétition peut être reproduite sans qu'il puisse s'en plaindre.

Le Tribunal de Grande Instance de Paris a clairement rappelé ces principes dans une affaire qui opposait un rugbyman à l'éditeur d'un manuel didactique à l'attention des éducateurs et des entraîneurs. Le sportif se plaignait de ce qu'une photo prise lors de la Coupe du Monde de 1999 et qui le représentait y était utilisée à deux reprises pour l'illustration de phases de jeu expliquées aux lecteurs. Saisi d'une demande du sportif, le tribunal a toutefois rappelé les principes dans les termes suivants :

« Attendu qu'en vertu de l'article 9 du Code civil et par principe, toute personne dispose sur son image, attribut de sa personnalité, et sur l'utilisation qui en est faite d'un droit exclusif, qui lui permet de s'opposer à sa diffusion sans son autorisation expresse et spéciale ;

attendu, cependant, que ce droit doit se concilier avec le droit à la liberté d'expression, affirmé par l'article 10 de la Convention européenne des droits de l'homme ; que dans une société démocratique, le droit de l'individu sur son image peut céder devant la liberté d'informer, par le texte et par la représentation iconographique, sur tout ce qui entre dans le champ de l'intérêt légitime du public ; qu'ainsi, la liberté de communication des informations autorise la publication d'images de personnes impliquées dans un événement public, sous réserve du respect de la dignité de la personne humaine, dés lors que cette diffusion est en relation directe avec l'événement et qu'elle ne constitue pas un détournement de l'usage pour lequel la photographie a été prise, ni une dénaturation de l'image de ceux qui y sont représentés ;

attendu que le cliché litigieux montre un joueur de rugby professionnel, dans l'exercice de son activité sportive et lors de sa participation à un événement public, à savoir la coupe du monde 1999 ; qu'il n'illustre pas en l'espèce le fait d'actualité que constitue cette manifestation sportive, mais que sa publication est en lien direct avec l'événement, puisqu'elle a pour but de présenter un sportif effectuant un des gestes essentiels du rugby, à savoir la passe - comme l'éditeur le fait valoir à juste-titre - ; que la photographie a été reproduite dans un contexte où elle conserve toute sa portée et sa signification initiales ; qu'il n'existe aucune dénaturation de l'image et de l'activité du joueur, ni dans la reproduction du cliché, ni dans le livre lui-même, et que la photographie illustre celui-ci avec pertinence, dans un total respect de la dignité de la personne humaine et dans un but pédagogique d'information des éducateurs et entraîneurs de ce sport ;

attendu que, comme le montrent, notamment, le nombre relativement limité des ventes de l'ouvrage, le fait que le premier tome, illustré par une image de jeunes joueurs anonymes, ait été plus vendu que le second et l'absence, dans ce dernier, de toute référence au nom de Christophe Dominici

> *la publication en cause ne constitue nullement l'exploitation de la notoriété d'un sportif à des fins publicitaires ou mercantiles, mais est justifiée par la liberté de l'information dans un but éducatif et conforme à l'intérêt légitime du public ; que dans ces conditions, la violation du droit à l'image du demandeur n'est pas caractérisée ; que ce dernier apparaît donc mal fondé en ses prétentions.* » (TGI Paris, 10/1/2005, RG 03/00774)

L'arrêt est important, car l'utilisation de l'image du sportif dans un livre aurait pu susciter des difficultés. C'est la raison pour laquelle, reproduisant un large extrait de ce jugement, j'ai mis en évidence le fait que le tribunal avait examiné la finalité de l'ouvrage (le but éducatif) et le fait que l'image du plaignant n'avait pas été dénaturée. Ce critère fut indiscutablement le plus important dans l'appréciation du tribunal. La mesure en est donnée si l'on compare ce jugement avec un arrêt de la Cour d'Appel de Paris rendu en 1987 dans une autre affaire.

> Par un arrêt du 30 novembre 1987, la Cour d'Appel de Paris avait déjà accueilli la demande de Michel Platini qui se plaignait de la publication dans une plaquette d'une centaine de pages intitulée *« Platini, sa vie, ses buts »*, de photographies et ce sans son autorisation. Certes la plaquette en question avait, selon la Cour, *« contribué à répandre dans un large public une image de marque flatteuse de M. Platini, accroissant encore un peu sa popularité »*, ce qui avait amené à la Cour à réduire le montant des dommages et intérêts qu'il réclamait le joueur subissait malgré tout un *« préjudice économique /…/ en raison de la concurrence faite à d'autres divulgations éventuellement acceptées par lui »*.
> (CA Paris, 15/11/1987, cité par G. Jeannot-Pages, *L'image du sportif*, Legicom 2000 n° 23, p. 107)

Il ne suffit donc pas que l'ouvrage publié soit élogieux à l'égard du sportif pour échapper à toute critique. Il faut que sa vocation première ne soit pas commerciale.
Au surplus, il est impératif que la publication reste dans les limites de l'information, et que ce sportif soit bien concerné par la compétition. Prendre, à des fins d'illustration d'un magazine people, la photographie d'un sportif assistant à titre privé à une autre compétition dans une discipline qui n'est au surplus pas la sienne ne serait pas admissible.

Un magazine avait publié la photo, prise en gros plan, d'un couple célèbre assistant au tournoi de tennis de Monte Carlo. Condamné par la Cour d'Appel, l'éditeur s'était pourvu en cassation en invoquant le fait que s'agissant d'un lieu public et en pleine période estivale, il n'y avait pas d'atteinte à la vie privée. Mais la Cour de Cassation valida la motivation de la Cour d'appel, en considérant que *« les photographies (des plaignants), prises à l'insu des intéressés avec un cadrage les isolant du public environnant ont été publiées et divulguée sans leur autorisation, sans que la société (éditrice) puisse se prévaloir du caractère public du lieu où les photos ont été prises pour invoquer une renonciation quelconque (du plaignant) à ses droits ; que la vie sentimentale et affective, comme l'état de grossesse, même apparent, de (la plaignante), fussent-ils accompagnés de gestes visibles du public en des lieux particulièrement fréquentés par des personnes jouissant d'une notoriété momentanée, ou circonstancielle, qu'il appartient à chacun de gérer à sa guise et selon des conditions préalablement discutées avec tout support médiatique désireux de répondre à la curiosité réelle ou suscitée du public, constituaient une atteinte due au respect de sa vie privée. »*
(Cass. 2ème ch. civ., 10/3/2004)

En d'autres termes - et cela est bien logique - le sportif professionnel sur la voie publique dans la sphère de ses activités personnelles dispose des mêmes droits que tout un chacun à s'opposer à l'utilisation de son image, quand bien même il assisterait - à titre privé - à une autre compétition sportive. En l'espèce, le cadrage serré sur sa personne, l'isolant du reste du public, a bien entendu pesé lourd dans la balance.

L'aspect patrimonial du droit à l'image

Conformément à ce que nous avons déjà vu pour d'autres catégories de personnes, l'image d'un sportif peut représenter pour lui une valeur patrimoniale importante, du fait notamment des contrats qu'il est susceptible de conclure avec divers sponsors ou annonceurs.
À ce titre, et sans surprise, c'est donc sur base de la notion de « manque à gagner » que sera censurée et sanctionnée l'utilisation sans autorisation de leur image.

Et il importe peu qu'en amont, le sportif ait accepté le principe de la prise de vue, dès lors que l'utilisation commerciale n'avait pas été précisée. En d'autres termes : pas d'autorisation tacite lorsque l'image sera finalement utilisée à des fins publicitaires.

C'est notamment ce qui a été rappelé à une société par la Cour d'Appel de Nîmes dans l'affaire suivante.

> Un gymnaste avait été photographié pendant son échauffement, alors qu'il sautait à la corde. Il avait consenti aux prises de vues, mais s'était par la suite aperçu que la photo avait été utilisée pour illustrer des boîtes de cordes à sauter proposées par le fabricant, ce qui n'avait par contre pas été annoncé. Attaquant celui-ci, il obtint une condamnation par la Cour d'Appel de Nîmes sur base, précisément, du « manque à gagner » constituant son préjudice. Cet arrêt est intéressant car il s'agissait des prémisses, pour les sportifs, de cette notion de manque à gagner, les commentateurs de l'époque s'étonnant de ce que la Cour se soit écartée des aspects purement moraux et personnels de l'article 9 du Code civil.
> (voir CA Nîmes, 1ère ch., 7/1/1998, cité par Ghislaine Jeannot-Pagès, *L'image du sportif en Droit Français*, Legicom n°23, p. 108)

C'est bien entendu dans le cadre du volet patrimonial de son droit à l'image que le sportif pourra conclure des contrats avec les annonceurs, lesquelles peuvent avoir deux types de finalités : l'annonceur/sponsor peut utiliser l'image du sportif pour sa propre communication, et/ou le sportif peut s'engager à porter ou faire usage de produits de la marque de son sponsor. Le plus souvent il s'agit de vêtements, mais tout est possible en la matière, quel que soit le produit ou même le service concerné. Les contrats d'images revêtiront alors les mêmes caractéristiques et devront répondre aux mêmes impératifs de précisions que pour d'autres catégories de sujets.

Le « droit à l'image collective »

Ce que l'on nomme « droit à l'image collective » est à l'origine issu d'une disposition qui avait été insérée dans le Code du Sport, avant d'être abolie pour des raisons touchant au droit fiscal et au droit social. Il s'agissait de prévoir le versement aux membres d'une équipe sportive (d'où le terme d'image « collective ») d'une rémunération en plus de leur salaire, destinée à compenser l'utilisation de leur image par le club auquel ils appartenaient. En pratique l'avantage était intéressant puisque les montants versés ne constituaient pas des rémunérations et dès lors n'était pas sujet à charges sociales. Face à une série d'abus, le législateur a tout d'abord fixé un montant maximum, avant de supprimer totalement la disposition légale qui finissait par priver l'État de substantielles sources de financement de la sécurité sociale.

Pour autant, le « droit à l'image collective » n'a pas totalement disparu, mais en lieu et place des contrats de droit privé qui le régissaient jadis, il est à présent strictement encadré par des conventions collectives et une controverse existe sur la question de la nature précise de ces revenus (redevances ou rémunérations). Il n'est pas utile dans cet ouvrage de rentrer dans ces détails fiscaux pour le moins techniques, et qui ne modifient pas la situation du photographe au moment de prendre ou de diffuser ses images. Sachez simplement qu'on ne diffuse pas une photographie d'une équipe de sportifs professionnels sans quelques précautions. Une diffusion à des fins d'information ne posera pas de difficulté, mais il vaut mieux obtenir une autorisation en cas d'exploitation à caractère plus commercial.

Les droits institués au profit des organisateurs de compétitions sportives

Par contre, s'il est une matière du droit du sport qui peut avoir une incidence sur la diffusion par les photographes ou leurs agences des images, c'est bien l'article L333-1 du Code du Sport. Voyons de quoi il s'agit, et comment tenter de synthétiser cette matière un peu complexe.

L'article L333-1 du Code du Sport

> *« Les fédérations sportives, ainsi que les organisateurs de manifestations sportives mentionnés à l'article L. 331-5, sont propriétaires du droit d'exploitation des manifestations ou compétitions sportives qu'ils organisent.*
> *Toute fédération sportive peut céder aux sociétés sportives, à titre gratuit, la propriété de tout ou partie des droits d'exploitation audiovisuelle des compétitions ou manifestations sportives organisées chaque saison sportive par la ligue professionnelle qu'elle a créée, dès lors que ces sociétés participent à ces compétitions ou manifestations sportives. La cession bénéficie alors à chacune de ces sociétés. »*
> (Art. L333-1 du Code du Sport, créé par la loi 84-610 du 16/7/1984 et inséré dans le Code du Sport en 1992)

Cette disposition légale fut promulguée, comme on l'imagine, pour aider au financement des compétitions sportives, objectif prioritaire de santé publique selon le gouvernement de l'époque.

Ce principe étant rappelé, il reste à définir ce qu'on entend par « propriété du droit d'exploitation » : cela visera-t-il les photographies prises par les photographes de façon individuelle, ou uniquement les utilisations qui pourraient en être faites par des sociétés ou organisations tierces aux fins de leur propre communication ? C'est à ce niveau que les sources légales ou réglementaires sont pour moins flous, voire inexistantes.

La nature du « droit » conféré

L'article précédent parle de « propriété ». Il semble qu'il faille comprendre en réalité « propriété intellectuelle », comme s'il s'agissait de « droit d'auteur » sur l'événement pris dans son ensemble, de telle sorte que l'organisateur se verrait alors reconnaitre sur les images de la compétition des droits très comparables à ceux d'un auteur sur son œuvre. Mais des controverses existent encore à ce niveau dans la doctrine.

L'utilisation des images par des sociétés ou structures tierces

À cet égard, la protection semble consacrée de façon large, du moins dans les principes. Nous allons le voir dans les affaires suivantes, mettant en cause différents types d'utilisations, toutes sanctionnées par les juridictions.

Ce fut le cas tout d'abord, et la solution s'impose en toute logique, pour une utilisation par une société concurrente.

> Une société avait organisé une manifestation sportive, à savoir un trophée automobile (*Trophée Andros*). Divers clichés avaient été pris lors de cette manifestation, dont certains ont ensuite été utilisés par une autre société pour illustrer une autre manifestation (*Les 24h sur glace de Chamonix*), clichés sur lesquels, au surplus, fut supprimée la marque *Andros* apposée sur les véhicules et les combinaisons des pilotes. La société Andros avait donc assigné la société Chamonix Défi Organisation mais avait été déboutée en degré d'appel, la Cour d'Appel considérant qu'elle ne justifiait d'aucun droit sur les photographies litigieuses. Sur pourvoi de la Société Andros, l'arrêt de la Cour d'appel fut néanmoins cassé, la Cour de Cassation rappelant pour sa part que *« l'organisateur d'une manifestation sportive est propriétaire des droits d'exploitation de l'image sur cette manifestation »* et précisant que ce droit s'appliquait *« notamment par diffusion de clichés photographiques réalisés à cette occasion »*. (Cass. comm. 17/3/2004, pourvoi n° 02-12.771)

Dans une affaire de ce genre, la solution aurait d'ailleurs été la même sur le fondement du parasitisme, la seconde société s'appropriant le résultat des efforts de la première pour faire la promotion de son propre événement.
Mais une sanction fut également prononcée dans le cadre d'une publication plus proche de celle que nous avons examinée pour le rugbyman.

> Par un arrêt du 30 novembre 1987, la Cour d'Appel de Paris avait accueilli la demande de Michel Platini qui se plaignait de la publication de photographies dans une plaquette d'une centaine de pages intitulée *Platini, sa vie, ses buts* et ce sans son autorisation. Certes la plaquette en question avait, selon la Cour, *« contribué à répandre dans un large public une image de marque flatteuse de M. Platini, accroissant encore un peu sa popularité »*, ce qui avait amené à la Cour à réduire le montant des dommages et intérêts qu'il réclamait, mais le principe était déjà posé que le joueur subissait malgré tout un *« préjudice économique /.../ en raison de la concurrence faite à d'autres divulgations éventuellement acceptées par lui. »*
> (CA Paris, 15/11/1987, cité par G. Jeannot-Pages, *L'image du sportif*, Legicom 2000 n° 23, p. 107)

Il ne s'agissait donc plus ici d'une photo utilisée à deux reprises, au milieu d'une série d'autres, dans un ouvrage destiné aux éducateurs sportifs enseignant le rugby, mais bien d'un ouvrage complet édité dans un format plus commercial et « grand public », entièrement consacré au sportif.

A qui ces droits de « propriété » sur la compétition sont-il reconnus ?
Le droit de propriété est reconnu par la loi au profit :

- des fédérations sportives (Art. L333-1 du Code du sport lui-même), seules à pouvoir organiser les compétitions « officielles », qui débouchent sur l'attribution de titres départementaux, nationaux ou internationaux,

- *de « toute personne physique ou morale de droit privé, autre que les fédérations sportives, qui organise une manifestation ouverte aux licenciés d'une discipline qui a fait l'objet d'une délégation de pouvoir conformément à l'article L. 131-14 et donnant lieu à remise de prix en argent ou en nature dont la valeur excède un montant fixé par arrêté du ministre chargé des sports »* (Art. L331-5 du Code du Sport auquel renvoie l'article L333-1 contenant l'énoncé du principe).

Dans le second cas, et bien que la compétition ne débouche pas sur un titre « officiel », elle n'en confère pas moins à l'organisateur les droits de « propriété » dont il est question dans ce chapitre, dès le moment où des prix sont attribués. La solution fut d'ailleurs confirmée par un jugement du Tribunal de Grande Instance de Paris dont il sera également question ci-dessous

L'organisateur d'un festival consacré à un art martial peu connu avait réalisé une vidéo à l'aide de séquences filmées des meilleurs moments de l'événement, en vue de commercialisation de celle-ci. Indépendamment de la question du droit à l'image des sportifs, se posait celle, préalable, de l'application de l'article L333-1 à l'organisateur d'un « festival » consacré au Vovinam/Viet Dao. Pour répondre par l'affirmative, le tribunal a relevé que cette discipline pour le moins confidentielle était bien exercée sous l'égide de la Fédération des Arts Martiaux Traditionnels Vietnamiens, délégataire du ministère des Sports sur cette discipline, et que l'organisateur avait été autorisé par cette fédération à faire pratiquer les licenciés lors du festival. (TGI Paris, 3ème ch. 3ème section, 10/5/2006)

Le champ d'application de cet article semble donc assez large, puisqu'il n'était pas question lors de cet événement - ou du moins pas dans le récit qu'en fait le tribunal - de ce qu'il s'agissait d'une compétition clôturée par l'attribution de prix en argent ou en nature. Le tribunal s'en est tenu à la représentativité « officielle » consacrée par la dépendance de la discipline à une fédération reconnue pour applique le monopole de l'organisateur sur les images filmées à cette occasion.

L'exception relative au droit à l'information

Malgré l'existence de ce monopole, il est admis de façon constante que certaines images peuvent être diffusées dans le cadre du droit à l'information du public. Je vous fais grâce des kilomètres de jurisprudence sur la notion de « courts extraits » qu'est autorisée à diffuser la presse suite à certaines manifestations sportives. Retenez dans l'immédiat que dès qu'il s'agit réellement d'informer le public, des images de la compétition peuvent être diffusées dans une mesure limitée, ce qui empiète donc sur le monopole de l'organisateur, mais que de longs débats interviennent fréquemment pour définir cette notion de « courts extraits ». Le principe est contenu dans l'article L333-7 du Code du Sport.

> *« La cession du droit d'exploitation d'une manifestation ou d'une compétition sportive à un service de communication au public par voie électronique ne peut faire obstacle à l'information du public par les autres services de communication au public par voie électronique.*
> *Le vendeur ou l'acquéreur de ce droit ne peut s'opposer à la diffusion, par d'autres services de communication au public par voie électronique, de brefs extraits prélevés à titre gratuit parmi les images du ou des services cessionnaires et librement choisis par le service non cessionnaire du droit d'exploitation qui les diffuse.*
> *Ces extraits sont diffusés gratuitement au cours des émissions d'information.*
> *Leur diffusion s'accompagne dans tous les cas d'une identification suffisante du service de communication au public par voie électronique cessionnaire du droit d'exploitation de la manifestation ou de la compétition.*
> *La cession du droit d'exploitation d'une manifestation ou d'une compétition sportive à un service de communication au public par voie électronique ne fait pas obstacle à la réalisation et à la diffusion gratuite par tout service de radiodiffusion sonore, sur tout ou partie du territoire, en direct ou en différé, du commentaire oral de cette manifestation ou de cette compétition.*
> *Le Conseil supérieur de l'audiovisuel fixe les conditions de diffusion des brefs extraits prévus au présent article, après consultation du Comité national olympique et sportif français et des organisateurs de manifestations sportives mentionnés à l'article L. 331-5. »*
> (Art. L333-7 du Code du Sport)

Dans ce cadre donc les extraits filmés peuvent être diffusés, reste à savoir dans quelle mesure. Cette matière est en outre susceptible d'évoluer rapidement, notamment en raison de la publication par le Conseil Supérieur de l'Audiovisuel d'un projet de délibération visant à étendre les droits de diffusion, qui dépasseraient alors la limite des « courts extraits ». Affaire à suivre.

L'hypothèse du conflit sportif/organisateur

Il peut arriver qu'un litige oppose d'une part le sportif, au titre de son droit à l'image, et d'autre part l'organisateur de la manifestation, qui dispose de ce fameux « droit de propriété » sur la compétition organisée. Comment se réglera la question dans une telle hypothèse ?

Je n'ai trouvé que très peu de jurisprudence sur le sujet, mais le jugement dont il est question ci-dessous répond en grande partie à cette interrogation.

> Revenons à cette affaire concernant l'organisation du festival d'art martial (lire ci-avant). L'organisateur avait réalisé une vidéo à l'aide de séquences filmées des meilleurs moments de l'événement, en vue de commercialisation de celle-ci. Certains des sportifs s'étaient alors indignés et avaient assigné l'éditeur du support en invoquant d'une part une violation de leur droit à l'image et d'autre part une violation de leur « droit voisin », dès lors qu'ils s'estimaient assimilables à des interprètes sur la prestation de démonstration qui avait été effectuée.
>
> L'éditeur répondait au premier argument que les sportifs ne pouvaient pas être assimilés à des interprètes, ce que le tribunal confirma en effet. Après avoir confirmé que le « droit de propriété » de l'organisateur sur sa manifestation était bien applicable en l'espèce, le tribunal a fait primer celui-ci sur le droit à l'image des participants, déboutant donc ceux-ci de leurs demandes. (TGI Paris, 3ème ch. 3ème section, 10/5/2006)

La solution semble donc claire dans ce cas de figure, du moins si la jurisprudence vient à se consolider en la matière.

Les difficultés qui subsistent - Quid des photos prises à titre individuel par un photographe ?

J'espérais, en abordant cet ouvrage, trouver dans mes recherches les réponses à certaines questions précises en matière de photos sportives et vous apporter une réponse claire et fiable. Mais force est de constater que la matière, bien que schématiquement résumée comme je viens de le faire, n'offre pas le degré de précision que l'on pourrait en espérer. Et l'on se retrouve au final devant une situation dans laquelle les zones de flou sont importantes, et où le bon sens devra sans doute conduire le photographe à éviter certains risques, sans renoncer à exploiter ses images. Certes, cette matière touche également en grande partie au droit d'auteur, mais toutes les notions se trouvent ici imbriquées.

Le moins que l'on puisse dire est que des points d'ombre subsistent en effet, et non des moindres :

• la diffusion d'une photographie est-elle autorisée ? Si oui, dans quelle limite ? le bon sens permet d'apporter certaines réponses dans des situations claires comme celles que nous avons évoquées plus haut : dans l'affaire du rugbyman attaquant l'utilisation de son image dans le manuel pédagogique aurait pu mettre en cause non pas le joueur lui-même mais la Fédération Française de Rugby, puisque la photo avait été prise lors d'une Coupe du Monde ce qui l'autorisait sans doute à faire valoir ses droits. Dans une telle hypothèse, quelle aurait alors été la décision ? Le tribunal aurait-il condamné l'éditeur (ou le photographe?) du fait de la diffusion de cette photographie ?

• la loi ne définit pas précisément à partir de quand il faut considérer que commence la compétition sportive, et ce qu'elle englobe : le régime institué par cet article du Code du Sport vise-t-il également les photos faites pendant les phases éliminatoires ? Dans les coulisses ?

• et surtout, s'il est évident que dans l'esprit de la loi l'organisateur dès qu'il se voit conférer cette protection peut alors empêcher l'usage fait par un tiers des photos de la compétition, il n'est précisé nulle part comment s'articule cette protection lorsqu'elle est en conflit avec le droit d'auteur du photographe.

Imaginez le conflit suivant : un photographe couvre pour les besoins de son agence une manifestation sportive organisée sous l'égide d'une fédération, et dès lors clairement visée par cette disposition du Code du Sport.

Par la suite, les organisateurs récupèrent - sans l'autorisation de qui que ce soit - sur le site Internet du photographe quelques images issues de cette compétition, et s'en servent pour leur propre promotion relative à l'événement lui-même (l'information après la fin de la compétition) mais également, le cas échéant, pour la promotion de l'édition suivante du même événement ?

Il n'est pas sûr du tout que le but du législateur ait été de faire primer les droits de l'organisateur sur ceux de l'auteur de l'image. Du moins, rien en l'état actuel ne permet de l'affirmer. Dès lors, comment fera le tribunal éventuellement saisi pour trancher ce conflit ?
Au vu de ce qui précède, il me semble que pour l'événement lui-même, et la communication à l'issue de la compétition, l'utilisation pourrait encore se justifier, mais la reprise de la photo pour la promotion de l'édition suivante me parait nettement plus critiquable. Espérons en tout cas que la jurisprudence aura à se prononcer un jour ou l'autre sur cette question, car le cas se présente de façon quotidienne.

LES SALARIÉS

Lorsque les images montrent les salariés

Les principes

Il arrive fréquemment que pour les besoins de son entreprise, un employeur fasse effectuer des prises de vues sur lesquelles peuvent figurer les salariés. La question se pose inévitablement de savoir dans quelle mesure il est en droit d'utiliser ces photos pour la promotion de son activité. La seule existence d'un contrat de travail permet-elle de présumer d'une autorisation d'utiliser l'image du salarié ? Et si oui, dans quelles limites ? Sauf l'hypothèse - assez rare - où le contrat de travail prévoit expressément cette possibilité, c'est donc à nouveau à la jurisprudence de fixer les règles. Notons bien sûr que ceci ne concerne pas les cas où l'objet même du contrat de travail est lié à la photographie, comme ce serait le cas pour les mannequins, dont je parlerai dans la suite de l'ouvrage. Revenons à présent à nos salariés. La jurisprudence permet de dégager deux enseignements majeurs.

Dans la première affaire, qui a donné lieu à un arrêt de la Cour d'Appel de Douai un ancien responsable de communication d'une enseigne de la grande distribution d'articles de sport qui avait fait l'objet d'un licenciement pour faute par ailleurs, reprochait à la société dont il avait été l'employé d'avoir utilisé une photographie le représentant, sur le conditionnement d'un article de plage.

Il invoquait le fait qu'il n'avait jamais donné son autorisation pour l'utilisation de l'image à des fins publicitaires. Dans son argumentation, il invoquait notamment :

• que ses fonctions au sein du groupe étaient totalement étrangères à l'élaboration d'un support packaging de produit,

• que son ancien employeur se gardait bien de démontrer les rôles respectifs de chacun des participants dans l'élaboration du visuel,

• qu'il n'avait en outre - étant étranger à ce produit - pas pu sélectionner lui-même l'image finalement utilisée et qu'il s'agissait d'une photo *« volée »*,

réalisée selon lui *« en dehors de tout cahier des charges pour enrichir la base de photo interne de la société, laquelle ne peut être utilisée à des fins commerciales. »*
Face à cette argumentation, la Cour d'Appel a toutefois rejeté sa demande, en argumentant de la façon suivante :

• Le poste de *« responsable communication »* du plaignant impliquait notamment de veiller à l'application de la législation sur les différents supports de communication, et de veiller au respect des droits liés aux textes et photos et que *« si leur conception relevait plutôt du service packaging, la conformité des emballages de produits tels que le jeu (incriminé) à ces exigences et à la politique de communication de la société, à tout le moins, relevait de son contrôle ; qu'il lui appartenait encore de communiquer, et faire appliquer aux magasins et/ou pays la mise en place des supports de communication » ;*

• en réalité, contrairement à ce qui était indiqué dans son assignation, il avait connaissance de la diffusion de cet emballage plusieurs mois avant son licenciement, sans avoir jamais manifesté la moindre opposition par rapport à cette utilisation;

• la société démontrait que la photographie litigieuse avait été prise par un photographe professionnel lors d'une séance de photographies réalisée dans l'intérêt de l'entreprise et que si, certes, ce cliché avait été pris lors de l'un des moments de détente, l'existence d'une *« base de photos interne »* invoquée par le plaignant n'était pas démontrée, la finalité était clairement la promotion du produit utilisé ;

• la Cour rappelle que l'autorisation d'utiliser une image peut être donnée implicitement et qu'en l'espèce, les fonctions mêmes du plaignant au sein de la société le mettaient à même de connaître la diffusion qui serait faite du jeu en question.

Pour toutes ces raisons, la Cour d'Appel déboute donc le plaignant, estimant que son autorisation découlait implicitement de ses fonctions et de la participation à cette séance de photographie, et n'avait pas été contestée par la suite, avant son licenciement. (CA Douai, 10/4/2013, RG 12/02060)

En d'autres termes, l'autorisation de diffusion peut être déduite de la part active que le salarié, de par son poste dans l'entreprise, a prise lors de la réalisation des images. Une seconde affaire montre par contre les limites de cette « autorisation implicite ».

Une femme d'origine nord-africaine était employée comme chef-monteuse au service Actualités du groupe France Télévisions. Courant septembre 2010, et alors que la chaîne France 2 diffusait un reportage relatif aux travaux d'un sociologue et ayant pour objet la représentation de certaines minorités ethniques dans la composition de la délinquance sur le territoire national, cette employée du groupe avait eu la désagréable surprise de voir une photographie la représentant intégrée dans le reportage

Elle invoquait donc la violation de son droit à l'image du fait de cette insertion non pas *« tout à fait arbitraire »* comme le prétendait l'employeur, mais clairement en relation avec son origine, et ce dans un reportage *« sur un sujet sensible auquel elle n'entendait nullement être mêlée» France Télévision excipait bien sûr de son « droit à l'information », en rappelant que la diffusion de l'image n'est pas soumise à autorisation lorsqu'elle illustre de manière adéquate et pertinente une information légitime »*, ce qui selon elle était précisément le cas en l'espèce.

Elle se prévalait en outre d'une autorisation antérieure donnée par la plaignante trois ans plus tôt pour la diffusion de son image, mais dans le cadre d'un autre reportage consacré à l'époque à l'autorisation d'effecteur en France des statistiques à raison des origines ethniques et culturelles, et considérait donc que la plaignante ne pouvait pas revenir sur son autorisation alors que le second reportage s'inscrivait dans le même cadre. Le Tribunal de Grande Instance de Paris avait dans cette affaire accueilli la demande de la plaignante, et rejeté les arguments de l'employeur, au terme d'une motivation articulée comme suit.

« Il convient de considérer que les contestations ainsi opposées par (l'employeur) ne sauraient en l'espèce être retenues alors que :
• La diffusion de la photographie de la demanderesse ne s'imposait nullement pour illustrer, de manière pertinente et légitime, le reportage litigieux, toute autre photographie d'une personne de la même origine pouvant être substituée à la sienne ;

> • *l'accord consenti par (la demanderesse) pour autoriser la diffusion de son image en 2007 après demande d'autorisation par son employeur ne saurait permettre à ce dernier de faire, trois ans plus tard, un nouvel usage de cette image à des fins différentes - les deux sujets traités ne se confondant aucunement -, sans lui demander à nouveau son autorisation expresse et circonstanciée ;*
>
> • *la société France Télévision ne saurait sérieusement soutenir que la demande de (son employée) est « créatrice d'insécurité juridique » et qu'elle «procéderait de l'abus de droit» lors qu'en sa qualité de professionnelle de l'information, elle n'ignorait pas que l'utilisation de l'image d'une personne est subordonnée à l'obtention préalable d'un accord pour chaque usage qui en est fait et qu'aucune autorisation à portée générale ne saurait être déduite d'un consentement qui aurait été antérieurement donné pour un usage particulier. »*
> (TGI Paris, 21/3/2012, RG 11/01716)

Il faut donc bien distinguer les besoins en communication liés à l'activité de l'entreprise elle-même, comme dans la première des deux affaires, et ceux - fort différents - où l'image est utilisée à une autre fin. En effet, la plaignante de la seconde affaire n'aurait sans doute pas pu protester contre la diffusion d'une image la montrant dans son activité habituelle de chef-monteuse pour un reportage consacré par exemple au fonctionnement de la télévision publique.

À l'inverse, dans le premier de ces deux litiges, le fait que l'ancien employé du groupe n'ait pas protesté pendant la durée de ses fonctions avant d'être licencié a amené le tribunal à considérer qu'il avait marqué son accord sur l'utilisation faite de l'image.

Enfin, reste la question de savoir ce qu'il adviendra de l'utilisation de cette image lorsque le salarié ne travaillera plus pour le même employeur. Dans la première affaire évoquée ci-dessus, la Cour d'Appel n'a pas vu d'obstacle à ce que l'employeur continue à utiliser la photo alors que précisément, le salarié avait changé d'emploi. Mais il n'en n'est pas toujours ainsi, comme cela ressort de la jurisprudence commentée ci-dessous.

Une femme avait été engagée dans le cadre d'un contrat de travail assorti d'une période d'essai. Pendant la durée de celle-ci, elle avait en outre marqué expressément son accord pour l'utilisation de son image sur le site Internet de son employeur, et ce par une convention écrite. Sa première période d'essai avait été renouvelée, mais elle avait finalement été licenciée pendant la durée de la seconde période d'essai. L'employeur, de son côté, continuait à utiliser la photographie sur son site internet, ce qui n'avait pas plu à l'employée licenciée, de telle sorte qu'elle saisit le tribunal.
Elle demandait notamment à la juridiction de prononcer la nullité de la convention, en invoquant un vice de consentement (elle ignorait au moment de sa signature qu'elle ne serait pas maintenue à son poste), et une nullité du fait que l'autorisation était accordée à titre perpétuel. En outre, elle sollicitait des dommages et intérêts à hauteur de 20.000 €.
L'ex-employeur, de son côté, invoquait d'une part le fait que l'autorisation avait été, précisément, accordée sans la moindre limitation, et qu'elle n'avait au surplus pas été résiliée, et d'autre part reprochait à la plaignante de ne démontrer aucun préjudice lié à l'utilisation de son image sur le site Internet et n'avait d'ailleurs pas adressé de mise en demeure avant d'assigner.
Enfin, il avançait le fait que la photo avait été retirée dès l'introduction de la procédure.
Le tribunal va rejeter l'argument relatif à un vice de consentement, la plaignante ne précisant d'ailleurs pas lequel des vices répertoriés par le Code civil elle entendait invoquer. De la même manière, le seul fait que l'autorisation ait été signée sans mention d'une durée précise ne suffit pas à en prononcer l'annulation selon le juge.

Par contre, examinant la commune intention des parties, le jugement poursuit en ces termes : *« Cependant, il ressort à la fois de la mention d'une diffusion « sur le site internet (de l'employeur) » et a posteriori, de l'usage qui a été fait des photographies de la demanderesse qu'il s'agissait, dans la volonté commune des parties, d'illustrer le site internet de l'employeur en représentant l'équipe de travail accueillant le public. Il se déduit donc des circonstances dans lesquelles la convention en question a été conclue que l'autorisation était, implicitement mais nécessairement, limitée à la durée du contrat de travail de la demanderesse à l'expiration duquel l'utilisation de son image pour montrer au public les employés (des locaux) 'avait sinon d'objet du moins d'intérêt.*

En conséquence, la perpétuation de la publication des photographies après la fin de la période d'essai a excédé l'autorisation donnée par elle et constitue, par voie de conséquence, une atteinte à son droit à l'image au sens de l'article 9 du Code civil. »

Quant au préjudice, le tribunal relève que « *si l'utilisation de l'image de la demanderesse a excédé la durée de son contrat de travail, elle n'a pas détourné la finalité de l'autorisation initialement donnée puisqu'elle n'a servi qu'aux besoins de la publicité (de l'employeur) et que (la demanderesse) ne justifie pas avoir simplement sollicité de l'employeur le retrait des photographies litigieuses avant la délivrance de l'assignation introductive d'instance.* »

Au final, le tribunal alloue à la plaignante une indemnisation d'un euro symbolique, estimant qu'elle n'explicite pas quel préjudice particulier aurait découlé du maintien des photos sur le site de son ancien employeur.

(TGI Paris, 17ème ch., 4/7/2011, RG 11/15327)

L'obligation de rester dans les limites de l'activité professionnelle

La question s'est posée également de la possibilité pour un salarié de contester l'utilisation faite des images, malgré son autorisation, lorsqu'il estime que ce qui a été diffusé ne se limite pas à sa stricte activité professionnelle.

Dans le cadre du tournage d'un épisode de l'émission *Strip-Tease*, une salariée avait accepté de participer au tournage dont le sujet principal était apparemment son employeur (l'arrêt ne le précise pas).

Pendant la durée du tournage, une altercation sévère avait toutefois eu lieu entre elle et ledit employeur, et cette altercation avait fait partie des plans retenus dans le montage final.

L'employée assigna alors la chaine ainsi que la société de production au titre de son droit à l'image, et obtint gain de cause devant les juridictions de fond.

Sur pourvoi des deux défenderesses, la Cour de Cassation eut l'occasion de motiver le bien fondé de la condamnation intervenue : « */.../ la séquence dont s'agit, excédant l'activité professionnelle constitutive de la finalité du reportage, était relative à des faits de vie privée dans la mesure où elle concernait en réalité des relations personnelles de (la plaignante) avec son employeur, rapportait des propos violents révélateurs des traits profonds*

> *de la personnalité des deux protagonistes et en outre, à partir de son appréciation souveraine sur l'attestation (produite) que (la plaignante) avait alors demandé aux opérateurs de « ne pas la filmer » et en avait reçu la réponse « du retrait des parties où elle figurait » ; qu'ayant ainsi caractérisé l'opposition légitime et manifestée de l'intéressée à toute diffusion ultérieure de la scène litigieuse, la Cour d'appel a pu statuer comme elle l'a fait. »* (Cass. 1ère ch. civ. 24/10/2006, Pourvoi n°04-17560)

Il est donc possible, malgré une autorisation de principe donnée au préalable, de demander que soient extraites certaines images qui ne rentrent pas dans l'objet de la relation professionnelle en tant que telle.

Lorsque les salariés filment eux-mêmes l'entreprise

Les circonstances inverses peuvent se produire : qu'en est-il du droit à l'image de l'employeur lorsque les salariés eux-mêmes se chargent des prises de vues ? La question ne me serait pas venue à l'esprit si je n'avais trouvé par hasard l'arrêt rendu dans l'affaire relatée ci-après.

> Un employé avait à la mise en scène d'une vidéo mettant en scène des collaborateurs de la société dans laquelle il travaillait faisant des acrobaties avec le matériel de l'entreprise, et avait fait le montage de la vidéo qu'il avait diffusée sur internet.
> Ceci n'avait bien entendu pas plu à l'employeur, qui l'avait licencié.
>
> Contestant les motifs de ce licenciement devant le Conseil de Prud'hommes, l'employé avait été débouté et avait dès lors interjeté appel, reprochant essentiellement au jugement attaqué de n'avoir pas suffisamment motivé sa décision. Le jugement écartait en effet sa demande d'une simple phrase indiquant que les faits qui lui étaient reprochés justifiaient un licenciement pour cause réelle et sérieuse.
> Constatant le défaut de motivation, la Cour d'Appel annule en effet le jugement, mais s'attache bien sûr à examiner les éléments de fait. La Cour examine l'ensemble des attestations produites par les parties, et confirme l'implication et le rôle majeur joué par l'employé dans la mise en scène et la diffusion de la séquence vidéo, avant d'admettre *« l'évidente*

> *atteinte portée à l'image de la société ».* (CA Rouen, chambre sociale, 23/10/2012, RG 11/05404)

Et la décision est logique sur le fond : un employé n'a pas à donner sur internet ou ailleurs une image susceptible de nuire à son employeur.

LES FONCTIONNAIRES (HORS FORCES DE L'ORDRE)

Les décisions citées ci-avant concernent des salariés d'entreprises privées.
Le droit à l'image étant un attribut de la personnalité, il était logique qu'un litige concernant la photo d'un Agent de l'État se règle de façon identique. La confirmation de cette analyse fut donnée par la Chambre criminelle de la Cour d'Appel d'Amiens.

> Une enseignante du Service Public avait porté plainte pour diffamation et atteinte à sa vie privée à l'encontre des éditeurs d'un magazine local. L'affaire, de nature pénale, fut donc soumise au Tribunal correctionnel et à sa suite, à la Cour d'Appel, chambre correctionnelle.
>
> Je n'aborderai pas la question de la diffamation, qui sort de l'objet de cet ouvrage, pour me limiter à la question de l'atteinte à la vie privée. À ce titre, la plaignante évoquait l'utilisation d'un recadrage de son visage tiré d'une photographie de classe sur laquelle elle était représentée en tant qu'enseignante.
> Mais sur ce point précis, la Cour d'Appel a débouté la plaignante en ces termes : *« Au terme de l'article 226-1 du Code pénal, l'atteinte à l'intimité de la vie privée est caractérisée dès lors que l'image d'une personne est captée, enregistrée ou transmise sans le consentement de la personne se trouvant dans un lieu privé. En l'espèce, il n'est pas contesté que (la plaignante) avait donné son accord pour figurer sur la photographie de classe et le portrait publié par (l'éditeur) ne peut être considéré comme une photo retouchée, seul le cadrage ayant été modifié sans qu'aucune modification ne soit apportée à la photographie elle-même. il s'agit d'un cliché pris scolaire était parfaitement acceptée par l'intéressée. Les éléments constitutifs du délit d'atteinte à la vie privée ne sont dès lors pas réunis /.../ »*
> (CA Amiens, ch. correctionnelle, 8/12/2008)

Bien entendu, puisqu'il est question des activités professionnelles, la solution ne serait pas valable pour les élèves de la classe.

LES FORCES DE L'ORDRE ET MEMBRES DES ARMÉES

Les occasions ne manquent pas d'assister à des interventions des forces de l'ordre, plus ou moins musclées selon les cas. Il arrive également que les intéressés s'approchent alors des photographes, exigeant que ceux-ci arrêtent leurs prises de vue, voire - dans certains cas qui font alors très logiquement l'objet de vives réactions dans le monde du photojournalisme - confisquant l'appareil en vue de détruire les images. Se pose alors à nouveau la question du droit de photographier ces différents services dont la mission est de maintenir l'ordre. Qu'en est-il ?

Les forces de l'ordre pendant leur service

Que dit la loi ?

Dans cette matière, un petit retour en arrière permet de mieux appréhender la situation actuelle. Une fois n'est pas coutume, je retracerai donc l'évolution parfois chaotique de cette réglementation, dans laquelle il peut paraitre difficile de s'y retrouver.

1ère étape - 1995

En 1995, et alors que M. Charles Pasqua était Ministre de l'Intérieur était édicté un Arrêté *« relatif au respect de l'anonymat de certains fonctionnaires de police »* (Arrêté du 5/5/1994, disponible sur www.legifrance.gouv.fr - Réf. NOR INTC9500260A). Dans son article 1er, cet arrêté énumérait une liste des services *« dont les missions exigent, pour des raisons de sécurité /.../ le respect de l'anonymat des fonctionnaires qui y sont affectés »*.

« Art. 1er. - La liste des services dont les missions exigent, pour des raisons de sécurité et dans les conditions définies à l'article 39 sexies de la loi du 29 juillet 1881 sur la liberté de la presse, le respect de l'anonymat des fonctionnaires qui y sont affectés, à l'exception des directeurs, des chefs de service et fonctionnaires dont la nomination fait l'objet d'une publication au Journal officiel de la République française, s'établit comme suit :

- la direction de la surveillance du territoire ;
- l'unité Recherche, assistance, intervention, dissuasion (R.A.I.D.) ;
- l'unité de coordination de la lutte antiterroriste (U.C.L.A.T.) ;
- l'unité de coordination et de recherches antimafias (U.C.R.A.M.) ;
- les groupes d'intervention de la police nationale de la direction centrale de la sécurité publique (G.I.P.N.) ;
- la sous-direction de la recherche de la direction centrale des renseignements généraux, ses antennes locales spécialisées et la cellule << sectes >> de la sous-direction de l'analyse, de la prospective et des faits de société de la direction centrale des renseignements généraux ;
- la division de la direction centrale de la police judiciaire chargée de la répression des atteintes à la sûreté de l'État et des menées subversives ;
- la sous-direction chargée de la violence et du terrorisme de la direction régionale des renseignements généraux de la préfecture de police ;
- la brigade de recherche et d'intervention de la préfecture de police (B.R.I.). »

(Arrêté du 5/5/1995, Art. 1er)

Il fallait donc logiquement, sous l'empire de cette réglementation, se demander avant de déclencher, à quel service appartenaient les fonctionnaires de police que l'on se proposait d'inclure dans un cliché.

2ème étape : 6 juin 2000

Par une loi du 6 juin 2000, le législateur créait la *Commission Nationale de déontologie de la Sécurité*, dont les missions et travaux sont consultables sur internet à l'adresse *www.defenseurdesdroits.fr/connaitre-son-action/la-deontologie-de-la-securite*.
Cette commission est chargée de veiller au respect des règles de bonne conduite par les personnes exerçant des activités de sécurité sur le territoire de la République.
Suite à l'un des avis transmis par cette Commission à M. Sarkozy alors qu'il était

encore Ministre de l'Intérieur, ce dernier fut amené à rappeler, dans un document écrit qui circule sur internet, que *« les policiers ne peuvent pas s'opposer à ce que leurs interventions soient photographiées ou filmées ».*

Conformément à l'article 7 de la loi du 6 juin 2000, la Commission a adressé son avis à M. Nicolas Sarkozy, ministre d'État, ministre de l'Intérieur et de l'Aménagement du territoire, dont la réponse a été la suivante :

Liberté • Égalité • Fraternité
RÉPUBLIQUE FRANÇAISE

MINISTERE DE L'INTERIEUR
ET DE L'AMENAGEMENT DU TERRITOIRE

CNDS
21 JUIL. 2006
600 2005-29

Le Directeur général
de la police nationale

PN/CAB/N°05 06-12197

Paris, le 17 JUIL. 2006

[...]

- La question du droit à l'image des policiers :

Il est de jurisprudence constante que le principe de la protection de la vie privée ne s'applique pas aux images et enregistrements effectués sur la voie publique. Les policiers ne peuvent donc pas s'opposer à ce que leurs interventions soient photographiées ou filmées.

Le document se présente comme suit, et fait référence à une « jurisprudence constante », qui pourrait être illustrée par l'affaire suivante.

À l'occasion d'une manifestation de protestation contre l'expulsion de sans-papiers qui occupaient l'Église Saint Bernard, un tract avait été distribué quelques jours plus tard. Ce tract contenait notamment la photographie d'un lieutenant de police, prise à l'occasion de cette expulsion.
La publication n'étant pas au goût de ce fonctionnaire de police, il avait alors assigné l'éditeur responsable du tract au titre de son droit à l'image, mais avait été débouté par les juridictions du fond.
Devant la Cour de Cassation, sa demande n'avait pas abouti, la cour

relevant que *« le tract, diffusé quelques jours après l'événement, en était l'écho »* et que la publication était légitime *« comme étant en relation directe avec l'évènement »*. (Cass.1ère ch.civ., 20/2/2011, Pourvoi n°99-15.970)

Mais à l'heure actuelle, malgré ces déclarations d'intention, force est de constater que différentes dispositions continuent à garantir (et imposer) l'anonymat de certains corps des forces de l'ordre. Ces dispositions découlent de différentes normes administratives.

Identification des services protégés
Les normes actuellement en vigueur à cet égard sont les suivantes.

Arrêté du 24 septembre 1996 relative à la direction générale des douanes et droits indirects, dont le texte consacre l'anonymat des membres des services suivants :
• les services de recherche de la direction nationale du renseignement et des enquêtes douanières ;
• les brigades et cellules de recherche des directions régionales des douanes.
(Arrêté disponible sur *www.legifrance.gouv.fr* sous la référence NOR BUDD9650008A)
Arrêté du 7 avril 2011 relatif au respect de l'anonymat de certains fonctionnaires de police et militaires de la gendarmerie nationale, dont l'annexe contient la liste suivante :
« I. - Services et unités relevant de la police nationale :
1° L'unité de coordination de la lutte antiterroriste.
2° Au titre de la direction centrale de la police judiciaire :
• la sous-direction antiterroriste ;
• le service interministériel d'assistance technique ;
• la brigade de recherche et d'intervention criminelle nationale et la brigade de recherches et d'investigations financières nationale ;
• les brigades de recherche et d'intervention.
3° La direction centrale du renseignement intérieur.
4° Au titre de la direction centrale de la sécurité publique :
• la section du traitement de l'information de la sous-direction de

l'information générale.
5° Au titre de la direction centrale de la police aux frontières, l'office central pour la répression de l'immigration irrégulière et de l'emploi des étrangers sans titre.
6° L'unité de recherche, d'assistance, d'intervention et de dissuasion (RAID).
7° Au titre de la préfecture de police :
• les services de la direction du renseignement chargés de la prévention de la violence, du terrorisme et des dérives sectaires ;
• la section antiterroriste de la brigade criminelle de la direction régionale de la police judiciaire ;
• la brigade anti-commando.
8° Le groupe de sécurité de la présidence de la République du service de protection des hautes personnalités.
II. - Unités relevant de la gendarmerie nationale :
1° Le groupe d'intervention de la gendarmerie nationale.
2° Les groupes de pelotons d'intervention.
3° Les pelotons d'intervention interrégionaux de la gendarmerie.
4° Les groupes d'observation et de surveillance.
5° Le bureau de la lutte antiterroriste de la sous direction de la police judiciaire de la direction générale de la gendarmerie nationale.
6° Le groupe appui opérationnel de l'office central de lutte contre la délinquance itinérante. » (arrêté disponible sur *www.legifrance.gouv.fr* sous la référence NOR IOCJ1107319A)

Arrêté du 7 avril 2011 relatif au respect de l'anonymat de militaires et de personnels civils du ministère de la défense :

« La liste des services ou unités dont les missions exigent, pour des raisons de sécurité et dans les conditions définies à l'article 39 sexies de la loi du 29 juillet 1881 susvisée, le respect de l'anonymat des militaires et des personnels civils qui y sont affectés, à l'exception des directeurs, des chefs de services ou d'unités, de leurs adjoints et des personnels militaires ou civils dont la nomination fait l'objet d'une publication au Journal officiel de la République française, s'établit comme suit :
Ð la direction générale de la sécurité extérieure ;
• la direction de la protection et de la sécurité de la défense ;
• la direction du renseignement militaire ;
• l'état-major du commandement des opérations spéciales ;
• l'état-major de la brigade des forces spéciales terre ;
• le 1er régiment de parachutistes d'infanterie de marine ;

• le 13e régiment de dragons parachutistes ;
• le centre d'instruction des réserves parachutistes ;
• le centre parachutiste d'entraînement aux opérations maritimes ;
• le centre parachutiste d'entraînement spécialisé ;
• le centre parachutiste d'instruction spécialisée ;
• le 4e régiment d'hélicoptères des forces spéciales ;
• le groupe interarmées d'hélicoptères de Villacoublay ;
• l'état-major du commandement de la force des fusiliers marins et commandos ;
• le commando Hubert ;
• le commando Jaubert ;
• le commando Trepel ;
• le commando de Penfentenyo ;
• le commando de Monfort ;
• le commando Kieffer ;
• les quatre sous-marins nucléaires lanceurs d'engins Triomphant, Téméraire, Vigilant et Terrible ;
• le bâtiment de soutien à la plongée Alizé
• le commando parachutiste de l'air n° 10 10.566 ;
• l'escadron de transport Poitou 03.061 ;
• l'escadrille spéciale de l'escadron d'hélicoptères 01.067 ;
• le bureau des forces spéciales du commandement des forces aériennes 00.350 ;
• le groupe aérien mixte 00.056 ;
• le centre d'opérations des forces aériennes stratégiques 02.532 ;
• l'escadron de chasse 01.091 ;
• l'escadron de chasse 02.004 ;
• le groupement de ravitaillement en vol 02.091 ;
• l'escadron de transport de matériels spécialisés 91.532 ;
• l'escadron SyDeRec 92.532 ;
• l'escadron de transport d'entraînement de calibration 00.065 ;
• le centre de renseignement air 14.542 ;
• l'escadron électronique aéroporté 00.054 ;
• l'escadron électronique sol 21.054 ;
• l'élément géographique air-marine 90.532 ;
• le centre national de ciblage 34.664.
(arrêté disponible sur *www.legifrance.gouv.fr* sous la référence NOR DEFD1107135A)

À moins d'être particulièrement au fait des particularités de chacun des uniformes des membres des corps concernés (quand toutefois ils portent l'uniforme !), il risque donc d'être difficile, pour le photographe, de faire la distinction entre les fonctionnaires susceptibles d'être pris en photo et ceux qui ne le sont pas.

Afin d'étayer une argumentation, il est utile de citer également une Recommandation de la Commission Nationale de Déontologie de la Sécurité rendue en 2006 sur la saisine de Mme Blandin, sénatrice du Nord qui signalait différents incidents survenus lors d'interventions policières. À cette occasion, la Commission eut l'occasion de rappeler les principes en vigueur.

« Il paraît opportun à la Commission qu'il soit rappelé aux forces d'intervention, notamment aux CRS, qu'elles doivent considérer comme normale l'attention que des citoyens ou des groupes de citoyens peuvent porter à leur mode d'action. Le fait d'être photographiés ou filmés durant leurs interventions ne peut constituer aucune gêne pour des policiers soucieux du respect des règles déontologiques. » (recommandation de la Commission, accessible sur le site *www.defenseurdesdroits.fr/connaitre-son-action/la-deontologie-de-la-securite*)

En dehors du service

Qu'en est-il du droit au respect de la vie privée et du droit à l'image des membres des forces de l'ordre ou des armées en dehors de leur service ? Je n'ai trouvé que très peu de jurisprudence à ce niveau.

Au sein d'une école militaire mixte, des élèves féminines avaient, à l'issue d'une soirée, fait un pari avec leurs homologues masculins. Il s'agissait pour elle de réaliser une série de photographies en petite tenue, avec des effets de la Marine Nationale (ceintures, gants blancs, guêtres, etc.). Par un curieux mécanisme qu'elles qualifiaient *« d'erreur de manipulation »*, ces photographies s'étaient ensuite retrouvées sur l'ordinateur de l'un des élèves masculins, qui s'était empressé de les faire circuler sur différents supports (intranet, clés USB) tant au sein de l'école dont ils faisaient partie qu'au sein d'autres écoles militaires et dans la plupart des bases navales et aériennes.

Au final, les photos s'étaient retrouvées sur des réseaux peer-to-peer et sur un site internet de rencontres. Belle carrière donc, pour ces images, qui avaient valu une sanction disciplinaire aux modèles improvisés, au titre d'outrage à l'Armée.
Mais ces mannequins en herbe n'entendaient toutefois pas laisser impunie la diffusion des photographies tous azimuts, et avaient assigné ceux de leurs collègues masculins qu'elles estimaient responsables des premières propagations.
Le Tribunal de Grande Instance a estimé que « *le fait d'appartenir à un corps militaire ne saurait faire obstacle au respect de leur vie privée dès lors que (les demanderesses) agissent en dehors de leur service, pendant leur temps libre alors qu'elles ne sont plus sous l'autorité d'aucun officiel supérieur.*
/..../
En l'espèce, (les demanderesses) se trouvaient à l'issue d'une soirée estudiantine, dans leur chambre lorsqu'elles ont procédé aux prises de vues litigieuses, le fait que celle-ci soit située à l'intérieur de l'établissement militaire dans lequel elles étaient élèves n'étant pas de nature à ôter à leur logement son caractère de lieu privé, contrairement aux dires des (défendeurs), qui ne sauraient soutenir qu'une chambrée de casernement n'et pas un lieu privé au seul motif que tout gradé supérieur peut y pénétrer pour effectuer une inspection.
Ainsi, c'est dans le cadre privé de leurs loisirs qu'elles se ont mises en scène pour prendre des photographies d'elles-mêmes, leur souhait d'en donner connaissance à certains camarades de classe avec lesquels elles s'étaient livrées à un pari ne permettant pas de déduire qu'elles entendaient donner à ces prise de vue une diffusion publique.
De la même façon, leur accord pour que les clichés litigieux soient vus par quelques personnes limitées ne saurait avoir pour conséquence de supprimer la nécessité d'obtenir le consentement des intéressées pour les transmettre à des tiers et les publier.» (TGI Paris, 1/6/2011, RG 09/16297)

Au niveau de l'indemnisation, par contre, le tribunal n'a prononcé qu'un euro symbolique du fait du caractère « *se voulant ludique, amusant et joyeux des cliché* » et de « *l'absence de tout caractère pornographique réducteur ou même érotique pouvant porter atteinte à la dignité des jeunes filles* », ainsi bien sûr que du fait que les plaignantes avaient accepté la diffusion, même à un cercle limité de personnes.

Le droit au respect de la vie privée est donc affirmé dans les mêmes conditions que pour qui que ce soit. Avec au surplus un enseignement complémentaire : le fait qu'il y ait eu, au préalable, une faute disciplinaire (ayant, ici, entraîné une sanction pour outrage à l'Armée) ne modifie en rien le droit d'obtenir réparation du préjudice lié à la diffusion des photographies.

LES ARTISTES INTERPRÈTES

Nature du problème et intérêts en conflit

Austin Blues Band - Concert au Caveau des Augustins - décembre 2012

Une autre source de conflit, toujours dans ce même cadre, est l'utilisation par les artistes-interprètes des photographies prises pendant leur prestation par un photographe, et ce sans l'accord de ce dernier. Le photographe utilisera les photographies prises à cette occasion pour témoigner de la qualité de son travail, tandis que l'artiste-interprète pourrait d'une part contester l'utilisation de son image sur le site du photographe et d'autre part, revendiquer d'utiliser lui-même les photographies pour sa propre promotion.

Il faut, pour bien comprendre ce conflit de normes, garder à l'esprit qu'en vertu du Code de la Propriété intellectuelle, les artistes interprètes disposent de droits que l'on nomme « droits voisins » sur l'image de l'image de leur prestation.

> *« Sont soumises à l'autorisation écrite de l'artiste-interprète la fixation de sa prestation, sa reproduction et sa communication au public, ainsi que toute utilisation séparée du son et de l'image de la prestation lorsque celle-ci a été fixée à la fois pour le son et l'image. »*
> (Art. L212-3 du Code de la Propriété Intellectuelle, dans le Livre II :
> *Les droits voisins du droit d'auteur*)

À ce titre, les arguments qui s'opposent sont alors les suivants :

• Le photographe va arguer de son droit d'auteur sur les oeuvres que constituent ces photographies pour en interdire l'utilisation par l'artiste sans son accord,

• l'artiste-interprète, de son côté, va invoquer le droit à l'image et/ou le droit voisin pour revendiquer éventuellement une indemnisation du fait de l'utilisation de son image par le photographe ou à tout le moins exiger de pouvoir en faire usage dans la promotion de son propre travail.

Et les parties se retrouvent alors dans un conflit parfois aigu, dans lequel l'artiste-interprète s'indigne qu'on utilise son image sans son accord, le photographe de son côté reprochant qu'on utilise son œuvre. Le litige est d'autant plus difficile à résoudre que les droits de chacun sont indéniables, et sont à priori en totale opposition. C'est donc à nouveau à la jurisprudence (ou à la doctrine) de faire la part des choses, ce qui passera vraisemblablement par la reconnaissance d'une hiérarchie entre les droits, ou par l'ajout de conditions strictes d'utilisation de l'image de l'artiste par le photographe. Le fondement de l'article 9 du Code civil (droit au respect de la vie privée) n'est a priori pas approprié. On ne peut en effet pas soutenir qu'une prestation sur scène, dans le cadre d'un concert, interviendrait dans le cadre de la « vie privée ». C'est au contraire clairement une prestation publique.
Reste donc le « droit à l'image » (dont nous avions vu dans l'introduction de l'ouvrage qu'il n'était pas synonyme de « vie privée ») : est-il de nature à s'opposer, dans un cas comme celui-là, à ce que des photographies de l'évènement soient prises puis, surtout, diffusées ? La question est de taille, car il ne s'agit pas uniquement du droit d'un photographe à exercer lui-même son art, mais également de celui du journaliste d'informer.

Pour une obscure raison, et alors que cette situation de conflit se présente très fréquemment, la jurisprudence est particulièrement peu abondante, ce qui rend sa résolution amiable plus difficile, à défaut d'avoir la matière nécessaire pour une argumentation juridiquement incontestable. Avant d'examiner les quelques décisions trouvées, voyons déjà si les dispositions légales sont ou non de nature à nous aider.

Les pistes de résolution du conflit

L'article L211-1 du Code de la Propriété Intellectuelle lui-même

À l'ouverture du chapitre relatif aux droits voisins, le Code de la Propriété Intellectuelle pose, avant même de définir les droits dont il est question, une règle de base contenue dans l'article L211-1 :

> *« Les droits voisins ne portent pas atteinte aux droits des auteurs. En conséquence, aucune disposition du présent titre ne doit être interprétée de manière à limiter l'exercice du droit d'auteur par ses titulaires. »*
> (Art. L211-1 du Code de la Propriété intellectuelle)

Ceci laisserait entendre que le fait pour un artiste-interprète d'être titulaire (incontestablement !) de droits sur son interprétation n'entraine toutefois pas d'altération des droits des droits des auteurs à qui il a affaire, qu'il s'agisse de l'auteur de l'œuvre qu'il interprète ou de l'auteur des photos prises à cette occasion.

L'article L111-3 alinéa 2 du même Code : Le propriétaire du support n'a pas de droit sur l'œuvre

> *« L'acquéreur de cet objet n'est investi, du fait de cette acquisition, d'aucun des droits prévus par le présent code , sauf dans les cas prévus par les dispositions des deuxième et troisième alinéas de l'article L. 123-4. Ces droits subsistent en la personne de l'auteur ou de ses ayants droit qui, pourtant, ne pourront exiger du propriétaire de l'objet matériel la mise à leur disposition de cet objet pour l'exercice desdits droits. Néanmoins, en cas d'abus notoire du propriétaire empêchant l'exercice du droit de divulgation, le tribunal de grande instance peut prendre toute mesure appropriée, conformément aux dispositions de l'article L121-3. »*
> (Art L111-3 alinéa 2 du Code de la Propriété intellectuelle)

En d'autres termes, et pour revenir au conflit qui nous occupe, l'artiste-interprète qui est en possession du « support matériel » d'une œuvre (fût-ce un fichier informatique par nature dématérialisé), serait dans l'impossibilité, au vu de cette disposition, de le reproduire, n'étant pas pour autant titulaire des droits d'auteur sur l'œuvre que ce fichier contient.

La pratique

Les conflits aigus

Des incidents récurrents survenus tant lors de manifestations sportives que de concerts avaient amené, en 2010, le Syndicat National des Journalistes à adresser un courrier au Ministre de la Culture. Ce document, publié sur le site de cette organisation professionnelle (*www.snj.fr/IMG/pdf/Photojournalisme_letFMsept10.pdf*) résumait parfaitement le flou législatif régnant en la matière, et les importantes difficultés rencontrées par les journalistes sur le terrain : « *Loin de nous l'idée de remettre en cause le droit à l'image, revendiqué par les artistes en général et quelques sportifs de haut niveau. Pour autant, ce droit doit trouver sa limite dans l'exercice public d'une activité et d'une représentation professionnelles.* » (extrait de la lettre du SNJ précitée)
En réponse, le Ministre de la Culture et de la Communication alors en fonction avait adressé un courrier rappelant notamment :

- le droit d'accès pour les journalistes professionnels : « *Au regard des difficultés rencontrées, il apparait nécessaire de rappeler aux personnes surveillant l'entrée de ce type de manifestation que la seule production d'une carte de presse suffit à attester la qualité de journaliste de son détenteur, et à lui ouvrir le droit d'entrer librement dans l'enceinte de cette manifestation et de prendre des photographies des événements qui s'y déroulent.* » (extrait de la réponse de Monsieur F. Mitterrand, Ministre de la Culture, au Syndicat National des Journalistes en date du 13/12/2010, disponible en ligne sur le site du SNJ - *www.snj.fr/IMG/pdf/Photojournalisme_repFMdec10.pdf*)

- le fait que les artistes en représentation ont donné une autorisation tacite de diffusion de leur image : « *Au regard du droit à l'image, la jurisprudence considère que les artistes en représentation ont donné une autorisation tacite de diffusion. Si les images représentant un artiste-interprète ont été prises dans le cadre de son activité professionnelle, la diffusion des images est légale sans qu'une autorisation de l'artiste soit nécessaire au regard du droit à l'image.* » (extrait du même document)

Il est par contre dommage que le rédacteur de cette correspondance n'ait pas cité les références précises des décisions jurisprudentielles qu'il évoquait, car celles-ci semblent inédites, ou particulièrement difficiles à trouver.

La jurisprudence

Fort curieusement, et alors que ce type de conflit se produit de façon très régulière, il n'y a que très peu de jurisprudence accessible. Soit qu'elle ne soit pas publiée, soit tout simplement qu'elle soit inexistante, si les parties rechignent à saisir les juridictions.

J'ai toutefois pu trouver, au fil des années, quelques décisions de nature à aider la réflexion, mais sans qu'il puisse encore s'agir d'avancer des réponses de principe fiables et suffisamment créant une jurisprudence suffisamment établie.
Voyons toutefois ce que nous enseignent ces décisions.

Diffusion autorisée pour autant qu'elle ne constitue pas un détournement ou une dénaturation de l'image du sujet qui y figure

Le jugement dont il est question ci-après est intéressant, car il va dans la droite ligne de ce que la réponse ministérielle ci-avant citait comme règle de conduite. L'affaire concernait une actrice, dont il faut rappeler qu'elle était bien sûr - au même titre que les artistes de scène - titulaire d'un droit voisin sur l'image de sa prestation.

Une actrice se plaignait de la diffusion sur le site personnel d'un webmaster de trois séquences vidéo et trois photographies où elle apparaissait dénudée. Ces photos et séquences étaient toutes extraites de films dans lesquelles elle s'était produite comme actrice. Invoquant son droit à l'image de même que l'article 1382 du Code civil (fondement lié à la responsabilité extracontractuelle, peu utilisé pour le droit à l'image des personnes),
elle sollicitait donc une très substantielle indemnisation. Elle ventilait les montants réclamés en visant d'une part son préjudice moral, et d'autre part son préjudice professionnel.
Sa principale argumentation était que *« les images litigieuses avaient été détournées de leur finalité artistique dans une perspective lubrique et mercantile ».*
Ceci permet au Tribunal de Grande Instance de Paris de se prononcer sur la question de principe, dans les termes suivants :
« Attendu que si toute personne quelle que soit sa notoriété, dispose sur

son image et sur l'utilisation qui en est faite, en vertu de l'article 9 du Code civil qui pose le principe du droit au respect de la vie privée, d'un droit lui permettant, en principe, de s'opposer à sa diffusion sans autorisation préalable, il en va différemment lorsqu'il s'agit d'images réalisées dans un cadre professionnel dont la diffusion est en principe exempte de toute atteinte aux droits de la personnalité protégés par l'article 9 précité, sans qu'il soit nécessaire de recueillir une autorisation spéciale de la personne représentée, dès lors que cette diffusion ne constitue ni un détournement ni une dénaturation de l'image du sujet y figurant ».

(TGI Paris, 17ème ch. 6/6/2012, RG 11/07441)

En l'espèce, et vu précisément qu'il y avait eu dénaturation du fait de l'utilisation des seules scènes où l'actrice était dénudée, le défendeur fut condamné, mais à des montants nettement moins importants que ceux sollicités par l'actrice.

Ce jugement est une réponse claire et précise à l'interrogation que se pose tout photographe avant de diffuser l'image d'un artiste prise dans le cadre de la prestation de celui-ci. Il écarte tout d'abord le fondement de l'article 9 du Code civil, en tant que celui-ci ne protège que la « vie privée ».

Et le critère dégagé a le mérite d'être précis : la diffusion est possible sans autorisation de l'artiste **pour autant que l'utilisation soit faite sans dénaturer la prestation et sans détourner l'image du sujet.** Ceci mettrait à l'abri de la critique les photographes diffusant simplement les photographies d'un concert ou spectacle public auquel ils ont assisté, pour autant bien sûr que l'utilisation soit conforme à l'image du sujet, sans dénaturation ni détournement. La jurisprudence étant particulièrement rare, je crois utile de citer également un arrêt de la Cour d'Appel de Versailles statuant en sens identique.

Les faits sont quasiment identiques que dans l'affaire précédente. L'une des héroïnes de la série *Sous le soleil* avait, parallèlement à sa carrière au petit écran, tourné dans un film où elle interprétait quelques scènes dont le caractère torride n'était plus lié au soleil de St Tropez. Un magazine people, qui consacrait un article intitulé *Le best of des scènes hot de 16 stars.* Sous le nom de l'actrice était reproduite une photo extraite du film en

question. L'actrice assigna alors l'éditeur, et obtint gain de cause en première instance. L'éditeur interjeta appel, mais en vain, la Cour d'Appel de Versailles faisant usage du même critère relatif à la dénaturation de l'image d'origine : *« /.../ la liberté d'informer ne peut exonérer (l'éditeur) de sa responsabilité dès lors que l'article ne se rattache à aucun événement d'actualité dont l'appelante pourrait légitimement faire état, que la publication litigieuse sert uniquement d'illustration à un article consacré aux stars du «hot» sans pertinence aucune, la reproduction des images extraits du film caractérisant une dénaturation flagrante de l'artiste en l'associant au genre pornographique auquel le film /.../ n'appartient pas, que la reproduction est de médiocre qualité, ce qui contribue à donner de (la plaignante) une image autre que celle véhiculée par le film auquel elle a participé ;*
qu'il est vain pour (l'éditeur) d'en appeler au respect dû à la ligne éditoriale du magazine, lequel a ici pour limite le respect des droits d'autrui, aucune nécessité tirée de l'information du public n'étant en l'espèce caractérisée ».
(CA Versailles, 14/10/2004, RG 03/05409)

La diffusion doit replacer l'image dans son contexte

Il faut également être attentif, au moment de diffuser l'image d'un artiste sur scène, à l'obligation de bien légender celle-ci, et de ne pas la sortir de son contexte en vue d'illustrer un propos qui n'aurait pas de rapport direct avec la prestation. Une illustration fut donnée dans l'affaire suivante.

Une actrice de théâtre s'était produite dans une pièce programmée dans le cadre du célèbre festival d'Avignon en 1994. L'une des photographies de sa prestation avait ensuite été diffusée pour illustrer un ouvrage nommé *Le guide de l'étudiant*, dont une section parlait du secteur artistique. Sous la photographie figurait une légende rédigé comme suit : *« Nombre d'artistes exercent leurs talents pour les parcs d'attraction, les villes, le tourisme, etc. »* L'actrice avait alors assigné l'éditeur, en lui reprochant de ne pas avoir sollicité son autorisation avant la publication. En défense, celui-ci objectait que la photographie *« présentait un intérêt justifié par la nécessité de l'actualité et le légitime besoin d'information des lecteurs, qu'elle est prise dans un lieu ouvert au public et n'a pas fait l'objet d'un agrandissement*

> *ou d'un cadrage dénotant une volonté délibérée de centrer l'attention sur une personne déterminée en l'isolant et qu'elle est accompagnée d'une légende explicative et claire illustrant de manière appropriée et adéquate le thème de l'article, sans aucune connotation relative à la vie privée de l'intéressée ».*
> Le tribunal va toutefois retenir une faute au regard du droit voisin de l'actrice :
> *« /.../ si, en l'espèce, la publication litigieuse n'a pas porté atteinte à la vie privée de (la demanderesse), la reproduction d'une photographie de cette dernière, sans son autorisation, même prise lors d'une représentation théâtrale publique, est constitutive d'une faute au regard de l'article 1382 du Code civil et de l'article L212-3 qui protège les droits de l'artiste-interprète et générative en elle-même d'un préjudice ;*
>
> *attendu que la demanderesse justifie également d'une atteinte à son droit moral d'artiste-interprète dès lors que ce cliché sur lequel elle est parfaitement reconnaissable est sorti de son contexte et ne fait pas la moindre référence à la pièe dont il est extrait; que la légende, en accord avec l'article qu'elle illustre, laisse au contraire entendre au lecteur qu'il s'agit d'un « petit boulot » auquel le comédien débutant est contraint de recourir pour « faire bouillir la marmite », dévalorisant ainsi la prestation de cette comédienne. »*
>
> Sur le préjudice, le tribunal reproche par contre à la plaignante de n'avoir pas démontré la réalité de l'impact que cette publication aurait eue sur sa vie professionnelle, et relève que la publication eut une *« portée limitée, destinée principalement à des étudiants recherchant une information générale sur les différents métiers et dépourvue de tout aspect critique ou informatif sur des spectacles ou des comédiens proprement dits »*, avant d'allouer à la plaignante une somme de 20.000 francs (le jugement fut rendu avant le passage à l'euro).
> (TGI Paris, 6/12/2000, RG 00/00716)

Au vu de ce jugement, on peut estimer que si la légende avait été autrement rédigée, aucune condamnation ne serait intervenue. Ainsi, l'éditeur aurait par exemple pu prévoir une mention de ce genre : *« Prénom et nom de la comédienne, dans la pièce (nom) interprétée au Festival d'Avignon 1994 - Les artistes professionnels se produisant dans ce festival renommé auront souvent dû parcourir au préalable un parcours semé de difficultés pour arriver à la reconnaissance.* » Ainsi, la comédienne n'aurait pas vu sa prestation dévalorisée, et l'article aurait été illustré de façon tout aussi efficace.

Diffusion interdite lorsqu'elle est de nature publicitaire

Dans une autre affaire, la Cour de Cassation elle-même a sanctionné l'utilisation de l'image d'une personne lorsqu'elle était réalisée à des fins publicitaires (donc purement commerciales).

> En 2003, une société avait commercialisé une compilation de chansons françaises des années 1930 à 1950, toutes tombées dans le domaine public. L'un des interprètes dont une chanson était reprise sur la compilation était en outre représenté en photo sur la jaquette du cd, ce qu'il n'avait pas accepté. Il avait dès lors saisi les juridictions. En degré d'appel, il avait été débouté au prétexte que la publication de sa photo sur la jaquette du cd relevait, selon la Cour d'appel, d'une information entrant dans le champ du droit général à l'information du public.
> Mais la Cour de Cassation avait ensuite cassé l'arrêt, en retenant plutôt le caractère commercial de l'utilisation, laquelle ne pouvait pas se faire sans l'autorisation de la personne représentée : *« /.../ l'utilisation de l'image d'une personne pour en promouvoir les œuvres doit avoir été autorisée par celle-ci et /.../ la reproduction de la première au soutien de la vente des secondes n'est pas une «information» à laquelle le public aurait nécessairement droit au titre de la liberté d'expression, peu important l'absence d'atteinte à la vie privée de l'intéressé. »*
> (Cass. civ. 1ère ch., 9/7/2009, n° 07-19758)

Pris a contrario, cet arrêt pourrait à mon sens signifier qu'en dehors des utilisations commerciales, c'est-à-dire donc soit dans le cadre du droit à l'information mentionné dans l'arrêt (soit, sans doute, dans le cadre de la liberté d'expression artistique), l'utilisation de l'image de l'artiste aurait été admise.

Choix du fondement en cas d'action

La jurisprudence a également eu l'occasion de préciser que dans un conflit de cette nature, le sujet de la photo qui se plaint de la diffusion de son image doit faire un choix entre les deux fondements que sont l'article 9 (vie privée) et les droits voisins.

Une chorégraphe et danseuse était également l'auteur de la chorégraphie de la célèbre *Macarena*, qu'elle interprétait elle-même dans un clip tourné à la demande du producteur de la chanson.
Or, l'intéressée avait ensuite constaté que des images avaient été extraites de ce clip pour servir un film publicitaire diffusé par une marque de jeux et jouets.
Elle assigna alors la société (ainsi que l'agence de communication de celle-ci) sur base tant de son droit à l'image que de ses droits voisins en tant qu'interprète. Avant de faire droit à la demande de la plaignante sur le terrain de ses droits voisins en tant qu'interprète, le Tribunal de Grande Instance a toutefois exclu le cumul entre ce fondement et l'article 9 :
« Mme /.../ soutient que l'exploitation sans son autorisation du sport publicitaire litigieux sur lequel elle figure en train de danser au sein d'un groupe «La Macaréna» constitue une violation de son droit à l'image.
Le Tribunal considère que c'est à juste titre que les défendeurs soutiennent que (la demanderesse) qui réclame également la protection de sa prestation d'artiste interprète ne peut invoquer son droit à l'image pour protéger les mêmes atteintes, les deux protections n'étant pas cumulables. »
(TGI Paris, 4/6/2008, RG 05/06811)

Cette décision ne suffira pas à faire prévaloir le droit d'auteur sur le droit à l'image, ou inversement, car le litige ici ne concerne pas l'auteur des séquences vidéo. Par contre, il me semble que la décision a le mérite de bien tracer la frontière entre les deux fondements, du fait du caractère professionnel de l'activité à laquelle se livrait la partie plaignante au moment où la photo a été prise.

Le sujet d'une image n'en est pas l'auteur

Parmi les jurisprudences que j'ai pu trouver, il en est également où sans faire mention du droit à l'image ou du droit voisin, apparemment non mis en œuvre par l'artiste-interprète, les juridictions ont rappelé que le sujet d'un image n'est pas autorisé à disposer de celle-ci à sa guise, soit en la recadrant, soit tout simplement en la publiant.

Les décisions à cet égard étant particulièrement peu abondantes, je crois utile de détailler les trois litiges qui ont donné lieu à ces jurisprudences que j'ai pu trouver. Cela ne signifie pas qu'il n'en existe pas d'autres, mais elles sont à tout le moins confidentielles.

Affaire n°1

Différents photographes de spectacle (ou leurs héritiers), ainsi que l'agence qui les représentait, avaient assigné une société se présentant comme *« un service de presse et une agence de communication tournée vers les producteurs de disques et de spectacles, les éditeurs, les artistes et les personnalités »*. Cette société était en possession de différents tirages papier de photographies, transmis le plus souvent par les artistes eux-mêmes.

Les demandeurs lui reprochaient d'avoir reproduit sur son site Internet ces différentes photographies prises par les demandeurs et représentant des artistes de spectacles et vedettes réputées (Polnareff, Mike Brant, Chantal Goya, Rika Zarai), photos prises comme vous l'imaginez il y a de longues années.

En quelque sorte donc, un litige opposant l'agent des artistes-interprètes à l'agent des photographes...

Eu égard au nombre d'intervenants, je vous fais grâce de l'énumération chiffrée des demandes de chacun, ainsi que d'un débat sur la recevabilité de l'action dans le chef de l'agence, que la défenderesse estimait non recevable. Cette agence eut gain de cause, après avoir démontré au tribunal qu'elle avait racheté les fonds photographiques des agences initiales auxquelles ces photos avaient été livrées à l'époque.

En tout état de cause, les photographes intervenaient personnellement à la procédure.

La défenderesse invoquait pour sa défense le fait que l'agence ne démontrait pas non plus que les photographies présentes sur son site étaient bien identiques à celles dont elle avait l'agence des photographes était gestionnaire, en invoquant le fait que les photographes de concert sont tous regroupés au même endroit, et que toutes les photos se ressemblent. À titre subsidiaire, elle prétendait obtenir une réduction des montants sollicités, qu'elle estimait trop élevés.

Le Tribunal de Grande Instance de Paris va tout d'abord se livrer à une longue énumération des photos, avec un examen détaillé des clichés, de façon à confirmer que les photos dont l'agence demanderesse avait la gestion et dont les autres demandeurs étaient les auteurs étaient bien identiques à celles mises en ligne sur le site de la société défenderesse. Dans son examen, il relève notamment que pour certaines photos, les tirages papier contenaient en outre, au verso, un cachet de l'agence

> rappelant l'interdiction de toute reproduction.
> Cet examen est opéré photographe par photographe, et pour l'ensemble des photos incriminées, ce qui explique que le jugement soit assez long.
> Le tribunal en vient ensuite aux éléments constitutifs du droit d'auteur, pour conclure tout d'abord sur la question du droit de paternité sur les photos :
> *« Les photographies (litigieuses) ont été reproduites sur le site de (la défenderesse) sans que figure à quelque endroit du site le nom de leur auteur, ce que ne conteste pas la société défenderesse. Les atteintes à la paternité alléguée sont donc constituées. »* (Jugement, p. 14)
> Le jugement aborde ensuite la question du droit moral des photographes au respect de l'intégrité de leurs œuvres : *« En application des disposition de l'article L121-1 du Code de la Propriété intellectuelle, aucune modification ne saurait être apportée à une œuvre de l'esprit sans porter atteinte aux prérogatives de l'auteur. Se prévalant de ce texte, le demandeurs indiquent qu'il aurait été procédé à la numérisation des photographies litigieuses, qui étaient initialement des clichés argentiques, et que certains recadrages auraient été effectués par la société /.../. Si les recadrages ou reproduction dans un format réduit ne sont pas détaillé dans les écritures des demandeurs ce qui empêche de constater leur existence, il apparaît en revanche que la numérisation d'un cliché argentique constitue, en l'absence de tout consentement, une dénaturation d'une photographie, puisque la netteté, le grain et la précision du tirage initial sont altérés par cette opération. La dénaturation alléguée est donc constituée pour les photographies litigieuses. »*
> (TGI Paris, 18/3/2011, RG 11/01981)

Dans cette affaire, en condamnant les utilisations faites par l'agent des artistes des photographies sans l'accord des photographes (ou de l'agent de ceux-ci), le tribunal a donc - à mon sens - indirectement tranché le conflit dont il est question dans cette section. Certes, il s'agissait bien de promouvoir le travail des artistes-interprètes représentés mais ceci n'autorisait pas ces artistes (ou leur agent) à faire usage des photographies sur lesquelles ils étaient représentés.

Dans la seconde affaire, il n'était pas non plus question de façon explicite du droit à l'image ou des droits voisins, mais les managers d'un célèbre groupe musical avaient utilisé à tort des photographies, comportement qui fut sanctionné à nouveau.

Affaire n°2

Un photographe avait réalisé neuf photographies d'un célèbre groupe musical de renommée internationale à l'occasion de la promotion d'un album de ce groupe à Paris et en vue de la sortie internationale du nouvel album des artistes.

Par la suite, le producteur du groupe, intéressé par les photographies, avait transmis un projet de contrat à leur auteur et de nombreux mails avaient été échangés entre parties, sans toutefois qu'ils débouchent sur un accord complet. Nonobstant cela, le producteur avait utilisé certaines des photographies dans la cadre de la production de l'album, aidé en cela par une enseigne de la grande distribution en matière culturelle.

Constatant l'utilisation de ses photos, le photographe avait bien entendu assigné les deux sociétés et sollicité d'importants montants au titre de ses droits patrimoniaux et moraux.

Dans le cadre de la procédure, l'enseigne de grande distribution avait tout d'abord tenté d'obtenir sa mise hors cause au motif qu'elle n'avait *« commis aucun acte d'exploitation desdites photographies sur le territoire français »*. Mais cet argument n'avait pas été retenu, le tribunal relevant à l'examen du dossier que des correspondances avaient été échangées entre le Photographe et cette grande enseigne, cette dernière transmettant également un projet de contrat. Cette partie reconnaissait en outre avoir été destinataire des photographies litigieuses.

Revenant ensuite sur le fond, le tribunal examina les « arguments » invoqués par les deux défenderesses, et qui consistaient en substance à affirmer :

- que l'autorisation de principe avait été donnée quant aux photographies
- et que l'absence d'un contrat signé ne privait pas cette autorisation d'effets

Je n'ai bien sûr pas vu les conclusions des défenderesses ni la pirouette juridique par laquelle les défenderesses entendaient faire admettre une telle argumentation, mais à première vue, le raisonnement est pour le moins surréaliste. Et si certains pourparlers préliminaires peuvent parfois avoir des conséquences juridiques, il s'agit d'hypothèses totalement différentes dans lesquelles c'est la rupture des pourparlers elle-même qui cause un préjudice.

En outre, le Code de la propriété intellectuelle, dont le tribunal veille à bien reproduire les articles concernés, s'oppose à ce que des échanges préliminaires puissent valoir cession de droits.

Fort heureusement, le tribunal ne s'y est pas trompé puisqu'il condamne les parties défenderesses au titre d'une utilisation non autorisée des photographies.
Des montants sont octroyés tant pour les droits moraux (altération des images) que pour les droits patrimoniaux (utilisation non autorisée).
Une phrase du jugement laisse en outre entendre que dans leur argumentation, l'une et/ou l'autre défenderesse avait en outre invoqué un *« usage non écrit »* qui aurait justifié l'utilisation des images. Le jugement indique en effet : *« Les sociétés défenderesses, qui ne justifient d'aucune autorisation préalable et expresse à l'exploitation de cette oeuvre ont donc commis des actes de contrefaçon, que les usages invoqués en matière de promotion de disques ne sont pas de nature à justifier. »*
(TGI Paris, 3ème ch, 2ème section, 7/3/2008)

Il n'est pas utile de rentrer dans le détail des condamnations intervenues. Retenons seulement, s'agissant du conflit entre artistes-interprètes et auteur des photos de ceux-ci, que le tribunal sanctionne à nouveau l'utilisation faite par les premiers de l'œuvre du second.

Enfin, dans la troisième affaire, les principes sont également confirmés, interdisant toute modification et utilisation par l'artiste représentée sur la photographie litigieuse.

Affaire n°3
Un photographe était l'auteur d'une photographie qui représentait la chanteuse Cora Vaucaire sur scène, photographiée en contre-plongée de trois-quarts, et tenant en main un plumet de boa qu'elle agitait vers le public.
Un tirage de cette photographie avait été offert par le photographe à la chanteuse.
Plus tard, à l'occasion d'entretiens tenus entre cette dernière et un biographe, la chanteuse avait remis ce tirage au biographe, lequel s'en était servi pour illustrer un livre, paru aux Éditions De Fallois (*Cora Vaucaire l'intemporelle*). Or, le photographe n'avait bien sûr jamais donné son autorisation pour ladite parution. Au surplus, l'éditeur avait jugé utile de recadrer l'image. Il avait par contre indiqué le nom de l'auteur dans les

crédits photographiques. Le photographe avait alors adressé une proposition de règlement amiable à l'éditeur, et sollicitait à ce moment le versement d'une somme au titre de ses droits d'auteur. N'obtenant pas de réponse, il a signalé à l'éditeur qu'il retirait son offre amiable et a chargé son avocat d'assigner. Deux mois après cette notification, l'éditeur acceptait soudain de régler la somme originairement réclamée.

De son côté, le photographe demandait dans son assignation :
• que la contrefaçon soit constatée
• qu'une somme de 6.000 € lu soit payée au titre de la violation de ses droits moraux *« de divulgation de son œuvre du fait de la reproduction sans son autorisation aggravé par le recadrage de l'image »*
• et qu'une seconde condamnation, à hauteur de 5.000 € soit prononcée au titre de la violation de ses droits patrimoniaux *« du fait de la reproduction sans autorisation de la photographie »* dans le livre.
L'éditeur, lui, souhaitait bien sûr s'en tenir à la proposition amiable qu'il avait acceptée, mais un peu tard, sur le plan des droits patrimoniaux, et soutenait qu'un euro symbolique indemniserait suffisamment l'atteinte au droit moral.
Sur la question des droits patrimoniaux, le tribunal relève que *« par application de l'article L111-3 du Code de propriété intellectuelle, la possession matérielle du cliché n'entraîne pas la cession des droits de reproduction et de représentation qui doivent également être expressément cédés.*

Dès lors, (l'éditeur) qui ne pouvait se méprendre en sa qualité de professionnel de l'édition sur les règles applicables en la matière, ne pouvait reproduire le cliché litigieux qui lui avait été remis par Mme Vaucaire) sans solliciter préalablement l'autorisation (du photographe), d'autant que le cliché litigieux portait en son dos, un tampon ainsi rédigé : « photo 400-4 -INGI – Paris – Mention obligatoire – Tous droits réservés », ce qui lui permettait dès l'origine de connaître l'identité de l'auteur du cliché.
Dans ces conditions, (l'éditeur) a porté atteinte aux droits patrimoniaux (du photographe). »

Évoquant l'atteinte au droit moral, le tribunal se prononce en ces termes :
« (Le photographe) se plaint du fait que la photographie dont il est l'auteur a été recadrée et diffusée sur un support qu'il n'avait pas choisi. Le Tribunal

> *constate que la partie supérieure de la photographie a été supprimée. Dès lors, il y a altération de l'œuvre et atteinte au droit moral (du photographe). En revanche, il n'y a pas eu atteinte à son droit de paternité, la photographie lui ayant été attribuée en première page de l'ouvrage publié. »*
> (TGI Paris, 20/2/2008, RG 07/07412)

Cette décision touche bien sûr au droit d'auteur, ce qui est inévitable au vu du conflit de normes que nous évoquons. Mais elle tend également à confirmer l'analyse détaillée plus haut : le possesseur d'un support matériel reproduisant une œuvre n'a pas de droit de reproduction sur cette œuvre, ce qui découle du code lui-même (Art. L111-3 du CPI). Et, réponse à la question que nous évoquons, cette règle n'est pas modifiée par le fait que le possesseur soit également le sujet de l'image (ou, ici, son producteur ou son diffuseur).

LES MARIÉS

Notion

Il y a un côté paradoxal à évoquer, dans cette liste des situations conflictuelles, la question des photos de mariés lors de leur cérémonie. En effet, ils sont bien sûr à la source de la demande de photographies, dès le moment où ils ont eux-mêmes fait appel et rémunéré un photographe pour couvrir l'évènement.
Ceci n'empêche toutefois pas que survienne ensuite un conflit impliquant la notion de droit à l'image, comme ce fut le cas dans l'affaire ci-après.

> Une comédienne et son fiancé avaient décidé de s'unir par le mariage, et avaient fait appel à un photographe pour couvrir la cérémonie.
> Le contrat signé entre le photographe et les mariés prévoyait la livraison d'un dvd contenant entre 1400 et 2000 photos, pour un reportage allant de l'essayage de la robe chez le créateur jusqu'à la soirée clôturant le jour de la cérémonie.
> Près d'une semaine après cet événement, et alors que les photos étaient déjà livrées, le photographe découvrait dans un magazine people diverses photographies qui figuraient sur le dvd, et qui au surplus n'étaient

pas créditées à son nom, mais au nom d'une agence avec laquelle il n'avait bien sûr aucun lien contractuel. Enfin, ces photos avaient fait l'objet de modifications (*« recadrage, réduction ou agrandissement »*, mentionne l'arrêt)
L'un des sites internet de l'actrice reproduisait en outre une partie des photographies litigieuses.
Le photographe avait donc assigné : les mariés, l'éditeur du magazine et la fameuse agence dont le nom figurait comme *« auteur »* des photos en question.

Le Tribunal de Grande Instance avait débouté le photographe, qui avait alors interjeté appel. Parmi les arguments invoqués par les mariés figurait bien sûr le fait qu'ils étaient eux-mêmes les sujets des photos, et qu'à ce titre il leur appartenait d'en disposer à leur guise.

La Cour d'appel de Bordeaux, saisie en second degré, eut donc notamment à examiner cet argument tiré du droit à l'image, et sur cette question précise, se prononça de la façon suivante : *« Si les époux S. peuvent se prévaloir de leur droit à l'image concernant les photographies qui ont été prises dans le cadre de ce contrat qui étaient destinées à constituer le témoignage souvenir d'une cérémonie particulièrement importante dans leur vie personnelle, il n'en demeure pas moins que ce dernier ne peut être considéré comme prépondérant au regard des droits propres conservés par le photographe sur son oeuvre dés lors qu'elle revêt un caractère original et qu'il n'a procédé à la cession d'aucun droit de diffusion de celle ci. »*
(CA Bordeaux, 12/12/2011,RG 10/03186)

Comme vous le voyez, ce nouveau type de conflit entre droit d'auteur et droit à l'image a donné lieu à une analyse conforme à ce que j'évoquais pour les artistes de spectacle ci-dessus, ce qui à mon sens renforce encore celle-ci. Mais il est toujours impératif d'indiquer que la jurisprudence n'est pas encore bien fixée sur la question.

Précaution

Pour éviter ce genre de litige, il est par contre prudent d'insérer dans le contrat que le photographe propose aux mariés une disposition relative au droit à l'image des premiers, et au droit d'auteur du photographe sur ses images.

MANNEQUINS ET MODÈLES

Des affaires mettant en cause des mannequins sont évoquées à différents endroits de cet ouvrage, afin d'illustrer certains points de droit dont il est question. S'il faut concentrer le débat sur cette catégorie de sujets photographiés, des règles identiques à celles dégagées pour l'ensemble des individus seront applicables, avec bien sûr une importance toute particulière donnée à l'aspect patrimonial, puisque les mannequins, par définition, vivent de la valeur de leur image.

Les modèles eux-mêmes

Principe de la liberté contractuelle

C'est à propos d'une affaire concernant un modèle qu'avait été rendu un important arrêt de Cassation en janvier 2008.

Une jeune mannequin avait cédé contre rémunération une autorisation d'utiliser les quatre-vingt quatre photographies prises lors d'une séance photo organisée outre-mer. La cession était libellée sans limitation de durée et de territoire, et précisait même qu'elle autorisait le photographe à utiliser les photos sur *« tout procédé connu ou inconnu à ce jour (presse, édition, publicité, etc.) »*, et ce pour tout type d'exploitation commerciale et notamment publicitaire, la seule réserve étant que les photos ne soient pas utilisées dans le cadre d'articles pouvant porter préjudice au mannequin (prostitution, sida, etc.). Pour les trois jours de shooting en Martinique, le mannequin avait perçu une somme forfaitaire de 15.000 FF (séance photo de 1997).

Par la suite, certaines photos ayant été utilisées sur des sites internet et dans des documents publicitaires, le mannequin avait assigné différents intervenants (dont bien sûr le photographe et une société pharmaceutique ayant commandé une publicité sur laquelle apparaissaient certains clichés litigieux), sollicitant du tribunal une indemnisation du préjudice qu'elle estimait avoir subi du fait de l'utilisation de ces photos sans son accord.

Son argumentation consistait à invoquer le caractère illicite d'une autorisation contractuelle consentie sans limitation (tant géographiquement que dans la durée).

Dans le même temps, elle soutenait que le montant forfaitaire perçu après la séance photo ne visait que la rémunération de ladite séance,

et non pas la cession de ses droits pour le futur. Les juges du fond avaient donné tort à la plaignante, notamment en ces termes : *« Qu'il convient de relever que (le mannequin) commet un amalgame entre les notions de cessions de droit à l'image et de droit d'auteur, alors qu'elles obéissent à des règles différentes, confusion également commise par le tribunal ;*
qu'en effet, le droit à l'image qui comporte des attributs d'ordre patrimonial, peut valablement donner lieu à l'établissement de contrats qui sont soumis au régime général des obligations et ne relèvent pas des dispositions spécifiques du Code de la propriété intellectuelle régissant le droit d'auteur ;

/…/ que force est de constater que ce contrat répond aux conditions de l'article 1108 du code civil dès lors qu'il a été librement signé, que (le mannequin) avait la capacité pour ce faire, que son objet est certain, que la cause de l'obligation est licite ;

que (le mannequin) ne saurait prétendre que la convention serait dépourvue d'objet, alors que la mention du nom du photographe, la date du document permettent d'identifier les photographies objet de la cession, peu important que l'autorisation ait précédé la réalisation desdits clichés ;qu'elle n'est pas davantage fondée à soutenir que la durée de la cession étant illimitée, la convention serait de nullité absolue ; qu'en effet, à défaut de terme stipulé, cet acte s'analyse en un contrat à durée indéterminée susceptible d'être dénoncé et résilié à tout moment par chacune des parties, de sorte qu'il n'encourt aucune nullité ;que contrairement à ce que soutient (le mannequin), la nature des supports concernés (tous supports, presse, édition, publicité etc.) et le domaine de l'autorisation donnée (tout usage national ou international) ont été contractuellement fixés ; que le caractère étendu de l'autorisation donnée n'est pas en soi de nature à vicier la cession des droits, le principe de l'autonomie de la volonté autorisant les parties à déterminer les limites de leurs droits et obligations ;

que (le mannequin) prétend également vainement que la rémunération prévue au contrat ne concernerait que ses journées de pose alors qu'il est expressément stipulé que la rémunération forfaitaire convenue couvre la cession au photographe du droit d'utiliser son image et d'autre part qu'aucune disposition légale ou d'usage ne prévoit au profit d'un mannequin une rémunération proportionnelle à l'exploitation de son image, de la durée

> *et de l'étendue de cette exploitation ;qu'il s'ensuit, qu'en concédant, en parfaite connaissance de cause, l'exploitation des photographies prises au cours de la semaine du 10 au 17 mai 1997, sous toutes ses formes et par tous procédés techniques, sans aucune restriction et sans limitation de durée, (le mannequin) a nécessairement autorisé (le photographe) au profit duquel elle a signé le contrat, à céder les droits d'exploitation de son image sous réserve que cette exploitation n'excède pas les limites fixées contractuellement (utilisation dans le cadre d'articles pouvant porter préjudice au modèle : prostitution, sida) et a donné son accord pour que son image soit exploitée à des fins commerciales et publicitaires ; que de sorte, elle ne saurait remettre en cause les effets du contrat auquel elle a valablement consenti. »*
> (CA Paris, 4ème ch. civ., 10/9/2008 – RG 07/06534)
>
> Le mannequin s'est alors pourvu en Cassation. La Cour confirme toutefois les décisions rendues en 1er ressort et en appel, en précisant *« que la cour d'appel a retenu que (le mannequin) avait librement consenti à la reproduction des clichés de son image précisément identifiés, de sorte que l'autorisation ainsi donnée à l'exploitation de celle-ci n'était pas illimitée ».*
> (Cass. 28/1/2010, pourvoi n° 08-70.248)

En vertu de cette jurisprudence, donc, une autorisation sans limitation de durée, de territoire et même de supports de reproduction est contractuellement valable. Nous verrons plus tard dans l'ouvrage qu'il est, en pratique, plus prudent de prévoir une période de validité, mais il n'en reste pas moins que le principe de la liberté contractuelle est consacré, y compris quant à la durée de l'autorisation donnée.

En d'autres termes, si rien n'est précisé, l'autorisation sera malgré tout considérée comme valable dans l'état actuel de la jurisprudence. Toutefois, les possibilités pour le mannequin de « sortir » de la relation contractuelle seront plus importantes, de telle sorte que nous verrons qu'une mention de durée reste malgré tout utile en pratique.

Et ce contrat, lorsqu'il est conclu, devra s'exécuter de bonne foi, comme toute convention. Cette évidence fut rappelée dans l'affaire suivante.

Un mannequin avait posé pour la réalisation d'une campagne publicitaire. Le contrat qui le liait à l'annonceur prévoyait la reproduction de l'image, pour une somme convenue, incluant *« tous droits prints 2 ans/France ».* Le mannequin, voyant ensuite son image sur des panneaux en 4x3 m apposés sur le flanc des camions de livraison de l'annonceur ainsi que sur des panneaux d'affichage dans diverses villes du pays avaient assigné l'agence de communication et l'annonceur lui-même, au titre de son droit à l'image. Il soutenait que la mention « print » ne visait que les supports de presse.

Le tribunal déboute le demandeur en considérant *« que le terme anglais « print » n'est pas défini par les dictionnaires comme le synonyme de « presse » mais s'entend de tout ce qui est imprimé. Le dictionnaire Harrap's, qui traduit ce mot par « impression », cite l'expression « to make a print from a negative » (tirer une épreuve d'un cliché) et adjoint le mot « press » à celui de « print » (print press) pour traduire la « presse ». (Le demandeur) ne produit aucune pièce de nature à démontrer qu'il est d'usage, dans la profession, d'employer le terme de « print » pour parler exclusivement de la presse. /..../ ».*
(TGI Nanterre, 27/2/2001, RG 00/06188)

Pour être complet, relevons que le tribunal ne condamne pas le demandeur du fait de son action, contrairement à ce qui était demandé par les parties adverses, estimant que sa mauvaise foi n'était pas démontrée. Le contrat doit toutefois s'exécuter conformément à ce qui est convenu, à charge pour le tribunal de l'interpréter si besoin, ce que la juridiction a fait dans ce cas précis.

Dépassement de l'autorisation

Les mannequins peuvent s'opposer à la diffusion de leur image dans différentes séries de circonstances, parmi lesquelles il faut citer dans un premier temps le cas d'une autorisation (qu'elle soit écrite ou tacite) dont l'objet est clairement dépassé.

Certes, la finalité du travail d'un mannequin est une utilisation bien souvent commerciale. Mais ceci n'autorise pas n'importe quels abus. Et il faut examiner, dans chaque cas, ce à quoi le mannequin a accepté de participer.

À l'occasion d'un concours de « miss » en tenue légère organisé dans un club privé, une participante avait pris part à une séance de photos destinée à communiquer sur l'événement. Mais elle avait ensuite eu la désagréable surprise de découvrir que sa photo se retrouvait dans un magazine édité par l'organisateur, non seulement en illustration du défilé, mais également dans les trois numéros suivants, à des fins strictement publicitaires (vente de t-shirts au nom du magazine, et utilisation d'une ligne de téléphone « rose »).

Les photos étaient posées, et aucune discussion n'était faite quant au caractère volontaire de la participation de la plaignante qui s'était bien prêtée aux séances de prises de vues. Mais le tribunal a considéré, faisant droit aux demandes de l'intéressée, que cette participation n'impliquait nullement une autorisation d'utiliser les images à des fins publicitaires et strictement commerciales.
(TGI Nanterre, 11/1/2000, RG 99/06765)

Atteinte à la vie privée
Cette règle est bien sûr l'application pure et simple de celle qui concerne chaque individu, et rien ne justifierait que du fait de leur activité centrée sur leur image, ces professionnels perdent tout droit au respect de leur intimité.

Ainsi, Claudia Schiffer avait attaqué l'éditeur d'un hebdomadaire suite à la publication d'un article sur un épisode de sa vie sentimentale. Elle avait bien entendu obtenu gain de cause, le fait que sa profession l'expose à une curiosité du public n'autorisant pas selon la Cour d'appel une telle intrusion dans la sphère de sa vie privée.
(CA Versailles, 19/6/2003, RG 02/01896)

Photos de mannequins et droit d'auteur

Sans déborder sur la matière du droit d'auteur, il faut par contre évoquer deux limites dans l'exploitation des photos de mannequins, visant des situations où l'accord d'un mannequin pour la diffusion de son image ne suffira pas à exploiter des photographie.

Le droit d'auteur sur les vêtements portés par les mannequins

Avant d'envisager la diffusion (et, pire, la commercialisation) de photos prises lors d'un défilé de mode ou de toute prestation au cours de laquelle vous avez photographié des mannequins, soyez attentifs au fait que les vêtements ou accessoires portés par ceux-ci sont sujets à un droit de propriété intellectuelle des créateurs.
Une importante affaire, qui a donné lieu à des arrêts d'appel, de Cassation et par la suite de la Cour Européenne des Droits de l'Homme a ainsi condamné deux photographes et une société américaine, du fait de la diffusion de photographies prises dans ce cadre (voir notamment Cass. ch. criminelle, 5/2/2008, RG 07-81.387).

Le droit d'auteur du photographe sur ses photos

Par ailleurs, l'accord d'un mannequin pour la diffusion de son image n'exclut pas qu'il faille également solliciter celui de l'auteur des photographies, et le fait qu'il s'agisse éventuellement d'une commande par l'organisateur du défilé ne modifie en rien cette obligation. Certes l'organisateur lui-même aura réglé avec le photographe les limites de la cession de droits. Mais le litige se pose généralement lorsqu'un tiers s'arroge le droit de reproduire les images, éventuellement en sollicitant l'accord du modèle, mais sans veiller à obtenir les droits de reproduction de la part du photographe.

Ce fut le cas dans une affaire soumise à la Cour d'Appel de Versailles.

> Un photographe avait répondu à une commande relative à des photos d'une actrice. Dans ce cadre, il avait accordé une cession de droits à son interlocuteur, en accord avec l'agent de cette actrice. Mais par la suite, un éditeur de presse avait publié les mêmes photographies, sans mention du nom du photographe, et se prévalait du fait qu'il s'agissait d'une commande et qu'il n'aurait pas pu, en tout état de cause, les exploiter ailleurs, pour contester tout préjudice dans le cadre de l'action en contrefaçon dirigée contre lui. La Cour d'Appel ne fut pas dupe, et condamna l'éditeur du fait de cette reproduction non autorisée, de la violation des droits moraux et de celle des droits patrimoniaux.
> (CA Versailles, 11/4/2002, RG 00/05405)

Je n'irai pas plus loin sur ce sujet dans le cadre de cet ouvrage, s'agissant de droit d'auteur, mais il était important de rappeler que pour la même photographie, il peut être nécessaire avant de la diffuser d'obtenir tant l'accord du sujet que celui de l'auteur des photos concernées.

Les enfants mannequins

Réglementation

En ce qui concerne les enfants mannequins, je ferai état de la réglementation particulière qui est applicable à leur travail dans le chapitre consacré aux dispositions légales diverses qui règlent certains aspects de la matière (lire *Chapitre 4 - Les images interdites ou réglementées*).
Pour le surplus, les enfants mannequins sont bien entendu titulaires des mêmes droits à l'image que leurs aînés, le plus souvent d'ailleurs appréciés de façon plus favorable encore du fait de leur jeune âge. Il va de soi que l'éventuelle action à introduire le sera par leurs parents au nom de leur enfant (lire *Chapitre 8 - Droit à l'image et procédure*).

La responsabilité des parents et/ou des agences

Outre l'obligation pour les éditeurs de veiller à obtenir une autorisation en bonne et due forme, la jurisprudence va également exiger des parents qu'ils veillent à la protection de leurs enfants, de même qu'elle va vérifier les conditions dans lesquelles les agences exécutent leurs missions. Ce fut le cas dans une affaire soumise au Tribunal de Grande Instance de Paris.

Une jeune fille mineure avait participé à une séance de prises de vues, à l'issue de laquelle l'une des photos fut utilisée pour illustrer - sans autorisation spécifique à cette fin - un article sur les produits amincissants. Mais cette photo avait été modifiée à tel point que le visage de la jeune fille était en réalité collé sur le corps - nettement moins gracieux - d'une autre, de telle sorte que les parents de la jeune fille avaient assigné l'éditeur. Celui-ci avait tout d'abord appelé en garantie l'agence, qui n'avait pas veillé à obtenir l'autorisation requise. Le tribunal, après avoir en effet relevé la publication non autorisée, avait toutefois fait peser sur les parents une partie de la responsabilité, diminuant ainsi les dommages et intérêts alloués. À l'égard de l'agence, il retient que ce professionnel a agi avec une « *légèreté blâmable* ». Et aux parents, il reproche d'avoir « *négligé d'exiger de (l'agence de mannequin) un mandat de représentation régulier et un contrat de travail de mannequin régulièrement conclu en application de l'article R763-1 du Code du Travail précisant les conditions dans lesquelles est autorisée par le mannequin l'exploitation ou la reproduction de l'enregistrement de sa présentation* ».
(TGI Paris)

LES PERSONNALITÉS PUBLIQUES PAPARAZZIS, FAUSSES PAPARAZZADES ET TÉLÉRÉALITÉ

Les principes - Paparazzi et respect de la vie privée

La limite entre la vie publique et la sphère privée

La jurisprudence rendue dans des litiges opposant des personnalité publiques (tous domaines confondus) et les éditeurs de presse est de plus en plus abondante. Il ne se passe plus une semaine sans que soit rendu un jugement relatif à la révélation d'informations plus ou moins inédites sur la vie privée des hommes ou femmes politiques, des journalistes, chanteurs, acteurs et personnalités médiatiques en tous genres. S'il est certain que, sans le lectorat qui accompagne ces publications, ces éditeurs seraient bien moins enclins à envoyer leurs chasseurs d'images sur de tels « non-événements », il n'en reste pas moins qu'il appartient au juge de tracer les limites de ce qu'il est permis de faire et de ce qui, au contraire, empiète sur la vie privée des intéressée et doit être sanctionné.

Les décisions à cet égard ont le mérite d'une certaine constance dans la fixation des limites de ce qui peut être inclus dans l'information légitime du public et de ce qui, au contraire, fait partie de la sphère privée.

Dans une affaire où il était question des relations sentimentales avérées ou supposées d'une tête couronnée, et sur plainte bien sûr de l'un des protagonistes concernés, la Cour d'Appel de Versailles eut l'occasion de rappeler les principes suivants :

« En application de l'article 9 du Code civil, toute personne, quelle que soit sa notoriété, a droit au respect e sa vie privée et peut s'opposer à la divulgation d'informations la concernant.

Si l'article 10 de la Convention Européenne des Droits de l'Homme garantit l'exercice du droit à l'information des organes de presse, le droit à l'information du public est cependant limité aux événements relevant pour les personnes publiques de la vie officielle et aux révélations livrées par les intéressés ou que justifient une actualité ou un débat d'intérêt général.
Un juste équilibre doit être recherché entre la liberté d'information garantie,

> *sous réserve du droit des tiers, par l'article 10 de la Convention européenne des Droits de l'Homme et le droit au respect de la vie privée.*
>
> *Une relation sentimentale relève du domaine de la vie privée et ne peut être exposée au regard du public qu'avec le consentement de l'intéressé qui seul peut fixer les limites de ce qui peut être diffusé par voie de presse à son sujet. »*
> (CA Versailles, 15/4/2010, RG 09/01771)

Le fait que l'information ait été révélée par d'autres médias est sans incidence
L'argumentation en réponse des éditeurs est par ailleurs souvent articulée autour du traditionnel « c'est pas moi, c'est lui », pointant du doigt toutes les parutions concurrentes qui auraient pu, avant lui, dévoiler le secret de polichinelle que constitue la révélation dont se plaignent les sujets des articles.
Mais, sous réserve que ce soit l'intéressé lui-même qui se soit épanché sur ces épisodes de sa vie privée, le fait que d'autres paparazzis ou journalistes aient été plus rapides que l'éditeur assigné ne suffira pas à exonérer celui-ci de toute responsabilité.

> La Cour d'Appel de Versailles, dans le même arrêt que celui dont il est question ci-dessus, l'a rappelé en précisant que *« cette publication ne peut être légitimée par les nombreux articles déjà publiés par la presse tant française qu'étrangère, non consentis par l'intéressé, et dont il a fait reconnaître le caractère illicite à plusieurs reprises alors qu'aucun communiqué officiel n'a validé l'information relative à l'intimité (du demandeur) ».*
> (CA Versailles, 15/4/2010, RG 09/01771)

Nous verrons par contre, au moment d'examiner l'indemnisation du préjudice éventuel, que l'attitude de la « victime » peut avoir une incidence quant à l'appréciation des éventuels dommages et intérêts qui lui seront alloués.

Mais retenez à ce stade qu'aussi longtemps que la révélation des faits faisant l'objet des articles et photographies n'émane pas directement des intéressés, et dès que ces révélations sont relative à un événement de leur sphère privée, toute parution sera potentiellement condamnable, sans qu'il faille pour cela qu'elle soit la première à révéler le sujet.

La victime doit-elle démontrer le caractère malveillant de la publication ?

Une autre argumentation parfois développée par les éditeurs consiste à affirmer que leur article n'avait rien de malveillant à l'égard du plaignant qui conteste la légalité de la publication de son image. Mais à nouveau, les cours et tribunaux rappellent de façon régulière qu'il n'est pas nécessaire que l'article ait été publié dans le but de nuire.

Un présentateur vedette du petit écran avait fait été pris en photo avec une jeune femme avec qui lui étaient prêtée une relation sentimentale sur laquelle le magazine s'étendait longuement.

Il avait alors assigné l'éditeur, et avait été débouté par le Tribunal de Grande Instance, avant d'obtenir gain de cause devant la Cour d'appel de Versailles. La Cour de Cassation, saisie d'un pourvoi de l'éditeur, rejeta toutefois celui-ci en estimant que la Cour d'Appel avait parfaitement bien motivé : *« /..../ que le journal répand dans le public des informations relevant de la sphère étroite de l'intimité de la vie privée de l'appelant et spécule sur sa supposée vie sentimentale ce qui est manifestement contraire aux dispositions de l'article 9 du code civil et caractérise une atteinte à la vie privée de l'intéressé ; que vainement, la société éditrice fait état du caractère légitime du constat objectif dans la presse de la présence conjointe de /.../ lors d'évènements mondains médiatisés puisque précisément, le magazine ne s'est pas contenté d'un constat objectif mais s'est immiscé dans la vie sentimentale du journaliste en faisant croire à la naissance d'une relation sentimentale et peu importe le caractère anodin du texte et l'absence de malveillance des propos tenus /.../ »*
(Cass.civ. 1ère ch., 16/5/2012, Pourvoi n°11.18.449)

Si, par contre, le but est réellement malveillant, c'est au niveau de la fixation des dommages et intérêts que cet élément aura de l'incidence. Mais la publication brute, sans qu'il faille examiner les intentions de l'éditeur ou de l'auteur de l'article, suffit à entraîner le constat de la violation du droit à l'image et du droit au respect la vie privée.

Les « fausses paparazades »

On parle de « fausse paparazzade » lorsque l'une ou l'autre personnalité fait l'objet de photos et d'un article de la part de la presse people, le tout présenté comme des photos «volées», alors qu'il s'agit en réalité d'une mise en scène dans laquelle le sujet des photos est parfaitement consentant. La cible des photographes est bien entendu

rémunérée pour sa prestation, mais dans certains cas, cela ne suffit pas, et une action en justice est ensuite introduite sur base de l'article 9 du Code civil et d'une violation de la vie privée.
Dans un tel contexte, le tribunal, s'il a des doutes sur le caractère clandestin des prises de vue, déboutera le plus souvent le ou les plaignants, comme ce fut le cas dans l'affaire suivante.

> Un jeune homme et une jeune femme qui avaient accepté de vivre sous les caméras et projecteurs pendant la durée d'une saison de *Secret Story* se plaignaient, dix-neuf mois après la publication d'un article paru en 2008, de l'utilisation de trois photographies où ils étaient - hors de l'enceinte du programme cette fois - représentés ensemble. Sous le titre évocateur de *« /.../ et /.../ toujours fourrés ensemble »*, on voyait les protagonistes assis sur un banc et regardant vers le lecteur, lunettes de soleil sur le nez, soit en train de s'embrasser, soit enfin de dos, marchant main dans la main. Invoquant une publication sans leur accord, ils avaient saisi le tribunal de Grande instance, invoquant l'atteinte à *« la valeur économique de leur image »* et leur manque à gagner du fait de la publication sans autorisation. L'éditeur s'empressait d'expliquer qu'il s'agissait en réalité d'une fausse paparazzade, réalisée avec le consentement et la complicité des plaignants.
>
> Au vu des éléments qui lui étaient soumis, le tribunal estima *« que les circonstances exactes de la captation des trois photographies poursuivies apparaissent par trop indéterminées et sujettes à caution pour permettre au tribunal de retenir le défaut de consentement allégué par les demandeurs au soutient de leurs demandes et contesté en défense ».*
> (TGI Paris 13/6/2012, RG 10/07522)

C'est donc au titre d'un défaut de preuve des faits invoqués que les demandeurs furent ici déboutés.

Le cas de la téléréalité

Les programmes de téléréalité ont donné lieu à de nombreuses jurisprudences, mais le plus souvent il s'agissait de déterminer, en droit du travail, s'il existait un lien de subordination entre les producteurs et les participants. Et de là, bien sûr, découlaient (ou non) certaines conséquences notamment financières.

Mais il y a quelques cas où les litiges concernent le droit à l'image, ce qui donne parfois comme nous allons le voir des décisions croustillantes. Celle que j'utiliserai pour illustrer mon propos a entre le mérite d'avoir été rédigée par un magistrat à l'humour décapant.

La question, pour ce type d'affaires, pourrait être résumée en quelques mots: l'exposition volontaire aux caméras dans de telles conditions autorise-t-elle les médias à divulguer ensuite certaines informations, et si oui, lesquelles ? La question s'est à nouveau posée à propos de deux autres anciens participants de l'incontournable monument de la téléréalité que constitue *Secret Story*.

Dans cette affaire, deux participants de l'émission *Secret Story* avaient, après la fin de l'émission, réalisé et diffusé une vidéo les mettant en scène dans leur intimité. Un magazine de la presse people s'était emparé de l'aubaine pour reproduire des photos extraites de cette vidéo avec les commentaires hautement philosophiques que l'on peut imaginer. La participante avait alors assigné en référé l'éditeur afin d'obtenir qu'il soit fait interdiction à celui-ci de diffuser le magazine. Une première condamnation avait été prononcée contre ce magazine, que nous appellerons « Numéro 1 ». Mais par la suite, un second avait repris les mêmes images, et s'était vu à son tour assigné par la plaignante. Une première condamnation avait été prononcée contre ce magazine, que nous appellerons « Numéro 1 ». Mais par la suite, un second avait repris les mêmes images, et s'était vu à son tour assigné par la plaignante.

Le second juge saisi dans l'urgence a rendu une ordonnance mémorable, tranchant en ces termes le conflit qui lui était soumis :

« (La plaignante) et (son compagnon) sont deux intrépides aventuriers de la médiatisation télévisée ayant illustré les meilleures heures du programme de téléréalité intitulé par une anti-phrase Secret Story (saison 3), où il n'y a ni secret ni histoire, mais cependant une observation des faits et gestes des jeunes gens qui y participent sous l'œil des caméras où le téléspectateur finit par s'attacher aux créatures qu'il contemple, comme l'entomologiste à l'insecte, l'émission ne cessant que lorsque l'ennui l'emporte, ce qui advient inéluctablement comme une audience qui baisse. Mais « Un seul être vous manque et tout est dépeuplé », alors sevrés du

programme télé qui s'achève, les afficionados se ruent sur les gazettes, sûrs qu'elles sauront entretenir aussi durablement que possible le feuilleton du rien, passion toujours inassouvie des sociétés contemporaines. Les cobayes, trop heureux de voir quelques flashs qui crépitent encore, et désormais adeptes de l'exposition de soi, courent de l'une à l'autre comme un canard sans tête, accordant interviews ou posant pour des photos.
Les publications que de telles mœurs font vivre s'en offusquent quand le ciel menace, et dénoncent quelques fois la règle du jeu, comme des enfants qui ergotent pour ne jamais se séparer.

C'est ainsi que le magazine /..../ a publié dans son numéro 216 daté du mois de juillet 2010 un dossier intitulé « Comment /.../ et /..../ vendent leur vie privée », abondamment illustré par des images extraites d'une vidéo montrant les ébats intimes des deux intéressés, avec pour sous-titre « /.../ et /.../ réduits à faire une sex-tape ».

L'indignation fut à son comble.

Melle /.../ saisit le juge des référés en soutenant que ces images avaient été prises à son insu, lequel ordonna la suppression des photographies litigieuses et une mesure de publication judiciaire en page de sommaire du plus prochain numéro à paraître du magazine /..../, par ordonnance du 16 septembre 2010.

Mais l'affaire ne devait pas en rester là. /.../ , journaliste spécialisé dans le potin télé, comme le coucou dans le nid des autres, invita successivement sur la chaîne /.../, (la plaignante) appelée avec délicatesse à s'expliquer sur les faits révélés par (le magazine numéro 1), laquelle pleura et s'en vint puis (son compagnon) qui nia se trouver à l'origine de la vilenie, mais resta.
Le démenti du démenti ne devait pas tarder.

/..../, rédacteur d'articles pour (le magazine n°1) assura en effet sur la chaîne /.../ que le mensuel avait acheté la vidéo, qui dire un nom commun de sa nature même, « sex-tape », pour la bagatelle de 5000 € à un personne qu'il devina l'ami (du compagnon), lequel avait entre temps engagé un procès civil à la société éditrice du (magazine n°1) en ne réclamant rien d'autre que le prix de l'honneur, soit un sou de l'Europe que la rumeur tint pour le denier de Judas.

Le (magazine n°2) fit un résumé de ce feuilleton dans son numéro 80 daté du 25 mars au 7 avril 2011 sous le titre « C'est lui qui a vendu sa sextape avec /…/ », avec un portrait en pied du traitre supposé, mais non sans reproduire en un fac-similé de petites dimensions la double page que (le magazine n°1) avait consacrée à la publication des 16 photos intimes extraites de la vidéo en cause.

(La plaignante) invoque dans le cadre de la présente instance l'atteinte à la vie privée et à son droit à l'image que caractérise une telle reproduction dans le (magazine n°2) de la double page (du magazine n°1), ne se plaignant de rien d'autre.

La société éditrice (n°2) invoque, pour dénier toute atteinte à la vie privée, la jurisprudence relative à la relation de faits publics déjà divulgués, laquelle est cependant inopérante en l'espèce, dès lors que la preuve n'est nullement rapportée que la demanderesse se trouverait à l'origine d'une telle divulgation, ce qu'elle conteste, et que les faits de la cause paraissent démentir en dépit de la difficulté extrême de distinguer le frai du faux, la part du jeu et de l'argent des indignations sincères, ce que montre le miroir et ce qui s'y joue non loin, la caverne et les ombres.

La société défenderesse invoque encore l'illustration légitime d'un fait d'actualité, mais ce moyen, aussi exquis soit-il, ne saurait tout à fait emporter la conviction du juge de l'évidence, s'agissant de photographies de cette nature, dont la publication par le (magazine n°1) a été sanctionnée civilement comme caractérisant une atteinte à la vie privée et au droit à l'image, ce dont une mesure de publication judiciaire spécialement ordonnée a précisément informé le public en octobre 2010, soit cinq mois avant la publication litigieuse, car il est vrai -et le fait mérite d'être noté - que l'intrigue demeure près d'un semestre plus tard, toujours entretenue.

C'est vainement enfin que la société éditrice (n°2) plaide la délicatesse au motif que le petit format de la reproduction de la double page (du magazine n°1) ne permettait à quiconque de reconnaitre (la plaignante), dont le visage a été de surcroît légèrement flouté sur les deux vignettes la montrant pratiquant une fellation, son identité étant livrée au public, les photographies la rendant parfaitement reconnaissable, y compris les deux

clichés au flou hamiltonien où on la devine face caméra.
Ainsi est-ce la main tremblante mais sans remords que les atteintes à la vie privée et au droit à l'image seront retenues.

Le préjudice est généralement en cette matière inhérent aux atteintes; encore doit-il s'apprécier au regard du prix que les demandeurs paraissent attacher non à la publicité qu'ils recherchent, mais aux valeurs que le droit protège.

Or sur ce point, la société (défenderesse) soutient sans être contredite et en versant aux débats de nombreuses factures paraissant en attester, que (la plaignante) a coutume de monnayer ses interviews illustrées sur les sujets les plus intimes, dont le plus fréquent est sa relation avec (son compagnon) qui se trouverait à l'origine de la vidéo en cause et de sa divulgation, sans que (la demanderesse) ne justifie avoir entrepris quelque action judiciaire à l'égard de ce dernier et pas plus à l'endroit de l'hebdomadaire (n°3) qui a publié la même reproduction de la double page (du magazine n°1).La société défenderesse, sans susciter plus de réplique, signale deux faits qui méritent toute l'attention du juge :
• (la demanderesse) aurait vendu un sujet dit «arrangé» au même magazine (n°2 - défendeur) sous le titre «/.../ trompée par /..../», ce qui convainc qu'elle ne craint nullement la publicité faite à un coup du sort relevant ordinairement de la sphère protégée de la vie privée
• elle aurait également vendu au magazine (n°2 - défendeur) un sujet paru dans le n° 81, soit postérieurement au numéro en litige, intitulé « /.../ mêlée à un trafic de drogue », ce qui atteste qu'aucune des deux parties n'est rancunière.

Le juge ne l'est pas plus à l'égard d'aucune d'entre elles, mais il a un exigeant métier qui le retient parfois à de plus amples tâches.

Il réparera ce qui est réparable en allouant à (la demanderesse) un euro à titre de dommages et intérêts et, s'agissant de l'indemnité sollicitée sur le fondement de l'article 700 du Code de procédure civile, conviendra humblement que les considérations d'équité ne lui commandent rien qui vaille. »
(TGI Paris, ord. réf. 1/6/2011, RG 11/53904)

Pour résumer, le fait qu'un participant ait accepté de vivre sous les caméras 24h/24 pendant la durée d'un programme n'implique pas que par la suite, des images relatives à sa vie privée après l'issue du programme soient diffusées sans son accord.

Un second point de droit était soulevé dans cette affaire : il n'y a pas d'intrusion dans la vie privée lorsqu'une information diffusée avait déjà été rendue publique. Ceci est un point acquis. Mais la question qui se posait était celle de savoir s'il fallait considérer comme information déjà rendue publique un événement (ou un « non-événement » dirait sans doute le magistrat) déjà divulgué par un autre magazine condamné du fait de cette parution. Le juge considère que non : la première parution sanctionnée par un précédent jugement n'autorisait pas à en reprendre les éléments, et c'est à ce titre qu'il retient la responsabilité du second magazine.

Cela étant, et comme il faut là encore démontrer l'existence d'un préjudice, le tribunal apprécie celui-ci en fonction de l'ensemble des éléments qui lui sont transmis. Et le fait qu'en l'espèce, la plaignante ait accordé d'autres articles à l'éditeur qu'elle avait assigné, et ce après la publication des photos contestées, a largement contribué à ce que le magistrat réduise à cet euro symbolique le montant de ses dommages et intérêts, tout en refusant d'ailleurs - et cela n'est pas fréquent - l'application de l'article 700 du Code de Procédure civile (en vertu duquel une somme est en principe allouée à la partie qui remporte une procédure, pour l'aider à faire face à ses frais).

LES SOSIES

Différentes affaires ont été soumises aux juridictions, mettant en présence le plus souvent un annonceur quelconque ayant fait appel au sosie d'une personnalité célèbre, et d'autre part, bien entendu, ladite personnalité protestant contre la confusion qui était entretenue par cette diffusion. Je parlerai, pour raccourcir mes phrases et simplifier le propos, du « sosie » et de « l'original ». La jurisprudence n'est pas abondante, mais j'ai pu trouver deux catégories de situations :

- celles où la ressemblance de l'acteur engagé sert - dans l'esprit du producteur du moins - à crédibiliser une interprétation,

- celles où il s'agit d'un message essentiellement publicitaire.

Le sosie d'un personnage interprète le rôle de celui-ci dans un documentaire ou un film

La situation est alors la suivante : un acteur interprète à l'écran le rôle d'un personnage, éventuellement inspiré d'une histoire vraie. Le personnage ayant réellement été impliqué dans les faits, et dont l'acteur est le sosie, se plaint alors de l'utilisation de son image, par voie détournée (le sosie) pour invoquer un préjudice personnel. Ce fut le cas dans l'affaire suivante.

Un long métrage relatait l'assassinat d'un magistrat. Pour interpréter les personnages gravitant autour de ces événements, un acteur avait été choisi dans le rôle de l'un des avocats.

Un véritable avocat, qui estimait se reconnaître dans les traits de cet acteur avec qui la ressemblance était selon lui frappante, avait alors attaqué le producteur du film, en référé, afin d'obtenir une ordonnance de saisie du film en question et à défaut, s'il n'obtenait pas gain de cause sur cette demande principale, à tout le moins la suppression de certaines scènes.

Mais sa demande ne fut pas accueillie en première instance. Il avait alors interjeté appel de l'ordonnance, mais ne fut pas beaucoup mieux accueilli par la Cour d'Appel, qui estima d'une part que la ressemblance avec l'acteur n'était pas parfaite, et d'autre part, que même à supposer qu'elle l'ait été, le fait que rien dans le scénario ou le dialogue du film ne faisait allusion à l'image de l'avocat plaignant privait sa demande de tout fondement : selon la Cour, ce n'était donc pas l'image du plaignant qui avait été utilisée. La Cour ordonna par contre l'insertion dans le générique d'un avertissement quant à l'identité de l'acteur.
(CA Paris, 6/6/1984, D. 1985, inf.rap. p. 18)

Le sosie d'une personne célèbre est engagé pour véhiculer un message publicitaire

Des décisions trouvées en la matière, il ressort principalement que la condamnation intervient lorsque la confusion est maintenue dans l'esprit du public.

Par un jugement du 17 octobre 1984, le Tribunal de Grande Instance de Paris a condamné le diffuseur d'une publicité pour une marque de chocolat mettant en scène un sosie de Gérard Depardieu avait considéré qu'un « *acteur connu qui expose n'avoir jamais accepté de participer à des opérations publicitaires, est fondé à reprocher à la société réalisatrice d'un film publicitaire et à la société au profit de laquelle cette publicité a été faite d'avoir utilisé sinon sa propre image, du moins une image se confondant avec la sienne et bénéficiant de sa notoriété, à des fins commerciales qu'il n'avait pas autorisées, étant relevé qu'il existe une ressemblance frappante entre l'acteur du film et l'artiste, notamment en ce qui concerne la forme générale de la tête, les traits du visage et la chevelure /.../, le public ayant pu croire qu'il avait consenti à ce que son image soit associée à celle d'une marque de chocolat et qu'il en avait perçu une rémunération en conséquence.* » (TGI de Paris, 17/10/1984, Gérard Depardieu c/ Suchard-Tobler, Dalloz 1985, IR, 324)

Si cette affaire devait à nouveau être soumise au tribunal, il y a par contre de fortes chances que l'issue - ne fût-ce qu'au niveau du montant de l'indemnisation - serait différente, le tribunal se basant également pour apprécier le préjudice sur les habitudes du plaignant. À l'époque de ce jugement, et comme le texte de la décision le souligne, l'acteur n'avait jamais accepté de participer à des opérations publicitaires.
Il en est par contre tout à fait autrement aujourd'hui en ce qui le concerne.

Le message publicitaire traditionnel causant en outre un préjudice patrimonial à l'original

Il peut également arriver qu'à trop jouer sur la ressemblance d'un sosie avec une personnalité médiatique, l'annonceur cause en outre un préjudice à l'original du fait d'un engagement contractuel pris par celui-ci à l'égard d'un tiers.
Une affaire aurait ainsi pu déboucher sur une décision, suite à la publication par un constructeur automobile d'une publicité montrant la photo d'un véhicule entouré par de nombreuses reproductions de l'image d'un sosie de Karl Lagerfeld.
Outre l'utilisation de cette image prêtant manifestement à confusion, il se trouve que le célèbre couturier et designer avait lui-même prêté son concours - en personne cette fois - à un autre constructeur. Dès lors, la seconde publicité pouvait potentiellement le mettre dans une situation délicate à l'égard du premier annonceur, et l'amener à se justifier pour démontrer qu'il n'était pas le modèle ayant servi à la seconde annonce.

J'ignore toutefois si une procédure a été engagée à cet égard à l'étranger, et n'ai pas connaissance d'une décision rendue en France pour cette affaire.

La mise en scène portant elle-même atteinte à la réputation de « l'original »
A ce sujet, l'affaire la plus révélatrice est sans aucun doute la suivante, mettant en cause un célèbre présentateur de télévision et un magazine de la presse « à sensation ».

Ce présentateur, qui avait eu lui-même quelques démêlés dans un avion , s'était plaint de la diffusion par un titre de la presse à scandale d'une vidéo présentée comme issue d'un téléphone portable, et prétendument filmée dans le fameux avion lors des faits.
La vidéo, qui était au moment de la plainte librement téléchargeable sur le site du magazine, mettait en réalité en scène un sosie du présentateur. La scène commençait par une reconstitution des faits, mais prenait ensuite une tournure très violente. À l'issue de la séquence, le slogan *« Si c'était vrai, ce serait dans Choc »*.
La diffusion qui se voulait résolument virale, avait atteint son but puisque le plaignant démontrait que cela avait entrainé une augmentation de l'audience du site du magazine à hauteur de 500 % de visiteurs supplémentaires, la vidéo ayant ensuite été diffusée sur des réseaux tels que Dailymotion ou Youtube.

Le tribunal considéra dans sa décision que *« si un fait d'actualité peut légitimement être repris dans des conditions non contraires à la dignité, il ne saurait cependant être détourné à des fins manifestement et exclusivement commerciales, quel que soit le ton humoristique du procédé, fût-ce en faisant appel à un sosie qui entretient en l'espèce la confusion, ainsi que le constate le journaliste Jean-Marc Morandini sur son blog, lequel doutant de la sagacité de l'internaute moyen, signale dans un avertissement « les dangers du net car le procédé a été pris au premier degré », d'autant que cette publicité n'est pas annoncée comme telle instantanément et qu'il faudra attendre une minute vingt-deux secondes pour découvrir la supercherie que confirme, vingt-six secondes plus tard, le message : « Si c'était vrai, ce serait dans Choc Hebdo » et, plus loin, que « dès lors Jean Luc Delarue, mis au cœur d'une campagne publicitaire « virale » sur internet, sans rapport informatif, par un annonceur poursuivant des fins commerciales, est en droit de se plaindre de l'emprunt, auquel il n'a pas*

> *consenti, de son image, de son nom et de sa voix donnés à un sosie à la ressemblance frappante, censé le représenter dans une saynète fictionnelle détournée de l'actualité d'un fait divers, mettant en scène, même sur un mode humoristique, des frasques auxquelles il se serait livré sur le vol Paris-Johannesburg. »* (Ordonnance de référé du TGI de Nanterre, 23/3/2007)
> Le magazine fut condamné à verser la somme de 15.000 € au titre de dommages et intérêts, et à retirer la vidéo de son site internet sous peine d'astreinte.

Au final, s'il y a un enseignement à tirer, c'est sans doute le fait que lorsqu'il fait usage de l'image d'un sosie, l'annonceur doit à tout le moins veiller à indiquer - dès le départ ! - qu'il ne s'agit pas réellement de la personne à qui tout spectateur pensera immédiatement.
Ceci n'exclura probablement pas tout risque de litige, mais à tout le moins les conséquences pour l'annonceur seront réduites, et « l'original » aura plus de mal à démontrer l'existence d'un préjudice.

LES PERSONNES FACE À LA JUSTICE

Les personnes inculpées (avant condamnation)

La source légale

A cet égard, la célèbre *Loi Guigou* du 15 juin 2000 a inséré dans la loi sur la Liberté de la Presse un article 35ter destiné à renforcer la présomption d'innocence

> *« I. - Lorsqu'elle est réalisée sans l'accord de l'intéressé, la diffusion, par quelque moyen que ce soit et quel qu'en soit le support, de l'image d'une personne identifiée ou identifiable mise en cause à l'occasion d'une procédure pénale mais n'ayant pas fait l'objet d'un jugement de condamnation et faisant apparaître, soit que cette personne porte des menottes ou entraves, soit qu'elle est placée en détention provisoire, est punie de 15 000 euros d'amende.*
> *II. - Est puni de la même peine le fait :*

> *- soit de réaliser, de publier ou de commenter un sondage d'opinion, ou toute autre consultation, portant sur la culpabilité d'une personne mise en cause à l'occasion d'une procédure pénale ou sur la peine susceptible d'être prononcée à son encontre ;*
> *- soit de publier des indications permettant d'avoir accès à des sondages ou consultations visés à l'alinéa précédent. »*
> (Art.35ter de la loi du 29 juillet 1881 sur la Liberté de la Presse, modifié par la *Loi Guigou* du 15 juin 2000).

Cette disposition est plus précise que l'article 9-1 du Code civil, également ajouté à ce moment, puisqu'il est question de l'image de personnes portant des menottes ou entraves.

Application stricte
La jurisprudence eut l'occasion de confirmer que cette norme légale était de stricte interprétation, et qu'aucune interdiction ne devait en découler si la personne représentée n'était pas entravée par des menottes ou de quelque façon que ce soit.

> Un homme qui avait fait l'objet d'une mesure de mise en examen dans le cadre d'une affaire d'homicide volontaire avait participé à une reconstitution judiciaire. Des journalistes, présents sur les lieux de cette reconstitution, avaient pris une photographie qui représentait l'intéressé tenant une arme à la main et mimant un geste criminel, visage à découvert. La photo, publiée sur le site d'un organe de presse, avait alors entrainé une procédure lancée par l'inculpé au titre de la violation de cet article destiné à protéger sa présomption d'innocence.
> Cette action était portée devant le Juge des Référés afin de voir interdire l'utilisation de l'image. L'ordonnance rendue avait toutefois débouté le plaignant qui avait interjeté appel. Mais la Cour a fait une application stricte de l'article 35ter. Après en avoir rappelé le libellé, et avoir constaté que l'inculpé n'avait pas marqué son accord pour la publication, la Cour relève toutefois *« qu'aucune menotte ou entrave n'est visible sur la photographie et le geste figé sur l'image de l'intéressé qui pointe son arme devant lui ne permet nullement d'en déduire leur présence. Aucun autre élément de la photographie qui si elle laisse deviner*

au lecteur, compte tenu de la présence des policiers, qu'il s'agit d'une reconstitution faite dans le cadre d'une procédure judiciaire, ne permet cependant d'en déduire que celui qui tient l'arme est placé en détention provisoire. Comme l'a justement rappelé le premier juge, le texte pénal susvisé concernant un délit de diffusion d'image, le texte journalistique de l'article accompagnant la photographie ne peut être pris en considération. »
(CA Lyon, 20/11/2011, RG 2010/01805)

Les personnes condamnées

Les principes

Les principes en matière de photographie des personnes condamnées sont les mêmes que ceux que nous avons évoqués jusqu'à présent pour l'ensemble des individus. Ainsi notamment, il a été confirmé que l'usage de la photographie d'un détenu reconnaissable devait être - pour satisfaire à l'article 9 - nécessaire pour illustrer le sujet de l'article.

Un chanteur réputé avait fait l'objet d'une condamnation à cinq ans de prison. Pendant la durée de la détention, et au prétexte d'illustrer un article sur la question générale des conditions de détention, un magazine avait précisément photographié ce détenu-là, vaquant à ses occupations, jouant aux cartes, etc. Les photos n'étaient pas floutées, et le nom du détenu figurait en couverture du magazine.
L'intéressé avait déposé plainte au niveau interne afin de déterminer les responsabilités quant à l'entrée des journalistes dans l'enceinte de la prison, et l'indication donnée manifestement à ceux-ci du lieu où le plaignant se trouvait. Mais en parallèle, il avait bien sûr saisi le tribunal d'une action sur base de l'article 9 du Code civil.
Le tribunal accueillit la demande dans les termes suivants : « Que c'est vainement que les défendeurs invoquent l'illustration légitime d'un sujet d'actualité qui porterait sur les conditions de détention dès lors que, d'une part, ces clichés n'apportent aucun élément d'information - la représentation du demandeur dormant dans sa cellule ou jouant aux cartes n'est, à cet égard, d'aucun intérêt - et que, d'autre part, l'identification

> du demandeur n'est pas plus nécessaire au traitement du sujet d'intérêt général prétendument abordé ; attendu, sur le droit à la vie privée dont l'atteinte est contestée, que celle-ci est cependant certaine, les clichés en cause représentant le demandeur dans une prison, situation qui, en elle-même, ressortit à sa vie privée, qu'en outre le demandeur est également représenté dans son intimité notamment dans sa cellule allongé sur son lit; que l'argument pris du caractère banal des occupations auxquelles se livre le demandeur sur ces clichés ne saurait être retenu la banalité de l'activité d'une personne n'étant nullement exclusive de la vie privée. »
> (TGI Paris, 17ème ch., 4/5/2011, RG 09/19208)

L'intervention de normes parallèles

Toutefois, et suite à diverses affaires relatives notamment à une émission d'une chaîne nationale dont l'objet est de décrypter d'anciennes affaires judiciaires, le Conseil Supérieur de l'Audiovisuel est intervenu pour rappeler et tenter d'imposer certains principes.

Comme nous l'avions vu précédemment à propos de l'image des enfants, les recommandations du CSA peuvent servir de fondement à des décisions administratives à l'encontre des contrevenants (radios et télévisions, publiques ou privées).

Le CSA a entrepris deux actions :

- La première fut de rappeler aux acteurs du paysages audiovisuel français qu'il convient d'apporter des précautions supplémentaires pour protéger les droits des victimes ainsi que ceux des personnes ayant purgé leur peine. Le CSA, à cet égard, avait rappelé quant aux faits n'ayant plus de relation avec l'actualité récente, que le droit à l'information reconnu aux médias pour les grandes affaires judiciaires devait se concilier avec la protection de la vie privée des victimes mais également des condamnés qui avaient fini de purger leur peine. A cette fin, le CSA demandait aux médias de ne diffuser ou de ne révéler à l'antenne aucun élément relatif à la vie privée présente de la personne condamnée. Il était également recommandé de veiller à mettre en place le procédé technique de masquage de la voix approprié lorsque l'intéressé en faisait la demande. Enfin, aucune diffusion ne devait mettre en péril les possibilités de réinsertion des personnes condamnées, pas plus que la sécurité de celles-ci.

• La seconde action du CSA fut de conclure, le 2 août 2011, une Convention de Partenariat avec le Contrôleur général de lieux de privation de liberté. Ce haut fonctionnaire a pour mission de garantir le respect des droits fondamentaux des personnes privées de liberté. Cette convention de partenariat, disponible sur Internet a pour principal but d'assurer un traitement uniforme des dossiers entre ces deux instances chargées de garantir les droits fondamentaux, et d'assurer une communication entre eux.
Si la Convention en question ne contient pas de disposition spécifique sur le droit à l'image, elle peut désormais servir de cadre à une action coordonnée en matière de surveillance des images diffusées.
(*http://csa.fr/Media/Files/Television/Le-suivi-des-programmes/Convention-entre-le-CSA-et-le-Controleur-general-des-lieux-de-privation-de-liberte*)

L'Intervention des aspects sécuritaires

Autorisations relatives au droit à l'image des détenus

Enfin, il est évident que lorsque des prises de vue sont réalisées au sein d'un établissement pénitentiaire, il faut obtenir des autorisations préalables. Cette obligation se fonde notamment sur une loi de 2009.

> *« Les personnes détenues doivent consentir par écrit à la diffusion ou à l'utilisation de leur image ou de leur voix lorsque cette diffusion ou cette utilisation est de nature à permettre leur identification.*
>
> *L'administration pénitentiaire peut s'opposer à la diffusion ou à l'utilisation de l'image ou de la voix d'une personne condamnée, dès lors que cette diffusion ou cette utilisation est de nature à permettre son identification et que cette restriction s'avère nécessaire à la sauvegarde de l'ordre public, à la prévention des infractions, à la protection des droits des victimes ou de ceux des tiers ainsi qu'à la réinsertion de la personne concernée. Pour les prévenus, la diffusion et l'utilisation de leur image ou de leur voix sont autorisées par l'autorité judiciaire. »*
> (Art.41 de la Loi pénitentiaire du 24/11/2009 consolidée au 10 juillet 2013)

Comme cela résulte du texte, le détenu n'est pas, du fait de la détention, privé de son droit à l'image. Il a donc en premier ressort le pouvoir d'accorder une autorisation ou de

la refuser, et ce n'est qu'à un second degré que l'Administration peut éventuellement faire état d'impératifs supérieurs qui justifieraient des aménagements de cette autorisation. Ses décisions sont toutefois susceptibles de recours devant le Tribunal Administratif, qui devra en apprécier le bien fondé et, éventuellement, sanctionner les excès de pouvoir de l'autorité administrative.
Ce fut le cas dans l'affaire suivante.

Les producteurs d'un documentaire consacré au transfert de l'ensemble des détenus d'une maison d'arrêt de Rennes vers un centre pénitentiaire flambant neuf avaient obtenu de certains de ces détenus des autorisations d'utilisation de leur image en bonne et due forme.
Toutefois, au moment de solliciter de l'Administration l'autorisation de prise de vue au sein de l'établissement, ils s'étaient vus opposer par le Ministère de la Justice de ne diffuser le documentaire que sous réserve de l'anonymat physique et patronymique des personnes détenues. Cette décision du Ministère évoquait en outre, sans les détailler, des considérations liées à la sauvegarde de l'Ordre public, à la prévention des infractions et à la protection des droits des victimes, ainsi, enfin, que des impératifs de réinsertion des détenus.
Estimant ces conditions trop sévères au regard de la loi applicable, les producteurs avaient alors saisi le Tribunal Administratif de Paris, qui a confirmé leur analyse en annulant la décision ministérielle par une motivation rédigée comme suit :
« Considérant qu'il résulte des dispositions /.../ de l'article 41 de la loi du 24 novembre 2009 que l'administration pénitentiaire ne peut régulièrement opposer un refus à la diffusion ou à l'utilisation de l'image d'une personne détenue, et ce malgré le consentement écrit de cette dernière, que si, d'une part, cette diffusion ou cette utilisation est de nature à permettre son identification et si, d'autre part, cette restriction est rendue nécessaire, au cas d'espèce, par l'un des motifs limitativement énumérés par ce texte; Considérant, en l'espèce, que la circonstance que le documentaire en cause soit destiné à faire l'objet d'une diffusion télévisuelle relativement large ne pouvait donc légalement fonder, à elle seule, la décision attaquée, en l'absence de tout élément précis de nature à établir que cette diffusion serait, en raison de son contenu, de nature à porter atteinte à la sauvegarde de l'Ordre public, à la prévention des infractions, à la protection des droits des victimes ou de ceux des tiers ainsi qu'à la réinsertion de la personne

> *concernée.*
> *Considérant que le garde des sceaux, ministre de la justice, n'indique, ni dans la motivation des décisions contestées, qui se borne à reprendre les termes de la loi, ni dans ses écritures en défense, pour quelle raison précise la diffusion télévisuelle du documentaire «Le déménagement» mettrait en cause ces exigences; qu'il ne ressort en particulier nullement du contenu de ce documentaire que celui-ci serait de nature à faire obstacle à la réinsertion des personnes concernées; qu'en effet, le film n'aborde à aucun moment les faits pour lesquels les personnes détenues qui témoignent ont été condamnées, ne décrivant que leurs conditions de détention, en particulier les changements intervenus dans leur quotidien du fit de leur transfert de l'ancienne maison d'arrêt de Rennes vers le nouveau centre pénitentiaire de Rennes-Vezin; que par ailleurs, il ne comporte aucune image dégradante pour les intéressés dont l'anonymat patronymique est au demeurant préservé. »*
> (TA Paris, 13/7/2012, N°1201622/7-1)
> Les décisions attaquées ont dès lors été annulées.

Il appartient donc à l'Administration de bien motiver son refus ou les conditions qu'elle entend imposer, à défaut de quoi elle verra ses décisions annulées comme ce fut le cas dans cette affaire.

Champ d'application de l'article 41 de la loi pénitentiaire
L'article 41 de la loi de 2009, que nous venons d'examiner et qui oblige à obtenir le consentement des détenus sous le contrôle de l'administration n'est toutefois applicable que si des images sont prises de ces détenus pendant la durée de leur détention. L'utilisation d'images d'archives ne tombe pas sous le coup de cette réglementation, comme l'a précisé le Tribunal de Grande Instance de Paris dans l'affaire suivante.

> Dans le cadre de la réalisation d'un documentaire intitulé «Virée criminelle» et consacré à l'affaire dite des *Paras de Francazal*, une chaîne de télévision avait recueilli différents témoignages et interviews. L'un des quatre anciens parachutistes poursuivis pour des fais de viols et meurtres avec actes de barbarie alors qu'il avait dix-neuf ans introduisit une action

> contre le producteur du documentaire en invoquant le fait qu'il n'avait pas donné son accord préalable pour que des photos de lui soient diffusées dans le documentaire. À l'appui de son action, il invoquait deux fondements légaux : l'article 9 du Code civil, bien sûr, mais également cet article 41 de la loi pénitentiaire.
> Relativement à cet article 41, le tribunal débouta le demandeur en estimant que *« ces dispositions ne s'appliquent qu'aux images qui représentent des personnes, prévenues ou condamnées, en situation de détention et n'ont pas vocation à créer au profit de celles-ci, s'agissant de leur image captée en dehors du contexte pénitentiaire, une protection supérieure à celle qui est accordée à toute personne au moyen de l'article 9 du Code civil. »*
> Or, aucune image du plaignant n'avait été prise pendant sa détention, le documentaire ne montrant que des photos d'identité ou d'époque.
> Pour que le résumé de cette affaire soit complet, je précise que le demandeur fut également débouté sur le fondement de l'article 9 du Code civil, le juge, qui rappelait être investi de la mission de *« rechercher l'équilibre et de privilégier la solution la plus protectrice de l'intérêt le plus légitime »* estimant que le droit à l'information sur cette affaire devait l'emporter.
>
> (TGI Paris, 14/1/2013, RG 11/03875)

Redevance pour concession d'espace public

Par ailleurs lorsqu'il s'agit d'utiliser certaines parties d'établissements pour des prises de vue, une redevance est sollicitée en contrepartie. Un arrêté du 1er février 2012 en fixe les tarifs. Cet arrêté est disponible sur le site internet officiel suivant : *www.textes.justice.gouv.fr/autres-textes-10182/tournages-et-prises-de-vues-en-prison-la-grille-des-tarifs-23608.html*

LES DÉFUNTS

Principe

Le droit à l'image étant un attribut de la personnalité, il disparait fort logiquement au moment du décès. En conséquence, les héritiers souhaitant assigner au titre de la diffusion d'une image du défunt (qu'il s'agisse d'une photo prise de son vivant ou après son décès) devront donc démontrer leur propre préjudice. On parle souvent de « préjudice d'affliction », désignant le sentiment de peine et de douleur ressenti par les héritiers du fait de la publication de l'image de l'intéressé. Et le fait que la publication ait été réalisée à l'initiative de l'un des héritiers ne modifie pas l'analyse.

> Deux des trois enfants de l'acteur Jean Gabin avaient publié un ouvrage sur leur père. La troisième fille de l'intéressé, estimant quant à elle que divers passages et photographies portaient atteinte à sa propre vie privée et à ses sentiments, ainsi qu'aux droits sur son image et sur celle de son père avait assigné ses frère et sœur ainsi que l'éditeur. Au fond, elle avait été déboutée de ses demandes et, le conflit entre héritiers semblant aigu, avait déposé un pourvoi devant la Cour de Cassation.
> La Cour a toutefois à son tour rejeté son pourvoi, en estimant que la Cour d'Appel qui avait seule le pouvoir d'évaluer si un préjudice personnel avait été causé à la plaignante, avait suffisamment motivé son arrêt :
> *« /…/ si les proches d'une personne peuvent s'opposer à la reproduction de son image après son décès, c'est à la condition d'en éprouver un préjudice personnel établi, déduit le cas échéant d'une atteinte à la mémoire ou au respect dû au mort; Que la Cour d'Appel qui a souverainement constaté l'absence de telles données a ainsi légalement justifié sa décision. »*
> (Cass. civ. 1ère ch., 22/10/2009, Pourvoi n°08-10557)

Le fondement de l'article 9 du Code civil n'est donc pas ouvert aux héritiers de la personne décédée, sauf pour eux à démontrer un préjudice personnel directement lié à la diffusion de la photographie.

Certaines juridictions ont par contre admis une action personnelle des proches sur base de l'article 1382 du Code civil (qui est la base de la responsabilité civile extracontractuelle).

> *« Tout fait quelconque de l'homme, qui cause à autrui un dommage, oblige celui par la faute duquel il est arrivé à le réparer. »*
> (Art. 1382 du Code civil)

Ce fut le cas dans l'affaire suivante.

L'éditeur d'un magazine spécialisé dans les articles sur les enquêtes criminelles avait publié un article relatif au décès d'un adolescent. Les circonstances du décès ne sont pas précisées dans l'arrêt, mais la nature même de la publication permet d'indiquer qu'il ne s'agissait en tout cas pas d'une mort naturelle.
Dans l'article consacré à l'affaire, l'éditeur publiait un portrait anodin de l'enfant, pris avant son décès.
Les parents de la victime avaient alors assigné l'éditeur au titre tant de l'article 9 (droit à l'image/vie privée) du Code civil que de l'article 1382 du même Code (responsabilité civile extracontractuelle).
Les parents avaient été déboutés en première instance, mais avaient ensuite saisi la Cour d'Appel de Metz en degré d'appel.
Cette juridiction réforma la décision en relevant tout d'abord que la demande basée sur l'article 9 du Code civil n'était pas fondée en l'espèce, puisque *« la photographie incriminée (reproduisait) simplement le portrait du jeune garçon sans aucun élément concernant sa vie privée ou celle de sa famille, et sa publication n'ayant pu en elle-même porter atteinte, même indirectement, à l'intimité de la vie privée des parents du défunt; que la demande des époux /…/ ne peut donc prospérer sur le fondement de l'article 9 du Code civil. »*
La demande fut par contre accueillie sur le terrain de la responsabilité civile extracontractuelle :
« Attendu que sur le fondement des dispositions de l'article 1382 du Code civil, également invoqué par les appelants, il est constant que la publication de la photographie de l'enfant mineur, effectuée sans l'autorisation de ses parents ou en dehors du contexte dans lequel l'autorisation avait été donnée, revêt un caractère fautif, étant observé d'une part que (l'éditeur) ne rapporte pas la preuve qu'il avait obtenu l'assentiment (des parents) représentants légaux de l'enfant, alors qu'une telle autorisation doit être effective, non équivoque et spéciale (la circonstance qu'elle ait régulièrement acquis la photographie auprès de l'agence /…/ ou que la photographie ait été publiée dans d'autres journaux étant dès lors totalement inopérante), étant observé d'autre part, ainsi que l'ont relevé les premiers juges, que la publication du document litigieux, même si elle se situait dans le cadre d'un événement d'actualité, n'était pas justifiée

> *par les nécessités de l'information légitime du public ; attendu que (les plaignants) justifient avoir subi un préjudice moral et personnel résultant de la publication sans leur accord de cette photographie qui a ravivé, compte tenu des circonstances dramatiques du décès de leur fils, des souvenirs douloureux, alors qu'ils se trouvaient en période de deuil et qu'ils pouvaient légitimement aspirer à une certaine paix,/…/ »*
> (CA Metz, 1ère ch., 12/4/2000)

En d'autres termes, si l'action des parents a été accueillie dans cette affaire, c'est en raison du trouble que la parution de l'image a pu entrainer dans leur période de deuil. La nuance est toutefois subtile, car au final c'est toujours un préjudice indirect causé aux proches qu'il s'agit de reconnaître et d'indemniser.
Et ce type de décisions est relativement rare sur le fondement de l'article 1382, les magistrats restant en général sur le terrain de l'article 9, soit pour admettre l'existence d'un préjudice propre des proches, soit pour le refuser. Peut-être faut-il voir dans cette décision une tentative de réconfort des parents suite à aux circonstances apparemment tragiques du décès de leur fils.

Toujours est-il que la jurisprudence, basée sur ce fondement extracontractuel, n'est pas abondante, loin s'en faut.

Quel peut être le préjudice ?

De façon générale, donc, si la personne représentée est décédée, les héritiers auront à démontrer que la diffusion de la photographie leur cause un préjudice. Et en principe, cette démonstration se fera sur base de l'article 9 du Code civil consacrant le droit au respect de la vie privée et le « droit à l'image » qui en a découlé au fil des décennies dans la jurisprudence.

Au-delà des exemples extrêmes tel que celui détaillé ci-dessus, le préjudice des héritiers peut découler simplement de l'image qui est donné du défunt sur les images diffusées, ce que les juridictions qualifient d'atteinte à la mémoire du défunt, laquelle coïncide d'ailleurs parfois avec la dignité humaine.

Ce fut le cas dans l'affaire ci-après.

Des photographies avaient été mises en ligne par une maison de retraite. Sur l'une d'elles apparaissait un pensionnaire en fin de vie, lequel apparaissait très diminué, dans son fauteuil roulant, apathique et manifestement sans conscience de la vie qui l'environnait. Après son décès, sa veuve introduisit une action contre l'exploitante de la maison de retraite, invoquant une atteinte à la mémoire de son époux et à la dignité humaine. La maison de retraite invoquait l'existence d'anciens eMails de l'intéressé, dans lesquels il se disait fier d'apparaître sur certaines photos, mais le tribunal, au vu des éléments de fait, écarta cet élément d'appréciation qui ne concernait que des photographies plus anciennes, prises alors que l'homme était encore vif d'esprit, heureux de poser avec son chien, ce qui n'était plus le cas sur les photographies litigieuses. La Cour d'Appel saisie par la maison de retraite a confirmé la condamnation au titre d'une atteinte à la dignité humaine.
(CA Douai, 21/10/2010, RG 10/01912)

L'atteinte à la mémoire du mort peut donc constituer le préjudice des plaignants, et en ce sens, il ne faut pas nécessairement de circonstances dramatiques pour que le préjudice soit avéré. Au titre du respect de la personne humaine, on ne peut que s'en réjouir.

LES MONTAGES

Le principe

La matière est contenue dans l'article L226-8 alinéa 1er du Code pénal.

« Est puni d'un an d'emprisonnement et de 15 000 euros d'amende le fait de publier, par quelque voie que ce soit, le montage réalisé avec les paroles ou l'image d'une personne sans son consentement, s'il n'apparaît pas à l'évidence qu'il s'agit d'un montage ou s'il n'en est pas expressément fait mention. »
(Art.L226-8 alinéa 1er du Code pénal)

Il faut dès lors être clair au moment de la diffusion du montage, et indiquer qu'il ne s'agit pas d'une photographier ordinaire.

L'obligation de clarté à l'égard du spectateur

Si la loi reconnaît un droit à la satire et à la parodie, encore faut-il donc qu'aucune confusion ne soit possible dans l'esprit du spectateur. C'est ce qui a été confirmé notamment dans le jugement suivant.

> Dans l'une de ses émissions, l'animateur Karl Zero avait mêlé successivement des images d'archives concernant Jean-Marie le Pen et des prises de vue réalisées avec un sosie de l'homme politique.
> Ce dernier, comme on l'imagine, n'avait pas apprécié le résultat final et avait saisi le Tribunal de Grande Instance de Paris au titre de l'utilisation abusive de son image. L'animateur, bien sûr, invoquait son droit à la satire et le fait que la mention *« réalisé avec trucage »* avait été mise en évidence. Ceci n'avait toutefois pas suffi aux yeux du tribunal qui examinait l'ordre dans lequel les séquences étaient montées, et considéra, nonobstant le caractère par nature satirique de l'émission, que *« l'enchainement des images, mêlant le sosie de Jean-Marie Le Pen à des documents d'archives et d'actualité, à un rythme accéléré, ne permet pas au téléspectateur de faire la part en réalité et fiction; que cet amalgame est volontairement créé pour accentuer l'impact de la séquence, et est exclusif de la bonne foi. »*
> (TGI Paris 1ère ch., 1ère section, 9 mars 1998)

Il faut donc que le spectateur soit en permanence en mesure de faire la part des choses entre la réalité et la fiction, entre la création de l'auteur de la satire et le personnage habituel qui l'a inspiré. Ainsi, le cas des fameuses marionnettes de Canal+ pose en général moins de difficulté, puisque la confusion n'est pas possible.

Attention toutefois : ce critère ne concerne que l'utilisation de l'image elle-même, et rien n'autorise, par ailleurs, à formuler des propos qui pourraient être diffamatoires ou injurieux, et à ce titre condamnables de façon indépendante.

Au-delà de cette obligation d'éviter tout risque de confusion, la jurisprudence a pu condamner les diffuseurs de certaines photos truquées, qui s'affichaient comme telles, en raison du préjudice causé aux personnes représentées. Il n'a pas fallu de longs débats au Tribunal de Grande Instance de Paris pour en décider ainsi dans l'affaire suivante.

Un site internet publié au nom d'un webmaster s'était fait une spécialité de la publication de trucages photographiques consistant à coller le visage de personnalités sur les corps d'autres personnages.
Une femme dont le visage avait ainsi été collé sur des photographies à caractère pornographique avait saisi le Tribunal de Grande Instance, assignant bien sûr le webmaster au nom duquel l'adresse du site avait été enregistrée.
Sa demande avait été accueillie au terme d'un jugement très bref mais très clair, le tribunal considérant que *« la représentation du visage de la demanderesse dans de telles conditions, non seulement porte atteinte à son droit à l'image, mais constitue également une faute particulière qui lui cause un incontestable préjudice /.../»*
(TGI Paris, 17ème ch, 7/5/2012, RG 11/16077)

Le droit à la parodie et au montage n'est donc pas absolu, et l'on peut s'en réjouir.

Appréciation du préjudice en fonction des risques d'erreur du public

Le risque de confusion du public est d'ailleurs un élément d'appréciation du préjudice en cas d'action en justice. C'est du moins ce qu'a considéré le Tribunal de Grande Instance de Paris dans l'affaire suivante, certes un peu ancienne mais toujours en accord avec les principes actuels en matière de photomontages.

Une célèbre mannequin de nationalité américaine se plaignait de l'utilisation de certaines photographies la représentant dans des poses provocantes pour réaliser un photomontage publié dans un magazine people. L'éditeur, de son côté, arguait de la liberté de création artistique pour échapper à toute condamnation et invoquait le fait que la demanderesse s'était elle-même, et volontairement, livrée à des poses et attitudes scandaleuses lors de la séance photo, de telle sorte qu'elle n'était pas en mesure de se plaindre de quelque violation que ce soit de son droit à l'image. Le tribunal a retenu l'atteinte manifeste aux droits de la demanderesse, en indiquant

> qu'eu égard à la nature de photos, l'éditeur aurait dû faire preuve d'une prudence accrue. Par contre, il réduit la demande initiale en relevant que *« l'article en cause indique clairement que les images représentées de vedettes de la mode ou du cinéma résultent de montages ; qu'ainsi les lecteurs avertis de ce journal ne peuvent se méprendre sur le caractère fantaisiste de la publication et de sa volonté provocatrice ; /.../ que le préjudice résultant de l'atteinte protée au droit de la demanderesse, s'il ne peut être nié dans sa réalité, ne revêt pas l'importance qu'elle lui prête /.../* » (TGI Paris, 17/6/1006, RG 19 373/95)

LA CARICATURE

Dans une célèbre affaire, la Cour d'appel de Paris a eu l'occasion d'établir une distinction marquant la frontière entre ce qu'elle admettait au titre de la liberté d'expression artistique, et de ce qui, au contraire, était considéré comme abusif.

> Un éditeur avait défrayé la chronique en 2008, en éditant un livre caricaturant le Président de l'époque, M. Sarkozy. Ce livre était en outre accompagné d'une poupée vaudou à l'effigie du chef de l'Etat, avec invitation des lecteurs d'y planter les douze aiguilles *« offertes »* avec le package. Le texte d'accroche, qui s'adressait à tous les déçus potentiels du Président, tous bords confondus, terminait avec une note d'espoir sur la solution possible : *« Respirez ! Car c'est là que le manuel vaudou Nicolas S. entre en jeu. Grâce aux sortilèges concoctés par le spécialiste en sorcellerie /.../ vous pouvez conjurer le mauvais œil et empêcher Nicolas S. de causer davantage de dommages ».* Peu amateur de la plaisanterie, l'intéressé assigna alors en référé aux fins d'obtenir l'interdiction de l'ouvrage. Il reprochait l'utilisation mercantile de la poupée à son effigie, qui excédait selon lui la libertéd'expression artistique.
> En degré d'appel, la cour estima : *« Considérant, ceci exposé, que les dispositions des articles 8 et 10 de la Convention européenne de sauvegarde des droits de l'homme et des libertés fondamentales ont une égale valeur normative ; qu'aux termes de l'article 8 de cette convention, comme des articles 9 et 16 du code civil, toute personne a droit au respect de sa vie privée, droit qui inclut le droit à la protection de son image ainsi*

qu'au respect de sa personne elle même et de sa dignité ; qu'aux termes de l'article 10 de la Convention européenne de sauvegarde des droits de l'homme et des libertés fondamentales, toute personne a également droit à la liberté d'expression et ce droit comprend la liberté d'opinion et la liberté de recevoir ou de communiquer des informations ou des idées sans qu'il puisse y avoir ingérence d'autorités publiques; que la caricature et la satire, même délibérément provocantes ou grossières, participent de la liberté d'expression et de la communication des opinions.

Considérant, toutefois, que ces deux droits doivent se concilier et que si l'action politique doit nécessairement autoriser une large critique sous toutes ses formes y compris la dérision et le sarcasme et autoriser une encore plus grande liberté d'expression, il n'en demeure pas moins une limite, toute personne, quelles que soient ses fonctions, ayant droit à la protection des atteintes à la dignité de sa personne.

Considérant qu'il convient de rechercher si, en l'espèce, cette limite a été dépassée ; considérant que la liberté d'expression, d'opinion et d'information n'autorise nullement une utilisation purement commerciale de l'image de quelque personne que ce soit, sans son autorisation ; Que le fait d'inciter le lecteur à avoir un rôle actif en agissant sur une poupée dont le visage est celui de l'intéressé et dont le corps porte mention d'expressions qui se rattachent à lui, avec des épingles, piquantes par nature, et alors que le fait de piquer volontairement, que sous tend l'idée de faire mal physiquement, ne serait ce que symboliquement, outrepasse à l'évidence les limites admises, constitue une atteinte à la dignité de cette personne sans qu'il soit nullement besoin de se référer à quelque croyance vaudou que ce soit.

Considérant, toutefois, que la mesure d'interdiction sollicitée n'est pas proportionnée et adéquate en ce qu'elle est une mesure spécialement attentatoire à la liberté d'expression qui se manifeste dans cet ouvrage dont tous les éléments ne sont pas en cause et en ce qu'elle porte atteinte à l'oeuvre dont les auteurs n'ont pas été appelés dans l'instance ;
Qu'il existe, en outre, d'autres moyens de rétablir l'appelant dans ses droits ;
Qu'ainsi il n'y a pas lieu d'interdire la poupée, qu'en revanche il sera enjoint à la société Tear Prod d'apposer, ainsi qu'il sera précisé au dispositif de

> *l'arrêt, au besoin par un bandeau, sur tout coffret mis en vente ou proposé à quelque titre que ce soit au public la mention « Il a été jugé que l'incitation du lecteur à piquer la poupée jointe à l'ouvrage avec les aiguilles fournies dans le coffret, action que sous tend l'idée d'un mal physique, serait il symbolique, constitue une atteinte à la dignité de la personne M. Sarkozy ».*
>
> *Considérant que l'atteinte à la personne ainsi commise est source d'un dommage que la société TEAR PROD a l'obligation non sérieusement contestable de réparer ; qu'il sera donc alloué à titre provisionnel à M. SARKOZY la somme de un euro demandée. »*
> (CA Paris, 28/11/2008, RG 08/20155)

Comme nous le verrons ci-dessous, l'utilisation à des fins de caricature doit cependant se borner à une manifestation de la liberté d'expression artistique, sans revêtir le moindre aspect commercial. Dans le cas contraire, l'utilisation de l'image deviendrait illicite à défaut d'autorisation.

LES UTILISATIONS COMMERCIALES

NOTION

Enfin, après avoir consacré tous les développements ci-dessus aux utilisations à des fins artistiques ou d'information, reste donc la question de l'utilisation « commerciale ». Bien que la loi ne soit pas explicite sur la question dans le fameux article 9 du Code civil qui sert de cadre très flou à cette matière, il semble logique que l'on ne puisse pas se servir de l'image d'une personne à des fins commerciales sans l'accord de celle-ci.

QUE DIT LA JURISPRUDENCE ?

Utilisation de la photo de personnes hors de tout contrat

Cette question n'appellera pas de longs commentaires, puisque la jurisprudence est à ce niveau quasi-constante. Nous l'avons vu en examinant l'affaire relative à ce photographe qui avait créé des tapis de souris à l'effigie d'un enfant sans l'accord des parents. Nous l'avons vu également en examinant le conflit droit d'auteur/droit à l'image et droit voisin des artistes de scène.

Il en fut de même dans l'affaire suivante, mettant en cause deux personnes anonymes prises en photo à leur insu sur la voie publique.

Une femme avait eu la surprise de voir une photo d'elle et de sa fille mineure sur un bungalow de vente d'un programme immobilier de La Grande Motte, sur le centre de thalassothérapie de la même commune, dans le cadre d'une publicité parue dans la presse, sur trois sites internet ainsi, enfin, que sur les plaquettes de publicité de deux sociétés. Elle avait alors assigné en son nom à elle et, conjointement avec son époux, au nom de leur fille mineure, devant le juge des référés. Un appel avait alors été interjeté.
L'une des parties défenderesses invoquait le fait que l'article 9 ne trouvait pas à s'appliquer, puisque les photos avaient été prises dans un lieu public et étaient centrées sur l'immeuble qui faisait l'objet de la promotion. En outre, toujours selon les parties défenderesses, la photo avait été prise sans fraude et les personnes avaient une attitude *« banale et neutre »*.
La plaignante soulignait quant à elle qu'au contraire, elle-même et sa

fille figuraient en premier plan, étaient parfaitement reconnaissables et qu'elle s'opposait à une utilisation mercantile de son image. Elle relevait qu'on ne pouvait pas assimiler cette utilisation à une illustration à des fins d'information. La Cour d'appel relevait que la plaignante et sa fille *« ont subi une atteinte évidente à leur droit exclusif et ont été privées du respect de leur intimité et de la juste rémunération qu'elles auraient pu obtenir pour leur accord à l'utilisation des photographies litigieuses ».*
La Cour confirme donc la provision qui avait été accordée par le juge des référés, même si elle met certaines partie défenderesses hors cause.
(CA Montpellier, 4/1/2010, RG 09/01759)

Dans les cas évoqués jusqu'à présent, l'image avait été utilisée sans la moindre autorisation.

Il faut en outre préciser qu'à partir du moment où l'utilisation est de nature commerciale, il importe peu que le message soit délivré avec humour : cela ne fera pas de cette publication une parodie ou une caricature autorisée. Une compagnie aérienne l'a appris à ses dépends dans l'affaire suivante.

Une compagnie aérienne low-cost, surfant sur la médiatisation du Président de la République de l'époque et du mariage de celui-ci avec une chanteuse/mannequin, avait cru utile d'utiliser, pour une campagne publicitaire annonçant une série de soldes sur les prix de ses billets, une photo du futur couple assorti d'une légende rédigée comme suit : *« Avec Ryan Air, toute ma famille peut venir assister à mon mariage ».* Ceci n'avait pas été au goût des intéressés, qui avaient alors saisi en référé le président du Tribunal de Grande Instance de Paris aux fins de voir cesser cette campagne, et d'obtenir bien sûr un dédommagement.
De son côté, la compagnie relevait que les photographies faisaient partie de toutes celles dont la presse abreuvait les lecteurs depuis des mois, de telle sorte qu'il n'y avait là rien d'attentatoire à la vie privée. Elle arguait également de ce que *« la publicité revêt une incontestable dimension humoristique, que le propos prêté à Mme Bruni est facétieux, tandis que l'association entre des «soldes Ryanair » et le mariage présidentiel est, tout au plus, impertinent ».*

> Mais ceci n'a pas convaincu le juge, qui a prononcé une condamnation sévère au profit de la future première dame, estimant que l'utilisation de son image de mannequin sans autorisation lui causait un préjudice. L'aspect publicitaire de la campagne a dès lors primé, l'ordonnance n'évoquant pas même l'argument de l'humour. (TGI Paris, référé, 5/2/2008; 2 espèces, RG 08/50947 et 08/50939)

Utilisation de la photo au-delà des termes d'une convention signée par une personnalité célèbre

La solution est également identique lorsqu'une autorisation a été donnée, mais que ses termes ont été dépassés, comme cela fut le cas dans l'affaire commentée ci-après.

> Un acteur avait participé au tournage d'un film dans le cadre duquel une convention avait été conclue entre une célèbre marque de voitures et le producteur (convention de « placement de produit »).
> Ce contrat prévoyait notamment la présence du service communication du constructeur sur le lieu du tournage, et d'autre part la mise à disposition du constructeur des photos du tournage pour la rédaction des communiqués de presse de la marque.
> De son côté, l'acteur avait signé - comme c'est toujours le cas (ou comme cela devrait l'être) - une clause autorisant le producteur du film à publier son nom et faire usage des photographies, images et enregistrements le représentant pendant le cadre du tournage, exclusivement pour la promotion et la publicité du film. Cette même clause prévoyait que toute autre utilisation de la voix, du nom et de l'image de l'acteur, notamment sur des produits dérivés et du merchandising, devrait faire l'objet d'une autorisation préalable et écrite de ce dernier, et donnerait lieu à une rémunération distincte.
> Pendant le tournage du film, des représentants et salariés du constructeur des voitures mises à disposition avaient donc assisté à certaines prises et quelques photographies avaient été faites de l'acteur principal à côté de l'un des véhicules.
> Par la suite, le constructeur avait utilisé ces photographies dans le magazine trimestriel de promotion de la marque, ce dont l'acteur s'était alors plaint en

invoquant une utilisation illicite de son image à des fins commerciales.
Le constructeur invoquait pour sa défense (après avoir tenté de rejeter la responsabilité sur l'agence de communication qui avait réalisé le magazine) que l'acteur avait tacitement accepté la publication des deux photographies le représentant, puisque l'article avait été soumis en projet à son agent, qui n'avait pas répondu. Ce silence autorisait, selon le constructeur, à penser que l'accord de l'acteur était acquis. L'agence de communication, pour sa part, après avoir été attirée à la procédure, invoquait que le reportage en question devait être considéré comme la promotion du film, et était donc visé par l'autorisation donnée par l'acteur lors de son engagement.

L'acteur, de son côté, soutenait que l'utilisation dans le magazine trimestriel de la marque ne rentrait pas directement dans la promotion du film et qu'à ce titre son image avait été utilisée abusivement.

Devant le premier juge, le constructeur avait été condamné, mais avait interjeté appel du jugement. Ceci valut à la Cour d'Appel de Versailles de se pencher sur cette question.
La Cour commence par relever que l'article du magazine incriminé est illustré de deux photos montrant l'acteur au volant de la berline, et que *« ces images ne sont pas extraites du film, la première laissant apparaître le clap, la seconde, deux techniciens. »*

Elle poursuit en ces termes : *« /.../ si la publication incriminée relate les circonstances du tournage du film, elle ne participe pas à la promotion ou à la publicité du film, mais a pour fiabilité de mettre en valeur le véhicule en vantant ses qualités de confort comme habitacle et ses performances; que les propos attribués au comédien s'appliquent au véhicule qualifié par l'auteur de l'article de « sacré personnage » ;*
que les photographies représentant (l'acteur) sont donc utilisées à des fins commerciales, en vue de promouvoir la marque et le modèle de véhicule /.../ qui, dans le film, tient le haut de l'affiche.

Considérant qu'en application de l'article 9 du Code civil, toute personne disposer sur son image ou sur l'utilisation qui en est faite d'un droit exclusif qui lui permet de s'opposer à sa fixation, à sa reproduction ou à sa diffusion sans son autorisation expresse et préalable. /.../»

> À propos du défaut de réponse de l'agent artistique du plaignant lorsque le projet d'article lui avait été soumis, la cour indique en outre *: « /.../ que le silence de (l'acteur) ne saurait valoir acceptation tacite de voir reproduire son image. »*
> (CA Versailles, 8/11/2012, RG 10/05462)

Cet arrêt peut étonner, notamment du fait qu'il semble généraliser la nécessité d'une autorisation expresse et préalable. Mais il me semble évident que cette affirmation a été faite pour les utilisations commerciales comme celle dont il est question ici, et dont la Cour a rappelé la nature quelques paragraphes auparavant.

Pour être complet, il faut d'ailleurs préciser qu'au final, c'est le producteur du film qui a été condamné à garantir le constructeur de tous les montants dus par celui-ci à l'acteur, et ce dans la mesure où la cour a considéré qu'il aurait dû informer le constructeur (et l'agence de communication) des limites qui découlaient de son propre contrat avec l'acteur.

C'est donc, en pratique, le producteur qui a supporté la charge totale de cette condamnation.

En conséquence, et comme vous l'aurez compris, n'envisagez jamais d'utilisation purement commerciale avec une photo où apparaît une personne reconnaissable, sans le consentement de celle-ci.

Mais la difficulté sera de tracer la limite entre ce qui est commercial et ce qui, au contraire, relève soit de la liberté d'expression artistique ou du droit à l'information.

CHAPITRE 2

L'AUTORISATION TACITE

NOTION

Il existe bon nombre de situations dans lesquelles la personne représentée a clairement eu conscience de ce qu'elle était prise en photo et, soit n'a rien fait pour empêcher cet état de fait, soit même a joué avec le regard du photographe, d'une façon ou d'une autre. Dans ce cas, le photographe peut-il invoquer cet accord tacite pour justifier la diffusion de la photographie et, surtout, pour s'opposer à une éventuelle plainte du sujet au titre du droit à l'image ?

Ce cas de figure concerne donc nécessairement les cas où ni le droit à l'information, ni la liberté d'expression artistique ne suffisent pour autoriser la diffusion et l'exploitation de la photographie.

Il faut en effet, pour que cette notion *« d'autorisation tacite »* ait un impact sur le litige, que le photographe n'ait pas d'autre moyen plus efficace ou plus évident pour justifier de l'exploitation de cette image. En pratique, il semble - curieusement ! - que lorsqu'un litige démarre sur le terrain de l'autorisation tacite, personne ne pense ensuite à invoquer en parallèle la liberté d'expression artistique, qui pourrait suffire dans certains cas. Cela reste un mystère pour moi, mais au moins cette situation permet-elle de préciser le champ d'application de cette autorisation d'un genre particulier : muette et aux contours bien plus flous que la photographie sur laquelle elle porte. Le plaignant, dans ce cas, invoquera en effet le plus souvent que s'il n'était certes pas opposé au fait d'être photographié, cela ne signifie pas pour autant qu'il était informé de l'intention du photographe de diffuser ensuite son image. Ou, éventuellement, qu'il entend révoquer l'accord précédemment donné sur le principe même de la diffusion.

La situation crée nécessairement une insécurité sur le plan juridique. Quelle est la portée d'une telle autorisation tacite ? Et dans quelle mesure résistera-t-elle au passage du temps ?

L'importance de cette notion justifiait que je lui consacre un chapitre à part, entre la section consacrée aux personnes et celle relative aux biens. L'autorisation tacite est plus souvent invoquée pour les photos de sujets humains, mais rien n'empêcherait qu'elle soit également mise en œuvre pour justifier la diffusion de photos du bien d'autrui, si le propriétaire laisse ostensiblement faire les photographies, avant de s'opposer éventuellement à leur diffusion. Toutefois, je n'ai trouvé de jurisprudence que concernant des sujets humains.

LES DIFFÉRENTES HYPOTHÈSES

J'ai déjà évoqué dans certains des cas pratiques ci-avant la question de l'autorisation tacite, notamment pour les photos des salariés utilisées par leurs employeurs.

La notion d'autorisation tacite revient dans de multiples situations, ce qui me permet de disposer de la matière nécessaire pour énumérer quelques catégories de circonstances où l'accord du sujet pourra être présumé.

LA CONNAISSANCE QU'A LE SUJET DU CONTEXTE DANS LEQUEL ELLE A ÉTÉ PRISE EN RAISON DE LA PROFESSION QU'IL EXERCE

De par sa profession ou ses activités habituelles, le sujet d'une photo peut ne pas être en mesure de s'étonner de l'utilisation faite de son image.

La Cour de Cassation a eu l'occasion de le préciser dans l'affaire suivante.

Dans le cadre d'une séance photo commandée par un fabricant de robes de mariées à un photographe, celui-ci avait engagé une mannequin jouant le rôle de la mariée, de même qu'un mannequin masculin chargé d'accompagner la mariée sur certaines des photographies.
Il avait ainsi travaillé sur le projet pendant deux demi-journées, contre une rémunération forfaitaire. Le catalogue créé à l'aide des photographies avait été diffusé sur le site Internet du fabricant, ainsi que dans ses franchises françaises et portugaises.
Le mannequin, vraisemblablement insatisfait de la rémunération perçue, avait alors assigné le fabricant au titre de son droit à l'image devant un Tribunal d'Instance, estimant que la diffusion s'était faite sans son consentement.
La Cour d'appel, après recours contre le premier jugement, l'avait débouté de ses demandes, et il avait alors déposé un pourvoi devant la Cour de Cassation. Celle-ci, avait toutefois rejeté son pourvoi, en considérant que *« l'autorisation de publier la photographier d'un mannequin professionnel peut être présumée, que les circonstances de la prise de vue et les attestations de témoins démontrent que (le plaignant) ne pouvait avoir aucun doute sur le fait que la photographie figurerait dans un catalogue*

> *d'habits de mariés, que, dans la mesure où l'exploitation des prises de vue a été réalisée uniquement au profit de la société /…/ et seulement pour la collection 1998-1999 dans le cadre du catalogue, lequel est reproduit sur son site internet, il y a lieu de considérer que la preuve n'est pas rapportée que l'utilisation de l'image (du plaignant) ait dépassé l'autorisation tacite qu'il avait donnée ;*
> */…/ que (le plaignant) avait consenti à la diffusion et à l'exploitation des photographies le représentant. »*
> (Cass. 2ème ch. civ., 4/11/2004,n°02-15.120)

La Cour fait ici preuve de bon sens, et le plaignant aurait été bien avisé de veiller à délimiter, avant la séance, l'étendue de l'autorisation de diffusion si réellement il n'avait pas été convenu une diffusion de cette ampleur. Ceci montre l'utilité des contrats en la matière, mais nous y reviendrons plus loin.

LE FAIT QUE LE SUJET AIT LUI-MÊME FAIT USAGE DE LA PHOTOGRAPHIE

Il est des cas en effet où le sujet va lui-même se prévaloir de l'existence de la photo, avant toutefois de changer d'avis (sinon la jurisprudence n'aurait pas à se prononcer) et de réclamer une indemnisation.

Les tribunaux devant apprécier l'ensemble des éléments de fait, vont forcément tenir compte de cette circonstance dans leur appréciation des responsabilités. Cette utilisation que le sujet - avant de se plaindre - a pu faire de l'image va ainsi conforter l'autorisation qu'il avait tacitement donnée. Il a notamment été fait mention de ce comportement dans l'affaire suivante, que j'évoquerai en deux parties.

> Un célèbre photographe accoutumé à parcourir le Maroc avait pris il y a de nombreuses années (plus de vingt ans au moment où le jugement a été rendu) une série de photos représentant un ressortissant marocain et avait accompagné ces photos de la légende *« Vendeur de babouches »*. Le sujet de la photo exerçait pour sa part le métier de guide professionnel mais avait participé à une mise en scène le temps de la photographie.
> Les photographies étaient présentes sur le site de l'agence prestigieuse

dont fait partie le photographe, ainsi que dans un ouvrage toujours vendu en ligne dans de grandes enseignes, et avaient été publiées dans différents magazines dont le National Geographic, des guides de voyage, etc.
De son côté, le guide de voyage, lorsqu'il promenait ses clients, se vantait d'avoir eu sa photo publiée dans le prestigieux magazine, allant jusqu'à faire mention de cette circonstance sur sa carte de visite professionnelle.

Mais il avait ensuite changé d'avis et invoquait un préjudice lié au fait que l'ensemble des commerçants du souk où avait été prise la photo l'apostrophaient désormais en l'appelant *« vendeur de babouches »*, ce qui l'avait selon ses dires plongé dans une sérieuse dépression.Près de vingt ans après la publication, et croisant à nouveau le photographe sur les lieux de la photo, le plaignant lui avait fait part de son mécontentement, et quelques échanges de mails s'en étaient suivis, mais sans qu'un accord puisse être trouvé, et l'image continua à vivre sa vie au sein de l'agence qui représentait l'auteur.
Le plaignant assigna donc tant le photographe que l'éditeur.
Après avoir rappelé les principes en opposition (droit à l'image d'un côté, et liberté d'expression artistique de l'autre), et le fait que le premier ne peut l'emporter sur le second que si la dignité de la personne est mise en jeu, ou si la publication entraîne pour elle des conséquences d'une particulière gravité, le jugement rappelle que *« c'est au juge saisi de rechercher leur équilibre et le cas échéant, de privilégier la solution la plus protectrice de l'intérêt le plus légitime »*.
Le tribunal relève ensuite que le plaignant avait accepté de poser avec une pile de babouches dans les bras devant un photographe qui l'avait informé de sa qualité (les éléments du litige démontraient que le photographe avait en effet laissé ses coordonnées et décliné son identité et son activité). Le TGI en déduit que cela *« ne saurait certes valoir autorisation de publication sans restriction »* mais que *« ces circonstances montrent qu'il avait tacitement consenti à un sage au moins partiel de son image, ce qui est corroboré au cas présent par le fait qu'il n'a pas cherché à poursuivre les premières publications dont il a été informé et surtout par le fait qu'il a mentionné sur sa carte de visite de guide officiel que son image avait été publiée dans National Geographic et d'autres magazines. Il en résulte qu'il avait ainsi consenti au moins implicitement à de telles diffusion »*.
Nous verrons plus loin que pour la période postérieure à sa demande

de retrait de l'image, il en fut autrement. Mais le tribunal rejeta donc sa demande d'indemnisation, pour toutes les années où l'existence de la photo avait permis au guide d'asseoir sa notoriété.
(TGI Paris, 25/10/2010, RG09/05496)

L'ABSENCE D'OPPOSITION FORMELLE DANS LES ÉCHANGES INTERVENUS

Il arrive également que des échanges soient intervenus entre le photographe et le sujet photographié, le premier demandant son accord au second, qui ne s'y oppose pas de façon explicite, se contentant d'aborder d'autres sujets.
Ce fut le cas dans l'affaire suivante, qui donna d'ailleurs l'occasion à la Cour d'Appel de Paris de rappeler la primauté du principe de liberté d'expression artistique.

Un photographe connu pour ses paysages urbains réalisait un travail hors-commande. Dans ce cadre, et alors qu'il se trouvait dans un lieu public, il improvisa une petite séance de prises de vue avec une jeune femme présente également sur les lieux. La séance n'avait pas été organisée, la jeune femme n'était pas un modèle professionnel et selon ce qu'il m'a précisé lors d'un entretien, les visages dans ses photographies étaient souvent flous, et servaient à donner de la profondeur aux paysages, le point étant fait sur les immeubles alentours.

À l'issue de la séance le photographe ayant notamment transmis l'une des photos à l'intéressée en commentant sa photo en ces termes : *« J'aime bien cette image »*, demandait l'autorisation d'utiliser la photo lors d'une exposition. La jeune femme avait répondu au photographe : *« La photo - improvisée et anonyme - ne mérite pas autant d'intérêt »*. Le même jour, et de façon plus précise, le photographe reformulait sa demande, mais ne reçut jamais de réponse.
L'exposition eut lieu, suivie de la publication d'un livre consacré à l'exposition, et dans lequel la photographie était reproduite.
La jeune femme avait alors assigné le photographe, qui avait été condamné en première instance et avait alors interjeté appel.

> La Cour d'Appel de Paris, dans un arrêt du 8 février 2012, réforma le premier jugement et débouta la plaignante au terme d'une motivation rédigée comme suit :
> *« Si chacun dispose d'un droit exclusif sur son image qui lui permet de s'opposer à la publication de celle-ci sauf nécessité tirée du droit à l'information du public, ce droit peut céder devant la liberté d'expression de l'artiste photographe lorsque ne sont en cause ni le respect de la dignité humaine ni l'atteinte à la vie privée de la personne représentée.*
> *Il est en l'espèce établi :*
> *• que (la plaignante) a accepté de participer à une séance de poses dans un lieu public pour le compte d'un photographe professionnel connu pour son travail sur les paysages urbains du département de la Saine Saint Denis et les portraits de celles et ceux qui y résident ;*
> *• qu'à la suite de la demande d'autorisation visant à inclure son portrait parmi les photographies de l'exposition organisée au Blanc-Mesnil, (la plaignante) contrairement à ce qu'elle soutient, n'a pas manifesté de désaccord mais a émis un avis sur la photographie sélectionnée, jugée par elle «improvisée et anonyme» et «ne mérit(ant) pas autant d'intérêt», ce qui traduit une critique du choux de l'artiste mais non un refus de publication; que le portrait de (la plaignante) exposé /…/ et reproduit dans l'ouvrage /…/ représente en gros plan le visage légèrement flouté de l'intéressée, image qui n'est pas attentatoire à sa dignité et qui n'est pas de nature à porter atteinte à sa vie privée. »*
> (CA Paris, Pôle 2, Ch. 7, 8/2/2012, RG 10/18470)

Il est donc préférable, du côté du sujet de la photo, d'être parfaitement explicite sur le refus éventuel de diffusion.

LA NATURE MÊME DE L'ACTIVITÉ À LAQUELLE PARTICIPE LE SUJET

La question d'une éventuelle autorisation tacite a également été posée pour les photographies de manifestations à caractère politique, quelle que soit l'ampleur de celles-ci, pour autant qu'elles aient lieu dans un lieu public. Il arrive en effet que des participants, photographiés dans le feu de l'action, subisse ensuite l'une ou l'autre retombée dont ils estiment que la responsabilité est alors à rechercher du côté du diffuseur de l'image.

En avril 2007, un magazine publiait un reportage photographique sous le titre *Une campagne qui redonne le sourire*, illustré de multiples photographies des candidats en campagne présidentielle. Parmi ces photos, il en figurait une sur laquelle se trouvait l'une des figures de l'altermondialisme, photographié en gare de Besançon alors qu'il était entouré de différents sympathisants. Les sujets de la photos se tenaient relativement proches, l'homme politique enlaçant d'ailleurs de l'épaule l'un des sympathisant, vêtu des vêtements professionnels de la SNCF et brandissant le poing.

Sous la photo était ajoutée une légende rédigée comme suit : *« Le chantre de l'altermondialisme et de l'antilibéralisme est accueilli le 22 mars dernier en gars de Besançon par un cheminot sympathisant ».*

Sanctionné ensuite par son employeur, le sympathisant avait assigné l'éditeur sur pied des articles 9 (droit au respect de la vie privée) et 16 (droit à la dignité !) du Code civil, ainsi que de l'article 1382 (responsabilité civile extracontractuelle) du même Code.
Le tribunal l'a toutefois débouté au terme de la motivation suivante :
«/…/ si chacun dispose sur son image d'un droit qui lui permet de s'opposer à sa diffusion sans son autorisation, ce dernier peut cependant, dans des conditions particulières, être tacitement établi par les circonstances précises de captation de l'image et le contexte plus général de l'attitude de l'intéressé.

En l'espèce, le consentement du demandeur à la captation de l'image résulte à suffisance, et en dépit du fait qu'il ne regarde pas l'objectif, /…/ de la pose qu'il a prise, au milieu de la manifestation de soutien à José Bové lors de l'arrivée de ce dernier en gare de Besançon pour les besoins de sa campagne électorale présidentielle, ce qui constitue un événement d'actualité qu'il est légitime de rapporter. Si, au-delà de ce consentement à la captation de l'image, l'accord donné par le demandeur à sa diffusion dans le magazine /…/ ne peut être déduit de ces seules circonstances, en revanche, il est manifeste que (le demandeur) a participé sciemment à l'événement d'actualité exposé ci-dessus, s'exposant à ce qu'il soit relaté de manière légitime notamment au moyen des photographies litigieuses qui ne sont en rien attentatoires à sa dignité ni détournées de leur finalité. »
(TGI Paris, 23/1/2013, RG 11/15.778)

LA PARTICIPATION ACTIVE DU SUJET AUX PRISES DE VUE

Plus le sujet aura participé et aidé aux prises de vue, plus il lui sera ensuite difficile de contester avoir marqué son accord pour la réalisation des prises de vue et, selon la connaissance qu'il avait de l'activité menée par le photographe ou le vidéaste, pour la diffusion de l'image. C'est pour cette raison également que les juridictions ont à se pencher sur toutes les circonstances de fait qui entourent la naissance d'un litige, sous le contrôle ensuite de la Cour de Cassation qui devra vérifier s'ils ont légalement justifié leur décision.

Ce fut le cas dans la décision suivante.

Dans le cadre de prises de vue pour la réalisation d'une émission sur la profession de chauffeur de taxi, une équipe de télévision avait suivi un chauffeur qui s'était prêté au jeu, en répondant aux questions posées et participant de bonne grâce au tournage, en acceptant notamment d'être suivi du début à la fin d'une journée de travail, tant à son volant qu'à son domicile.

Par la suite, il avait toutefois attaqué la chaîne du fait de la diffusion des images mais avait été débouté tant en première instance qu'en appel. Saisissant la Cour de Cassation, il n'eut pas plus de succès puisque celle-ci considéra que les juges du fond avaient légalement motivé leur décision :

« Attendu que l'arrêt confirmatif attaqué (CA Versailles, 14/10/2004), après avoir exactement retenu que le consentement à la diffusion d'images de la personne ou de faits de sa vie privée peut être tacite, relève d'une part que (le plaignant) avait autorisé en toute connaissance de cause la captation de ses traits aux fins de télédiffusion sur (la chaîne) et s'était prêté de bonne grâce à toutes les séquences du film en y faisant les déclaration qu'il croyait devoir faire, ainsi que le montre le visionnage de la cassette, et, d'autre part, que les images reproduites ne constituaient que l'illustration pertinente des propos tenus, dans le contexte d'une émission ayant pour but d'informer sur la vie pratique et économique d'une catégorie socioprofessionnelle ; que la décision est ainsi légalement justifiée au regard de l'article 9 du Code civil. » (Cass. 1ère ch. civ., 7/3/2006, n° de pourvoi 04-20715)

ET LES ENFANTS ?

Nous avons vu plus haut dans l'ouvrage que la jurisprudence est souvent plus sévère dans l'appréciation des circonstances de fait lorsqu'un enfant est l'objet de la prise de vue. Très logiquement, il est alors permis de se demander si la notion d'autorisation tacite est envisageable pour une photo d'enfant ?
Le principe a toutefois été admis, comme ce fut le cas dans l'affaire suivante.

Une société dont l'activité était la location de caravanes et mobil-homes sur des sites de vacances avait utilisé la photo d'une petite fille dans son catalogue 2004, tant dans la version papier que sur le site internet de la société, ainsi que sur la pochette d'un cd-rom consacré, trois ans plus tôt, aux offres de la saison 2001.

Le père de l'enfant faisait valoir qu'il n'avait à aucun moment donné son accord à la publication de la photographie sur ces supports. Il reconnaissait par contre avoir donné un accord antérieur pour les catalogues papier 2001 et 2002 mais soutenait que ceci n'emportait absolument pas autorisation pour l'avenir.

La défenderesse invoquait de son côté le fait que les supports de communication de 2004 avaient été réalisés par une société tierce et que cette société avait précisément pour gérant le demandeur lui-même, de telle sorte qu'il avait implicitement accepté que la photographie de sa fille soit publiée dans le catalogue litigieux.

Le Tribunal de Grande Instance avait débouté le plaignant de sa demande et à sa suite, la Cour d'Appel retiendra l'existence d'une autorisation implicite, après avoir vérifié l'existence et les mentions d'une facture entre la société du plaignant et la défenderesse, pour la réalisation de supports en question. (CA Paris,27/9/2007, RG06/07867)

Nous verrons ci-dessous une limite importante quant à la durée de validité d'une autorisation tacite. Il est étonnant, dans cette affaire-ci, que la Cour d'Appel, même en validant l'utilisation passée de la photographie de l'enfant sur le supports de la société, n'ait pas pris note pour l'avenir du désaccord du père quant à la poursuite de cette autorisation. Mais le droit n'est pas une science, et moins encore une science exacte !

LES LIMITES

LIMITE TENANT À L'ÉTENDUE DE L'AUTORISATION TACITE

Comme son nom l'indique, l'autorisation tacite est non écrite. Et même, bien souvent, non verbalisée. Pour cette raison, chacun en a sans doute sa propre appréciation, mais si le litige arrive devant un tribunal, c'est précisément parce que ces appréciations se révèlent avec le temps fort divergentes. Et l'accord tacite, convenons-en, peut concerner soit la seule prise de vue, soit, au-delà, la diffusion de l'image. Ainsi que tous les degrés intermédiaires entre ces deux stades.

C'est notamment la leçon qu'il faut tirer de l'affaire dont il est question ci-dessous.

Une femme avait été engagée en qualité de téléconseillère au sein d'une société. Pendant la durée de son contrat, elle avait été photographiée par un photographe mandaté par l'employeur, et sa photo avait été diffusée sur le bandeau d'accueil du site internet de l'employeur.
Les diffusions s'étaient prolongées de 2008 à 2010, non seulement sur le site internet mais également dans un journal interne de l'entreprise où elle illustrait cette fois un article sur la mission Handicap.

Lorsqu'en 2010, l'employée adressa une lettre de démission à son employeur, elle demanda, par courrier séparé, qu'il cesse toute utilisation de son image et faisait valoir dans son courrier le préjudice subi du fait de l'assimilation à une personne handicapée, ce qui n'était pas son cas.
Elle avait saisi le Conseil de Prud'hommes de cette partie du litige qui n'avait pas trouvé de solution amiable. L'employeur avait alors interjeté appel mais en vain, la Cour confirmant le jugement rendu sur base d'une motivation rédigée comme suit :

« La société (appelante) soutient que (la plaignante) avait donné un consentement écrit à la cession de son image, ce dont le photographe atteste, et, rappelant que le consentement peut être tacite, que cet accord résulte des circonstances mêmes de la cause. Elle dénie l'usage de la photographie à des fins commerciales, précisant que (le magazine interne) est diffusé uniquement aux salariés, un autre support de communication /.../ étant destiné aux clients.

Elle souligne au surplus qu'aucun préjudice n'a pu être subi du fait de la légende accompagnant la publication en 2010, la photographie étant accompagnée d'un sous titre en gros caractères « Le parrain » et le commentaire précisant qu'il s'agissait de l'accompagnement d'un parrain, sans risque de confusion avec la situation d'une personne handicapée.
Elle indique enfin que dès réception de la demande de la salariée, la photographie a été retirée de l'intranet.
En droit, en application de l'article 9 du code civil, chacun a droit au respect de sa vie privée. Il en résulte que toute personne a sur son image un droit exclusif et absolu et peut s'opposer à sa fixation, à sa reproduction ou à son utilisation sans autorisation préalable.
Le consentement à la diffusion peut être exprès ou tacite, et s'apprécier en fonction du lieu où la photographie a été prise, et des conditions de son utilisation.
La question du consentement ne se pose, dans le présent litige, que pour ce qui concerne la diffusion de l'image et non pas sa réalisation. En effet, il résulte tant des conclusions de (la plaignante) devant la juridiction, que de la photographie elle même, qui montre (la plaignante) fixer l'objectif du photographe avec une expression avenante, éléments confortés par l'attestation du photographe, que la réalisation de l'image elle même s'est faite avec l'assentiment de l'intéressée.
En revanche, l'employeur ne rapporte pas la preuve du consentement de la salariée à l'utilisation de son image en toute circonstance. En l'absence d'écrit, l'attestation du photographe est inopérante dans la mesure où elle ne permet pas en toute hypothèse de déterminer les limites de l'autorisation donnée.

Le fait que (la plaignante) ait consenti à la réalisation en 2007 de la photographie, et n'ait pas émis de protestation à la reproduction et la diffusion de l'image quelque mois plus tard dans le magazine internede l'entreprise, pour illustrer le métier de télé-conseiller qui était le sien, ne vaut pas consentement pour de nouvelles diffusions, relatives à un objet distinct, comme le handicap, ou dans un cadre plus large, même limité à celui de l'entreprise, comme la page d'accueil du site intranet.
L'utilisation sans autorisation est dans ces conditions établie par la diffusion sur le site intranet ainsi que sur le numéro (du magazine interne) de février 2010, et ouvre droit à réparation.

> *Si l'article relatif à la mission Handicap paru dans (le magazine interne) en 2010, et l'illustration par la photographie de (la plaignante) ne sauraient être interprétés comme donnant une image dévalorisante de l'intéressée, dans la mesure où toute lecture un peu attentive montre que c'est le parrain de la personne handicapée qui fait l'objet de l'article, et que le mot « parrain » est en sous titre de « Témoignages de la mission handicap », il n'en demeure pas moins que de prime abord, l'image de (la plaignante) est associée à la notion de handicap, ce qui a pu provoquer les moqueries dont la salariée indique qu'elle a été la cible et dont elle justifie par plusieurs attestations de collègues. /…/. »*
> (CA Douai, 31/1/2012, RG 11/00586)

En pratique, il faut bien reconnaître qu'il n'y a rien de plus flou qu'une autorisation tacite, puisque rien ne permet d'indiquer quelle idée le sujet de la photo peut bien avoir de l'utilisation que le photographe pourrait en faire.

D'autant que cette source d'incertitude n'est pas la seule, comme nous le verrons ci-après.

LIMITE TENANT À LA DURÉE DE VALIDITÉ

Autorisation tacite : contrat à durée indéterminée

À différentes reprises, la jurisprudence eut l'occasion de préciser qu'une autorisation tacite - par nature non écrite et non délimitée dans le temps - doit s'analyser en un contrat à durée déterminée. Et en tant que tel, ce contrat peut être résilié à tout moment.

> Revenons à ce sujet sur la photo du « *Vendeur de babouches* » examiné plus haut dans cette section. Celui-ci avait donc, en 2007, demandé au photographe de cesser l'exploitation de l'image, en invoquant le fait que lui-même et sa famille étaient brocardés par tous les commerçants de la ville. Malgré quelques échanges de mails avec le photographe, aucun accord ne fut trouvé, et la photo fut exploitée comme elle l'avait été depuis des années.

> À ce sujet, le tribunal se prononça en ces termes : « */.../ il convient de considérer que le demandeur a révoqué (cette autorisation) lorsqu'il a fait part de son mécontentement au photographe en 2007 et de retenir une atteinte au droit à l'image à partir de cette date.* »
> (TGI Paris, 25/10/2010, RG 09/05496)

C'est incontestablement la limite la plus contraignante en la matière, puisqu'elle met le photographe (et son éventuel éditeur, agent, etc.) à la merci d'un revirement du sujet de la photo. Certes on peut toujours imaginer qu'une révocation brutale soit considérée par un tribunal comme un abus de droit, mais dans tous les cas, les risques d'une procédure (et des frais qui l'accompagnent) sont accrus.

Dans tous les cas où cela sera possible, privilégiez donc une convention écrite, fixant une durée. Je vous renvoie à cet égard à ce qui sera dit plus bas sur les autorisations d'utilisation de l'image.

Les limitations de durée tenant à des usages professionnels

Nous avons vu plus haut que le contexte dans lequel des photos avaient été prises pouvait permettre d'induire la reconnaissance d'une autorisation tacite. Ce fut le cas, dans l'exemple choisi, pour l'affaire du mannequin qui avait prêté son concours à l'élaboration du catalogue de robes de mariées.

Il existe des situations dans lesquelles ces mêmes circonstances, en plus d'entraîner l'accord tacite du sujet, permettent également d'en délimiter la durée de validité. Et en ce sens, mieux vaudra donc au photographe (ou à l'utilisateur des photos) de se renseigner précisément sur ce qu'il est coutume de faire dans « le milieu » concerné par les images.

Une société de prêt à porter spécialisée en vêtements professionnels l'a appris à ses dépends dans l'affaire dont il est question ci-après.

> Une agence de mannequins avait présenté à un fabricant de vêtements professionnels un mannequin masculin en vue de la réalisation d'un catalogue.

Les prises de vue avaient eu lieu en 1998, pour le catalogue de cette année-là. En contrepartie de son travail, le mannequin avait perçu un montant forfaitaire pour cinq journées de pose.
Le fabricant de vêtements avait ensuite utilisé ces photographies non seulement dans le catalogue 1998 mais également dans les éditions 1999, 2000 et 2001. Pour le catalogue 2002, il avait en outre placé un autre visage sur les mêmes photographies.
Le mannequin avait alors assigné le fabricant au titre de son droit à l'image ainsi d'ailleurs qu'au titre de son « droit voisin » (droit reconnu à un artiste-interprète, comme nous l'avons vu précédemment dans l'ouvrage).
Sur ce second fondement du « droit voisin », il a toutefois été débouté, mais l'action a été accueillie sur base de son droit à l'image. Le fabricant invoquait pourtant l'autorisation tacite, qui découlait nécessairement du fait qu'il avait posé pour les prises de vue, et invoquait - sans le démontrer - un « usage » professionnel selon lequel il était courant d'utiliser les photographies pendant cinq ans.

La Cour considéra *« qu'en tout état de cause, les premiers juges ont relevé qu'il résulte des pratiques professionnelles enregistrées par l'Union Nationale des Agences de Mannequins dans son tarif indicatif que les rémunération réglées aux mannequins s'entendent hors taxes pour douze mois et pour le territoire français ; que (le plaignant) n'a d'ailleurs émis aucune protestation à l'encontre de la reproduction des photographies litigieuses dans le catalogue 1998 de la société /.../.*
Considérant qu'en poursuivant au-delà de ce délai, la reproduction des photographies représentant (le plaignant)sur ses catalogues 1999, 2000 et 2001diffusées dans le monde entier et par le biais de l'Internet, la société /.../ a outrepassé l'autorisation tacite donnée par ce dernier, du fait de sa participation aux séances de pose et ainsi a porté atteinte au droit qu'il détient sur son image. »
(CA Paris, 26avril 2006, RG 05/16892)

LIMITE TENANT À LA NATURE DES PRISES DE VUE

Il me faut également citer à cet égard un jugement récent qui sanctionna la diffusion par une photographe d'une image prise sur commande par une famille, dans un lieu privé et à destination du cercle familial.

Une famille avait fait appel à une photographe pour immortaliser une mise en scène de nature religieuse, dans laquelle un enfant mineure préparait une cérémonie religieuse traditionnelle. La famille souhaitait replacer l'enfant dans un contexte aussi semblable que possible du décor dans lequel figurait la grand-mère de cette enfant immortalisée dans les mêmes circonstances.

La photographe fit son travail, livra un cliché conforme à la demande des parents, mais utilisa par la suite l'une des autres photos réalisées à cette occasion qui avait été tirée et exposée par l'artiste dans le cadre de différentes expositions dans des lieux prestigieux. Les parents de l'enfant, découvrant cette utilisation, ont alors assigné tant la photographe que l'une des galeries ayant exposé l'œuvre qui était intervenue dans la vente de plusieurs exemplaires de celle-ci, et ce au titre du droit à l'image de l'enfant.

Pour sa défense, la photographe relevait que le cliché relevait de sa liberté de création artistique, et que les photographies n'avaient pas été prises à l'insu des parents, bien au contraire. Les parents, quant à eux, indiquaient avoir donné de nombreuses instructions et directives dans le but d'aboutir au résultat final souhaité, et dès lors contestaient quelque droit d'auteur que ce soit dans le chef de la photographe, qui par voie de conséquence ne pouvait pas, selon eux, invoquer sa « liberté de création artistique », n'ayant elle-même rien « créé » au sens du Code de la propriété intellectuelle.

Le tribunal va condamner la photographe, tant au niveau du droit à l'image qu'en raison de l'atteinte à la vie privée, distinguant ainsi les deux chefs de préjudice.

La motivation du jugement est rédigée comme suit : *« Attendu qu'en l'espèce, il n'est pas contesté que le cliché photographique litigieux, représentant la jeune /…/ âgée de huit ans et parée pour une cérémonie qui aurait, selon les demandeurs, un caractère intime et familial, a été pris dans un lieu privé avec l'autorisation de ses parents ; que ceux-ci affirment que ce cliché a été réalisé à leur demande par (la photographe), avec qui ils entretenaient une relation de confiance, celle-ci suivant leurs instructions afin que ce cliché reprenne celui représentant sa grand-mère au même âge et dans les mêmes circonstances ;*

que cette affirmation est confirmée par la comparaison de ces deux clichés où les deux enfants, à plusieurs décennies de distance, revêtues d'un vêtement traditionnel et de bijoux similaires, adoptent la même pose, les mains sur les genoux, un sac retenu par le bras gauche ;

qu'il s'infère de cette similitude entre les deux clichés que les parents sont bien intervenus et ont donné des directives à la photographe pour que soit réalisé un cliché de l'enfant s'inscrivant dans une histoire familiale et personnelle; qu'ainsi, l'intervention de la photographe apparait plus comme un travail de commande que comme une œuvre reflétant sa seule personnalité.

Attendu en outre que ces circonstances ne permettent pas de considérer que l'autorisation donnée de prendre ce cliché photographique incluait celui de le diffuser publiquement et de l'exploiter commercialement ;
que la défenderesse en procédant à cette diffusion et à cette exploitation sans l'autorisation des parents de l'enfant, titulaires de l'autorité parentale, a donc méconnu les droits à l'image de (l'enfant) ; qu'en outre, en raison du caractère intime et familial de cette cérémonie, caractère qui n'est pas contesté par la défenderesse, la diffusion de ce cliché photographique la représentant parée pour cette cérémonie, porte atteinte à sa vie privée. »
(TGI Paris, 10/4/2013, RG 11/09540)

Le tribunal prononce donc une condamnation à hauteur de 8.000 € au titre du droit à l'image, et de 1 € symbolique au titre de l'atteinte à la vie privée, eu égard à l'ancienneté de la cérémonie, puisque la prise de vue s'était déroulée des années avant l'assignation en justice.

L'aspect purement familial ainsi que la nature de la commande, qui avaient contraint la photographe à respecter en tous points la pose de la photo d'origine représentant la grand-mère de l'enfant ont donc amené le tribunal à faire droit aux demandes des plaignants.

Dès lors, attention lorsqu'il s'agira d'intervenir dans un cadre purement familial. Une autorisation de prise de vue ne suffira pas à déduire l'autorisation de diffusion.

L'AUTORISATION TACITE N'EST PAS TRANSMISSIBLE

Une autre jurisprudence nous a également enseigné que le diffuseur ayant recueilli l'autorisation tacite de diffusion de certaines images n'est pas, pour autant, autorisé à transmettre ces images à un tiers, fût-ce pour une utilisation identique.

Deux photographes sous-marins spécialisés en photographie de plancton avaient participé au tournage d'un reportage pour l'émission *Thalassa*, diffusée sur FR3. À ce tournage s'ajoutait une intervention pour la même chaîne télévisée, dans le cadre d'une autre émission (*C'est l'été*), consistant en une interview et des prises de vue subaquatiques. Après plusieurs diffusions du premier reportage, ils s'étaient ensuite plaints de la violation de leur droit à l'image en invoquant notamment que le reportage ne mentionnait pas leurs noms, mais uniquement leurs prénoms, et qu'au final il avait été diffusé à onze reprises, tant sur FR3 que sur TV5 Monde.
Saisi du litige, le Tribunal de Grande Instance de Paris a débouté les photographes quant à la partie de la demande qui concernait la diffusion dans le magazine *Thalassa* lui-même ayant commandé le documentaire, sur base de la motivation suivante :

« Il n'est pas contestable que les époux /…/ ont consenti à être filmés gratuitement dans le cadre du reportage /…/ destiné à être diffusé dans le magazine Thalassa de FR3. Il en est de même pour l'émission «C'est l'été». Dans les deux cas, ils se sont prêtés pour les besoins de l'émission à des séquences où ils sont montrés dans l'eau faisant semblant de photographier du plancton. Il n'y a en conséquence aucune atteinte à leur image du fait de la diffusion de ceux deux émissions auxquelles ils ont consenti ».
Par contre, la demande est accueillie pour les autres diffusions, le tribunal estimant que celles-ci *« n'étaient pas envisagées ou prévues lorsqu'ils ont donné leur accord pour être filmés. Un tel accord ne se présume pas. Les époux /…/ ont relevé seize diffusions de l'émission Thalassa sur Planète Thalassa et TV5. Ils pensent qu'il y aurait eu d'autres diffusions, notamment par l'intermédiaire de CFI. La société de télévision FR3 admet ces diffusion mais se garde de préciser leur nombre exact. il en résulte qu'en l'absence de consentement de leur part, ces diffusions du reportage de Thalassa ont porté atteinte à leur image, dont la responsabilité incombe à la société FR3pour avoir cédé le reportage en cause à d'autres diffuseurs. »*
(TGI Paris,3ème ch, 2ème section, 27/4/2006)

La limite peut toutefois être très floue. Dans l'affaire que nous venons de voir, les images avaient été volontairement transmises par FR3 aux autres chaînes, ce qui explique la décision rendue.

Dans l'affaire suivante par contre, un magazine faisant partie de ceux qui sont régulièrement sanctionnés au titre du droit à l'image avait extrait des images d'un reportage dans les pages TV d'une de ses éditions, en laissant entendre qu'il s'agissait d'un article, mais sans pour autant être condamné à ce titre, ce qui est moins compréhensible.

> Une femme avait accepté de témoigner de son expérience personnelle dans le cadre d'un reportage consacré par une chaîne nationale au sujet du déni de grossesse. Par la suite, l'éditeur d'un magazine people avait extrait de ce documentaire une image représentant le visage de ce témoin, et avait annoncé la diffusion du documentaire sous le titre *Le témoin de la semaine* dans les pages TV, illustré également d'une seconde photographie extraite du reportage, montrant l'intéressée et ses deux enfants.
> Celle-ci et son mari avaient alors assigné l'éditeur mais ont été déboutés de leur action tant par le Tribunal de Grande Instance qu'ensuite par la Cour d'Appel. Celle-ci s'exprime en ces termes : *« Attendu que dès lors qu'elle avait autorisé la société /.../ à enregistrer ses dires et à la filmer avec ses enfants en vue de la réalisation d'un documentaire destiné à être diffusé sur le réseau de FR3, (la plaignante) ne peut faire grief à (l'éditeur du magazine) d'avoir repris des images et des propos figurant dans ce reportage pour l'annoncer et le commenter, sans dénaturation du sujet qu'il traitait ». /.../*
> *« Les publications incriminées n'impliquaient pas le consentement de (la plaignante). »*
> (CA Aix-en-Provence, 2/10/2012, RG 11/08612)

Cette décision peut étonner. La mention du reportage semblait dépasser la simple annonce d'unprogramme télévisé, et l'utilisation de la photographie précise du témoin avec au surplus ses deux enfants, ne paraissait pas indispensable pour l'annonce du documentaire diffusé par la chaîne nationale.

L'AUTORISATION TACITE N'EST PAS EXTENSIBLE

Par ailleurs, la jurisprudence semble très hésitante sur la question de savoir si l'autorisation tacite, reconnue pour la diffusion de l'image d'une personne, signifie ou non que celle-ci consentait à ce que son identité complète soit dévoilée. Dans l'affaire suivante, la Cour suprême a ainsi cassé un arrêt de la Cour d'Appel d'Aix-en-Provence, mais n'est pas suivie par la Cour de renvoi, ce qui est relativement rare.

Dans le cadre d'un documentaire produit par et pour une chaîne de télévision, des fonctionnaires de police avaient accepté d'apparaître dans l'exercice de leur mission au sein de la brigade anti-criminalité. Mais lors de la diffusion du documentaire, et outre les séquences sur lesquelles il figuraient, leurs noms et grades respectifs avaient été dévoilés, ce qui avait entrainé une action de leur part au titre de l'article 9 du Code civil.
Statuant au fond, la Cour d'Appel d'Aix-en-Provence leur avait donné tort, estimant que le producteur pouvait légitimement se croire «tacitement autorisé» à divulguer également leur identité.
Mais la Cour de Cassation, saisie par les plaignants, ne l'a pas entendu de cette façon, et a cassé l'arrêt attaqué en estimant que *« l'accord donné par une personne pour la diffusion de son image ne peut valoir accord pour la divulgation de ses nom et grade. »*
(Cass. civ. 1ère ch., 4/11/2011, Pourvoi n°10-24761)

L'affaire a donc ensuite été soumise à une autre Cour d'Appel (cette fois celle de Montpellier) qui toutefois semble faire de la résistance. En effet, et alors qu'il est peu fréquent que l'arrêt de la Cour de renvoi soit publié, c'est pourtant le cas dans cette affaire.

Alors que l'on s'attendait à ce que, dans la logique de la censure de la Cour de Cassation, la Cour de renvoi estime que *« la divulgation de leur nom et de leur grade s'inscrivait parfaitement dans le souci d'information du public dès lors que l'apparition d'un de ces fonctionnaires à l'image sans aucune indication susceptible de parfaire son identification et partant, d'appréhender au mieux sa fonction et sa qualité professionnelle, n'aurait eu aucun sens, voire aurait pu compromettre l'objectif du reportage, ou brouiller le message que ce reportage était censé véhiculer auprès du public.*
Ainsi, il est justifié qu'une telle divulgation du nom et du grade de ces fonctionnaires, en lien avec la diffusion de leur image à laquelle ils avaient consenti, constituait un élément d'information nécessaire pour le public ;
Au surplus, la Cour relève *« qu'il n'est pas rapporté que la divulgation du nom et du grade de ces 13 fonctionnaires, serait de manière certaine à l'origine des réactions du public, plutôt que la seule diffusion de leur image à laquelle ils avaient consenti. »*
(CA Montpellier, 19/3/2013, RG 11/08166)

Il y a fort à parier que face à cette opposition entre l'arrêt de la Cour de Cassation et celui de la Cour de renvoi, la première finisse par statuer un jour en assemblée plénière, soit dans cette affaire soit dans une autre le cas échéant. Dans l'état actuel, il faut donc conseiller la plus grande prudence et ne pas estimer que les limites d'une autorisation tacite sont à ce point élastiques qu'elles justifient la divulgation de n'importe quelle information.

UNE JURISPRUDENCE PARFOIS HÉSITANTE

Comme nous l'avons vu, la notion d'autorisation tacite peut certes dépanner dans des cas où les parties n'ont pas pris la peine de signer un document précis, mais reste une importante source d'insécurité juridique, la majorité des décisions admettant la résiliation à tout moment lorsque le sujet photographié manifeste son désir que l'image ne soit plus exploitée.

On pourrait imaginer, de part adverse, de faire usage de la théorie de l'abus de droit pour s'opposer à cette demande. L'abus de droit est défini comme l'exercice d'un droit par un justiciable de faire usage d'un droit dont il est incontestablement titulaire en détournant son objectif, ou tout simplement dans le seul but de nuire à autrui. Dans le cas d'un retrait d'autorisation abusif, l'utilisateur devrait alors démontrer que le sujet de la photo a pour seul objectif de lui porter préjudice en faisant soudain état d'un refus de diffusion.

J'ai toutefois trouvé une décision - qui semble bien isolée - allant un peu à l'encontre de la tendance majoritaire, et déboutant la plaignante dans les conditions décrites ci-dessous. Il ne s'agissait plus ici de contester ou de reconnaître l'existence d'une autorisation tacite comme dans les cas que nous avons évoqués plus haut, mais au contraire d'admettre ou non les motifs invoqués par le sujet pour la révoquer.

> Une société qui proposais des prestations dans le secteur du stylisme, de la photo et de la décoration était en relation d'affaire constante avec une seconde société. Cette dernière avait utilisé une photographie représentant la gérante de la première société, sur son propre site internet. Elle avait alors assigné la société n°2 en référé (donc dans l'urgence et au provisoire) pour faire ordonner la suppression de sa photographie du site Internet de cette société. En première instance, le Juge des Référés l'avait déboutée, de telle sorte qu'elle avait interjeté appel.

L'utilisation de la photo elle-même n'avait pas suscité d'objection, ce qui amena la Cour d'Appel de Lyon, saisie du litige, à relever tout d'abord que *« les parties s'accordent pur reconnaître que (la gérante de la société 1) avait tacitement donné son autorisation pour l'utilisation de son image dans le cadre des relations contractuelles. »*

Face à l'argumentation de la plaignante, qui invoquait une rupture brusque des commandes de la société 2 et ce qu'elle analysait en une rupture des relations commerciales, la Cour d'Appel va examiner les échanges de courriers électroniques entre parties, et notamment le fait que la société n°2, bien qu'ayant en effet interrompu les commandes pour des motifs tenant à ses propres clients, avait proposé à la plaignante de participer avec elle à un salon professionnel.

Et ce n'était qu'au vu de l'absence de répons de la plaignante à différents mails que la société n°2 avait dû au final faire appel à quelqu'un d'autre. Elle concluait en ces termes : *« La demande de (la plaignante) tenant à la réparation du préjudice dont elle fait état exige que soit constatée au préalable la rupture des relations contractuelles», ce qui n'était pas de la compétence du juge de l'urgence et nécessitait au contraire un débat au fond. »*
(CA Lyon, 8ème chambre, 21/6/2011)

Si cette décision est essentiellement due au fait que l'instance avait été engagée en référé et non devant le juge du fond, il n'en reste pas moins qu'elle dénote un peu dans le paysage, puisqu'à suivre cette jurisprudence, il ne suffirait plus alors de révoquer soudain l'autorisation tacite, mais il faudrait démontrer le bien fondé des arguments à l'appui de cette demande.

À ce stade toutefois, il ne faut pas généraliser la portée de cet arrêt très en marge de la tendance générale, et l'avenir nous dira si de telles décisions se répètent.

CHAPITRE 3

DROIT À L'IMAGE SUR LES BIENS

Parmi les biens les plus fréquemment photographiés figurent bien entendu les immeubles, qu'il s'agisse de monuments, d'habitations, ou de biens de quelque nature que ce soit. Mais ce qui sera développé ci-après vaut également pour tous les types de biens, mobiliers ou immobiliers, terrestres, aériens, nautiques, etc. Et bien sûr pour les animaux.

La matière sera à aborder différemment selon que le bien photographié est ou non lui-même sujet de propriété intellectuelle d'un tiers. Tout comme pour l'image des personnes, j'exposerai tout d'abord les règles en vigueur, avant de développer différents exemples et situations pratiques courantes.

LES BIENS NON SOUMIS À UN DROIT DE PROPRIÉTÉ INTELLECTUELLE

La première hypothèse que j'examinerai est celle dans laquelle le bien représenté sur la photographie n'est pas, lui-même, soumis à un droit de propriété intellectuelle.

L'ARRÊT DE PRINCIPE

Les antécédents

La matière du droit à l'image des biens a fait l'objet d'une évolution chaotique avec divers revirements. Pour cette raison, il est important lorsqu'il s'agit d'examiner des litiges de ce genre, de veiller plus que jamais à se fonder sur une jurisprudence à jour, c'est-à-dire postérieure à mai 2004.

Vous entendrez ainsi parler fréquemment de procédures relatives à des photos aériennes d'un volcan d'Auvergne, ou de la maison entre les rochers de Plougrescant, ainsi que du Café Gondrée. À l'heure de rédiger ceci, j'ai le choix entre un historique complet de la matière qui risque de n'intéresser que les juristes, ou une approche plus concrète et actuelle.

Cet ouvrage se voulant résolument pratique et concret, j'ai donc choisi cette seconde voie, en me concentrant sur la jurisprudence actuellement en vigueur, et la façon dont elle doit être appréhendée. Cela étant, la matière - même plus ancienne - n'est pas inintéressante, et je fais mention, dans la bibliographie à la fin de l'ouvrage, d'une publication exclusivement consacrée à l'exploitation de l'image des biens, qui contient un exposé précis et détaillé de l'ensemble de l'évolution rédigé par un éminent juriste.

L'arrêt du 7 mai 2004

L'arrêt dont il est question ci-après a été rendu par la Cour de Cassation en assemblée plénière. Ceci signifie - comme je l'expliquais dans l'introduction de cet ouvrage - que la Cour suprême a volontairement voulu mettre fin à une controverse qui agitait la jurisprudence depuis plusieurs années, en s'assurant de donner à son arrêt une portée aussi efficace et contraignante que possible.

Une société de promotion immobilière avait confié à une société de graphistes la réalisation d'un dépliant pour vanter les charmes d'une résidence en cours de construction à Rouen. Lors de la conception de ce dépliant, les graphistes avaient utilisé la photographie de la façade d'un immeuble historique de la ville.

Le propriétaire de cet immeuble avait alors assigné le promoteur immobilier et sollicitait la réparation du préjudice qu'il estimait avoir subi du fait de l'utilisation de l'image de son bien sans autorisation, et bien entendu les graphistes furent appelés à la cause.

Sur le fond, la Cour d'appel de Rouen avait débouté le propriétaire de l'immeuble, qui s'était alors pourvu en Cassation. La Cour de Cassation s'est, cette fois, réunie en assemblée plénière pour poser les principes mettant fin aux controverses agitant les commentateurs et juridictions à travers le pays.

Par cet arrêt du 7 mai 2004, elle a donc considéré que *« le propriétaire d'une chose ne dispose pas d'un droit exclusif sur l'image de celle-ci ; qu'il peut toutefois s'opposer à l'utilisation de cette image par un tiers lorsqu'elle lui cause un trouble anormal ».*

En l'espèce, la Cour a considéré que le propriétaire de l'immeuble ne démontrait pas l'existence d'un tel *« trouble anormal ».*
(Cass.ass. plén. 7/5/2004, D.2004 J., p. 1545)

Le principe est donc posé : le propriétaire d'un bien ne pourra plus s'opposer à la diffusion de l'image de celui-ci, sauf à démontrer dans son chef un « trouble anormal ». Restera bien sûr aux juridictions - et ce n'est pas une tâche facile - à préciser ce qu'il faut entendre par « trouble anormal » au sens de cet arrêt de principe.

LE FONDEMENT DU DROIT À L'IMAGE DES BIENS

On rattache souvent le droit à l'image des biens à l'article 544 du Code civil, disposition déjà citée au début de cet ouvrage.

> *« La propriété est le droit de jouir et disposer des choses de la manière la plus absolue, pourvu qu'on n'en fasse pas un usage prohibé par les lois ou par les règlements. »*
> (Art. 544 du Code civil)

Dans l'arrêt de la Cour de Cassation rendue en 2004 il est en effet question de l'obligation pour le plaignant qui se prétend lésé de démontrer un « trouble anormal ». Cet impératif n'est pas sans rappeler celui qui s'impose en matière de trouble de voisinage.

En effet lorsque l'occupant ou le propriétaire d'un bien se plaint d'une situation causée par l'un de ses voisins, il lui appartient, en vertu d'une jurisprudence constante et inchangée depuis des décennies, de démontrer un « trouble anormal ». En d'autres termes, si la jurisprudence reconnaît que les relations de voisinage impliquent nécessairement quelques concessions et que toute gêne n'est pas indemnisable, elle reconnait par contre qu'un « trouble anormal » pourra donner lieu à indemnisation. Pour prendre un exemple concret, le propriétaire d'un terrain qui serait situé en contrebas et dès lors aurait à subir l'écoulement naturel des eaux de pluie venant du terrain d'en haut ne pourrait pas se plaindre, il ne s'agirait là que d'une application normale de ce que l'on nomme les « servitudes naturelles ». En revanche, si le voisin d'en haut en profite pour ajouter à ces écoulements naturels l'ensemble de ses propres eaux usées, le trouble deviendra anormal.

Et c'est la similitude du terme de « trouble anormal » qui a amené la doctrine à relier tout naturellement le droit à l'image sur les biens à l'article 544 du Code civil qui sert, incontestablement cette fois, de base à la théorie des troubles de voisinage.

Toutefois, cette assimilation est un peu raccourcie, comme le remarquent d'autres auteurs. En effet, le droit à l'image peut également - nous le verrons - être invoqué par les locataires d'un bien, lesquels ne sont plus concernés par l'article 544 du Code civil qui ne parle que du droit de propriété. Et dans ce cas, le fondement est alors plutôt à rechercher du côté de la violation de leur vie privée.
Le droit à l'image peut également être invoqué par un professionnel dont l'image a été utilisée par un concurrent de façon déloyale. On approche alors de l'article 1382 du Code civil, qui fonde la responsabilité extracontractuelle et qui sert de base aux condamnations en matière de concurrence déloyale.

Comme on le voit, et sans entrer plus en détails dans les controverses doctrinales, les applications pratiques du droit à l'image sur les biens peuvent concerner différents secteurs du droit, et il serait un peu réducteur de les limiter au seul article relatif au droit de propriété. D'autant que, comme nous le verrons, le droit à l'image des biens peut être invoqué dans certains cas par une partie qui n'est pas propriétaire mais occupante.

Mais cela, en pratique, ne change pas le fait que le photographe aura à faire preuve de prudence avant de diffuser une image.

QU'EST-CE-QU'UN « TROUBLE ANORMAL » ?

Qui dit « trouble » ne dit pas « faute ». La matière, en l'état actuel, se distingue de la responsabilité civile qui impose de prouver en premier ordre l'existence d'une faute, puis d'un dommage et d'un lien de causalité entre les deux. Rien de cela en matière de droit à l'image : le trouble seul sera pris en considération, pour autant qu'il soit «anormal». Et, bien sûr, directement lié à l'utilisation de l'image. Par contre, il faudra ensuite prouver le dommage et son importance.

Vient alors la délicate question de déterminer à partir de quand il y a « trouble anormal » autorisant à sanctionner l'utilisation de l'image d'un bien. Au-delà de la plainte émanant du propriétaire lui-même pour la simple utilisation de l'image de son bien, différentes situations peuvent se produire :

- l'atteinte à la vie privée des occupants du bien
- un trouble lié à une perte de revenus
- un trouble en rapport avec la notion de « concurrence déloyale »

Et il y en a probablement d'autres auxquelles je ne pense pas à ce stade, les sujets de discorde étant révélés au fur et à mesure des jurisprudences rendues.

L'atteinte à la vie privée des occupants du bien

Il est en effet permis de se demander si seul le propriétaire du bien peut se plaindre (en démontrant le désormais incontournable « trouble anormal ») de l'utilisation de l'image, ou si cette action est également ouverte aux locataires, usufruitiers, etc. La décision suivante répond à cette question de façon très claire.

> Une société de HLM avait entamé des travaux de salubrité dans un immeuble d'habitation loué notamment par un couple. Dans le cadre de ces travaux, les ouvriers avaient pris des photos de l'intérieur du logement, afin de permettre à la société de HLM, dans une procédure civile d'expulsion, de démontrer le désordre régnant dans le logement et l'état de mauvais entretien de celui-ci.
>
> Les époux/locataires avaient alors plaidé que la production de ces photographies était illégale, constituant une violation de leur vie privée. La Cour d'appel avait toutefois rejeté cet argument en estimant que les pièces du logement, *« c'est-à-dire des biens, ne constituent pas un élément de la personnalité et ne peuvent bénéficier d'un droit à l'image »*, et du fait également que les pièces n'avaient pas été communiquées au public, mais juste utilisées dans la procédure par des avocats tenus au secret professionnel.
> (CA Douai, 27/5/2004,cité dans l'arrêt de Cassation)

Les plaignants s'étaient alors pourvus en Cassation, et la Cour a cassé l'arrêt d'appel, en estimant au contraire que *« le droit de chacun au respect de sa vie privée s'étend à la présentation interne des locaux constituant le cadre de son habitat et, d'autre part que l'utilisation faite des photographies qui en sont prises demeure soumise à l'autorisation de la personne concernée »*. (Cass. 1ère ch. civ., 7/11/2006, Pourvoi n°05-12788)

Il s'agit précisément d'un cas dans lequel le droit à l'image d'un bien ne peut sûrement pas trouver sa source dans l'article du Code civil relatif au droit de propriété. En effet, dans cette affaire c'était au contraire le propriétaire du bien qui utilisait les images, alors que le locataire entendait s'opposer à cette utilisation.

Le fondement invoqué est en effet primordial dans un cas comme celui-là, car une action fondée sur le droit à l'image du bien lui-même et introduite par un locataire (sans référence à la vie privée) a été rejetée par la Cour d'Appel de Paris dans une autre affaire.

> Une société qui exploitait un site industriel avait reproché à une association d'avoir publié sur l'espace Internet de cette dernière deux photos qui avaient été prises dans l'enceinte du site industriel qu'elle exploitait. Parmi les différents fondements qu'elle donnait à son action figurait celui du *« droit à l'image des biens »* dont elle était locataire. La Cour d'Appel saisie de cette affaire eut l'occasion, à ce sujet, de considérer que *« la (demanderesse) qui n'est pas propriétaire du site sur lequel les deux photographies ont été prises, ne saurait revendiquer un droit à l'image sur les bâtiments ».*
> (CA Paris, 22/6/2007, RG 05/15181)

Il est donc important pour le plaignant de choisir le fondement approprié pour son action lorsqu'il n'est pas propriétaire du bien dont l'image a été diffusée.

Trouble de nature à perturber la vie privée

Dans certains cas, le propriétaire (ou l'occupant) du bien fait état d'un préjudice lié à l'attrait du public pour le bien qu'il occupe suite à la publication. Lorsque le trouble est avéré, et démontré par le plaignant, il peut en effet entraîner une indemnisation.

Mais en cette matière comme ailleurs, il faut au plaignant démontrer les affirmations qu'il avance. Dans l'affaire ci-après, l'argumentation des demandeurs n'a pas convaincu le tribunal à défaut précisément de produire la moindre attestation ou preuve du trouble allégué.

> Les occupants d'un château située à proximité immédiate d'un domaine viticole avaient assigné l'éditeur d'un ouvrage sur le vin. En effet, une photo de leur habitation figurait dans cet ouvrage ce qui, selon les demandeurs, suscitait des visites et intrusions constantes. Mais devant le défaut d'éléments probants, le tribunal - après avoir rappelé la règle issue de l'arrêt de principe de 2004 - a débouté les demandeurs en ces termes : *« Attendu que les demandeurs soutiennent que la maison d'habitation du château /…/ n'est plus attachée au vignoble du même nom et n'est pas ouverte au public, mais que la publication litigieuse laisse au contraire penser qu'on peut y acheter du vin et visiter le château; que depuis lors, ils reçoivent des visites à cette fin de touristes ou d'amateurs de vins et ne cessent d'être*

> *importunés par des visiteurs souhaitant voir la collection minéralogique, qu'enfin, la révélation de celle-ci est de nature à attirer les cambrioleurs, augmentant les risques pour la sécurité (des demandeurs) qui sont âgés et qui habitent le château ;*
> *attendu cependant que les demandeurs auxquels incombe la charge de la preuve à cet égard n'ont produit aucune pièce justificative à l'appui de ces allégations, notamment quant à l'apparition et à l'importance des visites gênantes à la suite de la publication en cause. »*
> (TGI de Paris, 12/1/2005)

La formulation de la demande des plaignants résumait bien le type de troubles que la publication d'une image avec suffisamment d'indications pour déterminer l'adresse du bien peut susciter pour les occupants. En l'espèce, il est donc regrettable que les demandeurs n'aient pas veillé à démontrer la réalité de leur préjudice.

Trouble lié à une perte de revenus

Un bon exemple de ce type de trouble a été donné dans l'affaire dont il est question ci-après.

> Il existe une Fondation Belem, dont le but est de promouvoir le passé maritime de la France en général, et en particulier d'assurer la conservation du fameux voilier du même nom, lui-même classé monument historique et dont le nom avait été déposé au titre de marque. Cette fondation se plaignait de l'utilisation de l'image du navire par une société tierce qui fabriquait et commercialisait des articles de souvenir à l'image du vieux gréement. La fondation avait alors assigné la société sur base de différents fondements, parmi lesquels le droit à l'image sur le navire. En première instance, le tribunal l'avait déboutée de ses demandes. Elle avait dès lors interjeté appel et fut, sur ce point, bien inspirée.
> La Cour d'appel, après avoir rappelé le principe selon lequel le propriétaire d'un bien ne peut s'opposer à la diffusion de l'image de son bien qu'en démontrant l'existence d'un trouble anormal.
> La cour s'attarde ensuite sur la question du préjudice : *« Qu'en l'espèce, la Fondation Belem démontre d'abord par la production de ses documents*

comptables sur plusieurs années, l'importance des dépenses qu'elle consacre seule - sous réserve de subventions publiques qui n'y suffisent pas - à la restauration et à l'entretien de son navire - peu important que celui-ci fût en bon état lors de son classement comme monument historique, comme le soutient (la défenderesse) - pour préserver son aspect d'origine, conformément à l'objet défini par ses statuts, dépenses rendues justement possibles par l'exploitation qu'elle fait elle-même de l'image du Belem au cours de prestigieuses manifestations nautiques nationales et internationales et par la commercialisation de produits dérivés haut de gamme, tandis que la (défenderesse) de son côté, profite sans bourse délier et sans aucunement contribuer d'une quelconque façon au financement de ces investissements et dépenses, de la qualité actuelle de cette image qu'elle exploite par ses fabrications concurremment avec celles réalisées pour le compte de la Fondation Belem ;

que celle-ci établit aussi /.../ que cette exploitation parasite ses propres efforts pour maintenir et valoriser l'image du navire aux yeux du public, les reproductions de la (défenderesse) étant de facture médiocre comme la Cour peut le constater à l'examen des produits saisis qui ont été versés au débat avec le procès-verbal de l'huissier de justice;

qu'il s'agit non seulement de produits « bon marché » mais que l'image du Belem, parfois très sommairement figurée voire déformée, sur les produits dont l'ensemble porte, cependant, de manière apparente le nom bien visible du navire, y est avilie par sa présence sur les supports les plus divers(maquettes minuscules, sets de table, carillons de porte constitués de quatre barres métalliques suspendues à un médaillon en bois représentant le navire, sac à pendre avec des poches, etc.).

Que dans ces conditions, l'utilisation commerciale dans toutes les directions d'une image dévalorisée du Belem constituée de la part de la (défenderesse) non une atteinte au droit de propriété de la Fondation Belem mais un trouble anormal apporté à celle-ci, de sorte que la Fondation Belem peut s'opposer à cette utilisation, sans qu'on puisse lui reprocher de ne pas engager des poursuites identiques à l'égard des tiers qui ne sont pas dans la cause. »
(CA Orléans, 10/11/2005, RG 04/02717)

On approche donc, à partir de la notion de droit à l'image du bien, la matière du parasitisme, puisque la cour relève que la défenderesse profite sans bourse délier des investissements de maintien en état du navire, en faisant en outre une concurrence qui préjudicie à l'image du Belem. Il s'agit d'une parfaite illustration de la notion de trouble anormal lié à une perte de revenus.

Trouble anormal et concurrence déloyale

Le trouble anormal peut en effet coïncider, dans des affaires mettant en cause des professionnels concurrents, avec l'utilisation par l'un des professionnels d'une image de l'autre à son propre profit. C'est précisément ce qui s'est passé dans l'affaire suivante.

Une société exploitant un vignoble avait utilisé, pour les étiquettes de l'une de ses récoltes, une représentation d'un château voisin. Or, dans ce même château était également exploitée une entreprise viticole. L'utilisation de l'image du bien n'avait pas plu aux exploitants et propriétaires de celui-ci, qui avaient saisi le tribunal du litige. En degré d'appel, la Cour d'Appel de Poitiers (CA Poitiers, 12/10/2010) avait fait droit à la demande, en relevant notamment que le trouble était caractérisé notamment en raison de ce que *« la production des fins de Mareuil est concentrée sur un territoire très limité et très proche de la commune de Mareuil ».*

L'utilisateur de l'image avait alors saisi la Cour de Cassation, et reprochait à l'arrêt de n'avoir pas démontré le caractère « anormal » du trouble. Mais la Cour de Cassation rejeta le pourvoi, estimant que le critère de proximité et l'utilisation par la première société de l'image du château exploité à des mêmes fins par la seconde suffisait à démontrer le caractère anormal du trouble. (Cass. 1ère ch. civ, 28/6/2010, Pourvoi n° 10-28.716)

Le fondement de cette décision est donc axé sur la responsabilité civile extracontractuelle (Art. 1382 du code civil), et non sur le droit de propriété lui-même. Ceci permet d'illustrer ce que j'indiquais en évoquant les principes, sur la multiplicité des fondements possibles lorsqu'il s'agit de l'image d'un bien.

LES BIENS QUI FONT L'OBJET D'UN DROIT DE PROPRIÉTÉ INTELLECTUELLE

Examinons à présent, toujours en restant dans l'exposé des règles de base, l'hypothèse où le bien photographié fait lui-même l'objet d'un droit de propriété intellectuelle. Qu'il s'agisse d'une œuvre d'art, d'une façade d'architecte, d'un bien dont l'image est déposée au titre de marque ou de modèle, ces situations vont toutes engendrer un conflit de normes qu'il faudra résoudre.

LES PRINCIPES

Le Code de la Propriété intellectuelle - qui traite non seulement du droit d'auteur, mais également des marques et des dessins et modèles - accorde certaines protections aux créateurs dans chacun de ces cas.

La protection accordée au titre du droit d'auteur

Le droit d'auteur vise toutes les créations artistiques quelle qu'en soit la forme : photographies bien sûr, peintures, sculptures, œuvres de littérature, mélodies, paroles, etc. L'énumération complète en est donnée par le Code de la Propriété intellectuelle :

> *« Sont considérés notamment comme oeuvres de l'esprit au sens du présent code :*
> *1° Les livres, brochures et autres écrits littéraires, artistiques et scientifiques ;*
> *2° Les conférences, allocutions, sermons, plaidoiries et autres oeuvres de même nature ;*
> *3° Les oeuvres dramatiques ou dramatico-musicales ;*
> *4° Les oeuvres chorégraphiques, les numéros et tours de cirque, les pantomimes, dont la mise en oeuvre est fixée par écrit ou autrement ;*
> *5° Les compositions musicales avec ou sans paroles ;*
> *6° Les oeuvres cinématographiques et autres oeuvres consistant dans des séquences animées d'images, sonorisées ou non, dénommées ensemble oeuvres audiovisuelles ;*
> *7° Les oeuvres de dessin, de peinture, d'architecture, de sculpture, de gravure, de lithographie ;*
> *8° Les oeuvres graphiques et typographiques ;*

> *9° Les oeuvres photographiques et celles réalisées à l'aide de techniques analogues à la photographie ;*
> *10° Les oeuvres des arts appliqués ;*
> *11° Les illustrations, les cartes géographiques ;*
> *12° Les plans, croquis et ouvrages plastiques relatifs à la géographie, à la topographie, à l'architecture et aux sciences ;*
> *13° Les logiciels, y compris le matériel de conception préparatoire ;*
> *14° Les créations des industries saisonnières de l'habillement et de la parure. Sont réputées industries saisonnières de l'habillement et de la parure les industries qui, en raison des exigences de la mode, renouvellent fréquemment la forme de leurs produits, et notamment la couture, la fourrure, la lingerie, la broderie, la mode, la chaussure, la ganterie, la maroquinerie, la fabrique de tissus de haute nouveauté ou spéciaux à la haute couture, les productions des paruriers et des bottiers et les fabriques de tissus d'ameublement. »*
> (Art.L112-2 du Code de la propriété intellectuelle)

Les droits accordés au créateur sont énumérés et réglés dans le Livre Ier du Code de la Propriété Intellectuelle. La disposition légale qui interdit la reproduction de ces œuvres est l'article L122-4 du Code.

> *« Toute représentation ou reproduction intégrale ou partielle faite sans le consentement de l'auteur ou de ses ayants droit ou ayants cause est illicite. Il en est de même pour la traduction, l'adaptation ou la transformation, l'arrangement ou la reproduction par un art ou un procédé quelconque. »*
> (Art. L122-4 du Code de la Propriété intellectuelle)

Dans le cadre de cet ouvrage sur le droit à l'image, ce que nous abordons est donc uniquement la situation suivante : un photographe (ou un vidéaste, peintre, etc.) intègre dans la composition de son œuvre une autre œuvre sur laquelle un tiers a des droits de propriété intellectuelle. Il y a en principe contrefaçon (en vertu de l'article cité ci-dessus), mais n'y a-t-il pas des cas dans lesquels l'insertion est tolérée ?
Une sculpture figurant sur une photo, une façade d'architecte dans un paysage urbain, etc. Dans toutes ces situations se posera la question du droit de diffuser l'image : à partir de quelle limite la propriété intellectuelle de l'auteur de l'œuvre représentée ne

fera-t-elle plus obstacle à la diffusion de l'image où cette œuvre apparaît ?

La protection accordée au titre des dessins et modèles

Les dessins et modèles sont les créations définies dans l'article L511-1 du même code :

> *« Peut être protégée à titre de dessin ou modèle l'apparence d'un produit, ou d'une partie de produit, caractérisée en particulier par ses lignes, ses contours, ses couleurs, sa forme, sa texture ou ses matériaux. Ces caractéristiques peuvent être celles du produit lui-même ou de son ornementation.*
> *Est regardé comme un produit tout objet industriel ou artisanal, notamment les pièces conçues pour être assemblées en un produit complexe, les emballages, les présentations, les symboles graphiques et les caractères typographiques, à l'exclusion toutefois des programmes d'ordinateur. »*
> (Art. L511-1 du Code de la Propriété intellectuelle)

Concernant les dessins et modèles, la protection découlera de l'article L521-1 alinéa 3 du Code de la Propriété intellectuelle.

> *« Toute atteinte portée aux droits du propriétaire d'un dessin ou modèle, tels qu'ils sont définis aux articles L. 513-4 à L. 513-8, constitue une contrefaçon engageant la responsabilité civile de son auteur. »*
> (Art. L521-1 alinéa 3 du CPI)

Vous noterez que cette fois, le code n'interdit plus toute « reproduction » ou « représentation », mais « toute atteinte ». Pour cette raison, ce seront les dénigrements ou autres utilisations connotées négativement qui seront répréhensibles. La question se posera donc dans les termes suivants : quel type d'utilisation d'un dessin ou d'un modèle dans la composition de votre photo peut-elle porter atteinte au créateur de ce dessin ou de ce modèle ? Une fois encore, il ne s'agit pas pour un concurrent du créateur de s'approprier la création. Dans ce cas, le litige se résoudrait au regard des règles classiques de la contrefaçon et/ou de la concurrence déloyale. Nous ne visons à nouveau que la représentation dans la composition d'une image.

La protection accordée au titre des marques

Enfin, reste - puisque nous examinons essentiellement les éléments figuratifs dont l'image est susceptible d'être reproduite - les éléments figuratifs d'une marque. La définition en est donnée dans la suite du Code, à l'article L711-1.

> *« La marque de fabrique, de commerce ou de service est un signe susceptible de représentation graphique servant à distinguer les produits ou services d'une personne physique ou morale.*
> *Peuvent notamment constituer un tel signe :*
> *a) Les dénominations sous toutes les formes telles que : mots, assemblages de mots, noms patronymiques et géographiques, pseudonymes, lettres, chiffres, sigles ;*
> *b) Les signes sonores tels que : sons, phrases musicales ;*
> *c) Les signes figuratifs tels que : dessins, étiquettes, cachets, lisières, reliefs, hologrammes, logos, images de synthèse ; les formes, notamment celles du produit ou de son conditionnement ou celles caractérisant un service ; les dispositions, combinaisons ou nuances de couleurs. »*
> (Art. L711-1 du Code de Propriété intellectuelle)

La protection accordée par le code est, pour ces signes distinctifs, prévue aux articles L713-2 et suivants. Pour résumer leur contenu, contentons-nous d'indiquer que sont interdites toutes les utilisations soit pour des produits contrefaits dans une mesure qui entraine une confusion pour le public, soit par imitation, pour bénéficier de la renommée de la marque au moment de lancer un produit concurrent. L'utilisation répréhensible est dès lors celle qui, commercialement, porte atteinte à la marque ou à son signe distinctif.

L'exemple type de situation problématique serait la suivante : Ma photo intègre, en plus ou moins grande proportion sur l'image, le logo de telle ou telle marque ? Puis-je utiliser cette photo sans encourir une condamnation ?

DROITS CONCURRENTS

En pratique, les situations les plus fréquentes seront celles relatives au conflit avec le droit d'auteur du créateur d'une œuvre représentée sur l'image que l'on souhaite diffuser. C'est donc sur cet aspect que je vais consacrer l'essentiel des développements ci-dessous afin d'exposer les conflits de normes. Mais j'évoquerai ensuite, dans les situations particulières, le cas des autres créations protégées par le Code de la

Propriété Intellectuelle (marques, dessins et modèles). Le principe, nous l'avons vu, est celui de l'interdiction de reproduction d'une œuvre sujette à un droit d'auteur sans l'accord de son auteur. Cette protection dure autant que durent les droits accordés à l'auteur, à savoir :

- jusqu'à soixante-dix ans après le décès pour ce qui est des droits patrimoniaux (dont le droit de reproduction de l'œuvre fait partie)

- sans limitation de durée pour ce qui concerne les droits moraux (incluant le droit au respect du nom de l'auteur et de l'intégrité de l'œuvre)

Prenons un exemple concret : un photographe fait une image sur laquelle apparaît une sculpture. Avant de la diffuser, il devra tout d'abord vérifier si le sculpteur est encore vivant ou, à défaut, s'il est décédé depuis moins de soixante-dix ans. Dans ce cas, il devra obtenir l'autorisation du sculpteur ou de ses héritiers (contre paiement de droits d'auteur le cas échéant) avant de diffuser sa propre œuvre photographique. Si, par contre, le sculpteur est décédé depuis plus de soixante-dix ans, l'autorisation ne sera plus nécessaire pour la reproduction de l'œuvre, mais par contre il faudra impérativement indiquer le nom du sculpteur (droit moral à la paternité sur l'œuvre), le titre de la sculpture le cas échéant, et ne pas dénaturer l'œuvre par un cadrage tronqué ou de quelque façon que ce soit (droit moral au respect de l'intégrité de l'œuvre). Ceci étant posé, on s'aperçoit rapidement que sauf les cas flagrants où l'œuvre préexistante fait l'objet principal de la photographie que l'on veut diffuser, il risque d'être difficile de veiller à ce qu'aucun objet soumis à un droit de propriété intellectuelle ne figure sur les images que l'on publie. Faut-il alors craindre une action en justice pour contrefaçon dans chacune de ces hypothèses ? Pour pallier à cette difficulté pratique, la jurisprudence a créé ce que l'on nomme la « théorie de l'accessoire ».

LA THÉORIE DE L'ACCESSOIRE

Notion

La notion de « théorie de l'accessoire » (ou « théorie de l'arrière-plan ») découle principalement d'un arrêt rendu par la Cour de Cassation en 2005 dans l'affaire suivante.

> Un artiste plasticien et un architecte avaient réaménagé une place lyonnaise nommée la *Place des Terreaux* (qui donnera son nom à cette jurisprudence). Ils s'étaient ensuite plaints de la publication sous forme de carte postale d'une série de neuf photographies de la place dans son ensemble, et sur laquelle figuraient donc leurs créations. Au total, quatre sociétés commercialisaient ces cartes postales, et furent donc assignées en contrefaçon devant la juridiction civile. L'affaire mena les protagonistes jusqu'à la Cour de Cassation, et celle-ci considéra que *« telle que figurant dans les vues en cause, l'œuvre litigieuse se fondait dans l'ensemble architectural d'une place dont elle constituait un simple élément, en a exactement déduit que cette présentation de l'œuvre litigieuse était accessoire au sujet traité, résidant dans la représentation de la place de sorte qu'elle ne réalisait pas la communication de cette œuvre au public ».*
> (Cass. civ. 1ère ch., 15/3/2005, Pourvoi n°03-14-820)

En d'autres termes, lorsqu'une œuvre protégée par un droit d'auteur fait partie d'une image montrant un ensemble plus large, il est permis dans certains cas de reproduire l'œuvre initiale sans autorisation, et ce dès lors qu'elle constitue un « élément accessoire » de la photographie finale.

L'appréciation du caractère « accessoire » relève bien sûr du juge, et même si je ne saurais trop conseiller, dans un cas douteux, de multiplier les prises de vue en réduisant au fur et à mesure la distance focale afin de disposer également de vues très larges, ce conseil ne suffira peut-être pas dans toutes les circonstances.

Cette « théorie de l'accessoire » étant introduite, voyons comment elle s'applique dans la pratique, et les questions qu'elle peut soulever.

La théorie de l'accessoire ne concerne-t-elle que les immeubles ?

Absolument pas ! Elle peut tout aussi bien être appliquée lorsque c'est un bien meuble qui, faisant lui-même l'objet de droit d'auteur, apparait sur des images.

Cette affirmation est confirmée notamment par l'affaire suivante, relative à un film qui a donné lieu à de multiples procédures, eu égard sans doute au succès qu'il a rencontré.

Lors du tournage du film documentaire *Être et avoir* (film de Nicolas Philibert, 2002), les équipes avaient suivi l'évolution d'une classe unique dans une école primaire d'Auvergne. Les enfants, âgés de 4 à 11 ans, étaient ainsi filmés dans leurs occupations quotidiennes pendant les cours.
Lors de l'un des balayages de la caméra, le plan montrait également une partie de certains panneaux didactiques affichés aux murs de la classe en question.
Les éditeurs de ces panneaux ont alors assigné le producteur du documentaire, en invoquant rien moins qu'une contrefaçon du fait de la diffusion de l'image des panneaux.

La Cour de Cassation, saisie d'un pourvoi des éditeurs contre l'arrêt qui les avait déboutés, a elle-aussi rejeté le pourvoi au terme d'une motivation rédigée comme suit :
« Telles que figurant dans le film documentaire en cause et dans le bonus des DVD, les illustrations dont M ... est l'auteur ne sont que balayées par la caméra et vues de manière fugitive, que plus fréquemment elles sont à l'arrière-plan, les personnages des élèves et du maître étant seuls mis en valeur, qu'elles ne sont à aucun moment présentées dans leur utilisation par le maître et font corps au décor dont elles constituent un élément habituel, apparaissant par brèves séquences mais n'étant jamais représentées pour elles-mêmes ; que la cour d'appel en a exactement déduit qu'une telle présentation de l'oeuvre litigieuse était accessoire au sujet traité résidant dans la représentation documentaire de la vie et des relations entre maître et enfants d'une classe unique de campagne, de sorte qu'elle devait être regardée comme l'inclusion fortuite d'une oeuvre, constitutive d'une limitation au monopole d'auteur, au sens de la Directive 2001/29/CE du 22 mai 2001, telle que le législateur a, selon les travaux préparatoires, entendu la transposer en considération du droit positif. »
(Cass.civ. 1ère, 12/5/2011, Pourvoi n°08-20.651)

À la lecture de cette motivation, vous aurez donc noté la référence faite par la cour à une directive européenne transposée dans le droit français. En effet - et il est même étonnant que la Cour de Cassation n'y ait pas fait mention en 2005 dans l'affaire de la Place des Terreaux -, la Directive Européenne n° 2001/29, du 22 mai 2001, dite directive *« sur l'harmonisation de certains aspects du droit d'auteur et des droits voisins dans la société de l'information »*.

En son article 5, sous le titre *Exceptions et limitations* (au droit d'auteur), la directive vise en effet *« l'inclusion fortuite d'une oeuvre ou d'un autre objet protégé dans un autre produit ».*
(Art. 5. 3. i de la Directive Européenne 2001/29 du 22 mai 2001)

Et si, dans la directive, il s'agit « d'inclusion fortuite » et non « d'accessoire », le principe est bien entendu totalement identique.

Pour l'instant, il ne s'agit - au niveau français toutefois - que d'une création jurisprudentielle. Certes le droit européen a bien entendu un effet direct en droit interne, mais pour autant, la situation n'est pas encore parfaitement claire. Je ne peux donc pas encore garantir, à l'heure actuelle, que la jurisprudence restera constante, mais l'existence d'une norme européenne devrait aider à consolider la pratique. Pour l'instant, comme nous l'avons évoqué, cette « théorie de l'accessoire » reste au stade de la création jurisprudentielle.

Par contre, il me faut mentionner le fait que deux députés avaient déposé une proposition de loi visant à modifier le Code de la Propriété intellectuelle afin d'y inclure cette notion.

Partant du principe que certaines législations étrangères (notamment Allemagne, Espagne et Irlande) prévoient dans leur panorama législatif une exception dite « de panorama », deux députés avaient déposé en 2011 une proposition de loi visant à introduire cette notion - qui correspond à la théorie de « l'arrière-plan » ou de « l'accessoire » - dans le Code de la propriété intellectuelle. L'exposé sommaire de leurs motivations était rédigé comme suit : *« Le droit d'auteur français protège les « œuvres de l'esprit », d'une manière générale, auxquelles appartiennent les œuvres architecturales et les sculptures » (CPI L112-2. 7), dès lors qu'elles sont « originales ». La loi française prévoit des exceptions en fonction de l'usage fait des œuvres (citation, parodie, usage pédagogique) mais pas de leur localisation physique.*
Certains pays possèdent dans leur législation une exception supplémentaire au droit d'auteur appelée « liberté de panorama », qui donne le droit de diffuser ses propres photos de bâtiments dont l'architecte est mort depuis

> *moins de soixante-dix ans ou de sculptures situées dans les jardins, malgré l'existence de droits de propriété intellectuelle de l'architecte ou de l'artiste.*
>
> *L'absence de cette exception en droit français, alors qu'elle existe chez nos voisins européens interdit la publication de photos si une oeuvre architecturale ou artistique protégée par le droit d'auteur y apparaît. Outre l'incompréhension que cela suscite auprès du public, cela gêne la diffusion même de ces oeuvres sur internet, les sites qui publieraient ces photos encourant le risque de poursuites en contrefaçon.*
> *Il est donc proposé d'introduire cette exception au droit d'auteur en droit français. »*
>
> Le texte de l'article qui, selon eux, aurait pu être inséré dans l'article L122-4 du Code de la propriété intellectuelle était le suivant :
> *« Toutefois est autorisée la reproduction par la peinture, le dessin, la photographie ou le cinéma des œuvres de toute nature situées de manière permanente dans l'espace public, y compris à l'intérieur des bâtiments ouverts au public, ainsi que la distribution et la communication publique de telles copies. »*
>
> (proposition d'amendement déposée dans le cadre de la loi sur la copie privée - texte accessible en ligne sur le site de l'Assemblée nationale *www.assemblee-nationale.fr/13/amendements/3953/395300022.asp*)

La proposition fut toutefois rejetée et ne semble plus depuis cette date avoir donné lieu à de nouvelles initiatives. Nous sommes donc face à une situation qui semble pourtant s'installer dans la jurisprudence - et qui dans son principe est empreinte de bon sens - mais que le législateur rechigne à consacrer, peut-être dans la crainte d'avoir ensuite à fixer des critères précis permettant de déterminer ce qui est accessoire et ce qui ne l'est pas.

Comment le juge appréciera-t-il le caractère « accessoire » ?

Il est bien sûr impossible de répondre de façon générale à cette question. Tout au plus pouvons-nous à nouveau examiner certaines décisions pour tenter d'en retenir les enseignements principaux.

L'appréciation par rapport à la place que prend le bien protégé dans l'ensemble de la photographie

La première démarche logique serait d'examiner, par rapport à l'ensemble de la photographie litigieuse, quelle proportion occupe le bien soumis à un droit de propriété intellectuelle, et dont l'auteur se plaint de la reproduction. C'est la démarche qui a été adoptée dans l'affaire dont il est question ci-dessous.

Dans un numéro spécial consacré à l'immobilier dans les Hauts-de-Seine, un hebdomadaire à grand tirage avait publié en 2008 une couverture représentant un paysage urbain sur lequel figurait un immeuble en construction conçu par un gros cabinet d'architectes. Cette photographie était reprise à l'intérieur de la publication, ainsi que sur les affiches assurant la promotion de ce numéro spécial.

Le cabinet d'architecture, estimant que l'immeuble était le sujet principal de la photographie, avait mis en demeure l'éditeur de lui régler la somme de 40.000 € sur le fondement des dispositions du Code de la Propriété intellectuelle, la reproduction étant selon lui constitutive de contrefaçon.

À défaut de règlement amiable, une assignation fut lancée sur les mêmes fondements et en vue d'obtenir condamnation aux mêmes montants, ventilés entre :

• violation du droit à la paternité (l'indication du nom du cabinet d'architectes n'ayant pas été faite dans la publication)

• violation du droit à l'intégrité de l'œuvre (l'immeuble avait été photographié avant son achèvement)

• violation du droit de reproduction et de représentation (du fait de la reproduction non autorisée de l'image)

Il était en outre demandé au tribunal d'ordonner la publication du jugement à intervenir *« sous le titre en gras ... »* dans le magazine en question et sur la page d'accueil du site web de l'éditeur.

L'éditeur, bien sûr, se défendait en rappelant la théorie de l'accessoire. Pour trancher ces prétentions opposées, le tribunal va examiner si, oui ou non, l'immeuble en question est le sujet principal de la photo comme le prétend la demanderesse, et pour ce faire, détailler le paysage reproduit :

« En l'espèce, il convient de relever que la photographie litigieuse figure en page de couverture du magazine /.../ et en page deux de son supplément intérieur, étant précisé que ce cliché reproduit en page de couverture est occulté dans sa partie inférieure par un bandeau, modifiant le cadrage et accroissant l'effet panoramique.

La consultation du magazine permet de constater qu'il s'agit de la photographie d'un paysage urbain parisien, sur lequel on distingue la Seine et la tour Eiffel. La légende en page 2 du supplément la désigne comme étant une « vue sur la capitale et la Seine des hauteurs de Meudon ». On distingue au centre du deuxième plan de cette photographie, la partie supérieure d'un immeuble d'habitation , vu de trois quart, ayant pour architecte (la demanderesse), située pour partie au-dessus de la cime de plusieurs arbres figurant au premier plan sur la droite.
Cette photographie illustre en page de couverture le thème du numéro de ce magazine intitulé « Spécial immobilier Hauts-de-Seine », et en page 2 du supplément intérieur intitulé « Spécial immobilier Hauts-de-Seine » un article de présentation générale du thème traité dont le titre est « La hausse continue » et le sous-titre « Malgré les investissements du marché pas de baisse des prix dans ce département le plus cher d'Ile-de-France. Ses meilleurs atouts : une desserte variée, de nombreux espaces verts et des écoles réputées ». Cet article est placé en tête d'un fascicule composé de différents articles relatifs aux communes d'Issy-les-Moulineaux, Clichy-La Garenne, Neuilly-sur-Seine (...) également illustrés de photographies de différents immeubles.

Le tribunal relève que la partie supérieure de l'immeuble qui figure sur la photographie litigieuse, n'est pas l'objet principal de la communication au public, elle s'intègre au paysage urbain, et ne constitue pas l'axe d'attraction, la photographie illustrant l'ensemble des atouts du département des Hauts-de-Seine notamment sa proximité avec la capitale ainsi que la présence d'espaces verts.
Dans ces conditions, c'est à juste titre que la société défenderesse fait valoir que l'ensemble immobilier litigieux n'est pas l'objet du sujet traité, ni le sujet représenté mais un simple élément de l'environnement de la ville de Meudon s'inscrivant dans un paysage urbain. Dès lors, il n'y a pas eu véritablement communication au public de l'oeuvre architecturale revendiquée et donc il n'y a pas eu d'atteinte au monopole du titulaire du droit d'auteur sur cette oeuvre.
En conséquence , (le cabinet d'architecture) ne saurait se plaindre d'une atteinte ni à son droit de paternité, ni à son droit à l'intégrité de l'oeuvre, ni à ses droits de reproduction et de représentation. »
(TGI Paris, 28/5/2010, RG 09/02225)

C'est donc en examinant la photo dans son intégralité à l'intérieur de la publication que le tribunal arrive à cette appréciation, sachant que la couverture reprenait apparemment la partie de l'immeuble concerné de façon plus prépondérante, du fait de l'ajout d'un bandeau au bas de la couverture.

L'appréciation concrète, élément par élément

Au final, tout s'appréciera au cas par cas. Restera donc à nouveau une marge importante d'appréciation du magistrat quant au caractère « accessoire » ou non des œuvres protégées dans le cadrage de la photographie. Il est probable que si la mise au point est faite sur un autre élément que les œuvres elles-mêmes, vous démontrerez plus facilement que votre intention n'était pas de les reproduire en tant que telles et qu'en tout état de cause elles ne sont qu'une partie du décor, qui aurait fort bien pu être différente.

Dans la photo suivante par exemple, on pourrait sans doute plaider avec succès que les œuvres exposées sur la grille ne sont qu'un élément du décor, et pourraient fort bien être remplacées par d'autres, sans jouer un rôle essentiel dans l'image. Et ce même si, sur la photo, elles occupent proportionnellement une place importante.

Mais que penser par contre d'une photographie qui se présenterait comme celle-ci ?

Sculpture © Ch. Le Brozec

Les enfants à l'arrière-plan sont manifestement le sujet de la photo. Mais la mise au point est faite sur une partie de la sculpture, qui correspond au reflet de leurs visages. Et sans la sculpture, la photo n'aurait pas existé, de telle sorte qu'elle n'est en aucun cas l'accessoire de l'image des enfants, mais fait partie intégrante de la composition. En termes de pourcentage d'occupation dans le cadre, la sculpture est en outre loin d'être accessoire. En cas d'action, le sculpteur pourrait alors invoquer d'une part la reproduction non autorisée de son œuvre dans ce qu'on appelle une « œuvre composite », et en outre une violation de son droit moral au respect de l'intégrité de l'œuvre, puisque seule une extrémité de la sculpture est visible.

Ceci démontre la difficulté d'appréciation de la « théorie de l'accessoire ». Dans ce cas précis, il faudra en outre ajouter au problème la question du droit à l'image des enfants eux-mêmes.

À présent que les principes sont posés, voyons différentes situations dans lesquelles le droit à l'image des biens peut être invoqué, et la façon dont la jurisprudence va régler ces litiges.

LES ANIMAUX

LES ANIMAUX DOMESTIQUES

Photographier l'animal domestique d'autrui peut également poser des difficultés. L'attachement du maître sera bien différent de celui accordé à un simple bien, même si un animal domestique est, en droit, un simple « bien mobilier ». Il faut donc logiquement lui appliquer en matière de droit à l'image les mêmes principes que ceux qui ont été dégagés pour les autres types de biens.

La confirmation était toutefois attendue après l'arrêt de 2004 rendu pour un bien immobilier : la jurisprudence allait-elle confirmer le principe également pour les animaux domestiques ?

La réponse, affirmative, fut donnée en 2007 dans l'affaire dont il est question ci-après.

Dans cette affaire, les propriétaires d'un chien nommé Fanny avaient donné leur accord (verbal uniquement) pour des photographies de leur animal, prises d'ailleurs avec deux autres chiens de la même race figurant sur les photos, mais dont ils n'étaient pas eux-mêmes propriétaires. Ces photos ayant ensuite été utilisées à des fins qui ne leur plaisaient guère (comme supports de cartes postales et de fonds de cadran de pendules), de telle sorte que les propriétaires avaient assigné le photographe au titre du droit à l'image.

Ils avaient été déboutés de leur demande en première instance. Après ce jugement défavorable, et malgré l'arrêt de Cassation rendu entre temps le 7 mai 2004 en matière de biens, ils avaient malgré tout interjeté appel, ce qui leur avait valu une solide condamnation pour appel abusif.

Sur le fond, la Cour d'appel d'Orléans confirma, pour les animaux domestiques, l'enseignement de la Cour de Cassation, considérant que le droit à l'image des biens ne relevait pas du droit de propriété, et que le propriétaire d'un animal ne pouvait se plaindre que dans la mesure où il rapportait la preuve d'un trouble anormal, la seule exploitation de l'image ne suffisant pas à constituer ce trouble.

« Attendu, en troisième lieu, que, d'une façon générale, le propriétaire d'un bien, tel un animal, ne dispose pas d'un droit exclusif sur l'image de celui ci, mais peut seulement s'opposer à l'utilisation de cette image par un tiers, lorsqu'elle lui cause un trouble anormal ; que ce trouble ne peut résulter du seul fait - à quoi les (demandeurs) le réduisent dans leurs conclusions - que, justement (le photographe) a exploité commercialement l'image de leur unique chien photographié et les aurait ainsi privés des fruits de cette exploitation, qu'ils n'ont d'ailleurs jamais personnellement entreprise ; que, sauf à ruiner le principe exprimé plus haut, l'exploitation commerciale par un tiers de l'image d'un bien, au surplus très difficile à différencier, en l'espèce, en raison du caractère standard du chien, ne peut constituer par elle même le trouble anormal exigé pour s'opposer à cette utilisation. »

(CA Orléans, ch. comm. 15/2/2007, RG 0600988)

En d'autres termes, il ne suffit pas pour le propriétaire de l'animal de démontrer que le photographe (ou un tiers) a exploité l'image de son animal. Il faut démontrer en quoi cette exploitation lui cause un « trouble anormal ».

Cette jurisprudence est en outre intéressante à un second titre : l'utilisation de l'image des chiens avait été, dans ce cas précis, purement commerciale. Or, nous avions vu pour le droit à l'image des personnes représentées que si des exceptions au principe de base de l'article 9 du Code civil existaient, il fallait qu'elles soient justifiées par le droit à l'information ou la liberté d'expression artistique. En pratique, toutes les autres utilisations pourraient être qualifiées de « commerciales » et impliquent en tout état de cause un accord préalable de la personne représentée. La décision que nous venons d'examiner semble dire le contraire pour les animaux (et donc potentiellement les biens en général) : la diffusion étant ici purement commerciale, et la propriétaire des chiens ne pouvant pas démontrer le trouble anormal requis pour s'opposer à cette diffusion, l'utilisation était possible selon la juridiction, nonobstant sa forme. Nous n'entrons pas en effet ici sur le terrain du droit à l'information ou de la liberté d'expression artistique, mais bien sur la vente de produits commerciaux : des cartes postales et des fonds de cadran d'horloges. Du reste, l'arrêt de la Cour de Cassation du 7 mai 2004 visait également une utilisation commerciale, puisque l'image du bien avait été utilisée pour faire la promotion d'un projet immobilier. Rien ne semble donc interdire, dans l'état actuel, l'utilisation commerciale de l'image du bien d'autrui pour autant bien sûr qu'aucun trouble anormal n'en découle pour le propriétaire du bien.

LES ANIMAUX SAUVAGES

Tous les animaux ne sont pas domestiques. Par définition, les animaux sauvages ne sont pas appropriés. En ce sens, ils peuvent être pris en photo et leur photo diffusée comme l'entend le photographe. Ceci n'est pas incompatible avec certaines réglementations de protection des espèces menacées.

Et à ce sujet, je ne résiste pas à la tentation de faire part d'une condamnation pour le moins inhabituelle survenue en décembre 2012.

> Un photographe avait réalisé pendant plusieurs jours une importante série de photos à proximité d'un nid de cigognes noires, espèce protégée sur le territoire français et dont il ne subsiste plus que quelques spécimens. L'opération n'avait pas été anodine puisque les oiseaux avaient quitté leur nid ensuite Cette scène s'est déroulée dans un espace également protégé, dont un voisin avait observé le manège du photographe. À la suite de cela, le photographe avait été poursuivi sur base d'une disposition pour le moins méconnue. L'article R415-1-1°du Code de l'environnement punit en effet le fait de *« perturber de manière intentionnelle des espèces animales non domestiques protégées »*. En conséquence, le photographe fut condamné par le Tribunal de Proximité de Verdun à une amende, ainsi qu'à une indemnisation pour deux associations de préservation de la faune.
> (Source : L'Est Républicain, 21/12/2012)

PHOTOGRAPHIER DANS UN MUSÉE

LES DEUX ANGLES D'ATTAQUE

La question du droit de photographier dans les musées peut être abordée sous deux angles : celui du droit d'auteur, ou celui du « droit à l'image » qu'invoque alors le musée en sa qualité de propriétaire des œuvre exposées.
Ce sont deux approches très différentes, mais nous verrons, après avoir rappelé les principes en la matière, que rien n'est simple, puisqu'à ces règles déjà en constante évolution s'ajoutent les règlements internes des musées dont la légalité est très discutable.

Photographie, musées publics et droit d'auteur

Hypothèse n°1
L'œuvre exposée constitue le sujet principal de la photographie

Très logiquement, il faut examiner si l'auteur de l'œuvre est encore en vie ou décédé depuis moins de soixante-dix ans ou si, au contraire, il est décédé depuis plus de soixante-dix ans.
Dans le premier cas, aucune reproduction ou diffusion de l'œuvre ne pourrait en principe avoir lieu sans l'accord de l'auteur ou de ses héritiers, alors que dans le second cas, la reproduction et la diffusion seraient licites pour autant que soient respectés les droits moraux de l'auteur (mention de son nom, du titre de l'œuvre, et bien sûr pas de dénaturation de celle-ci).

Mais comme je viens de l'écrire, l'accord doit en principe émaner de l'auteur de l'œuvre photographiée, et non du musée lui-même, sauf à imaginer que celui-ci serait investi d'une mission de gestion des droits d'auteur, ce qui semble peu fréquent, voire rarissime.
Rappelons en effet qu'en vertu du Code de la Propriété Intellectuelle lui-même, le propriétaire du support matériel constitué par l'œuvre n'est pas titulaire des droits de propriété intellectuelle sur l'œuvre (Art. L111-3 alinéa 2 du Code de la Propriété Intellectuelle).

L'autorité administrative gérant le musée n'est donc à priori pas l'interlocuteur investi du droit d'interdire une reproduction au titre du droit d'auteur. Tout au plus, à défaut de contact direct avec l'auteur, faudrait-il s'adresser à la société de gestion collective que cet auteur a chargée du droit de le représenter (SAIF, ADAGP, SCAM, etc.).

Pour compliquer encore, signalons que ces sociétés de gestion collective des droits d'auteur ont signé avec le Ministère de l'Éducation Nationale un accord autorisant la reproduction de certaines œuvres et dans certaines limites. Pour ces cas précis, l'enseignant pourrait s'abstenir d'obtenir l'accord en question, pour autant bien sûr qu'il respecte les conditions posées.

Au surplus, ce qui est interdit lorsque les droits patrimoniaux sont encore en vigueur, c'est la *reproduction* et la *diffusion*. La copie privée, elle, reste autorisée (Art. L122-5 alinéa 1er du Code de la Propriété Intellectuelle). Très logiquement, ceci ne devrait donc pas interdire la photographie à usage purement personnel, sans volonté de diffuser la photographie de quelque façon que ce soit. Mais bien entendu, il est impossible pour les exploitants d'un musée - à les supposer investis d'un rôle de gestion des droits de propriété intellectuelle des auteurs - de faire signer des contrats à tous les visiteurs de façon à obtenir leur engagement de ne pas diffuser, de telle sorte que l'on peut comprendre la pratique interdisant les photographies lorsque les auteurs sont vivants ou décédés depuis moins de soixante-dix ans. Cela étant, il semble que certains musées de petite taille (et de faible fréquentation) fassent signer par les visiteurs un registre dans lequel ceux-ci s'engagent à ne pas diffuser les éventuelles photographies qu'ils prendront.

Si par contre l'auteur de l'œuvre exposée est décédé depuis plus de soixante-dix ans, seuls subsistent ses droits moraux qui vous obligent en cas de reproduction à indiquer le nom de l'artiste ainsi que le titre de l'œuvre. Mais dans ce cas à nouveau, le musée propriétaire de l'objet matériel ne dispose pas des droits permettant d'interdire la photographie de l'œuvre.

Hypothèse n°2
L'œuvre photographiée n'est pas le sujet principal de la photographie

Le photographe peut en effet opter pour un plan très large, montrant toute la salle, ou des visiteurs occupés à contempler les œuvres. À cet égard, on pourrait alors appliquer la théorie dite « de l'accessoire » que nous avons évoquée plus haut dans l'exposé théorique.
On pourrait dès lors plaider qu'une photographie représentant un plan large dans un musée où sont exposées des œuvres pourtant sujettes à un droit d'auteur doit être analysée de la même façon. D'autant plus, bien sûr, si d'autres éléments sont mis en avant. Ainsi, photographier votre enfant ou un groupe de spectateurs en pleine contemplation des œuvres ne me parait pas poser de réel problème juridique.

Cela étant, et malgré la difficulté possible d'appréciation de l'éventuel caractère accessoire de l'œuvre figurant sur la photo, les situations délicates seront à analyser dans le rapport entre l'artiste créateur de l'œuvre exposée et le photographe ayant pris la photo. De son côté, le musée n'est pas concerné par ce conflit de droits. Et à ce titre, n'a pas à interdire quelque prise de vue que ce soit.

Photographie, musées publics et droit à l'image

Envisageons à présent la question sous l'angle strict du « droit à l'image » invoqué par les musées. C'est donc à ce moment par voie réglementaire qu'au sein même du musée, ou à une échelle supérieure, l'Administration édicte une interdiction totale ou partielle de photographier. La question se pose alors de savoir sur quelle base ces exploitants se fondent, et dans quelle mesure ces règlements sont ou ne sont pas légaux.
Ce fondement peut notamment servir au musée lorsque les objets exposés ne sont par leur nature pas sujets à droit d'auteur, comme c'est le cas pour un Musée d'Histoire naturelle.

Les fondements invoqués

Au titre des fondements avancés par l'Administration pour refuser le droit de photographier dans les musées, on peut énumérer :

• Le droit de propriété sur les œuvres (Art. 544 du Code civil) : Il s'agit donc pour le musée d'invoquer son propre droit de propriété sur l'objet matériel que constitue l'œuvre pour s'opposer à la reproduction de son image. Il ne s'agit donc plus du droit d'auteur : au contraire même puisque selon le Code de la Propriété intellectuelle, la propriété de l'objet matériel ne confère pas au propriétaire les droits de propriété intellectuelle sur l'œuvre elle-même (Art. L111-3 CPI). Or, en vertu de l'arrêt de principe évoqué plus haut, et rendu par la Cour de Cassation en 2004, il appartiendrait alors au musée de démontrer l'existence d'un « trouble anormal » pour s'opposer à la diffusion de la photographie de l'œuvre exposée. Et à nouveau, seule la diffusion pourrait alors être interdite, et non la prise de vue elle-même.

• La notion de « domaine public » : Les collections qui composent les musées sont sans aucun doute un élément du domaine public. Et à ce titre, certaines autorités font alors état de leur obligation d'en assurer la conservation et la sécurité pour s'opposer à toutes les prises de vue. Certains sans distinction, d'autres uniquement lorsque ces photographies sont prises au flash (et bien qu'il ne semble pas avoir été démontré que ceux-ci auraient réellement une influence sur la conservation des œuvres exposées à la lumière du jour). Dans tous les cas, et lorsque les prises de vue ne préjudicient pas à la conservation et à la sécurité (celle des œuvres et celle des visiteurs), il faudrait donc les autoriser par principe, de telle sorte que ce fondement invoqué ne parait pas plus solide que les autres.

De quels recours dispose le photographe ?

Dans la pratique, c'est bien sûr le pot de terre contre le pot de fer. Le photographe (amateur ou professionnel) risque - malgré qu'il soit dans son bon droit - de se heurter à un refus catégorique. Se savoir en droit ne le mettra pas à l'abri d'une intervention d'un vigile, voire, j'imagine, d'une expulsion du musée. Et sauf à envisager des actions systématiques contre les autorités publiques, je n'ai pas de solution miracle à proposer à ce sujet. La situation est d'autant plus critiquable que les collectivités publiques ont également à respecter un autre principe fondamental.

L'article L441-2b du Code du Patrimoine oblige en effet *« les Musées de France à /…/ rendre leurs collections accessibles au public le plus large »*

Reste ensuite la délicate question des photographes professionnels qui sollicitent l'autorisation de photographier dans le cadre de leur profession et pour des reproductions commandées par leurs clients. À cet égard, la situation semble s'aggraver, et une dichotomie se fait lentement entre les juridictions de l'ordre judiciaire (et leur exigence d'un « trouble anormal ») et leurs homologues de l'ordre administratif, comme nous allons le voir ci-dessous.

Un contentieux met régulièrement en cause d'une part une société commerciale dont l'objet est précisément de réaliser des photographies d'œuvres d'art à la demande des éditeurs de manuels scolaires ou d'ouvrages artistiques, et d'autre part les entités territoriales chargées de la gestion des musées sollicités.

Dans une première affaire, cette société commerciale, établie à Paris, avait sollicité du maire de la ville de Tours l'autorisation d'effectuer des prises de vue dans un musée communal. Le maire ayant refusé d'accorder cette autorisation le photographe avait porté le litige devant le Tribunal Administratif d'Orléans, qui l'avait également débouté de sa demande (TA Orléans, 20/1/2009, n° 06-3317) retenant semble-t-il l'argumentation du maire fondée sur un texte de 1984 portant règlement intérieur du musée. Sans se décourager, l'EURL interjeta alors appel du jugement rendu par le Tribunal Administratif et saisit la Cour Administrative d'Appel de Nantes qui annula tant le jugement dont appel que la décision implicite de refus du maire de Tours . La cour rappelle en effet que si, certes, l'autorité administrative compétente pour la gestion des biens du domaine public (parmi lesquels les musées) doit gérer ceux-ci *« tant dans l'intérêt du domaine et de son affectation que dans l'intérêt général »*, elle ne doit pas pour autant perdre de vue l'existence de principes fondamentaux parmi lesquels ceux de la liberté du commerce et de l'industrie, qui peuvent entraîner certaines activité de production, de distribution ou de services dans l'enceinte de ces musées.
La cour se penchait ensuite sur les conditions précises dans lesquelles les clichés demandés devaient être pris : « *Considérant que (la demanderesse) spécialisée dans la photographie d'oeuvres d'art dont elle assure la diffusion auprès des éditeurs d'ouvrages ou de revues scolaires, artistiques ou historiques a demandé l'autorisation de photographier des oeuvres du musée des Beaux Arts de Tours ; qu'il ressort des pièces du dossier que les*

photographies devaient être effectuées sans manipulation des oeuvres, dans des conditions de nature à assurer leur protection. » (CAA Nantes, 4 mai 2010, N°09NT000705)
L'invocation par la cour de la notion de *« liberté de commerce »* tenait sans doute à la forme juridique de la plaignante (société commerciale). Pour un photographe exerçant sous un statut d'auteur, un raisonnement identique pourrait être mené au titre de la liberté d'expression ou du droit à l'information le cas échéant. Il serait intéressant qu'une juridiction de l'ordre judiciaire ait à se prononcer dans un cas identique.

Par la suite, ce même photographe exerçant toujours dans le cadre de sa structure commerciale s'était vu opposer un refus identique de la part concernant les œuvres exposées dans le musée de la Révolution française à Vizille, et avait attaqué la décision de refus du Président du Conseil Général de l'Isère devant le Tribunal Administratif de Grenoble.
Débouté en première instance, il avait interjeté appel du jugement, et avait été bien inspiré puisqu'à ce stade, la Cour Administrative d'Appel de Lyon s'était rangée à l'analyse de son homologue nantaise dans la première affaire, en relevant :

« Considérant que s'il appartient à l'autorité administrative affectataire de dépendances du domaine public de gérer celles-ci tant dans l'intérêt du domaine et de son affectation que dans l'intérêt général, il lui incombe en outre lorsque, conformément à l'affectation de ces dépendances, celles-ci peuvent être le siège d'activités de production, de distribution ou de services, de prendre en considération les diverses règles, telles que le principe de la liberté du commerce et de l'industrie, dans le cadre desquelles s'exercent ces activités ; qu'il appartient alors au juge de l'excès de pouvoir, à qui il revient d'apprécier la légalité des actes juridiques de gestion du domaine public, de s'assurer que ces actes ont été pris compte tenu de l'ensemble de ces principes et de ces règles et qu'il en a été fait, en les combinant, une exacte application ;
considérant qu'il ressort des pièces du dossier que les photographies, pour lesquelles (la demanderesse), spécialisée dans la photographie d'oeuvres d'art dont elle assure la diffusion auprès des éditeurs d'ouvrages ou de revues scolaires, artistiques ou historiques, a demandé l'autorisation, devaient être effectuées sans manipulation des oeuvres et en éclairage naturel, dans des conditions de nature à assurer leur protection ; qu'en

opposant, par la décision implicite attaquée, un refus de principe à la demande de l'EURL Photo Josse, sans examiner la possibilité d'exercer son activité dans des conditions compatibles avec les nécessités de la gestion du musée et du respect de l'intégrité des oeuvres, le président du conseil général de l'Isère a méconnu le principe de la liberté du commerce et de l'industrie. »
(CAA Lyon, 7/7/2011, n°09LY02676)

La situation paraissait donc se détendre un peu, mais c'était sans compter un pourvoi déposé par l'Administration devant le Conseil d'État. Ce pourvoi donna lieu à un arrêt du Conseil d'État en date du 29 octobre 2012 (CE 29/10/212, n°3411173). Dans cet arrêt, qui a déjà donné lieu à quelques commentaires inquiets des spécialistes du droit des biens, le Conseil d'État a notamment considéré qu'il appartient aux personnes publiques (lire ici les collectivités gérant les musées) d'interdire le droit de reproduction de l'image des biens, et ce dans la mesure où ces prises de vues constitueraient en réalité une utilisation privative du domaine public !

Cet arrêt a déjà suscité des dizaines de pages de commentaires perplexes et aboutirait - si cette jurisprudence devait se confirmer - à une situation surréaliste dans laquelle, avant de photographier un bien et ensuite d'en diffuser l'image, il faudrait tout d'abord examiner :

• s'il appartient à une personne privée. Dans ce cas, en vertu de l'arrêt de 2004, il faudrait déterminer si la diffusion de la photographie est ou non susceptible de causer un « trouble anormal » à son propriétaire, qui par principe ne serait pas autorisé à s'opposer à cette diffusion, sauf à démontrer un tel trouble ;

• ou s'il appartient au contraire à une personne publique. Dans ce second cas, la règle serait exactement inverse : le propriétaire du bien aurait le droit d'interdire la reproduction de l'image des biens, et il faudrait tenter d'obtenir l'autorisation convoitée, et ce sur base de critères restant à déterminer.

Payer pour photographier ?

Il reste à examiner la licéité de la redevance prévue par certains musées en contrepartie des éventuelles autorisations de photographier. Sur quoi se fonde-t-elle ?

Le fondement d'une telle possibilité est à rechercher dans une loi pour le moins ancienne.

> La loi de Finances de 1922, datant du 31 décembre 1921 curieusement toujours en vigueur, prévoit en son article 119 que *« le droit de peindre, dessiner, photographier et cinématographier dans les musées, collections et monuments [...] donnera lieu à la perception d'une taxe spéciale »*.

Mais selon les principes généraux du droit administratif, une telle redevance devrait rester modique, puisque dans le cas contraire un reproche pourrait être fait à l'Administration au titre de l'abus de position dominante. Et toujours dans la logique de ces principes, cette « taxe spéciale » ne pourrait être réclamée qu'en contrepartie de services rendus (mise à disposition de matériel ou de personnel, indisponibilité des lieux le temps des prises de vue, etc.). Lorsque les prises de vue, au contraire, n'impliquent aucune intervention de l'autorité exploitant le musée, on voit mal à quel titre une telle « taxe spéciale » pourrait être sollicitée.

Photographier dans les musées privés ?

Enfin, reste la question des musées privés, qui ne sont dès lors pas gérés par une collectivité publique. L'approche sous l'angle du droit d'auteur est identique à celle que nous avons évoquée plus haut pour les musées publics.

Et par ailleurs, ces structures ne dépendant pas des juridictions administratives, l'approche sous l'angle du droit à l'image devrait se résoudre sans trop de heurts à l'aide de l'arrêt de 2004 qui imposerait au propriétaire ou exploitant du musée de démontrer un préjudice lié à la diffusion d'une image s'il souhaite s'opposer à celle-ci.

La pratique ne sera certes pas plus confortable pour le photographe, mais à tout le moins les règles juridiques seront-elles un peu plus simples.

QUESTION PARLEMENTAIRE RELATIVE AUX PHOTOGRAPHIES DANS LES MUSÉES

Cette question délicate des photos prises dans les musées fut soumise par un député au ministre compétent sous forme de Question écrite au Ministre de la Culture et de la communication en 2010.

Question : *M. Patrick Beaudouin attire l'attention de M. le ministre de la culture et de la communication sur la possibilité de prendre des photographies dans les musées et monuments nationaux. Voici quelques années, le musée du Louvre avait édicté une interdiction partielle de photographier les oeuvres d'art, avant d'y renoncer. Le musée d'Orsay vient de mettre en place une interdiction générale. Ces interdictions sont généralement présentées comme inspirées par le souci du confort du visiteur et de la fluidité des visites, même si beaucoup y voient aussi, sinon davantage, des motivations pécuniaires. Ces décisions soulèvent un certain nombre de questions. Il est permis de s'interroger sur la légitimité d'interdire la reproduction d'oeuvres appartenant au patrimoine public, par des visiteurs ayant payé leur billet. Si la possibilité demeure d'obtenir des musées et monuments des reproductions photographiques, leur coût, souvent très élevé, peut conduire à remettre en cause la diffusion du patrimoine artistique auprès d'un large public, notamment par l'intermédiaire d'Internet. Il lui demande, en conséquence, quelles mesures il entend prendre à l'égard de ces interdictions, susceptibles d'aller à l'encontre de l'objectif de démocratisation culturelle. Comme la question n'est pas propre à la France, il souhaiterait aussi savoir s'il envisage d'évoquer le sujet au niveau européen.*

Réponse : *La diffusion croissante des appareils photographiques numériques, notamment ceux intégrés aux téléphones portables, a amené des changements dans les pratiques des visiteurs des musées et monuments, qui sont aujourd'hui beaucoup plus nombreux à prendre des photographies. De plus, certaines de celles-ci sont ensuite utilisées sur des sites internet ou des blogs. L'utilisation de flashs, nuisibles pour la conservation des oeuvres malgré leur interdiction, et les difficultés de circulation des visiteurs devant les oeuvres les plus emblématiques portant préjudice au confort de la visite de l'ensemble des publics ont conduit le musée d'Orsay à prendre cette décision qui a d'ailleurs été bien accueillie par les agents de surveillance. D'autres grands musées européens comme le Prado à Madrid, le Rijksmuseum à Amsterdam ou la Tate Modern à Londres l'ont fait avant lui. Le ministère de la culture et de la communication mène une politique volontariste visant à encourager la numérisation des collections et leur diffusion sur internet, répondant ainsi pleinement à l'objectif de démocratisation culturelle.*

> *L'interdiction de photographier ne paraît pas aller contre le principe de rendre les collections accessibles au public le plus large lorsque des images numériques des oeuvres, généralement en basse définition mais de bien meilleure qualité que celles issues de la plupart des appareils photographiques, sont facilement accessibles sur internet. Dans le cas du musée d'Orsay, le public peut gratuitement consulter le catalogue des oeuvres sur le site officiel du musée et trouver de très nombreuses images numériques en ligne dans la base Joconde, catalogue collectif en ligne des collections des musées de France, ainsi que sur celui de l'agence photographique de La Réunion des musées nationaux. La possibilité de prendre des photographies apparaît donc comme une question relevant du fonctionnement quotidien des musées et monuments nationaux qui sont à même d'apprécier les questions de sécurité des collections et de confort de la visite, leur mise en cause pouvant les conduire à interdire les prises de vue par les visiteurs.*
> (question écrite n°81937 de M. Patrick Beaudoin au Ministre de la Culture et de la Communication, posée le 22/6/2010 et renouvelée le 12/10/2010 ; réponse du 8/2/2011 - *http://questions.assemblee-nationale.fr/q13/13-81937QE.htm*)

Malgré l'assurance de la réponse donnée, notons toutefois qu'il fallut à l'auteur de la question la renouveler (en juin puis octobre 2010) pour obtenir enfin, en février 2011, une réponse du ministre intéressé.

En outre, la seule argumentation juridique donnée est celle des nécessités du fonctionnement quotidien des musées, le ministre relevant que les collections peuvent être visionnées sur internet en basse définition. Cette réponse ne paraît toutefois pas suffisamment complète pour être satisfaisante.

ÉVOLUTION RÉCENTE

Au moment de terminer la rédaction de cet ouvrage fut portée à ma connaissance l'existence d'une *Charte des bonnes pratiques photographiques dans les musées et les monuments nationaux*, datant du 14 juin2013, et envoyée par la Direction Générale des Patrimoines aux différents Directeurs des musées et monuments nationaux.

Le préambule de cette charte insiste sur les difficultés actuelles, dans les termes suivants :

Liberté • Égalité • Fraternité
RÉPUBLIQUE FRANÇAISE

Ministère Culture Communication

Direction générale des patrimoines

Mesdames et Messieurs les Présidents,
Directeurs d'établissements publics
et des services à compétences
nationales des musées
et monuments nationaux

Paris, le 14 JUIN 2013

Le directeur général
DGP-DPP/DG/REF13/N° 132

Objet : Charte des bonnes pratiques photographiques dans les musées et monuments nationaux

P.J : La charte

182, rue Saint-Honoré
75033 Paris Cedex 01
France

Téléphone 01 40 15
Télécopie 01 40 15

1 - Durant l'année 2012, un groupe de travail rassemblant des représentants de l'administration centrale, des musées et des monuments nationaux et des publics s'est réuni pour :

✔ explorer l'ensemble des questions sous-jacentes à la double problématique de l'autorisation et de l'interdiction de photographier dans les lieux patrimoniaux ;

✔ poser les bases d'une charte de bonnes pratiques conciliant les logiques des établissements et l'horizon d'attente des publics.

Plusieurs réunions thématiques se sont ainsi tenues avec le concours de spécialistes et d'universitaires.

Enfin, le 8 mars dernier, une journée d'étude sur cette thématique s'est tenue au Louvre-Lens avec, en écho, la publication d'un ouvrage à la Documentation française[1].

2 - Le constat de cet important travail de réflexion démontre une diversification de la pratique photographique mais également une banalisation de l'acte photographique dans la vie quotidienne.

1 Sous la direction de S. Chaumier, A. Krebs et M. Roustan, *Les visiteurs photographes*, Paris, La Documentation française (collection Musées-Mondes), 2013.

Avec l'émergence du numérique et des nouveaux outils d'information et de communication, la démarche d'interdire la photographie génère de plus en plus souvent des sentiments d'incompréhension et de frustration de la part des publics et suscite de multiples conflits avec les équipes d'accueil et de surveillance, voire entre visiteurs.

Ces éléments ont conduit le groupe de travail à élaborer une nouvelle approche pédagogique de la prise photographique dans les lieux patrimoniaux qui s'appuie sur un engagement mutuel, d'une part, d'information et de transparence des motifs d'interdiction ou d'autorisation, et, d'autre part, de civilité des comportements de visite.

3 - Vous trouverez ci-joint les principes d'une charte de bonnes pratiques reposant sur ces engagements réciproques entre l'institution patrimoniale et le visiteur-photographe dont je vous propose l'application dans vos établissements.

De son côté, la Direction générale des patrimoines accompagnera la promotion de cette charte à travers une campagne de communication et la réalisation de visuels qui seront mis en ligne sur le site internet du ministère de la Culture et de la Communication et dont vous pourrez faire usage.

Vous remerciant par avance de votre collaboration, je vous prie de recevoir, Mesdames, Messieurs, l'expression de ma considération distinguée.

Nous pouvons en reparler à l'occasion [illegible] 13 juillet.

Vincent BERJOT

Copie :

Bertrand-Pierre Galey

Marie-Christine Labourdette

Isabelle Maréchal

Après cet exposé, la Charte contient douze engagements : sept du côté des photographes (dont il faut toutefois souligner qu'ils ne sont pas représentés dans le groupe de travail décrit au premier paragraphe du préambule), et cinq du côté des musées et monuments nationaux.

Les engagements des photographes sont les suivants :

CHARTE
DES BONNES PRATIQUES PHOTOGRAPHIQUES
DANS LES MUSÉES ET LES MONUMENTS NATIONAUX

Du côté du visiteur-photographe

Engagement n°1

Le visiteur désactive son flash dès l'entrée dans l'établissement.

Engagement n°2

Les prises de vue sont réservées à un usage strictement privé ainsi que leurs reproductions.

Engagement n°3

Le visiteur fait en sorte de ne pas gêner les autres visiteurs lorsqu'il utilise son matériel photographique (appareil photo, caméra, smartphone, tablette numérique, etc.) .

Engagement n°4

Photographiant, filmant ou posant pour une photo ou un film, le visiteur veille à ne pas porter atteinte à l'intégrité des œuvres.

Engagement n°5

Le visiteur évite de prendre une photographie d'un membre du personnel en tant que sujet principal identifiable sans son autorisation formelle.

Engagement n°6

Pour une prise de vue nécessitant l'apport de matériel supplémentaire (pied, éclairage), le visiteur fait une demande d'autorisation spécifique auprès de l'établissement en s'acquittant, le cas échéant, d'une taxe.

Engagement n°7

Si le visiteur diffuse et partage ses photos et films à l'extérieur de l'établissement, et plus spécialement sur Internet, il respecte le droit d'auteur et la vie privée des personnes, selon la législation en vigueur.

Rien d'anormal, donc, à ce stade, et il est évident que ces engagements font partie du bon sens de tout photographe respectueux. Ensuite, du côté des musées, les engagements - à suivre cette charte - seraient les suivants :

Du côté de l'établissement patrimonial

Engagement n°1: Règles juridiques & Règlement de visite

Une information claire concernant les dispositions réglementaires liées à la pratique photographique pour un usage non commercial dans l'enceinte de l'établissement sera mise à la disposition de tout visiteur.

Si des œuvres sont soumises à une interdiction de prises de vue, les motifs seront clairement exposés et communiqués.

Un argumentaire disponible *in situ* ou téléchargeable reposera sur des dispositions relevant :

- du pouvoir règlementaire du chef d'établissement,
- du droit de propriété littéraire et artistique,
- du droit du propriétaire de l'œuvre ou du bien exposés.

Le musée signataire s'engage à examiner toute demande écrite de dérogation et d' y répondre sous huitaine.

Ces diverses modalités figurent dans le règlement de visite

Engagement n°2 : Affichage & Signalétique

Le règlement de visite est affiché dans la zone d'accueil et sur le site internet de l'établissement.

Les articles du règlement de visite concernant la prise de vues sont disponibles sur simple demande ou téléchargeables.

Ils sont transcrits sous forme de pictogrammes normalisés, universels, compréhensibles de tous les publics et pour un confort de visite partagé.

Les pictogrammes font partie intégrante des éléments de la signalétique.

Ils sont repérables par un affichage à l'entrée de l'établissement, dans la zone d'accueil et tout au long du parcours de visite.

Ils sont présents sur tous les supports d'information ou de communication numérique.

Dans les cas qui sortent de la règle générale, une signalétique de renfort est apposée au seuil d'une zone spécifique.

Engagement n°3 : Formation des personnels face aux publics

Une action de formation sur les modalités spécifiques de la photographie avec une importante sensibilisation juridique aux divers droits applicables dans l'établissement est rendue obligatoire pour tout agent travaillant en présence des publics.

Ces personnels seront ainsi en mesure de répondre aux questionnements des visiteurs concernant les différentes dispositions figurant dans le règlement de visite et en particulier sur l'interdiction de l'usage du flash.

Engagement n°4 : Reproductions en version numérique disponibles sur le site internet

L'établissement met à disposition gratuitement sur son site internet des reproductions numériques de ses collections si possible d'une haute résolution avec mention claire des conditions d'utilisation pour l'usage privé du public et à des fins d'enseignement.

Engagement n°5 : Education artistique et culturelle

Dans le cadre du programme d'activités artistiques et culturelles de l'établissement, la pratique photographique sera proposée sous diverses formes (ateliers, conférences, école du regard, soirées thématiques, concours, etc).

L'établissement mettra en place des ateliers et des événements en relation avec des collectifs de passionnés, de photographes, d'artistes, de chercheurs, de Wikipediens, et plus généralement avec les sociétés d'Amis des musées.

Ces actions feront l'objet de valorisation sur le site internet et les réseaux sociaux de l'établissement.

Certains donateurs ayant conditionné leur don à une large diffusion, notamment à des fins d'éducation, ces œuvres sont susceptibles de faire l'objet d'une attention particulière en termes d'encouragement à la prise de vue.

Ce texte, qui paraît dans l'ensemble emprunt de bon sens, ne règlera sans doute pas tous les problèmes - à le supposer appliqué et respecté par tous, mais il est heureux qu'il existe et, surtout, que les engagements proposés aux musées et monuments nationaux ne soient pas teintés des développements contenus dans le dernier arrêt du Conseil d'État, relativement à des griefs de privatisation du domaine public. L'engagement d'assurer une formation du personnel parait aussi non seulement utile, mais incontournable au vu de la situation actuelle.

Reste donc à savoir comment, en pratique, cette charte sera reçue et appliquée par les différents établissements concernés.

PHOTOGRAPHIER DANS UNE GARE SNCF OU DANS LE MÉTRO

BASE LÉGALE

En droit, les gares de métro et de chemin de fer sont classées comme des *Établissements Recevant du Public* (E.R.P.) dans la catégorie des « gares accessibles au public ». Leur exploitation est régie par certaines dispositions du Code de la Construction et de l'habitation (Art. R-123-1 et suivants relatifs essentiellement aux mesures de préventions en matière d'incendie et diverses mesures en matière de sécurité des personnes), ainsi que par diverses lois prises plus récemment et à vocation strictement « sécuritaire ».

Mais en parcourant ces dispositions légales, on s'aperçoit qu'il n'est jamais fait expressément mention d'une interdiction de photographier, ni a fortiori de la base légale qui pourrait fonder une telle règle.

Sur le plan strictement légal, donc, il faudrait avoir accès, pour chaque réseau, aux notes internes de service ou aux arrêtés préfectoraux (qui à la décharge des exploitants sont, parfois, affichées dans les bâtiments).

EN PRATIQUE

Il faut donc, en pratique, examiner réseau par réseau, les règles applicables et, s'agissant du métro, les arrêtés applicables dans chacune des villes concernées. Ceci, bien sûr, ne simplifie pas la tâche du photographe, mais en substance les règles sont sensiblement identiques.

Les gares SNCF

Les règles sont identiques pour la SNCF dans la partie des gares accessibles au public. Les prises de vue dans ce que l'on nomme les « emprises de la SNCF » (dépôt, gares de triage, etc.) sont par contre interdites mais comme il ne s'agit pas de lieux ouverts au public, il sera difficile de passer outre cette interdiction.

> À un internaute qui, sur le site de la SNCF, posait la question de la possibilité de prendre des photos dans les gares, il fut répondu :
> *« Seul le droit commun et le respect d'impératifs de sécurité (ferroviaire notamment) fixent les modalités de prises de photos dans l'enceinte d'une gare. Si les prises de vues à caractère professionnel (presse, cinéma, etc.) sont subordonnées à une demande d'autorisation préalable auprès de SNCF et ce, afin notamment de nous permettre d'organiser le reportage photo dans l'enceinte d'une gare (par exemple), les photos prises par des particuliers (photographes amateurs) et dont l'utilisation est limitée au cadre strictement privé sont, quant à elles, autorisées sans formalité particulière dans les parties normalement accessibles au public.*
> *Cependant, compte tenu des particularités que revêt une gare en termes de sécurité tant de ses usagers que des circulations ferroviaires, l'utilisation de pieds, flashs ainsi que d'éclairage d'appoint est interdite.*
> *De la même manière, les photographes doivent impérativement et, en tout état de cause, respecter les règlements de sécurité ferroviaire applicables à la gare et notamment les interdictions d'accès aux emprises non ouvertes au public (passages de service, voies ...) et s'interdisent d'adopter un comportement susceptible de porter atteinte à leur intégrité physique (monter sur des échelles à proximité des caténaires par exemple). »*
> (Source : *http://questions.sncf.com/questions/305545-reglement-droit-de-photographier*)

Il n'y a donc pas de réglementation spécifique, ce que confirme l'auteur de cette réponse parlant au nom de la SNCF. Sur cette base, l'utilisation de trépieds ou des flashs ne devrait pas être interdite et je perçois mal le fondement de cette affirmation, qui ne pourrait en théorie se baser que sur un règlement particulier.

Les métros

Interrogés sur la questions, les sociétés exploitant les réseaux de métro des grandes villes apportent des réponses relativement semblables, et qui peuvent être résumées comme suit.

Il faut un accord préalable de l'exploitant pour toute prise de vue photographique ou cinématographique . L'interdiction de principe est ainsi édictée, par exemple, dans les dispositions suivantes.

Paris :
« Article 15 - Interdictions
/.../ 8 – de prendre des vues photographiques ou cinématographiques, sauf autorisation de la Régie. » (Art. 15 de l'Arrêté préfectoral du 9 décembre 1968 réglementant le réseau parisien du métro)

Marseille :
« Outre les interdictions posées par ailleurs par le présent règlement, il est interdit aux voyageurs, sous peine de contravention : /.../
3.2.1.17. D'effectuer des prises de son, filmer, photographier, le véhicules, enceintes, emprises, personnel d'exploitation et voyageurs, hors autorisation donnée par la RTM et dont la preuve devra pouvoir immédiatement être produite sur simple demande du personnel d'exploitation. » (Arrêté préfectoral modifié le 12/1/2012)

Lille :
« Article 07.02 - Interdictions
Il est interdit aux voyageurs : /.../ d'effectuer des prises de vues fixes ou mobiles ou des prises de sons à l'intérieur des rames ou des stations sans autorisation particulière de l'Exploitant. Toutefois, de telles activités peuvent être autorisées par l'Exploitant notamment aux conditions d'heures et d'emplacement qu'il fixera. » (Arrêté préfectoral modifié le 23/12/2003)

Lyon : Art. 20.10° de l'Arrêté préfectoral 2006/4257 du 21/7/2006

Certaines sociétés d'exploitation justifient cette obligation par des *« raisons évidentes de sécurité du photographe »*, comme ce fut le cas dans un mail de la RATP répondant à mon interrogation à ce sujet : *« Il s'agit de dispositions de police, justifiées par des raisons évidentes de sécurité du photographe (éventuelle nécessité d'une équipe de sécurité autour du matériel) et des voyageurs, les rails du métro étant électrifiés à hauteur de 750 volts. »* (extrait d'un mail du 19/4/2010 émanant du service de presse de la RATP)

La même RATP m'indiquait également que les aménagements des espaces du métro *« sont souvent protégés au titre de la propriété intellectuelle et leur reproduction doit de ce fait être autorisé e».*

Si tant est qu'un élément soit réellement protégé, cette dernière justification est en effet fondée. Mais pour l'essentiel, la prise de vue sans impact sur la circulation des rames (donc sans flash susceptible d'éblouir le conducteur, et sans provoquer la gêne ou un danger pour les usagers) ne devrait en théorie poser aucune difficulté, et je perçois mal le fondement de telles interdictions réglementaires.

Dans la pratique, de très nombreuses photos sont prises dans le métro, et aussi longtemps que l'on ne pose pas un trépied qui semble souvent synonyme, dans l'esprit des exploitants, d'une utilisation purement commerciale, les choses se passent en général très bien. Il n'en reste pas moins que face à un vigile qui viendrait exiger de cesser toute prise de vue, et qui opposerait l'un ou l'autre règlement intérieur ou municipal, vous vous retrouverez dans la même situation de pot de fer et de terre que celle évoquée à propos des musées.

PHOTOGRAPHIER DANS UN AÉROPORT

Relativement aux aéroports, tout sera à nouveau question de réglementation par les autorités des territoires sur lesquels sont implantées les installations. J'ai pu trouver à cet égard quelques informations concernant Roissy et Orly.

ROISSY - CHARLES DE GAULLE

Par un arrêté de novembre 2005 *« relatif à la police sur l'aéroport de Paris Charles de Gaulle »*, le préfet de la Seine-Saint-Denis a édicté un article 32 dont le contenu a suscité de très vives réactions dans certains espaces de discussion entre photographes.

> *« ARTICLE 32 - DISPOSITIONS GENERALES*
> *Il est interdit :*
> */.../ 4 - de procéder à des prises de vues commerciales, techniques ou de propagande, sauf autorisation spéciale délivrée dans les conditions suivantes : en zone publique dans les conditions fixées à l'alinéa précédent après information du Préfet, en zone réservée avec avis du Directeur de l'Aéroport et autorisation expresse du Préfet. Lorsque ces prises de vue concernent les dispositifs destinés à assurer la sûreté aéroportuaire, le Préfet prend avis des services de l'État (Direction de la Police aux Frontières, de la Douane et de la Gendarmerie des transports aériens). »*
> (Art. 32 de l'Arrêté n°05/4979 du Préfet de Seine-Saint-Denis)

Si les réactions que j'ai pu constater semblent s'indigner d'une violation totale à la liberté d'expression, force est toutefois de constater que cet article ne fait mention que des *« prises de vues commerciales, techniques ou de propagande »*.

Reste bien sûr à déterminer à partir de quand commence la « propagande » ou « l'utilisation commerciale », mais à strictement parler, ceci ne paraît pas empêcher que s'exerce, même au sein d'un terminal du plus grand aéroport de France, votre liberté d'expression artistique.

Parmi les multiples difficultés pratiques qui me sont souvent rapportées par les photographes, je n'ai encore entendu aucun cas survenu dans les aéroports, ce qui est même curieux, mais ne signifie pas bien entendu que tout se passe au mieux.

ORLY

En ce qui concerne à présent le second aéroport parisien, un guide nommé *Orly Facile*, disponible sur le site des Aéroports de Paris. Ce document fait mention d'un *Bureau des autorisations*, dont la mission est notamment de *« délivrer les autorisations d'activité et le cas échéant, enregistrer les demandes de désignation en tant que Fournisseurs Connus (FCO) pour toutes les entreprises exerçant une activité sur la plate-forme Paris-Orly. Organiser et accompagner les prises de vue commerciales (films de fiction, documentaires, photos publicitaires, clips etc.) et autres visites sur la plateforme »*. (*www.aeroportsdeparis.fr/ADP/Resources/11a61e5a-efe2-4045-b250-f613038deb4b-ORLYFACILE2013.pdf*)

À nouveau, il n'est donc fait mention que des prises de vues commerciales (cette notion incluant ici les tournages de films de fiction). Je crois donc possible d'affirmer qu'en théorie du moins, des photographies dans le cadre d'un travail artistique devraient pouvoir se dérouler sans trop de difficulté.

LES AUTRES AÉROPORTS

Pour tous les autres aéroports, il est probable que les prises de vues à usage professionnel devront nécessairement faire l'objet d'une autorisation préalable.

Cela étant, la pratique montre que les photos faites à la volée (donc toujours sans l'incontournable trépied qui fait réagir les vigiles) ne poseront sans doute pas de difficulté, du moins aussi longtemps que le photographe s'abstiendra de se planter devant un portique de sécurité.

PHOTOGRAPHIER DANS UN CIMETIÈRE

La question se pose souvent du droit de photographier dans un cimetière. La question peut à nouveau être abordée sous différents angles.

EXISTENCE D'UN RÈGLEMENT AFFICHÉ DANS LE CIMETIÈRE

La réglementation concernant la gestion des cimetières est contenue dans le Code des Collectivités territoriales, qui accorde aux maires le pouvoir de régler la « police » des lieux de sépulture (Art. L2213-8 et suivants du Code des Collectivités territoriales). Pas un mot bien sûr, dans des dispositions d'une telle généralité, de la question des prises de vues, et cela est bien normal. Il semble en outre, d'après les sources que j'ai pu trouver, que s'il est vivement conseillé aux maires de France de prendre des arrêtés réglementant l'accès aux cimetières, tous ne l'ont pas fait.

Le siège d'une éventuelle restriction ou interdiction sera donc à rechercher dans les arrêtés pris en exécution de ce pouvoir réglementaire du maire, et dès lors il pourrait y avoir autant de dispositions différentes que de cimetières sur le territoire. Un «modèle type» de règlement, proposé aux maires ne fait quant à lui aucune mention de la question des prises de vues.
Il faudra dès lors se référer, cimetière par cimetière, à chaque règlement, en espérant qu'il soit affiché ou facilement accessible.

LE DROIT AU RESPECT DE LA VIE PRIVÉE

Selon les circonstances et le contexte de la diffusion de l'image, la reproduction d'un monument funéraire peut éventuellement être constitutive d'une violation de la vie privée. Mais à cet égard, le tribunal saisi devra apprécier précisément en fonction des éléments du dossier.

Je n'ai trouvé qu'une seule jurisprudence à cet égard, dans l'affaire détaillée ci-dessous.

Suite à un fait divers tragique dans le cadre d'un conflit de voisinage, un homme avait perdu la vie, abattu par son voisin, d'un coup de feu mortellement placé. Un magazine à scandale friand d'enquêtes judiciaires avait ensuite publié un article illustré notamment d'une photographie de la

> maison du défunt, ainsi que d'une sépulture présentée comme celle de la victime. Sa famille avait attaqué l'éditeur sur base des articles 9 (respect de la vie privée) et 1382 (responsabilité civile extracontractuelle) du Code civil. La veuve, commerçante, arguait en outre de ce qu'elle avait dû arrêter son activité professionnelle suite à la parution de la photographie.
> Le TGI de Grenoble, saisi en première instance avait considéré dans un jugement du 8 décembre 2008 que la demande n'était pas fondée, faisant apparemment droit à l'argumentation de l'éditeur, fondée sur le droit à l'information (je n'ai pas la copie du premier jugement). Quelques éléments de l'arrêt semblent en outre indiquer que le l'épouse et les enfants du défunt ont alors interjeté appel. Ceci amena la Cour d'appel de Grenoble à réformer le jugement, en rappelant qu'il appartient au juge de concilier la liberté d'expression avec le droit de chacun au respect de sa vie privée, et en relevant que *« l'action (des appelants) fondée en fait non pas sur un abus de la liberté d'expression, mais sur une atteinte à leur droit à l'image et à leur vie privée »* était tout à fait recevable.
> Le jugement est donc déjà réformé sur ce point, ce qui permet à la cour d'évoquer les éléments de fait, et les conséquences que la publication de ces photos avaient pu avoir sur la vie privée des plaignants.
> Sur la photo de la sépulture, tout d'abord, la cour relève que la tombe photographiée de loin n'est pas clairement celle du défunt et qu'en cela, elle ne porte pas atteinte à la vie privée d'autant plus qu'elle est recouverte de fleurs, ce qui témoigne de l'affection que le défunt suscitait. Sur ce point précis, aucune atteinte n'est donc établie.
> Il en alla différemment quant à la maison de la famille de la victime.
> (CA Grenoble, 11/10/2011, RG 09/01390)

C'est donc dans ce cas l'incertitude quant au fait que la tombe photographiée était bien celle de la victime qui a amené cette décision de la cour. Mais dans un cas contraire, si la tombe est suffisamment identifiée, il y a donc une possibilité de condamnation.

LE DROIT D'AUTEUR

Reste enfin la possibilité que la tombe elle-même, ou une partie du monument funéraire, soit l'œuvre d'un créateur. À ce titre, et tout comme l'architecte, il faudra alors respecter le droit de propriété intellectuelle du créateur. Je renvoie à cet égard aux développements concernant les biens faisant l'objet d'un droit d'auteur.

Selon que l'auteur sera en vie ou décédé, et dans ce dernier cas, depuis plus ou moins de soixante-dix ans, les obligations varieront. Et par ailleurs, la tombe pourra, tout comme un autre monument, figurer à titre accessoire sur une vue plus large.

LES MARQUES, DESSINS, MODÈLES ET LEURS SIGNES DISTINCTIFS

Les marques sont partout, impossible de capter un paysage emprunt de la marque de l'homme sans qu'un sigle distinctif apparaisse d'une façon ou d'une autre. Faut-il dès lors s'inquiéter des conséquences de toute apparition du logo d'une marque dans nos photos ? Nous avons vu plus haut le cadre général des situations dans lesquelles la reproduction d'un dessin ou modèle ou d'une marque pourrait être répréhensible. Dans les deux cas, il ne suffit plus d'une « reproduction ». Il faut une « atteinte » aux droits du titulaire de la marque, du dessin ou du modèle.

Voyons à présent un exemple dans lequel la jurisprudence a considéré qu'il y avait atteinte, et un autre dans lequel, au contraire, l'utilisation d'un ou plusieurs signes distinctifs n'a pas été sanctionné.

Utilisation d'une marque de nature à porter atteinte à son titulaire

Une illustration de l'atteinte qui peut être reconnue à l'image d'une marque a été donnée dans l'affaire suivante.

Dans le cadre d'un litige entre une marque de luxe et une société de ventes en solde sur internet, différents griefs étaient invoqués par la première à l'encontre de la seconde. Parmi ceux-ci figurait un reproche lié à la vente, sur le site de la seconde, de produits de la marque de luxe à prix bradés. L'image de ces produits était montrée, associée à un thermomètre avec des pourcentages de réduction à côté d'autres marques . La société titulaire de la marque invoquait le fait que cette forme de vente nuisait au standing élevé du réseau de distribution exclusif qu'elle avait mis en place auprès de distributeurs sélectionnés. Sur ce point, le tribunal a donné raison à la demanderesse dans les termes suivants :

« Attendu que la société demanderesse estime que les agissements de la société /…/ portent gravement atteinte à son image de marque par l'utilisation de son image d'une part dans le cadre de ventes à des prix bradés 'dans un contexte de déstockage de produits en contradiction directe avec ses axes de conditionnement de haut luxe', d'autre part dans la rubrique intitulée « La Fièvre des marques », en association avec des taux de réduction de prix dans un thermomètre dans les graduations sont remplacées par diverses marques, et enfin « dans un environnement de marques ne correspondant pas au respect de l'image de qualité et de luxe de ses produits » ;

qu'en effet, si la vente à un prix inférieur n'est pas, dans un contexte de liberté des prix et de la concurrence, en elle-même constitutive d'une faute, l'apposition dans un message publicitaire du (sigle distinctif visé) associé à un thermomètre avec des pourcentages de réduction aux côtés d'autres marques, quand bien même elles relèvent du même domaine d'activité, est de nature à porter atteinte à l'image de la (demanderesse), laquelle justifie, en produisant notamment sa charte de distribution sélective, entendre se positionner sur le marché du luxe et des produits haut de gamme. »
(TGI Paris, 22/1/2010, RG 08/17100)

C'est donc l'utilisation du signe distinctif de la marque sur un site ne correspondant pas au positionnement de produit de luxe qui a entrainé la condamnation, et l'adjonction du symbole de thermomètre pour indiquer la baisse de prix, graphisme peu adapté au standing du produit selon le fabricant, suivi en cela par le tribunal.

Utilisation autorisée d'une marque

Dans un litige opposant le diffuseur de cassettes vidéo de massages thérapeutiques (dont il sera question plus en détail dans la partie consacrée aux autorisations d'image), une plaignante avait utilisé le logo d'une société pour qui elle avait travaillé afin d'illustrer son CV déposé sur Internet. La société en question, avec laquelle elle était en effet en conflit, sollicitait dans le cadre de la procédure qu'elle soit condamnée à cesser toute utilisation dudit logo. Mais elle ne fut pas suivie à cet égard (et ce alors que le reste de sa demande fut rejeté quant à son propre droit à l'image).
Le tribunal s'exprima en ces termes :

« Attendu que la société d'édition /.../ sollicite que Mme /.../ retire de sa page Facebook la mention de la marque /.../ ; attendu que la page Facebook de Mme /.../ mentionne sur 12 lignes la liste des sociétés pour lesquelles elle a travaillé; Attendu que la société d'édition /.../ ne précise pas en quoi le curriculum vitae de Mme /.../ figurant sur sa page Facebook constitue une atteinte à la marque ; que la société d'édition doit donc être déboutée de ses demandes. »
(TGI Paris, 8/2/2013, RG 12/59660)

LES PHOTOGRAPHIES AÉRIENNES

Qu'en est-il des photos aériennes ? Les règles sont-elles exactement identiques lorsqu'il s'agit de les diffuser ? Deux aspects doivent être abordés pour ce qui est de la photographie aérienne. En amont tout d'abord, avant les prises de vue, puisque des normes administratives sont venues renforcer l'arsenal. En aval ensuite, quant à la diffusion de la prise de vue, au regard du droit à l'image ou du droit au respect de la vie privée et en fonction du sujet de ces images.

EN AMONT : LA RÉGLEMENTATION RELATIVE AUX PRISES DE VUE AÉRIENNES

Liberté de principe des prises de vue aériennes hors certaines zones

Avant de penser à diffuser des photographies aériennes, il faut pouvoir les prendre. Depuis plusieurs décennies, le législateur pose les principes généraux en matière de prises de vues aériennes. Nous examinerons le détail de ces normes dans le chapitre relatif aux images réglementées, mais gardez à l'esprit que le principe est celui de la liberté des prises de vue, sous réserve de certaines zones définies par le Code de l'aviation civile (cf. *Chapitre 4 - Les images interdites ou réglementées*).

Réglementation des aptitudes des pilotes

Par ailleurs, l'inflation réglementaire, les impératifs sécuritaires et l'évolution technologique ont conduit à l'apparition de nouvelles normes, dictées notamment par la profusion de photographes ou sociétés faisant commerce des images prises à l'aide de drones.

J'examinerai également ces règles dans l'énumération des règles normatives spécifiques, au chapitre suivant. Retenez à ce stade qu'il existe des obligations de justification de compétences pour les prises de vue réalisées tant à partir d'aéronefs habités (ULM, avion, hélico, etc.) qu'à l'aide d'aéronefs télécommandés (les drones). On ne s'improvise donc plus « pilote de drone » du jour au lendemain. Et du côté des engins plus classiques, embarquer un photographe professionnel pour des prises de vue sans pouvoir justifier des compétences nécessaires (validées administrativement) peut mettre en danger la licence du pilote.

EN AVAL : LA DIFFUSION AU REGARD DU DROIT À L'IMAGE

Pour le surplus, les possibilités de diffusion des photographies aériennes lorsque celles-ci représentent des biens - voire des personnes - sera réglée exactement de la même façon que ce que nous avons évoqué jusqu'à présent.

Les photos aériennes représentant des personnes

Cette section sera brève. D'une part, parce que nous sommes dans le chapitre relatif aux photos des biens, mais d'autre part, et surtout, parce que la question avait déjà été évoquée lorsqu'il était question de photographies de paparazzi dans un lieu privé.

Il est en effet évident que si la technique de prise de vue aérienne sert en réalité à permettre d'obtenir des photographies d'occupants d'un lieu privé, l'affaire s'analysera très simplement au regard de la loi pénale. Et il est probable que l'utilisation de la technique aérienne amène à une sévérité croissante au moment de fixer soit la peine (puisqu'il s'agit de procédure pénale) soit à tout le moins l'indemnisation des parties civiles. Si les prises de vue sont effectuées pour des personnes se trouvant sur la voie publique, l'éventuel litige se règlera de la même manière que pour des photos prises, plus classiquement, à partir du sol.

Les photos aériennes représentant des biens

Je n'ai pas trouvé de jurisprudence postérieure à 2004 et mettant en cause des parties en litige à propos de l'image aérienne d'un bien. Cela étant, il me semble possible d'affirmer qu'un tel litige serait réglé exactement de la même manière que pour des photos prises à partir du sol : dans la mesure où le propriétaire du bien (voire son occupant) parvient à démontrer que l'utilisation de l'image lui cause un trouble anormal, il sera droit d'obtenir une indemnisation en fonction du préjudice démontré.

Je ne vois pas à ce stade ce qui justifierait une différence de traitement par rapport aux photos prises au sol.

LE STREET-ART

Le « street-art » comme on le nomme aujourd'hui, les « graffitis » jadis, acquiert peu à peu ses titres de noblesse dans le monde de l'art. Et ce qui n'était au départ qu'une activité clandestine se voit aujourd'hui exposé en galeries d'art, pour le plus grand bonheur de tous. Dans le même temps, les juridictions ont alors vu surgir les litiges que les auteurs de ces fresques n'osaient jadis pas soulever. Restait à déterminer le statut de ces œuvres et la façon dont il est possible d'en diffuser les photographies.
La première question à se poser fut alors, historiquement, celle de savoir si les auteurs de ces fresques disposaient des mêmes droits que ceux d'une œuvre plus classique. La réponse à cette question dégagée, il sera alors possible d'en déduire les conséquences légales : si les œuvres exposées à la vue de tous confèrent à leurs auteurs les mêmes droits que toutes les autres créations artistiques, il faudra régler la question de la photographie de ces œuvres comme on le fait pour toute autre photo représentant un bien lui-même soumis à un droit de propriété intellectuelle. Dans le cas contraire, sa reproduction serait libre. Voyons donc ces questions dans cet ordre.

STREET ART ET DROIT D'AUTEUR DES CRÉATEURS

Les termes du Code de la Propriété Intellectuelle

Le Code de la Propriété intellectuelle prévoit, rappelons-le, que l'auteur d'une œuvre de l'esprit jouit, du seul fait de la création de celle-ci, des droits conférés par le Code, et ce quel qu'en soit le genre, la forme d'expression, le mérite ou la destination (Art. L112-1 du CPI). Le fait qu'une œuvre soit créée sur un mur ne devrait donc en rien modifier la situation de son créateur, par rapport aux artistes travaillant sur des supports plus classiques.

Un artiste contemporain, exerçant sous le pseudo *Space Invaders* reproduisait les célèbres vaisseaux du jeu Atari *Space Invaders* pour *« les faire sortir de l'écran »* et transformer les villes en grandes aires de jeu vidéo. Ses créations étaient faites de carreaux de piscine *« de différentes couleurs, scellés aux murs par du ciment »*, et envahissaient peu à peu différentes villes et différents continents.
S'apercevant que des œuvres identiques décoraient le show room d'un point de vente ouvert par un grand constructeur automobile sur les Champs

Elysées, l'artiste avait attaqué celui-ci en contrefaçon de ses droits d'auteur.
Le défendeur arguait d'un défaut d'originalité des pictogrammes pour contester toute protection de ceux-ci par le Code de la propriété intellectuelle.
L'auteur, de son côté, indiquait avoir créé *« des centaines de formes nouvelles »*, et indiquait que le matériaux utilisé pour ses créations contribuait à leur conférer le caractère d'originalité.
Le tribunal, même s'il déboute le demandeur en relevant que les décorations du show room ne sont pas réalisées en mosaïques, admet le principe de la protection par le Code de la Propriété intellectuelle :
« Il s'avère que si les idées sont de libre parcours, toute œuvre constituant la réalisation d'une idée et portant l'empreinte personnelle de l'auteur est protégeable, et quels qu'en soient le genre, la forme d'expression, le mérite ou la destination selon les termes de l'article L112-1 du Code de la Propriété intellectuelle. »
En d'autres termes, il n'y a pas dans ce cas précis de contrefaçon, mais le grief de parasitisme est retenu à charge du constructeur, qui a utilisé l'effet de mode des graffitis créés par le demandeur pour servir sa propre entreprise commerciale.
(TGI Paris, 14/11/2007, RG06/12982)

Dans une affaire concernant le magazine *Graff It !* dont il sera question plus loin dans cette section, la Cour d'Appel de Paris a confirmé le caractère d'œuvre d'art des graffitis.

Le magazine *Graff It!* avait publié une série de photographies de trains ayant eux-mêmes été *« décorés »* par des tagueurs. Les photographies étaient publiées sans texte d'accompagnement (ce qui aura son importance), les cadrages montrant les graffitis eux-mêmes, bien plus que les wagons. La SNCF avait attaqué l'éditeur du magazine, au titre de son droit à l'image sur les biens photographiés (les wagons), mais c'est au final une décision de débouté qui fut rendue par la Cour d'Appel de Paris.
Celle-ci, après avoir rappelé que le propriétaire d'une chose ne dispose pas d'un droit exclusif sur l'image de celle-ci et ne peut s'opposer à son utilisation que si elle lui cause *« un trouble anormal »*, examine donc si,

en l'espèce, la SNCF peut se prévaloir d'un tel trouble.
À cette question, la cour répond toutefois par la négative en relevant tout d'abord que la SNCF ne démontrait pas que cette publication constituait en elle-même une incitation aux dégradations, du fait notamment de l'absence de commentaire à proximité des photographies. Elle notait également que selon la SNCF elle-même, le nombre de tags avait diminué en 2002, sans donner de statistiques pour les années ultérieures. Enfin, la cour estima que la SNCF ne démontrait pas de lien de causalité direct entre ces clichés et des frais de nettoyage des trains taggués, d'autant plus qu'il s'agissait de trains allemands qui n'étaient pas sa propriété.
En conséquence, la cour considérant que ces revues d'informations sur les graffitis avaient essentiellement pour objet d'être le témoin de l'art dans la rue a débouté la SNCF, son « trouble anormal » ne pouvant être invoqué qu'à l'égard des tagueurs, et non de l'éditeur des photographies représentant l'œuvre terminée.

Sur le fait que ces œuvres sont bien à ranger dans la catégorie artistique, la cour indique :
« Que ces photos sont insérées dans des pages sans texte et donc sans légende incitative, illustrées par de très nombreuses photos de tags, collées les unes aux autres; que certaines de ces pages ne sont pas en majorité consacrées à des photos de trains tagués ;
que les wagons reproduits ne le sont que de façon accessoires, c'est-à-dire comme supports d'œuvres éphémères, les graffiti, qui, eux, sont reproduits de façon principale ;
/…/ considérant par ailleurs que le mouvement « graff » est né il y a environ quatre décennies sur tous supports dont des trains et avant même qu'une presse spécialisée soit née; qu'il est reconnu à la fois comme phénomène de société et comme mode d'expression artistique; que des expositions ont présenté des maquettes de wagons recouverts de tags; qu'à de nombreuses reprises, bien avant 2002, des revues généralistes et des quotidiens ont consacré des articles au phénomène « graff » en les illustrant, entre autres, par des photographies de trains tagués. »
(CA Paris 27/9/2006, RG 04/22.251)

Caractère pénalement répréhensible

Par contre, ne perdons pas de vue que dans une majorité des cas, l'activité de l'auteur de la fresque est elle-même illégale.

« La destruction, la dégradation ou la détérioration d'un bien appartenant à autrui est punie de deux ans d'emprisonnement et de 30.000 euros d'amende, sauf s'il n'en est résulté qu'un dommage léger.
Le fait de tracer des inscriptions, des signes ou des dessins, sans autorisation préalable, sur les façades, les véhicules, les voies publiques ou le mobilier urbain est puni de 3750 euros d'amende et d'une peine de travail d'intérêt général lorsqu'il n'en est résulté qu'un dommage léger. »

Bien sûr, il existe des cas - heureusement de plus en plus nombreux - où le propriétaire du mur lui-même commande la fresque à l'artiste, de telle sorte que celui-ci n'encourt plus les risques d'une condamnation pénale puisqu'il dispose de l'autorisation visée dans cet article.
Mais dans tous les autres cas, et du seul fait de sa création faite sur le mur d'autrui sans y avoir été autorisé, « l'artiste de rue » encourt une condamnation pénale.

Pour cette raison, il est donc évident qu'il n'aura pas tendance à vouloir faire entendre et protéger ses droits devant un tribunal. Et quand bien même le ferait-il, le juge devrait déclarer sa demande non recevable, sur base d'un principe de droit selon lequel *« nul ne peut invoquer sa propre turpitude »*. Cette formule - qui gagnerait sans doute à être modernisée - signifie comme vous l'aurez compris que nul ne peut agir en justice s'il invoque, au titre de fondement à sa demande, un acte qui est lui-même illégal.

Les conséquences de cet état de fait

C'est précisément le caractère à priori illégal des graffitis qui a entraîné la décision rendue dans l'affaire suivante.

L'éditeur d'un magazine consacré à cet art urbain (*Graff It*) avait demandé à la Commission Paritaire des Publications et agences de presse un certificat d'inscription qui lui avait été refusé au motif précisément qu'elle avait pour objet de valoriser cette forme d'expression artistique.
L'éditeur avait alors porté le litige devant les juridictions administratives et ce jusqu'au Conseil d'État qui a toutefois considéré :
« Considérant qu'aux termes de l'article 322-1 du code pénal : Le fait de tracer des inscriptions, des signes ou des dessins, sans autorisation

préalable, sur les façades, les véhicules, les voies publiques ou le mobilier urbain est puni de 3 750 euros d'amende et d'une peine de travail d'intérêt général lorsqu'il n'en est résulté qu'un dommage léger ; que les articles 322-2 et 322-3 du même code prévoient des peines aggravées lorsque de telles inscriptions ou dessins sont apposés sur certains bâtiments ou effectués dans des circonstances particulières ;
considérant qu'en se référant à ces dispositions du code pénal la commission a nécessairement entendu viser la pratique des graffitis réalisés sur des supports non autorisés ; qu'ainsi la société requérante n'est pas fondée à soutenir que celle-ci a méconnu la portée des dispositions susmentionnées du code pénal et commis une erreur de droit ;
considérant qu'il ressort des pièces du dossier, et notamment du numéro 3 de la revue Graff It de l'année 2002, que cette publication, qui est principalement consacrée à la pratique du graffiti, comporte des articles et des photographies présentant sous un jour favorable des graffitis réalisés sur des supports non autorisés ; que ces éléments sont susceptibles d'inciter les lecteurs de cette publication à commettre les délits réprimés par les dispositions précitées du code pénal ; qu'il suit de là que la commission paritaire des publications et agences de presse n'a pas fait une fausse application des dispositions précitées de l'article 72 de l'annexe III au code général des impôts et de l'article D. 18 du code des postes et télécommunications en estimant que la publication Graff It ne pouvait être regardée comme présentant un caractère d'intérêt général quant à la diffusion de la pensée au sens des dispositions susmentionnées ;
considérant qu'il résulte de tout ce qui précède que la société Graff It Productions n'est pas fondée à demander l'annulation de la décision du 21 janvier 2003 par laquelle la commission a rejeté son recours gracieux. » (CE, 10 mars 2004, N°255284)

En d'autres termes, impossible selon la cour administrative suprême d'attribuer un numéro d'inscription à un magazine dont le sujet était de promouvoir une activité par nature illicite. Il ne s'agissait pas dans cette affaire, pour la société demanderesse, de revendiquer un droit d'auteur, et en cela l'arrêt du Conseil d'Etat ne permet pas de trancher ce conflit de normes. Mais il démontre que le caractère bien souvent illicite qui sous-tend ces créations a des conséquences sur les droits que l'on veut en déduire.

LE STREET ART OBJET DES PHOTOGRAPHIES D'AUTRUI

Partant du postulat que le « street art » - qu'on le qualifie ou non « d'œuvre éphémère » - est donc bien accessible à la protection accordée par le Code de la Propriété intellectuelle, la question de savoir s'il peut apparaître sur la photographie ou la séquence filmée prise par un tiers sera réglée exactement de la même manière que ce que nous avons vu pour les autres types d'œuvres :

- toute image sur laquelle le graffiti apparaît comme sujet principal nécessitera, pour sa diffusion, un accord du tagueur ;
- si par contre le graffiti ou la fresque murale n'est qu'un élément d'un décor plus large, on appliquera la « théorie de l'accessoire » (ou « de l'arrière-plan ») pour autoriser la diffusion des images dérivées.

L'illustration en fut donnée dans les deux exemples suivants, l'un pour un lieu public en plein air (le décor d'une ville), le second pour un lieu accessible au public (une piscine).

Sur ce dernier point, deux juridictions ont été amenées à se prononcer dans des circonstances très comparables.
Dans la première affaire, un long métrage tourné à Marseille avait utilisé comme fond de générique, sous le titre du film, une fresque murale réalisée par quatre artistes membres de l'ADAGP, une société de perception de droits collectifs dans le domaine des arts graphiques et plastiques. Celle-ci avait alors assigné le producteur du film pour faire reconnaître les droits de ses adhérents et ce devant le Tribunal d'Instance. Celui-ci l'avait déboutée des demandes, de telle sorte que cette société d'auteurs avait interjeté appel.
La plaignante, au nom des quatre artistes, invoquait la reproduction illicite de la fresque pendant l'essentiel du générique du film, en indiquant que celle-ci ne présentait aucun lien nécessaire avec l'intrigue du film. Le producteur, de son côté, relevait que la fresque se trouvait sur le domaine public et n'était qu'accessoire par rapport au sujet principal du film.
La Cour d'Appel de Paris a tranché en faveur du producteur, en considérant que le droit d'auteur des créateurs et l'interdiction de principe de toute reproduction non-autorisée devaient se concilier avec *« le principe de la libre reproduction des paysages »*. La Cour poursuivait en précisant *« qu'il ressort de la projection du film à laquelle il a été procédé par la cour que si, effectivement, la fresque murale litigieuse apparaît quelques instants en*

arrière plan lors du générique, en début de film, celle-ci n'en est ni le sujet général, ni celui d'une scène particulière; qu'elle ne constitue qu'un élément d'un paysage de la ville de Marseille librement offert au public. »
(CA Paris, 14/9/1999, D. 1999, AJ54)

Dans la seconde affaire, deux artistes avaient réalisé une fresque en trompe l'œil sur toile, laquelle constituait le décor unique d'une piscine construite dans une tour de La Défense. N'ayant pas cédé leurs droit sur l'œuvre, ils reprochaient aux producteurs d'un film dont l'une des scènes se déroulait à cet endroit d'avoir diffusé ces prises de vues sans leur autorisation, violant ainsi leur droit d'auteur. Le producteur faisait valoir de son côté que la piscine était un lieu public, et que le décor, là-encore, n'était que l'accessoire de l'intrigue. Pour départager les protagonistes, le tribunal va alors visionner la scène dans laquelle la fresque apparaît et retient *« que la fresque (des demandeurs) sert de toile de fond d'une scène d'une durée de 1 minute et 5 secondes du film /…/, tournée à la piscine de l'Aqua Espace ;*
attendu que ladite scène est elle-même divisée en plusieurs séquences se succédant très rapidement, au cours desquelles les deux acteurs, /…/ et /…/ s'exercent sur des appareils de musculation ; attendu que la caméra, tantôt filme la scène dans son ensemble, les acteurs étant respectivement à droite et à gauche de l'écran, tantôt va rapidement de l'un à l'autre et fait des plans rapprochés, plus longs, successivement sur chacun des acteurs ou sur les deux ensemble, lorsque /…/s'accoude à l'appareil de /…/ ;
attendu que ce n'est qu'au cours de scènes d'ensemble, qui sont les plus fugitives, ou lorsque la caméra va rapidement d'un acteur à l'autre, que l'on voit nettement le décor de la piscine, c'est -à-dire une partie de la fresque des (demandeurs) dans le fond et l'eau de la piscine sur le devant de l'écran;
attendu que la fresque en cause est ainsi située dans un lieu accessible au public, ce qui n'est au demeurant pas contesté ; attendu qu'elle ne constitue qu'un élément accessoire de décor, le sujet principal étant les deux personnages qui échangent des propos pseudo-intellectuels en s'acharnant avec vigueur sur les appareils de musculation, l'accent étant mis par le metteur en scène sur l'opposition entre leurs réflexions et leurs efforts physiques pour provoquer un effet comique ; attendu que l'attention du spectateur n'est en aucune façon attirée sur la fresque des demandeurs, laquelle n'apparait jamais en totalité sur l'écran, ainsi que ceux-ci le reconnaissent, et sur laquelle la caméra ne s'attarde pas. »
(TGI Nanterre, 12/11/1997, D. 1999 somm. 119)

LES DROITS DU PROPRIÉTAIRE DU MUR

Enfin, un dernier aspect doit être évoqué même s'il sort quelque peu de la question des photographies représentant le graffiti. En effet, une fois reconnue l'existence d'un droit de propriété intellectuelle de l'auteur des graffitis, celui-ci dispose, comme on l'a vu, de l'ensemble des prérogatives accordées par le Code de la Propriété Intellectuelle. Que se passerait-il dans ce cas si le propriétaire du mur, arguant de cette qualité, se mettait en tête d'en extraire l'œuvre (en raison par exemple de la notoriété du tagueur) pour l'exposer, la vendre et/ou la reproduire ?

Nous entrons là dans la sphère du droit d'auteur, mais cette question est la suite logique des premières que nous avons abordées, et se réglerait sans aucun doute à l'aide de l'article L111-3 du Code de la Propriété intellectuelle, selon lequel le propriétaire du support matériel n'est investi d'aucun des droits de propriété intellectuelle sur l'œuvre qui y est représentée.

Pour en revenir au graffiti, le propriétaire du mur n'a donc, très logiquement, aucun droit d'en extraire l'œuvre pour la reproduire ou l'exposer sans l'accord de l'artiste. Et si ce cas de figure vous paraît fantaisiste, sachez que la question s'est toutefois posée en février 2013. Une œuvre du célèbre tagueur Banksy, représentant un petit garçon occupé à coudre une guirlande de petits drapeaux anglais s'est vue extraite du mur sur lequel elle avait été réalisée, puis exposée dans une galerie d'art américaine, sans l'accord de l'auteur. Je n'ai pas connaissance d'une procédure qui aurait été introduite à ce sujet, mais cela ne signifie pas qu'elle n'ait pas eu lieu. En tout état de cause les règles appliquées seront alors celles du droit anglo-saxon, l'auteur et le mur se trouvant dans un quartier de Londres (*http://fr.wikipedia.org/wiki/Slave_Labour*).

Mais en droit français, un litige de ce genre devrait se résoudre en faveur de l'auteur du graffiti. Nous verrons cela ultérieurement plus en détails dans le cadre d'un futur ouvrage sur le droit d'auteur.

CHAPITRE 4

LES IMAGES INTERDITES OU RÉGLEMENTÉES

LES PRINCIPES

Au début de cet ouvrage, je vous proposais un aperçu des principales dispositions légales qui, soit autorisaient la diffusion d'images, soit au contraire étaient de nature à s'y opposer ou à restreindre les libertés. Ce schéma se présentait comme suit.

Comme je l'indiquais à ce moment, l'énumération était générale de façon à bien appréhender le cadre global des conflits de normes qui peuvent se présenter entre les principes fondamentaux. À ce stade de l'ouvrage, nous avons longuement évoqué la façon dont ces différents principes généraux doivent se combiner ou, parfois, le fait que leur agencement reste source de difficultés.

À présent que cette vue générale est - je l'espère - assimilée, je peux y greffer différentes réglementations plus spécifiques. Il n'existe pas toujours de jurisprudence à leur sujet, et le but à ce stade est essentiellement de les énumérer, pour que le panorama dressé soit aussi complet que possible.

Il existe en effet de multiples règles - déjà abouties ou encore en projet - dont il me parait utile d'énumérer les principaux exemples. Il est probable que la liste ne soit pas exhaustive, tant ces règles peuvent être disséminées (et parfois bien cachées) au cœur d'autres dispositions légales auxquelles on ne pense pas forcément.

En voici donc une énumération, commentée lorsque cela s'avère nécessaire, et livrées brutes lorsqu'elles parlent d'elles-mêmes. Dans le panorama législatif que je proposais en début d'ouvrage, ces règles peuvent donc se placer à droite du schéma.

LE CADRE LÉGAL GÉNÉRAL DU DROIT À L'IMAGE

Les règles qui autorisent la diffusion d'une image

Liberté d'expression (y compris artistique)

- Art. 11 de la Déclaration des Droits de l'Homme et du Citoyen (France)
- Art. 10 de la Convention de Sauvegarde des Droits de l'Homme et des Libertés Fondamentales (Conseil de l'Europe)
- Art. 19 de la Déclaration Universelle des Droits de l'Homme (Nations Unies)

Liberté de la presse (droit à l'information)

Loi du 29 juillet 1881 sur la liberté de la presse

Les règles qui pourraient s'opposer à la diffusion d'une image

Dispositions générales

- Art. 9 al. 1er du Code civil : droit au respect de la vie privée (France)
- Art 8 de la Convention de Sauvegarde des Droits de l'Homme et des Libertés Fondamentales : vie privée (Conseil de l'Europe)
- Art. 16 du Code civil : droit au respect de la dignité de la personne humaine (France)
- Art. L226-1 du Code pénal : protection des images captées dans un lieu privé (France)

Le droit à l'image sur les biens

Fondement le plus souvent invoqué : Art. 544 du Code civil

D'autres fondements ont été proposés, comme nous le verrons.

Les conflits avec le droit de la **Propriété intellectuelle**

- **Droit d'auteur** du créateur d'une oeuvre représentée sur l'image (Art. L111-1 et suivants du Code de la propriété intellectuelle)
- **Droits voisins** des artistes-interprètes sur leur interprétation (Art. 211-1 et suivants du Code de la Propriété intellectuelle)

Dispositions spécifiques diverses

Ce cadre pourrait s'appeler *Dispositions particulières diverses*. Et il contiendrait toutes les règles que nous allons évoquer ci-après, ou à tout le moins celles qui sont déjà applicables.

J'évoquerai en effet dans un premier temps les dispositions spécifiques déjà en vigueur dans le droit français, avant de dire quelques mots de certaines initiatives qui pourraient amener à des changements à l'avenir.

LES RÈGLES DÉJÀ EN VIGUEUR

RESPECT DE LA PRÉSOMPTION D'INNOCENCE

Le respect de la présomption d'innocence - dont j'ai déjà dit quelques mots dans l'examen des différentes situations conflictuelles - est le premier exemple à citer, ne fût-ce que parce que cette limitation est prévue juste après l'article 9 du Code civil. L'article 9-1, ajouté par une loi du 15 juin 2000 (dite *Loi Guigou*) est rédigé en ces termes :

> *« Chacun a droit au respect de la présomption d'innocence.*
> *Lorsqu'une personne est, avant toute condamnation, présentée publiquement comme étant coupable de faits faisant l'objet d'une enquête ou d'une instruction judiciaire, le juge peut, même en référé, sans préjudice de la réparation du dommage subi, prescrire toutes mesures, telles que l'insertion d'une rectification ou la diffusion d'un communiqué, aux fins de faire cesser l'atteinte à la présomption d'innocence, et ce aux frais de la personne, physique ou morale, responsable de cette atteinte. »*
> (Art. 9-1 du Code Civil tel que modifié en 2000)

Ce principe est également repris par l'article 35ter de la loi de 1881 sur la Liberté de la presse, également modifié en 2000.

L'ENREGISTREMENT ET LA DIFFUSION D'IMAGES DE VIOLENCE

> *« Est constitutif d'un acte de complicité des atteintes volontaires à l'intégrité de la personne prévues par les articles 222-1 à 222-14-1 et 222-23 à 222-31 et est puni des peines prévues par ces articles le fait d'enregistrer sciemment, par quelque moyen que ce soit, sur tout support que ce soit, des images relatives à la commission de ces infractions.*
> *Le fait de diffuser l'enregistrement de telles images est puni de cinq ans d'emprisonnement et de 75 000 euros d'amende.*
> *Le présent article n'est pas applicable lorsque l'enregistrement ou la diffusion résulte de l'exercice normal d'une profession ayant pour objet*

> *d'informer le public ou est réalisé afin de servir de preuve en justice. »*
> (Art. L222-33-3 du Code Pénal)

LA DIFFUSION DES CIRCONSTANCES D'UN CRIME OU D'UN DÉLIT

> *« La diffusion, par quelque moyen que ce soit et quel qu'en soit le support, de la reproduction des circonstances d'un crime ou d'un délit, lorsque cette reproduction porte gravement atteinte à la dignité d'une victime et qu'elle est réalisée sans l'accord de cette dernière, est punie de 15 000 euros d'amende. »*
> (Art.35quater de la loi de 1881 sur la Presse, modifié par Ordonnance du 19 septembre 2000 et Art. L226-30-2 du Code pénal)

L'INTERDICTION DES PRISES DE VUES DANS LES TRIBUNAUX

> *« Dès l'ouverture de l'audience des juridictions administratives ou judiciaires, l'emploi de tout appareil permettant d'enregistrer, de fixer ou de transmettre la parole ou l'image est interdit. Le président fait procéder à la saisie de tout appareil et du support de la parole ou de l'image utilisés en violation de cette interdiction.*
> *Toutefois, sur demande présentée avant l'audience, le président peut autoriser des prises de vues quand les débats ne sont pas commencés et à la condition que les parties ou leurs représentants et le ministère public y consentent.*
> *Toute infraction aux dispositions du présent article sera punie de 4 500 euros d'amende. Le tribunal pourra en outre prononcer la confiscation du matériel ayant servi à commettre l'infraction et du support de la parole ou de l'image utilisé.*
> *Est interdite, sous les mêmes peines, la cession ou la publication, de quelque manière et par quelque moyen que ce soit, de tout enregistrement*

ou document obtenu en violation des dispositions du présent article. »
(Art. 38ter de la loi du 29 juillet 1881 sur la Liberté de la Presse, modifié par Ordonnance n°2000-916 du 19 septembre 2000 - art. 3 (V) JORF 22 septembre 2000 en vigueur le 1er janvier 2002)

LA DIFFUSION D'IMAGES DE MINEURS À CARACTÈRE PORNOGRAPHIQUE

« Le fait, en vue de sa diffusion, de fixer, d'enregistrer ou de transmettre l'image ou la représentation d'un mineur lorsque cette image ou cette représentation présente un caractère pornographique est puni de cinq ans d'emprisonnement et de 75 000 euros d'amende. Lorsque l'image ou la représentation concerne un mineur de quinze ans, ces faits sont punis même s'ils n'ont pas été commis en vue de la diffusion de cette image ou représentation.
Le fait d'offrir, de rendre disponible ou de diffuser une telle image ou représentation, par quelque moyen que ce soit, de l'importer ou de l'exporter, de la faire importer ou de la faire exporter, est puni des mêmes peines.
Les peines sont portées à sept ans d'emprisonnement et à 100 000 euros d'amende lorsqu'il a été utilisé, pour la diffusion de l'image ou de la représentation du mineur à destination d'un public non déterminé, un réseau de communications électroniques.
Le fait de consulter habituellement ou en contrepartie d'un paiement un service de communication au public en ligne mettant à disposition une telle image ou représentation, d'acquérir ou de détenir une telle image ou représentation par quelque moyen que ce soit est puni de deux ans d'emprisonnement et 30 000 euros d'amende.
Les infractions prévues au présent article sont punies de dix ans d'emprisonnement et de 500 000 euros d'amende lorsqu'elles sont commises en bande organisée.
La tentative des délits prévus au présent article est punie des mêmes peines.
Les dispositions du présent article sont également applicables aux images

> *pornographiques d'une personne dont l'aspect physique est celui d'un mineur, sauf s'il est établi que cette personne était âgée de dix-huit ans au jour de la fixation ou de l'enregistrement de son image. »*
> (Art. L227-23 du Code pénal, tel que modifié le 5 août 2013 pour assurer sa conformité à une Directive Européenne du 13 décembre 2011 - Directive 2011/93/UE)

LES MODÈLES ET MANNEQUINS

Soyez attentifs à cet égard au contenu du Code du Travail.

> En vertu du Code du Travail « *est considérée comme exerçant une activité de mannequin, même si cette activité n'est exercée qu'à titre occasionnel, toute personne qui est chargée :*
> *1° Soit de présenter au public, directement ou indirectement par reproduction de son image sur tout support visuel ou audiovisuel, un produit, un service ou un message publicitaire ;*
> *2° Soit de poser comme modèle, avec ou sans utilisation ultérieure de son image.* »
> (Art. L7123-2 du Code du Travail)
>
> Dans les articles suivants, le Code prévoit que « *tout contrat par lequel une personne s'assure, moyennant rémunération, le concours d'un mannequin est présumé être un contrat de travail.* »
> (Art. L7123-3 du C.T.)

Ce texte vise donc tous les modèles, qu'ils se présentent ou non comme professionnels. Et si la présomption de contrat de travail semble ne viser que les prestations effectuées « *moyennant rémunération* », celle-ci pourrait être envisagée en nature (par exemple évaluée au coût des tirages offerts au modèle pour la réalisation de son book).

Il est donc certain qu'en cas de rémunération en espèces, et même si celle-ci est modique, le travail doit être déclaré et la rémunération doit être soumise aux charges sociales.

L'article L7123-4 du même Code prévoit en effet que *« la présomption de l'existence d'un contrat de travail subsiste quels que soient le mode et le montant de la rémunération ainsi que la qualification donnée au contrat par les parties. Elle n'est pas non plus détruite par la preuve que le mannequin conserve une entière liberté d'action pour l'exécution de son travail de présentation. »*

Dans le cas contraire, il s'agit de travail au noir, dont il n'est plus besoin de rappeler qu'il est illégal et puni de très lourdes sanctions, tant pour l'employeur (ici le photographe) que pour le modèle. Il faut donc un contrat de travail. Ces dispositions visent donc toutes les situations dans lesquelles le modèle pose pour le photographe dans le cadre d'une séance organisée. À cela s'ajoutent, pour les enfants, les dispositions ci-dessous.

LA RÉGLEMENTATION SUR LE TRAVAIL DES ENFANTS-MANNEQUINS

Depuis une loi n°90-603 du 12 juillet 1990 *« relative aux agences de mannequins et à la protection des enfants et des adultes exerçant l'activité de mannequin »*, le Code du Travail contient différentes dispositions en vertu desquelles seules les agences de mannequins mineurs disposant d'un agrément administratif peuvent faire de la publicité pour leur propre activité.

Le principe est qu'il faut obtenir une autorisation spéciale (délivrée par le Préfet) pour faire appel aux services d'un enfant en tant que mannequin, sauf lorsque la prestation est faite à l'intermédiaire d'une agence ayant reçu un agrément officiel en ce sens. (Art. L7124-1 du Code du Travail). Outre cela, l'enfant de plus de treize ans doit donner son accord par écrit (Art. L7124-2 du même Code du Travail).

Le Code du Travail règle en outre la question du temps de travail des enfants.

« L'emploi et la sélection d'un enfant scolarisé ou non exerçant l'activité de mannequin ne peuvent excéder des durées journalières et hebdomadaires maximales déterminées par décret en Conseil d'État. »
(Art. L7124-6 du Code du Travail)

« L'emploi et la sélection d'un enfant non scolarisé exerçant l'activité de mannequin ne peuvent être autorisés que deux jours par semaine à l'exclusion du dimanche. »
(Art. L7124-7 du Code du Travail)
« Durant les périodes scolaires, l'emploi d'un enfant scolarisé exerçant l'activité de mannequin et la sélection préalable en vue de cette activité ne peuvent être autorisés que les jours de repos hebdomadaire autres que le dimanche. »
(Art. L7124-8 du Code du Travail)

Voir également pour les limitations détaillées de durée, en fonction de l'âge, les Articles R7124-27 du Code du Travail, dans sa partie réglementaire.

La loi fixe aussi les modalités de rémunération de ce travail.

« Une part de la rémunération perçue par l'enfant peut être laissée à la disposition de ses représentants légaux.
Le surplus, qui constitue le pécule, est versé à la Caisse des dépôts et consignations et géré par cette caisse jusqu'à la majorité de l'enfant.
Des prélèvements peuvent être autorisés en cas d'urgence et à titre exceptionnel. En cas d'émancipation, il est à nouveau statué. »
(Art. L7124-9 du Code du Travail)

Il est dès lors interdit de verser l'intégralité à l'enfant, ni à ses parents. Ces derniers pourront percevoir une partie des rémunérations au titre de remboursement des frais, le solde étant consigné sur un compte ouvert au nom du mineur à la Caisse des Dépôts et Consignation.

IMAGES ET TABAC

Gestion des images et impératif de santé publique

En ce qui concerne le tabac, la lutte des pouvoirs publics consiste d'un côté à interdire certaines images, et dans le même temps à en imposer d'autres.

Les images sont interdites lorsqu'il s'agit de publicité.

En vertu d'une n°91-32 du 10 janvier 1991 (dite *Loi Evin*), *« toute propagande ou publicité, directe ou indirecte, en faveur du tabac ou des produits du tabac ainsi que toute distribution gratuite sont interdites. »*

Cette règle fut ensuite reprise dans le Code de la Santé Publique, modifié pour la dernière fois le 29 décembre 2010, et dont l'article L 3511-3 alinéa 1er prévoit que *« La propagande ou la publicité, directe ou indirecte, en faveur du tabac, des produits du tabac ou des ingrédients définis au deuxième alinéa de l'article L. 3511-1 ainsi que toute distribution gratuite ou vente d'un produit du tabac à un prix inférieur à celui mentionné à l'article 572 du code général des impôts sont interdites. »*

Mais elles sont par contre imposées lorsqu'il s'agit de dissuasion préventive.

Un arrêté du 5 mars 2003 avait en effet dans un premier temps réglementé les mentions générales ou spécifiques portées au titre d'avertissement sur les paquets de cigarettes ou de tabac (Arrêté du 5/3/2003, SANP0320522A). Il fut suivi en avril 2010 par un autre arrêté, rendant pour sa part obligatoire l'apposition d'images sur les paquets de cigarettes. Quatorze images sont imposées, de même que la surface qu'elles doivent occuper sur le paquet
(Arrêté du 15 avril 2010, SASP0931273A)

Santé publique et respect de la création artistique

Un conflit inattendu s'est posé du fait de l'adoption de la loi Evin. À différentes reprises en effet, des actions ont été introduites du fait de l'utilisation de photographies montrant des cigarettes ou des cigares de façon accessoire, sans qu'il s'agisse bien sûr de publicité à proprement parler.

La loi Evin devait-elle aboutir à des retouches systématiques au mépris des droits des photographes concernés ? C'est à cette question qu'a répondu le Tribunal administratif de Montpellier dans l'affaire suivante.

Une médiathèque de Montpellier gérée par une communauté d'agglomérations avait été baptisée du nom d'Albert Camus. Sur la façade du bâtiment, et à l'initiative de la collectivité territoriale gérant la médiathèque, une photo de l'écrivain prise par Cartier-Bresson et sur laquelle il apparaissait avec une cigarette aux lèvres, en format 4x3 m. Un conseiller municipal avait alors demandé le remplacement de la photo sur base de la loi Evin. La communauté d'agglomérations ayant refusé, l'affaire fut portée devant le tribunal administratif.

Le tribunal débouta le conseiller municipal, en retenant que la vocation première de la photographie n'était pas d'inciter à l'acte tabagique et que la loi Evin ne devait pas avoir pour effet de priver le public de l'établissement de l'une des photographies de ce grand écrivain du XXème siècle, dont l'image est notoirement associée à la présence d'une cigarette.
(TA Montpellier, 6/4/2012, n°294-16, Legipresse n°297, p. 501 et commentaire)

Notons toutefois que sur base des mêmes dispositions légales, le timbre-poste publié en hommage à André Malraux ne faisait plus figurer la cigarette qu'il fumait sur l'image d'origine. Le conflit entre ces impératifs concurrents fut d'ailleurs considéré comme suffisamment important pour entraîner le dépôt d'une proposition de loi *« visant à concilier la préservation de l'intégrité des œuvres culturelles et artistiques avec les objectifs de la lutte contre le tabagisme »* (disponible en ligne sur le site de l'Assemblée Nationale : *www.assemblee-nationale.fr/13/propositions/pion2972.asp* et qui suit son chemin parlementaire).

LA RÉGLEMENTATION DES PRISES DE VUE AÉRIENNES

J'ai évoqué plus haut l'existence de normes spécifiques en matière de prises de vues aériennes. Celles-ci sont de deux ordre :

- d'une part, le législateur règle de manière précise les prises de vues dans certaines zones délimitées. A contrario, on en déduit que les prises de vue sont autorisées dans l'ensemble des autres espaces aériens du territoire français ;

- d'autre part, il encadre la justification des compétences des pilotes.

Zones de survol pour prises de vues : la liberté de principe

Dans sa partie réglementaire, le Code de l'aviation civile règle la question des prises de vues dans certaines zones spécifiques pour lesquelles une autorisation préalable est nécessaire.

> *« Est interdite la prise de vue aérienne par appareil photographique, cinématographique ou par tout autre capteur des zones dont la liste est fixée par arrêté interministériel.*
> *Des dérogations à ce principe peuvent être accordées pour une zone figurant sur ladite liste par le ou les ministres de tutelle de cette zone.*
> *La liste des zones interdites à la prise de vue aérienne est déposée dans les préfectures, les directions régionale de l'aviation civile, les districts aéronautiques ou, pour les territoires d'outre-mer, dans les bureaux des délégués du Gouvernement et les services de l'aviation civile. Il appartient au pilote et à son employeur éventuel de s'assurer, auprès des organismes précités, de la possibilité d'effectuer librement des prises de vues aériennes.*
> *Sont assujetties à la possession d'une autorisation les personnes utilisant tout appareil d'enregistrement d'images ou de données en dehors du spectre visible tel que thermographe, radar, etc.*
> *Les autorisations prévues au présent article sont délivrées par le représentant de l'État dans le département ou le délégué du Gouvernement dans le territoire où l'utilisateur est domicilié et par le préfet de police pour les personnes résidant à Paris après avis conforme du commandant de groupement de gendarmerie du département, du territoire ou de Paris et du directeur régional chef de secteur de la police de l'air et des frontières.*
> *Toute personne qui souhaite réaliser des enregistrements d'images ou de données dans le champ du spectre visible au-dessus du territoire national est tenue de souscrire une déclaration au plus tard quinze jours avant la date ou le début de période prévue pour l'opération envisagée auprès du chef du service territorial de l'aviation civile dont relève son domicile. Pour les personnes résidant à l'étranger, la déclaration est faite auprès du chef du service territorial de l'aviation civile compétent pour Paris.*
> *Lorsque l'autorité administrative constate que la déclaration souscrite est incomplète, elle en informe l'auteur de la demande.*
> *La déclaration précise l'identité du demandeur ainsi que celle du bénéficiaire de l'opération envisagée. Un arrêté du ministre de l'intérieur, du ministre de la défense et du ministre chargé des transports*

fixe les mentions qui doivent figurer dans la déclaration, les pièces qui doivent être jointes et la forme dans laquelle elle est souscrite.
Est dispensée de la déclaration mentionnée au septième alinéa la prise de vues photographiques ou cinématographiques effectuée à titre occasionnel et à finalité de loisirs par un passager, au cours d'un vol dont l'objet n'est pas la prise de vues.

Pour les personnes résidant à l'étranger, les autorisations sont délivrées par le préfet de police après avis conforme du ministre des affaires étrangères et du commandant de groupement de gendarmerie de Paris.»
(Art. D133-10 du Code de l'aviation civile)

« La durée de validité des autorisations visées à l'article D. 133-10 est au maximum de trois ans. Néanmoins, à un moment quelconque de sa validité, l'autorisation peut être suspendue ou retirée. »
(Art. D133-11 du Code de l'Aviation civile)

« À tout moment les appareils, pellicules, films et supports divers et leurs reproductions peuvent être examinés, à titre de contrôle, par les services de police, qu'il s'agisse des titulaires d'autorisations ou des opérateurs occasionnels.
Les objets contrôlés sont restitués dans un délai qui ne saurait excéder quinze jours. En cas de détérioration des supports, les propriétaires ne sont pas fondés à réclamer une indemnité.
Les supports utilisés en violation des dispositions de l'article D. 133-10 ne sont pas restitués. »
(Art. D133-12 du Code de l'Aviation civile)

« Les dispositions de la présente section ne s'appliquent pas à l'aviation militaire ni aux escadrilles photographiques de l' Institut national de l'information géographique et forestière.
Sont fixées par décision conjointe des ministres intéressés les conditions dans lesquelles font usage d'appareils photographiques, cinématographiques et de télédétection les fonctionnaires ou agents de l'État à bord d'aéronefs d'État ou des aéronefs spécialisés de la direction générale de l'aviation civile. »
(Art.D133-13 du Code de l'Aviation civile)

A contrario, les prises de vues sont dès lors libres dans toutes les autres zones de l'espace aérien national.

L'encadrement des justifications de compétences des pilotes

Cela étant, et malgré la liberté de principe, d'autres restrictions ont été posées, qui peuvent concerner deux types de prises de vue : celles faites à partir d'un aéronef avec pilote (qu'il soit lui-même le photographe ou non), et celles prises à l'aide d'un aéronef sans pilote (drone).

Les prises de vue à partir d'un engin « habité »

Tout pilote d'aéronef qui désire réaliser lui-même des prises de vues ou transporter un photographe à cette fin doit être en principe titulaire d'une *DNC Activités particulières - Photographie* (Déclaration de Niveau de Compétence - Le libellé exact de ce document est une DNC-OA). Cette qualification s'acquiert auprès de centres de formation agréés. Toutes les informations sont disponibles auprès de la Direction Générale de l'Aviation Civile dont dépend le pilote. La liste des organismes délivrant ces DNC est disponible pour les pilotes déjà brevetés sur le site de la Direction de la Sécurité Aérienne Civile (*www.developpement-durable.gouv.fr/DSAC-interregionales-et-service.html*)

En plus de cette obligation, certaines prises de vues impliquent le dépôt d'un Manuel d'Activité Particulière, par exemple le survol d'un espace aérien contrôlé. Ceci revient à obtenir une autorisation préalable aux prises de vues, sans laquelle le pilote qui aurait accepté d'emmener le photographe risque une sanction voire le retrait de sa licence. Il est donc inutile de supplier le pilote au moment de monter dans l'avion pour qu'il survole d'autres zones que celles originairement prévues : il refusera très probablement, et à défaut vous risquez de mettre en péril sa licence. Ce genre de prise de vues doit se préparer, et même si les normes administratives sont souvent lourdes et sévères à cet égard, vous n'avez d'autre choix que d'en tenir compte au moment de programmer votre vol.

Les prises de vue à partir des drones

La multiplication des professionnels proposant des prises de vues effectuées à l'aide de drones a entraîné l'apparition de nouvelles règles. Ainsi, en vertu d'un Arrêté du 11 avril 2012 (*« Arrêté relatif à la conception des aéronefs civils qui circulent sans aucun personne à bord, aux conditions de leur emploi et sur les capacités requises des personnes qui les utilisent »* - NOR : DEVA1206042A). L'article 3 de cet arrêté vise expressément, dans la délimitation du champ d'application, l'activité photographique.

> *« Nature des activités particulières concernées.*
> *a) Pour l'application de ce texte, les activités particulières concernées sont les suivantes :*
> *• les traitements agricoles, phytosanitaires ou de protection sanitaire et les autres opérations d'épandage sur le sol ou de dispersion dans l'atmosphère ;*
> *• le largage de charges de toutes natures ;*
> *• le remorquage de banderoles ou toute forme de publicité ;*
> *• les relevés, photographies, observations et surveillances aériennes, qui comprennent la participation aux activités de lutte contre l'incendie ;*
> *• toute autre activité nécessitant une dérogation aux règles de l'air, ainsi que la formation à ces activités citées ;*
> *b) Est considérée comme exploitant d'un aéronef télépiloté toute personne morale ou physique responsable de l'organisation ou de la pratique de l'activité particulière avec cet aéronef télépiloté tel que décrit au paragraphe a. »*
> (Art. 3 de l'arrêté du 11/4/2012)

L'arrêté classe ensuite les différents types d'aéronefs en fonction de leurs caractéristiques techniques. En vertu de l'article 4.2. de l'arrêté, tout pilote de drone doit être titulaire du brevet théorique qui est également imposé aux pilotes d'ULM (paramoteurs, ULM multiaxes, avions, etc.)

Le texte complet de cette réglementation est disponible sur cette page : *www.legifrance.gouv.fr/initRechTexte.do* en tapant dans le champ de recherche NOR la référence *DEVA1206042A*. Il ne suffit donc plus d'acheter son matériel et de le lâcher dans les airs.

LES ENFANTS À LA TÉLÉVISION

Au vu du caractère pour le moins sommaire et imprécis des dispositions légales, l'autorité chargée de réguler le paysage audiovisuel, le CSA (Conseil Supérieur de l'Audiovisuel - *www.csa.fr*) a pris plusieurs délibérations qui sont accessibles sur le site de cet organisme. On peut notamment citer une délibération du 17 avril 2007 relative à l'intervention de mineurs dans le cadre d'émissions de télévision diffusées en métropole et dans les départements d'outre-mer. L'objet de cette délibération est essentiellement d'imposer aux chaînes de télévision qui diffusent des images de mineurs des obligations d'information et de protection de l'anonymat.

> *« Afin d'assurer une réelle protection des mineurs contre les dangers que peut représenter leur participation à une émission de télévision, le Conseil a décidé de prendre la présente délibération, sur le fondement du dernier alinéa de l'article 3-1 de la loi du 30 septembre 1986. Dans le prolongement des stipulations conventionnelles, elle vise à expliciter les dispositions qui s'imposent à l'ensemble des services de télévision français pour préserver l'épanouissement physique, mental et moral des jeunes participants.*
>
> *1. Le développement de la participation des mineurs aux émissions de télévision*
> *Conformément à l'article 13 de la convention de New York relative aux droits de l'enfant, l'enfant a un droit à la liberté d'expression. Le Conseil supérieur de l'audiovisuel encourage le développement des émissions au cours desquelles les enfants et les adolescents peuvent exprimer leur opinion sur des sujets qui les concernent ou au cours desquelles sont traitées des actions concrètes et positives qu'ils ont accomplies ou auxquelles ils ont participé.*
>
> *2. Le consentement des titulaires de l'autorité parentale et du mineur*
> *Toute participation d'un mineur à une émission de télévision est subordonnée à l'autorisation préalable de tous les titulaires de l'autorité parentale, ainsi qu'à l'accord du mineur lui-même dès lors qu'il est capable de discernement (article 371-1 du code civil). Les parents et le mineur doivent être prévenus du thème de l'émission, de son titre et de son objet au moment de donner leur consentement. Les titulaires de l'autorité parentale doivent être également informés par écrit, de manière précise, qu'ils disposent d'un droit de rétractation, dans les conditions prévues par la réglementation et la jurisprudence.*
>
> *3. Le traitement du témoignage d'un mineur*
> *Afin de préserver l'épanouissement physique, mental, moral et affectif des enfants et des adolescents, les services de télévision, au-delà du respect de la dignité de la personne humaine, doivent éviter la dramatisation ou la dérision dans le traitement des témoignages de mineurs. Les conditions de*

> *tournage et les questions posées doivent être adaptées à l'âge des enfants. L'intervention d'un mineur dans le cadre d'une émission de télévision ne doit pas nuire à son avenir et doit notamment préserver ses perspectives d'épanouissement personnel.*
>
> *4. La protection de l'identité de certains mineurs*
> *Les services de télévision doivent s'abstenir de solliciter le témoignage d'un mineur placé dans une situation difficile dans sa vie privée lorsqu'il existe un risque de stigmatisation après la diffusion de l'émission, à moins d'assurer une protection totale de son identité (visage, voix, nom, adresse...) par un procédé technique approprié de nature à empêcher son identification.*
>
> *Lorsque des propos dépréciatifs, des témoignages ou des commentaires évoquant des comportements ou des pathologies dont la révélation publique est susceptible de nuire à un mineur sont tenus à l'antenne, l'identité du mineur doit être protégée par les mêmes procédés techniques.*
> »
> (Délibération du CSA en date du 17 avril 2007, disponible sur le site www.csa.fr, publiée au Journal Officiel n°116 du 20 mai 2007)

Outre les obligations d'informations et d'adaptation du discours à l'âge des mineurs participants, les producteurs ont donc essentiellement l'obligation d'une part d'obtenir l'autorisation des représentants légaux, et d'autre part de flouter le visage des mineurs *« en situation difficile »*.

Ces normes s'ajoutent donc aux limites fixées par la jurisprudence et viennent renforcer l'arsenal réglementaire. Elles peuvent en outre servir de base à des sanctions ou avertissements pris par le Conseil supérieur de l'Audiovisuel à l'égard des chaînes de télévision.

> Ainsi, cette directive de 2007 relative au sujet qui nous occupe a servi de base à une Décision du 16 juin 2009 mettant en demeure TF1 de respecter les mesures de protection des enfants prévues dans cet arsenal de protection spécifique. La décision avait été prise suite à la diffusion d'images dans l'émission *Sept à Huit* relative à un mineur faisant

> l'objet d'un placement, et dont l'identité avait été dévoilée nonobstant le refus de sa mère.
> La chaîne avait introduit un recours contre cette décision devant le Conseil d'État (qui cette fois intervient directement, sans qu'il soit nécessaire de saisir d'abord les juridictions administratives du fond). La chaîne invoquait bien entendu la liberté d'expression artistique pour contester la sanction prise à son encontre.
> Mais le Conseil d'État rejeta cette argumentation, en rappelant que l'article 10 de la Convention Européenne de Sauvegarde des Droits de l'Homme et des libertés fondamentales, en même temps qu'il consacre le principe de la liberté d'expression, autorise malgré tout l'État à le limiter par voie légale lorsque cette limitation est justifiée, notamment par la nécessité d'assurer la protection des droits d'autrui, limite dans laquelle rentre incontestablement la protection des mineurs dans le cas d'espèce.
> (CE, 16/3/2011,5ème et 4ème sous-sections réunies, n° 334289)

LA PHOTOGRAPHIE SCOLAIRE

Le sujet de la photographie scolaire a suscité de vives controverses au fil du temps, au regard notamment du droit à l'image, et d'âpres discussions ont eu lieu quant à la nécessité ou non d'adjoindre aux photographies de groupe des photos individuelles des enfants. Sans qu'il soit nécessaire de retracer l'évolution de ces discussions, retenons simplement que c'est désormais aux établissements scolaires (souvent intéressés par les revenus que les commandes peuvent générer pour les associations de parents d'élèves ou les coopératives scolaires) de décider quel type de photographies seront proposées aux parents, et sous couvert de quelles autorisations.

Les artisans, qui sont les seuls professionnels à pouvoir répondre à ce type d'appels d'offres organisent actuellement, par l'intermédiaire de leur organe représentatif le GNPP, cette activité de façon plus complète que ce qui était prévu jusqu'à présent. Le *Code de bonne conduite* qui était disponible en ligne est en cours de refonte, et il parait indispensable que vous preniez contact avec le GNPP avant de vous lancer dans ce type d'activité.

À l'heure où cet ouvrage est envoyé à l'impression, les nouvelles normes ou exigences n'ont pas encore été publiées de telle sorte qu'il m'est difficile de vous détailler la matière.

L'Administration, quant à elle, s'est également chargée de diffuser une Circulaire (N°2003-091 DU 5-6-2003, publiée au Bulletin Officiel du 12 juin 2003 et accessible en ligne à l'adresse suivante : *www.education.gouv.fr/bo/2003/24/MENE0301227C.htm*). Sur cette page figure notamment le texte suivant en guise de préambule.

« Une particulière attention doit être portée au respect des règles relatives au "droit à l'image". Je vous rappelle, en effet, que toute personne peut s'opposer à la reproduction de son image et que toute prise de vue nécessite l'autorisation expresse de l'intéressé ou du titulaire de l'autorité parentale pour les mineurs. À ce propos, il devra être clairement précisé aux parents que l'autorisation ainsi donnée ne vaut pas engagement d'achat.
Il est rappelé également que la publication sur quelque support que ce soit et notamment la diffusion en ligne d'une photographie d'élève obéit aux mêmes règles d'autorisation préalable.
De plus, la diffusion électronique d'un fichier de photos d'élèves et autres données relatives aux élèves, qui constitue un traitement automatisé d'informations nominatives, est soumise à la procédure prévue par la loi n° 78-17 du 6 janvier 1978 relative à l'informatique, aux fichiers et aux libertés. En vertu de l'article 15 de cette loi, les traitements opérés pour le compte d'une personne publique sont décidés par un acte réglementaire pris après avis motivé de la Commission nationale de l'informatique et des libertés (CNIL). Les établissements publics locaux d'enseignement relèvent donc de ces dispositions. »

Après ce rappel, le site officiel reprend le texte du *Code de bonne conduite des interventions de photographes professionnels en milieu scolaire*, dont les articles 4 et 5 sont rédigés comme suit :

« Article 4 - Droit à l'image et autorisation parentale
Les organisations professionnelles signataires rappellent leur attachement à l'article 9 du code civil : "Chacun a droit au respect de sa vie privée". La reproduction des traits d'une personne ne peut se faire sans son accord et c'est à celui qui reproduit l'image d'apporter la preuve de l'autorisation.
Le photographe professionnel s'engage, dans le cadre du respect de ce droit, à s'assurer que les directeurs d'école et les chefs d'établissement ont reçu toutes les autorisations écrites nécessaires, des élèves eux-mêmes lorsqu'ils sont majeurs, ou de leurs responsables légaux s'ils sont mineurs.

Il est entendu que l'autorisation écrite parentale n'implique aucune obligation d'achat.

Article 5 - Prises de vue professionnelles et traitement de l'image
Le photographe professionnel exercera son métier avec un statut social et fiscal conforme à la législation en vigueur. Il ne mettra à disposition que des employés qualifiés, reconnus et compétents tant sur le plan technique que relationnel avec les enfants.
Le photographe s'engage à n'utiliser que du matériel de prise de vue et de laboratoire professionnel afin de garantir le respect de toutes les règles de sécurité inhérentes à toute intervention dans le milieu scolaire.
Le photographe professionnel s'engage à limiter le format des tirages au 24 x 30 maximum.
Le photographe professionnel s'engage à ce que tous les tirages non vendus soient détruits.
En revanche, conformément au code de la propriété intellectuelle, les négatifs, diapositives ou fichiers ainsi que tout support original sont la propriété du photographe.

Le photographe s'engage à assurer, dans le respect des dispositions de la loi du 6 janvier 1978 relative à l'informatique et aux libertés, un archivage soigné des clichés pour répondre à tout besoin exprimé par les parents ou, le cas échéant l'élève majeur, ou, sur demande des mêmes intéressés, à procéder à leur destruction. Dans le cas de conservation sur support numérique, l'accord préalable des intéressés sera recueilli.
Les organisations professionnelles signataires réaffirment leur attachement à la déontologie professionnelle et au droit à l'image qui garantissent qu'aucune utilisation de négatifs, diapositives ou fichiers, etc. ne pourra être faite par le photographe sans l'autorisation expresse des responsables légaux de l'élève mineur ou de celle de l'élève majeur. »

LA RÉSOLUTION N°1165 DE L'ASSEMBLÉE PARLEMENTAIRE DU CONSEIL DE L'EUROPE SUR LE DROIT AU RESPECT DE LA VIE PRIVÉE

Le Conseil de l'Europe, dont j'ai parlé dans l'énumération des normes, dispose non seulement d'une Cour Européenne mais également d'une assemblée parlementaire.

Celle-ci a adopté en 1998 une Résolution n°1165 précisément et intégralement consacrée au respect de la vie privée. Ce texte, qui guidera indiscutablement la Cour Européenne des Droits de l'Homme a surtout pour objet d'amener les États Membres à mettre leur propre législation en concordance dans le respect des principes qu'elle édicte.

« L'Assemblée rappelle le débat d'actualité qu'elle a consacré au droit au respect de la vie privée au cours de sa session de septembre 1997, quelques semaines après l'accident qui a coûté la vie à la princesse de Galles.
A cette occasion, certaines voix se sont élevées pour demander un renforcement au niveau européen de la protection de la vie privée, notamment des personnes publiques, au moyen d'une convention, tandis que d'autres étaient d'avis que la vie privée était suffisamment protégée par les législations nationales et la Convention européenne des Droits de l'Homme, et qu'il ne fallait pas porter atteinte à la liberté d'expression.
Pour approfondir la réflexion sur ce sujet, la commission des questions juridiques et des droits de l'homme a organisé une audition à Paris le 16 décembre 1997 avec la participation tant de personnes publiques ou de leurs représentants que des médias.
Le droit au respect de la vie privée, garanti par l'article 8 de la Convention européenne des Droits de l'Homme, a déjà été défini par l'Assemblée dans la déclaration sur les moyens de communication de masse et les droits de l'homme contenue dans la Résolution 428 (1970) comme «le droit de mener sa vie comme on l'entend avec un minimum d'ingérence».
Pour tenir compte de l'apparition des nouvelles technologies de la communication permettant de stocker et d'utiliser des données personnelles, il convient d'ajouter à cette définition le droit de contrôler ses propres données.
L'Assemblée est consciente que le droit au respect de la vie privée fait souvent l'objet d'atteintes, même dans les pays dotés d'une législation spécifique qui la protège, car la vie privée est devenue une marchandise très lucrative pour certains médias. Ce sont essentiellement des personnes publiques qui sont les victimes de ces atteintes, car les détails de leur vie privée représentent un argument de vente. En même temps, les personnes publiques doivent se rendre compte que la position particulière qu'elles prennent dans la société, et qui est souvent la conséquence de leur propre choix, entraîne automatiquement une pression élevée dans leur vie privée.

Les personnes publiques sont celles qui exercent des fonctions publiques et/ou utilisent des ressources publiques et, d'une manière plus générale, toutes celles qui jouent un rôle dans la vie publique, qu'il soit politique, économique, artistique, social, sportif ou autre.
C'est au nom d'une interprétation unilatérale du droit à la liberté d'expression, garanti par l'article 10 de la Convention européenne des Droits de l'Homme, que bien souvent les médias commettent des atteintes au droit au respect de la vie privée, estimant que leurs lecteurs ont le droit de tout savoir sur les personnes publiques.
Il est vrai que certains faits relevant de la sphère de la vie privée des personnes publiques, en particulier des politiciens, peuvent avoir un intérêt pour les citoyens et qu'il est donc légitime de les porter à la connaissance des lecteurs qui sont aussi des électeurs.
Il est donc nécessaire de trouver la façon de permettre l'exercice équilibré de deux droits fondamentaux, également garantis par la Convention européenne des Droits de l'Homme : le droit au respect de la vie privée et le droit à la liberté d'expression.
L'Assemblée réaffirme l'importance du droit au respect de la vie privée de toute personne, et du droit à la liberté d'expression, en tant que fondements d'une société démocratique. Ces droits ne sont ni absolus ni hiérarchisés entre eux, étant d'égale valeur.
L'Assemblée rappelle toutefois que le droit au respect de la vie privée garanti par l'article 8 de la Convention européenne des Droits de l'Homme doit protéger l'individu non seulement contre l'ingérence des pouvoirs publics, mais aussi contre celle des particuliers et des institutions privées, y compris les moyens de communication de masse.
L'Assemblée considère que, tous les États membres ayant désormais ratifié la Convention européenne des Droits de l'Homme, et par ailleurs de nombreuses législations nationales comportant des dispositions garantissant cette protection, par conséquent, il n'est pas nécessaire de proposer l'adoption d'une nouvelle convention pour garantir le droit au respect de la vie privée.
L'Assemblée invite les gouvernements des États membres à se doter, si elle n'existe pas encore, d'une législation garantissant le droit au respect de la vie privée qui contienne les lignes directrices suivantes ou, si une législation existe, à la compléter par ces lignes directrices:
garantir la possibilité d'intenter une action civile pour permettre à la victime de prétendre à des dommages et intérêts, en cas d'atteinte à sa vie privée;

rendre les directeurs de publication et les journalistes responsables des atteintes au droit au respect de la vie privée commises par leurs publications au même titre qu'ils le sont pour la diffamation ;
obliger les directeurs de publication à publier, à la demande des personnes intéressées, des rectificatifs bien visibles, après avoir communiqué des informations qui se sont révélées fausses ;
envisager des sanctions économiques à l'encontre des groupes de presse qui portent atteinte à la vie privée de façon systématique;
interdire le fait de suivre ou de pourchasser une personne pour la photographier, la filmer ou l'enregistrer, de telle sorte qu'elle ne puisse jouir, dans la sphère de sa vie privée, de l'intimité et de la tranquillité normales, voire de telle sorte que cette poursuite provoque des dommages physiques ;
prévoir une action civile (procès privé) par la victime contre un photographe ou une personne directement impliquée, quand des paparazzis se sont introduits illicitement ou ont utilisé «des téléobjectifs ou des micros» pour obtenir des enregistrements qu'ils n'auraient pas pu obtenir sans intrusion ;
prévoir une action judiciaire d'urgence au bénéfice d'une personne qui a connaissance de l'imminence de la diffusion d'informations ou d'images concernant sa vie privée, comme la procédure de référé ou de saisie conservatoire visant à suspendre la diffusion de ces données, sous réserve d'une appréciation par le juge du bien-fondé de la qualification d'atteinte à la vie privée ;
encourager les médias à établir leurs propres directives en matière de publication et à créer un organe auquel tout citoyen pourrait adresser une plainte pour atteinte à la vie privée, et demander la publication d'un rectificatif.
Elle invite les gouvernements qui ne l'ont pas encore fait à ratifier rapidement la Convention pour la protection des personnes à l'égard du traitement automatisé des données à caractère personnel du Conseil de l'Europe.
L'Assemblée invite en outre les gouvernements des États membres:
à encourager les associations professionnelles qui représentent les journalistes à élaborer certains critères qui conditionnent l'accès à la profession, ainsi que des normes d'autorégulation et des codes déontologiques du journalisme ;
à promouvoir le complément de la formation professionnelle des journalistes par un enseignement juridique, soulignant notamment l'importance du droit au respect de la vie privée vis-à-vis de l'ensemble de la

> *société ;*
> *à encourager une plus grande promotion de l'éducation aux médias dans le cadre de l'éducation aux droits et aux devoirs de l'homme, afin de renforcer la sensibilisation des utilisateurs des médias à l'égard des exigences du droit au respect de la vie privée;*
> *faciliter l'accès à la justice et les procédures juridiques concernant les délits de presse pour garantir une meilleure protection des droits de la victime.»*
> *(Résolution n°1165 du 26 juin 1998 prise par l'Assemblée parlementaire du Conseil de l'Europe). »*

LES INITIATIVES DIVERSES POUVANT DÉBOUCHER SUR D'AUTRES LÉGISLATIONS SPÉCIFIQUES

Outre les normes déjà en vigueur, il m'a paru utile de citer certaines initiatives qui auront - si elles débouchent sur quelque chose de concret ! - un impact certain sur la matière du droit à l'image. L'évolution de celles-ci sera donc suivie de près dans les mois ou les années à venir.

LA PROPOSITION DE LOI VISANT À DONNER UN CADRE JURIDIQUE AU DROIT À L'IMAGE

Parmi les différentes initiatives qui ont été prises en matière de réglementation de l'image, il faut à mon sens commencer par mentionner *la Proposition de loi visant à donner un cadre juridique au droit à l'image et à concilier ce dernier avec la liberté d'expression.*

Cette proposition, déposée le 16 juillet 2003 par Messieurs Patrick Bloche et Jean-Marc Ayrault a pour objet d'introduire deux types de dispositions dans le Code civil.

D'ne part, quant au droit à l'image des personnes, le Code civil comporterait un article 9-2 qui est proposé dans les termes suivants :
« Chacun a un droit à l'image sur sa personne.
Le droit à l'image d'une personne est le droit que chacun possède sur la reproduction ou l'utilisation de sa propre image.
L'image d'une personne peut toutefois être reproduite ou utilisée dès lors qu'il n'en résulte aucun préjudice réel et sérieux pour celle-ci»

D'autre part, et quant aux biens à présent, rejoignant le fondement de l'article 544 du Code civil le plus souvent avancé à cet égard, les auteurs de cette proposition de loi imaginaient un article 544-1 rédigé comme suit :
«Chacun a droit au respect de l'image des biens dont il est propriétaire.
Toutefois, la responsabilité de l'utilisateur de l'image du bien d'autrui ne saurait être engagée en l'absence de trouble causé par cette utilisation au propriétaire du bien. »
(extraits de la Proposition de loi n°1029 accessible en ligne à l'adresse www.assemblee-nationale.fr/12/propositions/pion1029.asp)

Il est également intéressant de lire l'exposé préliminaire qui précède le libellé des articles proposés par les signataires de la proposition de loi :
« Il n'est plus possible d'ignorer que le droit à l'image est devenu un droit absolu, sans restriction aucune. Il suffit pour s'en convaincre de constater les milliers de condamnations prononcées ces dernières années à l'encontre aussi bien des photographes que des organisateurs d'exposition ou des éditeurs de presse et de livres.
La simple utilisation de l'image d'une personne, sans préjudice particulier pour celle-ci, mais aussi depuis peu celle de l'image d'un bien, sont devenues répréhensibles. Dans ce domaine, les pouvoirs du juge sont sans limites et les procès abusifs se multiplient. Les tribunaux en sont arrivés à mettre sur un pied d'égalité l'image d'une personne et celle d'un animal, d'un immeuble, d'un bateau ou encore d'un paysage.
Sous le régime actuel du droit à l'image, l'utilisateur d'une image, qu'il en soit ou non l'auteur, qu'elle représente des biens ou des personnes, doit s'assurer que les personnes ou les propriétaires des biens représentés ont bien approuvé expressément et par écrit l'utilisation en cause. Une telle autorisation s'avère souvent extrêmement difficile à obtenir, soit que le titulaire du droit à l'image éprouve des retîcences quant à l'utilisation qu'il est possible d'en faire, soit, plus fréquemment, que ce titulaire demeure introuvable.
Le risque pris par l'utilisateur d'une image en l'absence d'autorisation est, à l'heure actuelle, suffisamment grand pour être totalement dissuasif. En effet, les dispositions de la jurisprudence actuelle ouvrent la possibilité à tout titulaire d'un quelconque droit à l'image d'obtenir une compensation financière, quand bien même l'utilisation litigieuse ne lui causerait aucun préjudice. L'effet pervers de cette jurisprudence, pourtant très louable dans ses intentions protectrices des droits de la personnalité et du droit de propriété, est d'inciter nos concitoyens à marchander leur image et celle de leur bien ou, pire encore, de provoquer chez eux des réflexes procéduriers dignes des pires recours d'outre-Atlantique.
Ce droit absolu à l'image, de construction uniquement prétorienne, né de l'interprétation extensive de textes très généraux du code civil, entrave de plus en plus les missions de pédagogie, de culture et d'information qui incombaient jusqu'ici aux gens de l'image. La liberté d'expression est en souffrance. En conséquence, le rôle et la profession des gens de l'image sont en danger.

> *Face à cette situation, nous avons le devoir d'agir et de trouver un double compromis : un compromis de fond entre le droit à l'image, d'une part, et les intérêts de notre société et des gens de l'image, d'autre part ; un compromis de forme entre rigidité de l'encadrement législatif, d'une part, et liberté d'appréciation des cas d'espèce par les tribunaux, d'autre part. Il faut arbitrer entre le respect des personnes et la liberté d'information et de la culture. Ce double compromis est incontestablement difficile à trouver, mais il est nécessaire. L'état du droit tel qu'il résulte de la jurisprudence actuelle, en ce qu'il ne respecte pas ce double équilibre, nécessite d'être corrigé. L'objet de la présente proposition vise donc tout à la fois à prendre acte de la reconnaissance du droit à l'image par la jurisprudence actuelle et à infléchir celle-ci dans un sens plus conforme au respect de la liberté d'expression. Nul ne devrait pouvoir agir en justice pour revendiquer un droit à l'image sans rapporter la preuve d'un agissement fautif et d'un réel préjudice. »*
> (exposé des motifs qui sous-tendent la proposition de loi déposée le 16 juillet 2003)
>
> À l'heure qu'il est, cette proposition semble poursuivre son chemin parlementaire.

Ce que visent à obtenir les députés qui ont déposé ce texte, est une uniformisation entre cette notion de droit à l'image et la matière de la responsabilité civile extracontractuelle où l'octroi d'une indemnisation implique nécessairement la démonstration de trois éléments : une faute, un dommage, et un lien de causalité entre la première et le second.

Le sort qui sera (éventuellement) réservé à cette proposition est donc pour le moins intéressant.

LA LUTTE CONTRE L'HYPERSEXUALISATION DES ENFANTS DANS LES MÉDIAS

Le 5 mars 2012, la Ministre des Solidarités et de la Cohésion sociale, Mme Bachelot, recevait de Mme Jouanno, sénatrice de Paris, un rapport de 160 pages intitulé *Contre l'hypersexualisation, un nouveau combat pour l'égalité*.
Ce rapport est disponible dans sa version intégrale à l'adresse suivante : *www.social-sante.gouv.fr/IMG/pdf/rapport_hypersexualisation2012.pdf*

Parmi les propositions contenues dans le rapport, citons notamment :

> • l'interdiction d'utiliser des enfants de moins de seize ans pour être l'égérie des marques afin de ne pas favoriser l'image d'enfants transformés en adultes ;
>
> • l'interdiction des concours de beauté pour les enfants de moins de seize ou dix-huit ans contraire au principe de dignité de la personne humaine.
> (Rapport, p. 11)

Ces interdictions ne visent que les cas où les images sont destinées à promouvoir un produit non-exclusivement destiné aux enfants. Ceux-ci pourraient bien sûr toujours servir de modèles pour des lignes de vêtements spécifiquement destinées aux enfants.

Très logiquement, les images de ces mêmes événements seraient alors interdites si ce n'est par la loi elle-même, mais à tout le moins par les organisateurs des événements en question, non désireux de voir diffuser l'image d'un événement désormais prohibé. Ce rapport a débouché ensuite sur le dépôt d'une proposition de loi le 27 février 2013 (proposition disponible à l'adresse *www.senat.fr/leg/ppl12-390.html*). La proposition suit son chemin parlementaire et n'a à ce jour pas encore débouché sur une loi.

CHARTE SUR L'IMAGE DU CORPS ET PROPOSITION DE LOI PARALLÈLE RELATIVE AUX RETOUCHES PHOTOGRAPHIQUES

Une initiative de la députée Valérie Boyer avait, à l'automne 2009, fait couler beaucoup d'encre. Elle s'inscrivait toutefois dans un mouvement plus large qu'il n'est pas inutile d'expliquer plus en détail. Deux initiatives parallèle sont en effet mises en œuvre, dans un but de lutte contre l'incitation à l'anorexie et la mise en valeur des corps *« hors normes »*.

D'un côté, une *Charte d'engagement volontaire sur l'image du corps* avait été signée, en avril 2008, par différents représentants des secteurs concernés : Ministre de la Santé, de la Jeunesse et des Sports, Association des Agences de Conseil en Communication, Défenseur des Enfants, Bureau de la Vérification de la Publicité, Fédération Française de la Couture, du Prêt à porter des Couturiers et des Créateurs de Mode, Fédération des Entreprises de la Beauté, etc.
Cette charte, disponible en version intégrale sur internet (*www.sante.gouv.fr/IMG/pdf/charte_imageducorps_signe.pdf*), avait pour objet d'inciter les professionnels de la communication en tous domaines, et essentiellement dans le secteur de la mode,

à modifier leurs habitudes dans le choix des modèles et de la mise en œuvre de leur image.

Parallèlement, une proposition de loi était déposée.

Cette charte n'étant cependant pas coercitive, et restant au stade des déclarations d'intentions, une députée a, en date du 15 septembre 2009, déposé une proposition de loi dont l'objet était d'ajouter au Code de la Santé Publique une disposition qui serait rédigée comme suit :
« Les photographies publicitaires de personnes dont l'apparence corporelle a été modifiée par un logiciel de traitement d'image doivent être accompagnées de la mention : "Photographie retouchée afin de modifier l'apparence corporelle d'une personne". Le non-respect du présent article est puni d'une amende de 37 500 €, le montant de cette amende pouvant être porté à 50 % des dépenses consacrées à la publicité. »
(proposition de loi de Mme Valérie Boyer, déposée le 15/9/2013)

À ce jour, la proposition n'a pas fini de suivre son chemin parlementaire, mais l'affaire est à suivre. En effet, nonobstant le but incontestablement louable et utile de la mesure envisagée, il faut reconnaitre qu'elle poserait, en droit, d'importantes difficultés. D'une part, parce que la proposition ne visait pas uniquement la publicité, mais également la photo d'art. Le préambule de cette proposition contenait notamment l'alinéa suivant :
« En effet, ces images peuvent conduire des personnes à croire à des réalités qui, très souvent, n'existent pas. Il ne faut pas se limiter aux simples photographies à usage commercial et il convient de relever un champ plus large que les photographies « ayant pour objet d'être diffusées dans la presse écrite ». Une affiche publicitaire ou une photographie figurant sur l'emballage d'un produit seraient également concernées, tout comme les photographies des affiches de campagne politique ou encore les photographies d'art. »
(proposition de loi de Mme Valérie Boyer, accessible à l'adresse *www.assemblee-nationale.fr/13/propositions/pion1908.asp*).

Le but annoncé de cette proposition de loi devrait logiquement conduire à poursuivre surtout les annonceurs lorsqu'il s'agit de publicité, puisqu'en mettant en avant des caractéristiques irréelles ils tentent de faire un profit au détriment de la santé publique.

S'il s'agit d'une publication rédactionnelle quelconque, les éventuels contrevenants seraient alors les éditeurs. Mais si la loi est votée, et qu'il est précisé quelque part dans son texte qu'elle vise également les photos d'art, là rien ne s'opposera plus à une poursuite des photographes par exemple lors d'une publication ou d'une exposition.

Qui serait chargé de trancher la limite ? À partir de quand y aura-t-il « retouche » et non plus uniquement « post-production » ? Le juge pénal va-t-il s'entourer d'un collège d'experts en Photoshop ou autres logiciels pour déterminer si on s'est contenté de lisser un grain de peau ou si on a supprimé les poignées d'amour d'un mannequin, ou d'un président ? Et avec quoi (ou qui) vont-ils comparer la photo prétendument retouchée pour démontrer la réalité de la retouche ? En faisant comparaître le mannequin à la barre, pour démontrer qu'en réalité il ou elle n'est pas aussi parfait(e) ? Il faudra alors, pour l'éditeur ou le photographe poursuivi, espérer qu'entretemps le modèle n'ait pas pris quelques kilos.

Cette mesure ne parait donc pas adaptée au but de santé publique qu'elle poursuit, puisqu'elle risque bien de ne pas frapper les réels responsables de la diffusion des images qu'il s'agit de combattre.

CHAPITRE 5

L'INDEMNISATION

LE PRINCIPE DU DROIT À L'INDEMNISATION

Les décisions rendues en matière de droit à l'image et de respect de la vie privée s'accordent au moins sur un point : la violation de l'un de ces droits ouvre un droit automatique à l'indemnisation. Par contre, il est également de jurisprudence constante que le montant de cette indemnisation devra être fixé, au cas par cas, en fonction du préjudice réellement subi et dont le plaignant doit démontrer l'existence et l'importance, cette appréciation en pur fait relevant des juridictions du fond (TGI et Cour d'Appel). Et dans cette appréciation, la juridiction pourra alors tenir compte de l'ensemble de la situation :

- La diffusion sanctionnée a-t-elle éventuellement - en plus d'être illicite - été faite dans un but de nuire ?

- La partie plaignante n'a-t-elle pas au contraire favorisé ou provoqué la publication en dévoilant elle-même les faits dont elle reproche aujourd'hui la diffusion ?

- Le plaignant a-t-il réellement subi un dommage ?

- Dans l'affirmation, quelles en sont les composantes ?

Comme vous le voyez, il ne suffit donc pas à la victime de faire admettre une violation de son droit à l'image ou du droit au respect de sa vie privée pour obtenir une indemnisation substantielle. Avant d'examiner ces aspects, voyons déjà à qui revient la charge de la preuve.

QUE FAUT-IL PROUVER ?

UNE PREUVE DIFFÉRENTE SELON LA SITUATION CONCERNÉE

L'objet de la preuve

Différentes hypothèses peuvent se présenter, qui vont déterminer l'objet de la preuve que devra ramener la partie plaignante :

- soit les images diffusées ont été captées dans un lieu privé, auquel cas la partie plaignante devra démontrer le caractère privé du lieu. L'utilisateur des images devra alors, pour éviter la condamnation, démontrer soit qu'il s'agissait d'un lieu public, soit que, le lieu étant privé, il avait l'autorisation de diffuser ces photographies ;

- soit les images ont été prises sur la voie publique, en dehors du cadre d'une convention régissant l'utilisation de celles-ci, et dans ce cas, l'objet de la preuve dépendra du sujet représenté :

  - Un sujet humain représenté devra démontrer soit que les images sont contraires à la dignité humaine, soit que l'utilisation ne rentre pas dans le cadre du droit à l'information de l'illustration d'un débat d'intérêt général, ou enfin que la diffusion entraîne pour lui *« des conséquences d'une particulière gravité »*. On peut également ajouter la possible démonstration du caractère commercial de l'utilisation, qui implique en tout état de cause un consentement préalable.

  - Le propriétaire d'un bien devra quant à lui démontrer l'existence d'un *« trouble anormal »*. Pour l'image d'un bien, nous avons vu que l'utilisation commerciale pose moins de difficulté que pour l'image d'une personne, celle-ci ayant été admise pour la photographie des chiens sur des supports purement commerciaux. Ou le fait, bien sûr, que le bien est sujet lui-même à un droit de propriété intellectuelle au bénéfice de son auteur, ce qui empêchait la reproduction sans autorisation de ce dernier.

- soit enfin, il existait entre les parties un contrat relatif à l'utilisation de l'image, mais l'une des parties estime que les limites de ce contrat ont été dépassées. Il faudra dans ce cas rapporter la preuve du contenu des engagements respectifs des parties, ce qui permettra à la juridiction d'apprécier l'éventuel dépassement et, dans une telle hypothèse, le caractère licite ou non de l'utilisation. On raisonnera alors comme si aucune autorisation n'avait été donnée, pour appliquer les principes plus généraux.

De façon générale, il appartient à celui qui diffuse une image de rapporter la preuve de ce que son sujet avait donné son accord pour cette diffusion. Cette solution est classique, et conforme au droit commun de la preuve en matière civile. Après cela, et comme le confirmait le tribunal dans l'affaire déjà citée des *jumeaux Benetton*, l'ampleur des utilisations doit être prouvée par le plaignant (voir la section sur la patrimonialisation de l'image en début d'ouvrage).

> *« La charge de la preuve de l'autorisation et de sa portée incombe à celui qui a fait usage de l'image, mais c'est au demandeur qu'il implique d'établir par tout moyen les usages non autorisés de l'image qu'il invoque. »*
> (TGI Paris, 4/5/2011, RG 08/16619)

Ceci peut paraître contradictoire. Si l'on reprend l'exemple de l'affaire dite des *jumeaux Benetton*, l'annonceur a donc dû démontrer qu'il disposait d'une autorisation signée de façon régulière en son temps par la mère des enfants. Ceci fait, et les limites de l'autorisation étant posées (et appliquées avec rigueur comme nous l'avions vu) toutes les utilisations qui sortaient de ces limites devaient par contre être démontrées dans leur nature et leur importance par les plaignants : les impressions de cartes postales, l'utilisation sur internet, et toutes formes de diffusion non prévues dans le contrat d'origine.

La prise en compte des circonstances précises de l'affaire

Cela étant, le tribunal peut tenir compte des circonstances précises de l'affaire même au niveau de la charge de la preuve. Ce fut le cas notamment dans l'affaire Ionesco, dont il sera en question plus loin dans l'ouvrage.

En 2011, une affaire défraya la chronique. Eva Ionesco introduisait une action contre sa mère, photographe ainsi que d'autres intervenants qui avaient tiré profit de la diffusion d'une série de photographies prises pendant son enfance. Le jugement résume la demande en ces termes :
« (La demanderesse) expose que depuis l'âge de 4 ans et jusqu'à ce qu'elle atteigne celui de 12 ans, sa mère, Irina Ionesco, photographe érotique, l'a forcée à poser pour des photographies sulfureuses destinées à une clientèle pédophile, que ces photographies ont assuré à sa mère une grande renommée et ont été vendues dans le monde entier, en particulier /…/»;
Elle sollicitait l'interdiction totale pour l'ensemble des défendeurs, de faire usage de ces photographies, ainsi que d'importants dommages et intérêts. Mais au moment d'énumérer l'ensemble des photographies concernées, la plaignante se heurta bien entendu à une difficulté de taille : étant à l'époque mineure, et très jeune, elle n'avait pu se constituer un dossier complet. Il faut d'ailleurs souligner que, du fait de la situation familiale de l'enfant à cette époque, elle fut éloignée de sa mère. Comme le souligne un auteur dans son commentaire de cette affaire, «voilà une enfant retirée à sa mère à l'adolescence. Et l'on voudrait que celle-ci ait quitté le domicile familial avec un dossier sous le bras pointant avec précision et rigueur toutes les images dégradantes arrachées à son innocence ? » (David Lefranc, commentaire sous TGI 17/12/2012, Legipresse n°302, Février 2013, p. 107)

Certes, ce manque de précision inévitable eut une conséquence puisqu'une partie de ses demandes ne put aboutir : le tribunal ne pouvant ordonner une interdiction totale d'exploitation de celles qui étaient déjà diffusées et cédées à des diffuseurs divers. Par contre, loin de débouter la plaignante pour l'ensemble en raison de cette carence, le tribunal prononça une condamnation à des dommages et intérêts. Mais la saisie opérée sur les négatifs fut levée, et ceux-ci durent être restitués à la mère de la plaignante. (TGI Paris, 17/12/2012, RG11/07888)

Le dommage peut résulter du commentaire accompagnant l'image

Ce dommage peut découler non seulement de la photographie elle-même mais également du commentaire qui l'accompagne. Il est donc tout à fait imaginable qu'une photographie en elle-même totalement anodine crée à la personne qui y figure un préjudice du fait du contexte dans lequel elle est publiée, ou de la légende qui lui est adjointe par l'éditeur.

C'est ce qu'a rappelé la Cour d'Appel de Bordeaux dans l'affaire suivante.

Une jeune femme qui exerçait le métier de professeur avait été prise en photo alors qu'elle se trouvait dans une rame de métro, occupée à lire. L'image avait été utilisée en illustration d'un article sur la crise des banlieues de 2005, accompagnée d'une légende rédigée comme suit : *« La passagère, pas rassurée, se plonge dans sa lecture et n'en sort pas. »*

Elle avait alors adressé une lettre de protestation à l'éditeur, lequel avait publié un petit encart de 4,5 x 3 cm, contenant la mention *« Mme /…/ tient à préciser que la photographie a été diffusée sans son autorisation et qu'elle ne craint pas de prendre les transports en commun à Clichy-sous-Bois où elle est professeur depuis septembre 2006, et à ce titre, elle ne rencontre aucune difficulté particulière. »*

Mais, jugeant cela insuffisant, la jeune femme avait alors saisi le Tribunal de Grande Instance. Le tribunal lui avait donné raison, et avait condamné l'éditeur au paiement d'une somme de 5.000 € au titre du droit au respect de la vie privée.
L'éditeur avait interjeté appel, mais la Cour d'appel confirma le verdict (en doublant le montant octroyé à la plaignante),ce qui lui donna l'occasion de rappeler les principes en la matière :
« Attendu /…./ que le report effectué en 2007 sur la crise des banlieues survenue en 2005 ne présentait aucun caractère actuel et ne relatait aucun événement impliquant (la plaignante).
Que les attestations de ses collègues enseignants /…/ montrent l'incidence de la photographie et de la légende sur l'exercice de l'activité professionnelle de (la plaignante) dont l'autorité est remise en cause par la suspicion d'une peur éprouvée devant ses élèves.
Attendu que l'atteinte au droit au respect de la vie privée (de la plaignante) par une photographiée non autorisée et accompagnée d'une légende inappropriée, prise à l'insu de l'intéressée au cours d'une mise en scène justement dénoncée par le premier juge, a été exactement qualifiée par le tribunal ;
Que le simple encart publié (par l'éditeur) est insuffisant en l'espèce à réparer le préjudice moral subi par l'intéressée. »
(CA Bordeaux, 17 septembre 2009, 1ère ch., section B).

LIBERTÉ DES MODES DE PREUVE

Mais dans tous les cas, ce qui caractérise la preuve en matière de droit à l'image est la liberté des modes de preuve admissibles. Cette matière est soumise à la liberté contractuelle, avec l'avantage qui en découle : les parties conviennent de ce qu'elles veulent, et le prouveront ensuite par tous les moyens généralement admis en droit. De la même manière, lorsque le litige se situe en dehors du champ contractuel, les protagonistes peuvent faire usage de tous les modes de preuve admis par le Code civil (constats d'huissier, témoignages, etc.). La jurisprudence nous donne une bonne illustration de cette liberté dans l'affaire suivante.

Une jeune femme exerçant la profession de mannequin avait servi de modèle pour une campagne publicitaire pour des soins corporels. Par la suite, elle s'était aperçue de ce qu'une grande surface offrant également des services d'agence de voyage faisait usage des photographies pour promouvoir un voyage en Tunisie.
Invoquant le dépassement de l'autorisation donnée au préalable à son interlocuteur de l'époque, la jeune femme avait assigné la grande surface, qui à son tour avait appelé en garantie l'exploitant du centre de thalassothérapie qui avait, semble-t-il, transmis les photographies (l'arrêt n'est pas très détaillé sur les circonstances de fait).
Pour démontrer l'objet de l'autorisation donnée à l'époque, la plaignante déposait dans son dossier deux éléments : d'une part une attestation du PDG de la société commanditaire des photographies, confirmant qu'elles étaient exclusivement destinées à la campagne pour cette société-là, et d'autre part la facture du photographe, qui allait dans le même sens.
En première instance toutefois, elle avait été déboutée par le TGI de Marseille qui le reprochait de n'avoir pas démontré que l'accord d'origine excluait toute autre utilisation.

Elle a donc interjeté appel du jugement, et fut bien inspirée puisque la Cour d'Appel d'Aix-en-Provence réforma le jugement par un arrêt très bref, et au terme de la motivation suivante : *« /.../ le Tribunal a inversé la charge de la preuve en (reprochant à la plaignante) de ne pas avoir justifié d'une limitation dans l'utilisation de son image, alors que c'était à la société (défenderesse) en sa qualité d'utilisateur de la photographie de justifier de son droit d'utilisation de cette image, ce qu'il ne fait pas. »*
(CA Aix-en-Provence, 18/6/2013, RG 12/02399)

La facture du photographe et l'attestation du PDG ont suffi à rapporter la preuve de l'étendue des engagements initiaux, sans qu'il soit exigé de formalisme supplémentaire.

LA NÉCESSITE DE PROUVER L'EXISTENCE D'UN PRÉJUDICE

Quel que soit le mode de preuve, il faudra donc, pour le plaignant, faire admettre le principe d'un préjudice dans son chef, de quelque nature qu'il soit (personnel, professionnel, patrimonial, etc.).

Comme nous l'avons vu au début de l'ouvrage, le fait qu'un contrat ait été conclu entre le plaignant et un tiers n'a pas pour effet de modifier cette obligation de preuve.

> Souvenez-vous de cette affaire que j'évoquais, où un couple célèbre avait monnayé la couverture « exclusive » de sa cérémonie de mariage à un magazine, et protestait contre la parution dans un second titre de presse d'une photographie de cette même cérémonie. Après avoir considéré que le lieu de la cérémonie ainsi que la cérémonie elle-même étaient par nature publics, la Cour d'Appel de Versailles avait en outre estimé que la publication - qui n'avait pas excédé les limites de ce qui pouvait être divulgué au public - entrait dans le cadre de l'information légitime de ce même public. En outre, elle avait également refusé d'accorder quelque indemnisation que ce soit aux plaignants, en considérant que ceux-ci ne pouvaient invoquer aucun « manque à gagner », puisqu'ils n'auraient de toute façon pas pu céder les droits de diffusion à ce second magazine, du fait de l'exclusivité accordée au premier : *« Au surplus, en tout état de cause, ayant déjà cédé (au premier magazine) l'exclusivité du reportage sur la célébration de leur mariage, ils étaient dans l'impossibilité de procéder à une autre cession sauf à violer leurs engagements contractuels. Ils ne justifient donc d'aucun préjudice patrimonial. »*
> (CA Versailles, 15/4/2010, RG 09/01152)

PREUVE DE L'IMPORTANCE ET DE LA NATURE DU PRÉJUDICE

Après avoir apporté la preuve de l'existence d'un préjudice, le plaignant doit en outre en démontrer l'importance. Certes, tous les préjudices ne sont pas chiffrables de façon précise, mais la juridiction saisie devra apprécier l'ensemble des éléments de fait pour estimer l'indemnisation qu'il convient d'octroyer. Voyons ci-dessous les éléments qui peuvent entrer en ligne de compte dans l'appréciation du tribunal au moment de fixer les dommages et intérêts éventuels.

Invoquer un préjudice matériel impose de pouvoir le chiffrer

C'est le cruel enseignement qui a été rappelé au sujet de la photographie dans l'affaire suivante.

Un quotidien savoyard avait publié en août 2010 un article consacré au travail illégal dans les résidences de luxe. L'article, dont le but était de dénoncer le recours à une main d'œuvre non déclarée et la violation des conditions de sécurité sur les chantiers, était illustré d'une photographie représentant un maçon/chef d'entreprise. Or, ce chef d'entreprise n'avait rien à se reprocher en termes de respect des dispositions légales, et n'était en aucun cas visé par les récents faits d'actualité ayant entraîné des descentes de la police de l'air et des frontières ainsi que des inspections de l'Urssaf.
Le nom du dirigeant d'entreprise n'était certes pas mentionné, pas plus bien sûr que celui de son entreprise, mais il était reconnaissable sur la photographie choisie par l'éditeur pour illustrer l'article. Fort légitimement, il s'était indigné de la situation, et avait assigné l'éditeur au titre des articles 9 (droit à l'image) et 1382 (responsabilité civile extracontractuelle) du Code civil. Au titre de son préjudice, il invoquait notamment le discrédit que cet article avait fait peser sur son entreprise. En première instance, et malgré des demandes supérieures, le Tribunal d'Instance d'Albertville avait limité son indemnisation à une somme de 1.000 €.
L'éditeur n'étant pas satisfait du jugement avait interjeté appel et l'affaire fut ainsi portée devant la Cour d'Appel de Chambéry. Le plaignant eut ainsi l'occasion de réitérer ses demandes, et même de les augmenter, puisqu'il sollicitait la condamnation de l'éditeur à des dommages et intérêts à hauteur de 9.900 €. Mais la Cour d'Appel a réduit le préjudice sur base de la motivation suivante : *« Monsieur Y. au titre du préjudice invoque devant la Cour d'appel à la fois un préjudice moral et l'atteinte à la réputation de l'entreprise avec nécessairement des implications économiques par la perte de chantiers ou de chance d'en obtenir. Ces demandes sont recevables*

devant la Cour car elles ne sont pas nouvelles au sens de l'article 564 du code de procédure civile. Le fait qu'elles n'aient pas été formulées au titre du préjudice moral devant le premier juge est sans incidence, la Cour étant désormais saisie de ce chef.
Monsieur Y. ne communique aucun élément comptable sur son activité, selon la décision d'admission à l'aide juridictionnelle ses revenus sont environ de 755 € par mois. Il demande l'allocation de 10 % du montant du chantier de Val d'Isère, mais cette référence est contestable car il a certainement été payé du travail réalisé. Son préjudice s'analyse en une perte de chance d'obtenir certains nouveaux chantiers et un préjudice moral. Le montant des dommages et intérêts alloués sera fixé, pour tenir compte de l'écho local de l'article, de l'atteinte à la réputation d'un artisan nouvellement installé et donc fragile avant d'avoir fait la démonstration de son efficacité et de ses qualités, à la somme de 2 000 € à titre de dommages et intérêts. Le préjudice est intégralement réparé par l'allocation des dommages et intérêts, il n'y a pas lieu d'ordonner la publication dans le journal. » (CA Chambéry, 10/1/2012, RG 11/00574). Le pourvoi introduit par l'éditeur n'a pas été accueilli, de telle sorte que l'arrêt d'appel est désormais définitif.

Le plaignant doit donc prouver son dommage. Et lorsque la juridiction estime qu'aucun élément de preuve n'est rapporté, elle peut même se contenter - et le fait fréquemment - d'une condamnation à un euro symbolique, malgré la reconnaissance de la diffusion illicite de l'image. Ce fut le cas notamment dans l'affaire suivante.

Un homme qui avait exercé par le passé la profession de comédien, et avait notamment joué le rôle d'un punk dans une publicité se plaignait de la diffusion de cette ancienne pub sur un site web, des années après sa propre reconversion professionnelle. Sur le principe, et au terme d'une argumentation très classique, le tribunal avait admis que l'utilisation de son image était abusive. Mais s'agissant du préjudice, le tribunal se contenta d'un euro symbolique en relevant que « *le demandeur ne (produisait) aucun document pour démontrer l'ampleur du préjudice allégué et que les images (n'étaient) restées en ligne que pendant une durée très limitée.* »
(TGI Paris, 10/3/2010, RG 09/03559)

L'importance et la nature de la diffusion ont leur importance

Le tirage d'une publication aura bien entendu une incidence sur le montant des dommages et intérêts alloués. Lorsqu'il s'agit d'une publication sur internet, il faudra avoir égard au nombre de connexions sur le site.

De la même manière, le fait pour l'éditeur (ou l'utilisateur de la photo, quel qu'il soit) d'avoir mis l'image en avant a également une incidence. Une couverture de magazine amènera à des dommages et intérêts plus importants qu'une publication à l'intérieur de celui-ci.

Deux plaignants qui avaient obtenu la reconnaissance d'une violation de leur droit à l'image et au respect de leur vie privée invoquaient en outre que la photographie litigieuse faisait la couverture du magazine de l'éditeur poursuivi. Cet élément a été pris en considération par le tribunal dans son estimation des dommages et intérêts : *« La photographie du couple surpris dans un moment de détente se trouve en couverture, de telle sorte qu'il peut être vu par les lecteurs mais aussi par les passants et clients des kiosques. »* (TGI Nanterre, 1/7/2004, Legipresse 2005, I, p. 32)

Le manque à gagner

Principe

Rappelez-vous les développements que j'exposais au début de l'ouvrage, relativement à ce que l'on nomme la « patrimonialisation de l'image ». Me référant à la notoriété de certains plaignants, j'évoquais le basculement de plus en plus fréquent d'un préjudice par nature personnel vers la sphère purement patrimoniale.
À ce titre, et lorsque la partie plaignante parvient à faire admettre une atteinte à son droit à l'image, c'est alors sur le plan du manque à gagner que le préjudice s'évaluera. Un exemple très simple permettra de comprendre cette notion : lorsqu'un sportif professionnel a conclu un contrat d'image avec un annonceur, il perçoit bien sûr en contrepartie de l'utilisation de son image (et de sa prestation au moment des prises de vue) un montant d'autant plus substantiel que sa notoriété est susceptible de faire vendre le produit ou le service de l'annonceur. Plus il est connu, et mieux il sera payé. Si parallèlement à cela, son image est utilisée sans autorisation par un autre annonceur, le préjudice patrimonial qu'il subit sera alors très simple à calculer : s'il démontre le montant qu'il a pu obtenir dans le cadre de différents contrats, son préjudice sera égal à la somme qu'il aurait pu réclamer pour l'utilisation de son image si celle-ci avait été

demandée de façon plus légale. Et du côté de l'utilisateur de l'image, le message à faire passer est dès lors très clair : plus le sujet de la photo ou des images utilisées est connu et « vendeur » plus il fera vendre, mais plus, également, il risque d'entraîner une condamnation sévère et élevée en cas de procédure.

La jurisprudence

Pour permettre au tribunal d'apprécier le montant du préjudice, le plaignant devra alors produire des éléments de preuve quant à la valeur « habituelle » à laquelle se monnaie son image.

Dans une affaire qui concernait une célèbre mannequin, le tribunal de Grande Instance de Paris fut saisi d'une action dirigée contre l'éditeur d'un magazine people. Pour illustrer un article dans lequel il était question essentiellement de l'évolution de sa carrière, mise en parallèle avec celle de son statut matrimonial, la plaignante était représente sur différentes photos qui avaient été prises dans le cadre de son activité professionnelle, mais qui servaient à illustrer des propos qui ne relevaient pas du droit à l'information. Le tribunal a donc dans un premier temps admis que la publication aurait dû être précédée d'un accord de l'intéressée. Mais au moment d'apprécier le montant de l'éventuelle condamnation, le tribunal releva : *« Attendu qu'il convient de rappeler que la transgression du droit à l'image est de nature à provoquer, chez son titulaire, un dommage morale et, le cas échéant, un préjudice patrimonial lorsque l'intéressé, par son activité ou sa notoriété, confère une valeur commercial à son image ;*

Attendu qu'en l'espèce, /.../ allègue un préjudice financier, en rappelant les termes d'une décision de la Cour d'appel de Paris du 9 novembre 1982 indiquant que ce préjudice doit tenir compte « du montant de la rémunération qu'aurait reçu le mannequin professionnel s'il avait autorisé la publication de ces photographies » ; que, malgré ce rappel qui aurait dû la conduire à fournir au tribunal les pièces indispensables à l'appréciation du « prix de son image », la demanderesse ne verse aux débats aucun élément d'information sur le manque à gagner subi de ce fait ;

Qu'en outre, elle invoque un préjudice de carrière, sans en établir la moindre preuve ;

Qu'à défaut de production de tout justificatif, il ne peut être fait droit à son premier chef de demande. » (TGI Paris, 12/9/2000, Legipresse 2001, I, p. 36)

Le jugement semble sévère, mais reste dans la droite ligne des principes établis : il appartient au plaignant d'apporter la preuve de son préjudice. Et en l'espèce, rappeler le principe ne suffisait bien entendu pas, et la plaignante devait nécessairement disposer d'éléments de preuve des montants accordés par d'autres éditeurs dans des situations semblables, de manière à démontrer l'ampleur de son manque à gagner.
On peut par contre s'étonner qu'au lieu de se contenter d'un euro symbolique de ce chef, le tribunal ait totalement débouté, mais il faut y voir sans doute un brin d'agacement, que l'on perçoit dans la formulation de ces quelques attendus.

Et pour les défunts ?
Si l'image devient un élément du patrimoine, et n'est plus strictement lié à la personne, il pourrait alors être soutenu que la violation du droit à l'image ne s'éteint plus forcément avec le décès de l'intéressé, mais est au contraire transmis, au même titre que l'ensemble de son patrimoine, à ses héritiers. Ceux-ci disposeraient alors d'un intérêt à agir en cas d'utilisation de l'image.
La Cour d'Appel de Paris a toutefois refusé de faire droit à une argumentation de ce genre dans l'affaire dont il est question ci-dessous, sur le fondement du droit à l'image et de l'article 9, mais en accueillant par contre la demande fondée sur le droit voisin de l'acteur décédé.

Dans le cadre d'un spot publicitaire, un constructeur automobile avait détourné une scène du film *L'Aventure c'est l'Aventure*. Lino Ventura, dans la scène originale, était à la place passager d'un véhicule et s'adressait à Aldo Maccione, qui conduisait, pour lui demander à deux reprises de s'arrêter. Ces dialogues, jusqu'à ce stade, étaient issus de la vraie bande son du film. Dans le spot, le constructeur avait par contre remplacé la réponse d'Aldo Maccione qui avec un accent aussi proche que possible de l'original répondait à Lino Ventura : *« Mais non Lino, on va chez Ford »* !
Le réalisateur et le producteur du film s'étaient engagés à l'égard du constructeur et de son agence de communication à obtenir les autorisations nécessaires des acteurs ou de leurs héritiers et à garantir les diffuseurs de tous recours des ayants-droit.

L'épouse de Lino Ventura, goûtant peu cette utilisation de l'image de son défunt mari, avait dans un premier temps adressé une mise en demeure d'arrêter toute diffusion du spot en question. Mais aucun règlement amiable n'ayant pu être trouvé, elle assigna d'abord le producteur et l'agence

> de communication. Chaque partie assigna l'autre pour obtenir des condamnations diverses.
> Le tribunal ne fit que partiellement droit aux demandes de Mme Ventura, et toutes les parties eurent à débattre une nouvelle fois devant la Cour d'Appel de Paris.
> Mme Ventura invoquait en réalité différents fondements : d'une part le droit à l'image de son époux, et d'autre part son « droit voisin » en tant que comédien (voir ci-avant pour la notion, dans la section consacrée aux artistes de scène).
> Sur le fondement du droit à l'image et du respect à la vie privée, la Cour considère *« que Mme Ventura n'est pas recevable à agir en dommages-intérêts pour atteinte à l'image ou à la vie privée de Lino Ventura survenue postérieurement à son décès »*.
> Abordant ensuite la question des droits voisins, qui comme le droit d'auteur se décomposent en droit moraux et droits patrimoniaux.
> Pour une raison liée à l'ancienneté de la convention conclue entre l'acteur et le producteur, les aspects patrimoniaux du droit voisin ne donnent pas non plus lieu à indemnisation.
> Par contre, la Cour relève qu'au titre de l'aspect moral du droit voisin, les producteur auraient dû veiller à obtenir une autorisation expresse de Mme Ventura et des enfants de l'acteur. Le producteur faisait état de *« pourparlers qui n'auraient pas abouti »*, mais cet argument fut bien sûr jugé insuffisant par la Cour. Et au final, le constructeur automobile, son agence de communication et les réalisateur et producteur du film furent condamnés solidairement à la bagatelle de 76.000 € au titre de la violation des aspects moraux du droit voisin d'interprète de l'acteur décédé.
> (CA Paris, 1ère ch. Section A, 28/4/2003,RG 2001/06736)

Comme on le voit, la seule dérive du droit personnel à l'image vers un droit plus patrimonial n'a pas suffi à fonder une action personnelle de l'épouse de l'acteur. Ou, autrement formulé, le droit à l'image, même de nature patrimoniale, n'entre pas suffisamment dans le patrimoine de son titulaire pour être transmis à ses héritiers après son décès. Dans cette affaire, l'épouse de l'acteur n'est indemnisée qu'au titre du droit voisin en raison de l'utilisation et de la dénaturation de l'interprétation, comme le serait l'héritier d'un auteur en cas de contrefaçon sur l'œuvre d'origine. Certaines décisions plus anciennes vont toutefois en sens contraire, de telle sorte qu'il n'est pas exclu que cette tendance se renverse. La question sera à suivre de près à l'avenir.

LES ÉLÉMENTS POUVANT LIMITER LE DOMMAGE SUBI

L'ATTITUDE DE LA VICTIME

La victime d'une atteinte peut également se voir opposer par le tribunal saisi le fait qu'elle a elle-même révélé de multiples informations sur sa vie privée.
Ceci peut bien sûr concerner les révélations faites par le passé, avant l'atteinte incriminée, mais également les révélations faites postérieurement à celle qui fait l'objet du litige, le tribunal relevant alors le manque de sérieux de la demande. Nous l'avons vu dans l'affaire relative à la téléréalité.

« Or /... / (la plaignante) a coutume de monnayer ses interviews illustrées sur les sujets les plus intimes, dont le plus fréquent est sa relation avec (son compagnon) qui se trouverait à l'origine de la vidéo en cause et de sa divulgation, sans que (la demanderesse) ne justifie avoir entrepris quelque action judiciaire à l'égard de ce dernier et pas plus à l'endroit de l'hebdomadaire (n°3) qui a publié la même reproduction de la double page (du magazine n°1).La société défenderesse, sans susciter plus de réplique, signale deux faits qui méritent toute l'attention du juge :
• (la demanderesse) aurait vendu un sujet dit « arrangé » au même magazine (n°2 - défendeur) sous le titre «/.../ trompée par /..../», ce qui convainc qu'elle ne craint nullement la publicité faite à un coup du sort relevant ordinairement de la sphère protégée de la vie privée.
• Elle aurait également vendu au magazine (n°2 - défendeur) un sujet paru dans le n° 81, soit postérieurement au numéro en litige, intitulé «/.../ mêlée à un trafic de drogue», ce qui atteste qu'aucune des deux parties n'est rancunière.

Le juge ne l'est pas plus à l'égard d'aucune d'entre elles, mais il a un exigeant métier qui le retient parfois à de plus amples tâches.
Il réparera ce qui est réparable en allouant à (la demanderesse) un euro à titre de dommages et intérêts et, s'agissant de l'indemnité sollicitée sur le fondement de l'article 700 du Code de procédure civile, conviendra humblement que les considérations d'équité ne lui commandent rien qui vaille. »
(TGI Paris, ord. réf. 1/6/2011, RG 11/53904)

L'IMPRÉCISION DES INFORMATIONS COMMUNIQUÉES

Les juridictions vont en effet s'attacher à déterminer, au vu des circonstances précises de chaque affaire, quel préjudice a réellement été causé à la partie plaignante. Il ne suffira donc pas à la victime d'une atteinte à la vie privée de démontrer qu'elle a toujours voulu préserver sa sphère familiale. Certes l'atteinte, dans un tel cas, ouvrira un droit à réparation, mais le montant des dommages et intérêts sera alors fixé en tenant compte de la nature réelle des informations divulguées par la publication incriminée et du trouble que cela a pu occasionner dans la vie privée du plaignant ou sur l'image de celui-ci.

Un célèbre chanteur français, qui a toujours veillé à préserver sa vie privée, notamment en adressant à l'éditeur d'une série de magazines people une mise en demeure de ne plus publier ni article ni photos le concernant sans son accord, avait malgré tout fait l'objet d'une nouvelle publication. Celle-ci avait pour objet de révéler la naissance d'un enfant dans la famille du chanteur, et d'épiloguer bien sûr sur l'état d'esprit de celui-ci, en énumérant (prénoms et âges) les précédents enfants qu'il avait eus. Le tout était illustré d'une photographie détournée de son contexte, puisqu'il s'agissait du chanteur micro à la main, et dès lors d'une photo issue vraisemblablement d'un concert public.

Au moment d'estimer le montant des dommages et intérêts, la Cour d'Appel de Versailles estima : « *Considérant que s'il apparaît que /.../ communique peu sur sa vie professionnelle et que sa volonté de discrétion sur sa vie privée est avérée, comme en témoigne la mise en demeure qu'il a adressée /.../ à la société éditrice de ne publier ni article le concernant ni photographies sans son accord préalable, son préjudice moral doit tenir compte de la teneur de l'article poursuivi et de ce que les informations livrées au public sont soit brèves (évocation sans digression des noms de ses autres enfants issus de son premier mariage) soit imprécise (lieu de résidence dans le Sud de la France) ;*
Qu'eu égard à ces éléments, l'allocation d'une somme de 6.000 € est de nature à réparer justement le dommage subi par le chanteur sans qu'il y ait lieu de faire droit à sa demande de publication non justifiée en l'espèce. »
(CA Versailles, 12/11/2009, RG 08/06907)

À QUELLE DATE S'APPRÉCIE LE PRÉJUDICE?

La question s'est également posée de savoir à quelle date doit s'apprécier le préjudice : au moment de la publication litigieuse ou au moment où le juge statue ? La seconde alternative fut très logiquement retenue par la Cour de Cassation dans l'affaire suivante conformément aux principes habituellement mis en œuvre en matière extracontractuelle.

> Une ex-candidate à l'élection présidentielle avait fait l'objet d'un article dans un magazine people, lequel s'attardait sur une relation amoureuse présumée avec un individu présenté comme son nouveau compagnon, ce que rien dans l'événement photographié ne laissait officiellement transparaître. Au moment d'apprécier le préjudice, le juge du fond avait estimé que l'indemnisation devait s'apprécier au jour de la publication. Mais cette analyse fut invalidée par la Cour de Cassation : *« /…/ les juges du fond doivent se placer à la date à laquelle ils statuent pour évaluer la réparation du dommage. »*
> (Cass.civ.1ère ch., 31/10/2012, pourvoi n°11-26941)

Si, dans une affaire comme celle qui fut soumise à la Cour à ce moment, le préjudice ne variera vraisemblablement que très peu, imaginez par contre l'hypothèse où la publication d'une photographie entraine des conséquences à répétition pour le sujet de celle-ci, par exemple du fait de l'impossibilité de trouver un travail par la suite. Plus longtemps la situation se poursuivra, et plus son préjudice, à apprécier par le magistrat au moment de juger, sera important. En cela, la précision est fondamentale.

CHAPITRE 6

LES AUTORISATIONS D'UTILISATION DE L'IMAGE

NOTION

On parle indifféremment de « contrat d'image » ou « d'autorisation d'image » pour désigner ce document qui, dans l'esprit du photographe ou de l'éditeur, mettra à l'abri de toute procédure et de toute plainte. La pratique démontre malheureusement qu'il n'en n'est pas ainsi. Certes, il vaut mieux disposer d'une autorisation signée de la part de la personne figurant sur l'image ou du propriétaire du bien, mais ceci n'est jamais totalement suffisant pour éviter toute critique, comme nous l'avons vu dans la jurisprudence évoquée jusqu'à présent, et comme nous allons le détailler encore dans ce chapitre.

Idéalement, c'est un contrat plus solide qu'il faudrait prévoir, surtout lorsque l'utilisation de l'image risque d'être intensive, et d'inclure éventuellement une forme purement commerciale.
Il n'en reste pas moins que les autorisations clés en mains peuvent bien entendu dépanner dans nombre de situations, ne fût-ce qu'en amenant leurs signataires à réfléchir sur l'utilité d'une procédure. Celui-ci ne serait pas encore une garantie absolue, mais permettrait au moins de régler d'emblée un nombre plus important de questions potentiellement conflictuelles.

La jurisprudence a été amenée à se prononcer sur différents aspects des litiges dans lesquels de telles autorisations avaient été signées. Soit pour valider ou invalider certaines formulations, soit pour poser les limites de celles-ci. J'examinerai dans un premier temps les enseignements fournis par les cours et tribunaux, avant de proposer quelques autorisations vierges à utiliser selon les circonstances.

L'AUTORISATION DANS LA JURISPRUDENCE

LE PRINCIPE DE LA LIBERTÉ CONTRACTUELLE

La jurisprudence eut à différentes occasions le soin de rappeler qu'en matière de vie privée, c'est à la personne concernée de décider ce qu'elle entend révéler, quand elle estime devoir le faire et dans quelles conditions. Et le fait qu'une personne ait fait preuve de tolérance à l'égard de certaines publications la concernant ne suffit pas à la priver de son droit au respect de la vie privée ou de son droit à l'image pour l'avenir. Tout au plus cela interviendra-t-il, comme nous l'avons vu, au niveau de l'indemnisation de son préjudice.

L'un des arrêts fréquemment cités en cette matière a été rendu dans l'affaire suivante.

L'affaire est classique : un mannequin qui avait participé à une séance de prise de vue et s'indignait de l'utilisation répétée de son image sur de très nombreux supports assigna la banque d'images sur laquelle sa photo était disponible, banque créée par une série de photographes (ce qui explique sans doute que l'action n'ait pas été dirigée contre les différents utilisateurs eux-mêmes, mais contre la structure représentant les auteurs des images). Elle invoquait une nullité de la clause de cession de droits, qu'elle considérait comme trop largement et rédigée et insuffisamment précise. Ceci donna à la Cour de Cassation l'occasion de rappeler les principes de base, le premier étant celui de la liberté contractuelle : *« Les dispositions de l'article 9 du code civil, seules applicables en matière de cession de droit à l'image, à l'exclusion notamment du code de la propriété intellectuelle, relèvent de la liberté contractuelle. »*

Dans la foulée, la Cour rappelle que les dispositions relatives à la proportionnalité des droits d'auteur par rapport aux profits générés par leurs œuvres ne sont pas applicables au droit à l'image : *« Aucune disposition légale ou réglementaire ne prévoit au profit d'un mannequin professionnel une rémunération proportionnelle à l'exploitation de son image et que les relations contractuelles entre lui-même et les utilisateurs des photographies ressortissent à l'autonomie de la volonté. »*
(Cass.civ. 1ère ch., 11/12/2008, N° 07-19.494)

RIGUEUR CONTRACTUELLE SIMULTANÉE

Les principes

Mais la possibilité pour les parties de convenir de ce qu'elles souhaitent ne signifie pas bien sûr qu'après la signature du contrat, elles peuvent également s'en dégager sans raison. Les contrats en matière de droit à l'image sont soumis aux règles du droit commun des conventions. Parmi celles-là, on notera essentiellement les articles 1134 et 1135 du Code civil, dont le contenu parle de lui-même.

> *« Les conventions légalement formées tiennent lieu de loi à ceux qui les ont faites. Elles ne peuvent être révoquées que de leur consentement mutuel, ou pour les causes que la loi autorise. Elles doivent être exécutées de bonne foi. »*
> (Art. 1134 du Code civil)
>
> *« Les conventions obligent non seulement à ce qui y est exprimé, mais encore à toutes les suites que l'équité, l'usage ou la loi donnent à l'obligation d'après sa nature. »*
> (Art. 1135 du Code civil).

Ces principes ont été rappelés de façon ferme à une plaignante dans l'affaire suivante.

> Courant 2005, une femme signait avec un éditeur un contrat relatif à l'utilisation de son image dans le cadre de cassettes vidéo techniques de massage à vocation pédagogique. Ces enregistrements étaient réalisés avec un masseur-kinésithérapeute et d'un modèle, et étaient diffusées auprès des abonnés du magazine publié par l'éditeur.
> Les contrats signés avec les modèles qui avaient prêté leur concours - parmi lesquels la plaignante - contenaient une clause rédigée comme suit : *« M ... autorise expressément la société d'édition /.../ à enregistrer, fixer, reproduire et diffuser son image dans le cadre de cette cassette. M ... est consciente qu'en raison de la nature du massage à effectuer, elle sera plus ou moins dénudée et donne à ce sujet toute autorisation nécessaire à la société d'édition /.../ tant concernant l'enregistrement que la reproduction et la diffusion de son image. M ... cède à la société d'édition /.../*

en totalité les droits détenus au titre de la réalisation de la cassette vidéo pour une durée de dix ans. M ... autorise expressément la société d'édition à utiliser et à exploiter, le cas échéant, par voie de citation, mention, reproduction son nom, son prénom. »

Sept ans plus tard, elle assignait toutefois l'éditeur au titre de son droit à l'image, en invoquant qu'elle n'avait donné d'utilisation qu'à des fins d'usage interne à la société d'édition.

Mais le tribunal, face à cette demande, débouta la plaignante : *« Attendu que (la demanderesse) a sans équivoque consenti à la diffusion de son image et même de son nom, dans le cadre de ces contrats ;*

Attendu qu'il n'est pas contestable que les images diffusées sont rattachées aux techniques de massage ;

Attendu que si (la plaignante) apparait sur les cassettes vidéo partiellement dénudée, en culotte et soutien-gorge et si son visage est parfois filmé et est certainement reconnaissable pour les personnes qui la connaissent, même si elle ferme les yeux, ces vidéos ne présentent aucune connotation sexuelle contrairement à ce qu'elle prétend ;

Attendu que si (la demanderesse) a cédé son droit à l'image, il résulte des contrats conclus entre les parties que la cassette vidéo technique de massage est destinée à des fins pédagogiques et informatives et sera commercialisée auprès des abonnés du magazine et également auprès des non abonnés. »

Au vu de l'ensemble de ces éléments, le tribunal, estimant que les diffusions entraient dans le champ de ce qui avait été contractuellement prévu, débouta donc la demanderesse.

(TGI Paris, 8/2/2013,RG 12/59660)

Rigueur accrue pour les professionnels

Par ailleurs, s'il est important pour chaque sujet signant une autorisation de bien lire le contrat qui lui est soumis, cela est d'autant plus vrai pour les professionnels qui font de l'exploitation de leur image une profession.

Certes un éventuel abus pourrait leur amener une indemnisation supérieure, comme on l'a vu plus haut. En revanche, la portée de leur engagement sera appréciée avec d'autant plus de sévérité. C'est l'enseignement qu'il faut notamment retenir de l'arrêt rendu dans l'affaire exposée ci-après.

Un mannequin professionnel avait participé à une séance de prise de vues commandée par un grand groupe pétrolier. À cette occasion, il avait signé pour l'utilisation de deux photographies, un document autorisant le commanditaire à utiliser son image, dans les termes suivants : *« Nous, soussigné, /.../ autorise /..../ à me photographier pour la réalisation d'un reportage photos à destination du hors série du (magazine interne du groupe pétrolier) ainsi qu'à faire usage de ces photographies dans les conditions suivantes.*
La présente autorisation est délivrée à /.../ qui peut exploiter, reproduire, représenter, communiquer au public, les photographies en tout format, en tout ou en partie, et ce à des fins de communication (du groupe pétrolier) hors publicité notamment édition papier, affiches, documents commerciaux, etc. Cette autorisation est valable pour une durée de deux ans à compter de la signature de la présente. »
Au bas du document, la mention *« La présente autorisation est accordée à titre gratuit »* avait été rayée.
Un bulletin de paie avait été établi pour un montant de 150,03 euros, faisant mention d'un emploi de mannequin.
Dans son action dirigée contre l'agence de communication du groupe pétrolier et introduite quelques années plus tard, le mannequin se plaignait notamment de l'utilisation des deux photographies sur différents supports. Il commençait par contester la validité du contrat, notamment au motif que la signature ne serait pas la sienne et pour irrespect de certaines formes imposées par le droit commun des contrats. Ces arguments n'ont pas convaincu le tribunal, ni à sa suite la Cour d'Appel.
Il remettait ensuit e en question le montant de sa rémunération, estimant qu'il ne répondait correspondait pas aux tarifs d'une organisation syndicale de mannequins *« ni aux critères habituellement appliqués tels que l'usage de l'image et la notoriété du mannequin »*. Enfin, il estimait que l'autorisation elle-même ne répondait pas *« aux critères spécifiques édictés en matière de droit à l'image »*. Sur ce dernier point, un amalgame semblait être fait avec les règles de la propriété intellectuelle, alors que le mannequin n'était pas l'auteur des images, mais bien leur sujet. Ce n'était donc pas le Code de la Propriété intellectuelle qui devait s'appliquer.
La Cour d'appel de Versailles ne s'y est pas trompée, et a débouté le plaignant dans les termes suivants : *« Considérant qu'il est constant que l'article 9 du Code civil est seul applicable en matière de cession du droit*

> *à l'image, à l'exclusion notamment de celles du Code de la propriété intellectuelle et relèvent de la liberté contractuelle ;*
> *que, de même, aucune disposition légale ou réglementaire ne prévoit au profit d'un mannequin professionnel une rémunération proportionnelle à l'exploitation de son image et que les relations contractuelles entre lui-même et les utilisateurs de ses photographies ressortissent de l'autonomie de la volonté ;*
> *que dès lors, /..../ n'est pas fondé à obtenir le paiement d'une rémunération autre que celle perçue contractuellement qui figure sur le bon de commande auquel renvoie le droit d'utilisation de l'image. »*
> Au préalable, la Cour avait eu soin d'insister sur le fait que le plaignant était un professionnel, qui ne pouvait ignorer l'étendue de son engagement :
> *« /..../ a manifestement en toute connaissance de cause s'agissant d'un mannequin professionnel autorisé non seulement la prise des photographies mais aussi l'exploitation de son image, le document intitulé droit d'utilisation de l'image définissant de façon parfaitement claire l'autorisation donnée. »*
> (CA Versailles, 16/6/2011, RG 10/00062)

L'articulation des règles est claire et, pour une fois, non sujette à discussion : le droit à l'image n'est pas réglé par le Code de la Propriété intellectuelle mais par le Droit civil (si l'on exclut le droit voisin de l'artiste-interprète dont il n'est pas question ici). Dès lors, les modes de calculs des droits proportionnels aux utilisations d'une image en droit d'auteur n'ont pas vocation à s'appliquer dans les litiges relatifs au droit à l'image. Bien que cela semble évident, de nombreux plaignants continuent à mélanger les deux types de normes. Dans le cas de cette affaire, la Cour d'Appel l'a donc rappelé clairement, tout en soulignant que le caractère professionnel de l'activité de mannequin du plaignant l'amenait à pouvoir apprécier la portée de ce qu'il signait.

FAUT-IL LIMITER L'AUTORISATION DANS LE TEMPS, L'ESPACE, LA NATURE ET LA FINALITE DES UTILISATIONS ?

Le principe de liberté contractuelle

Il arrive fréquemment que des modèles contestant la validité d'une autorisation dûment signée invoquent le fait que celle-ci n'avait pas été limitée dans le temps, ou

que les utilisations autorisées de l'image n'étaient pas suffisamment détaillées et énumérées.
Il s'agirait en quelque sorte d'appliquer par analogie les dispositions du Code de la Propriété intellectuelle qui obligent à délimiter l'étendue d'une cession de droits dans le temps, l'espace et la nature des reproductions de l'œuvre autorisées.

Mais comme je l'ai rappelé dès l'introduction de cet ouvrage, droit à l'image et droit d'auteur sont deux notions très différentes, et les règles protectrices du Code de la Propriété intellectuelle destinées à assurer la protection des œuvres et de leurs auteurs ne sont pas transposables au droit à l'image. Le droit à l'image est au contraire soumis aux règles classiques de la liberté contractuelle, ce que la jurisprudence rappelle de façon régulière.

Alors qu'elle était étudiante à Paris, une jeune femme avait accepté de poser pour un photographe et signé, à chacune des séances de pose, une autorisation d'utilisation de son image. Cinq ans plus tard, découvrant que le photographe avait utilisé sept des photographies prises à l'époque dans un livre qui venait d'être publié par un éditeur allemand, elle avait alors assigné tant le photographe que l'éditeur, sur base de l'article 9 du Code civil.
Elle soutenait notamment que les contrats signés en 2002 étaient *« entachés de nullité à défaut de circonscrire dans le temps et dans l'espace l'étendue de la cession des droits d'exploitation de son image et de préciser la nature des supports et vecteurs de communication pour lesquels l'autorisation d'utiliser son image »* avait été consentie.

La Cour d'Appel de Paris avait toutefois débouté la plaignante à cet égard, sur base de la motivation suivante : *« /.../ il ressort des dispositions de l'article 9 du Code civil que chacun a droit au respect de sa vie privée et que les juges peuvent, sans préjudice de la réparation du dommage subi, prescrire toute mesure propre à empêcher ou faire cesser une atteinte à l'intimité de la vie privée ;*
le droit à l'image, qui comporte des attributs d'ordre patrimonial, peut valablement donner lieu à l'établissement de contrats de cession des droits d'exploitation de l'image ; que de tels contrats sont soumis au régime général des obligations et non pas, à l'instar de ceux portant cessions de droits d'auteur avec lesquels (la demanderesse) commet un amalgame, aux règles spécifiques du Code de la Propriété intellectuelle ;

considérant qu'en l'espèce, (la demanderesse) ne conteste pas être la signataire des trois documents intitulés « Cession de droits » /…/ et rédigés dans les termes suivants : « Je déclare poser en tant que modèle pour le photographe /…/
Par cette cession de droits, j'autorise (le photographe) à reproduire les images me représentant dans un livre, magazine ou toute autre parution presse, ainsi qu'en exposition.
D'une façon générale, par tous moyens d'expression de la pensée, actuels ou futurs. Pour cette cession, je certifie avoir reçu la somme de 80 euros dont je donne quittance par cette cession de droits.» et avoir également signé deux autres documents quasi identiques aux précédents, sauf à relever, pour l'un, qu'il ne mentionne aucune date, pour l'autre daté du /…/ qu'il n'indique pas le montant de la rémunération perçue.
Que pas davantage, (la demanderesse) ne dément que les 7 clichés litigieux publiés dans l'ouvrage /…/ ont été réalisés par (le photographe) dans le cadre des séances de pose ayant donné lieu à la signature au bénéfice du photographe des cessions de droits précédemment évoquées.
Qu'elle ne discute pas, enfin, que les contrats en cause ont un objet certain, une cause licite, qu'ils ont été signés par une personne capable, dans des conditions exclusives de tout vice de consentement et qu'ils réunissent par voie de conséquence les conditions de validité des contrats édictées à l'article 1108 du Code civil.
Considérant, ceci étant posé, que (la demanderesse) est mal fondée à soutenir que ces contrats, de durée illimitée, seraient de nullité absolue ; qu'en effet, à défaut de terme stipulé, une convention est regardée comme ayant été conclue à durée indéterminée et par là-même, comme étant susceptible d'être dénoncée et résiliée à tout moment par chaque partie, de sorte qu'elle n'encourt aucune nullité ;
qu'elle n'est pas plus pertinente à invoquer le caractère très large de l'autorisation accordée ; que s'il résulte en effet des dispositions contractuelles que l'exploitation de son image est prévue pour tous supports (livre, magazine ou toute autre parution presse, exposition, tous moyens d'expression de la pensée, actuels ou futurs) et pour le monde entier dès lors que n'est fixée aucune limite géographique, ces éléments ne sont pas de nature à vicier la cession des droits, le principe de l'autonomie de la volonté laissant aux parties la liberté de déterminer l'étendue de leurs droits et de leurs obligations. »

> La cour conclut donc à la validité des conventions. En second lieu, la plaignante invoquait la nature même des photographies et le fait qu'elle y était représentée nue, pour invoquer un dépassement de l'autorisation donnée, mais la cour n'a, pas plus, suivi cette argumentation en relevant que l'autorisation avait été signée à l'époque en connaissance de cause, et que le dossier démontrait qu'elle avait elle-même suggéré des poses. À ce titre d'ailleurs, elle invoquait aussi, parallèlement, un droit en tant que co-auteur des images (pour lequel elle fut également déboutée).
> (CA Paris, 21/09/2011, RG 09/21251)

Une convention relative à l'utilisation de l'image est donc valable, confirme cette jurisprudence qui fait suite à d'autres décisions identiques, même si la description des supports de communication est très vaste, et inclut même une évolution pour l'avenir, et même si la durée n'en n'est pas limitée. Nous examinerons la question de la durée dans un second temps. Voyons déjà ce qu'il en est d'une autorisation sans contrepartie financière.

Une autorisation d'image signée sans contrepartie financière est-elle entachée d'un vice de consentement ?

Dans l'affaire précédente, le modèle invoquait la nullité absolue de la convention signée, au motif, donc, d'une insuffisance de précision des limitations quant à l'utilisation de l'image. Une autre possibilité serait d'invoquer l'un des cas de nullité du contrat en raison de l'absence de l'un des éléments constitutifs que le droit civil exige pour chaque engagement contractuel.

Le modèle pourrait alors soutenir que l'un des éléments fondamentaux du contrat n'est pas présent. Pour bien appréhender cette matière, il me faut rappeler les principes généraux du droit des contrats.
Un contrat peut en effet être attaqué s'il n'a pas été valablement conclu, c'est-à-dire si l'un de ses éléments fondamentaux n'est pas présent.

Ces éléments sont les suivants :

- Absence de consentement, du fait d'un consentement entaché de l'un des vices suivants :

• L'erreur : L'erreur n'est - en général - un vice de consentement que lorsqu'elle porte sur la substance de la chose qui fait l'objet du contrat, ou sur la nature du contrat (exemple : on pense acheter une maison, et le vendeur pense la louer.).

• Le dol : Il y a dol lorsqu'une des parties, par des manœuvres frauduleuses destinées à tromper le cocontractant, l'amène à faire une erreur sur la nature ou la portée de son engagement.

• La violence : Enfin, et très logiquement, il y a violence lorsque le consentement a été donné sous la menace (exemple : signer un contrat sous la menace).

• Absence de capacité : Le cocontractant était mineur et ne pouvait pas valablement s'engager, ou il s'agissait d'un majeur protégé, ou enfin, le cocontractant n'avait pas la qualité qu'il invoquait (exemple : quelqu'un vend une chose qui ne lui appartient pas, ce qui entache la vente à défaut de capacité en tant que vendeur).

• Absence d'objet : L'objet d'une vente, par exemple, est la chose vendue. L'objet d'une autorisation d'image sera la (ou les) photographie(s) visée(s) par l'autorisation.

• Absence de « cause ». On peut définir la « cause » d'un contrat comme la raison pour laquelle chacune des parties s'engage. Ainsi, dans une vente, la cause dans le chef de l'acheteur sera le besoin (ou l'envie) de l'objet acheté, et dans le chef du vendeur, il s'agira du profit généré par la vente. Tous les contrats n'impliquent toutefois pas le versement d'une somme d'argent, et dès lors la « cause » d'un contrat n'est pas nécessairement liée au transfert de richesse d'un patrimoine à l'autre.

Ceci étant posé, un contrat autorisant l'utilisation de l'image d'une personne (ou d'un bien) pourrait donc être éventuellement annulé, pour reprendre les exemples dans le même ordre, si :

• L'une des parties démontre qu'il y a eu une erreur substantielle sur la nature des prestations demandées, ou si les manœuvres de l'une ont forcé l'autre à signer si le modèle n'était pas majeur, et n'avait pas l'âge pour engager valablement son consentement ou si, étant majeur, il faisait l'objet d'une mesure de protection (tutelle, curatelle).

• Ou enfin, parce que le contrat était réalisé « sans cause » dans le chef de l'une des parties, *« sans intérêt à contracter »*.

Quelle serait alors la cause d'un contrat lorsque le modèle accepte de poser sans contrepartie financière ? Il s'agira le plus souvent de la possibilité pour le modèle de se constituer un book à des fins personnelles ou professionnelles, ou au moins de disposer des photographies pour l'une ou l'autre raison. C'est le fameux *« échange de bons procédés »* dont j'ai souvent parlé sur le blog *Droit & Photographie* en conseillant de l'encadrer aussi soigneusement que possible dès le départ en profitant justement de la bonne disposition de chacune des parties.

Les quelques jurisprudences trouvées mêlent généralement ces notions, en invoquant différents de ces vices de consentement, comme ce fut le cas dans l'affaire suivante.

Un modèle avait posé pour un photographe en 2008 et 2009, et avait à ce moment signé des autorisations de diffusion. Celles-ci étaient rédigées de façon assez large, signées bien sûr par les deux parties, et comportaient l'autorisation donnée au photographe de *« fixer, reproduire et communiquer au public les photographies prises dans le cadre de la présente. Les photographies pourront être exploitées et utilisées directement ou être cédées à des tiers , sous toute forme et tous supports connus et inconnus à ce jour , dans le monde entier, sans aucune limitation, pour une durée de 99 ans, intégralement ou par extraits et notamment :*

- *Presse*
- *Livre*
- *Carte postale*
- *Exposition*
- *Publicité*
- *Projection publique*
- *Publication électronique »*

À la suite de cette énumération, dont aucune des mentions n'avait été barrée par la modèle, suivait la clause habituelle relative aux interdictions faites au photographe pour certaines utilisations susceptibles de porter préjudice au modèle: *« 1-Le bénéficiaire de l'autorisation s'interdit expressément de procéder à une exploitation des photographies*

susceptible de porter atteinte à la vie privée ou à la réputation ni d'utiliser les photographies, objets de la présente, dans tout support à caractère pornographique, raciste, xénophobe ou toute autre exploitation préjudiciable ».
Enfin, il était précisé que la séance se déroulerait sans contrepartie financière pour le modèle : *« 3-Je vous confirme en tant que de besoin que la contrepartie des utilisations et prestations précitées est mon intérêt pour 0 euro (zéro euro) ce que je reconnais expressément. En conséquence de quoi je me reconnais être entièrement rempli de mes droits et je ne pourrai prétendre à aucune rémunération pour l'exploitation des droits visés aux présentes. »*
Les parties avaient en effet convenu d'un échange de bons procédés, puisque de son côté, le modèle avait utilisé les photographies sur son propre site, afin de promouvoir son activité de modèle professionnel.
Par la suite, le photographe, auteur de certains articles techniques dans un magazine photographique, avait utilisé des images issues de ces prises de vue pour illustrer ses propos relatifs à la technique du portrait.

Le modèle, estimant, sur base de la notion de droit à l'image, avait alors assigné non le photographe lui-même, mais le magazine, à qui elle reprochait d'avoir publié lesdites photographies, l'une étant en outre disponible au téléchargement sur le site internet du magazine, en illustration d'exercices techniques de retouche photographique. Dans son assignation, la plaignante faisait à l'origine valoir qu'aucune autorisation n'avait été donnée pour ces publications (ne faisant aucunement mention des documents écrits signés à l'époque), et réclamait une indemnisation à hauteur de 8000 € pour le préjudice subi. Elle invoquait le fait que les séances avaient été réalisées par un ami dans des circonstances privées, qui n'autorisaient pas leur diffusion.
De son côté, le magazine répondait en relevant que des autorisations avaient bien été signées et transmises par le photographe avant la publication de l'article, et que leurs limites n'avaient pas été dépassées puisqu'il s'agissait d'une publication dans la presse (usage autorisé dans les documents signés). Par ailleurs, la diffusion ne pouvait porter préjudice à la demanderesse puisque celle-ci avait depuis lors utilisé les mêmes photographies sur son propre site internet de modèle professionnel. Le magazine avait pris soin de faire établir un constat d'huissier pour

démontrer cette utilisation, et en fut bien avisé puisque l'intégralité du site de la plaignante avait été supprimé en cours de procédure.
À cela, la plaignante répondit alors que les autorisations signées étaient dépourvues de « cause » et dès lors non valable. En d'autres termes, elle reprochait aux autorisations signées d'être conclues pour une durée trop longue (99 ans), et surtout sans contrepartie financière, et prétendait donc que les autorisations signées n'étaient pas valables, de telle sorte que la publication était illégale.
En outre, elle reprochait aux autorisations d'être dépourvues d'objet (un autre élément constitutif des contrats) puisqu'il n'était pas possible d'identifier précisément les photographies sur les autorisations.
Par un jugement du 11 octobre 2012, le TGI de Nanterre (RG11/14863) a toutefois débouté la plaignante de l'ensemble de ses demandes.
Le tribunal a considéré que *« la demanderesse ne saurait prétendre que chacune de ces conventions est dépourvue d'objet dès lors que la mention du nom du photographe et de la date de la prise de vues permettent d'identifier les photographies objet de la cession. »*
Sur ce même sujet, le tribunal relève déjà que le constat d'huissier pratiqué à la demande du magazine démontrait également l'utilisation des photographies par la plaignante sur son propre site de modèle professionnel, avec bien sûr mention du nom du photographe, de telle sorte que l'identification des photographies était incontestable.
« Par ailleurs, les limites de l'autorisation donnée sont précisées de façon suffisamment claire puisque le domaine géographique, la durée et la nature des supports sont prévus comme les contextes dans lesquels l'exploitation des clichés est exclue ; étant précisé que ces conventions pré-imprimées comportent la mention : "rayer les mentions inutiles" qui permettait à (la plaignante) d'exclure certaines des formes d'exploitation listées.
Enfin, en tout état de cause, si la durée de 99 ans mentionnée pourrait permettre d'analyser ces conventions en actes à durée indéterminée susceptible d'être dénoncés et résiliés à tout moment, ils n'encourent aucune nullité à ce titre.
/…/ (La plaignante) prétend, en outre, vainement que les contrats qu'elle a signés sont dépourvus de cause dès lors qu'elle n'a perçu aucune contrepartie financière alors que l'absence de rémunération est expressément stipulée et qu'il est démontré que les clichés ont été réalisés, gratuitement par (le photographe) pour composer le book de la

> *demanderesse afin de promouvoir son activité de modèle professionnel. Le principe de l'autonomie de la volonté autorisant les parties à déterminer leurs droits et obligations, lesdits contrats ne sont nullement dépourvus de cause, chacun des cocontractants y ayant trouvé une contrepartie à sa prestation. L'exploitation des photographies ainsi réalisées par (le photographe) n'excède nullement les limites fixées contractuellement, puisqu'elles ont été utilisées pour illustrer deux articles rédigés par lui parus dans un magazine destiné aux photographes et pour servir de support à des exercices pratiques sur le site internet dudit magazine. Compte tenu de l'ensemble de ces éléments (la plaignante) ne peut sérieusement prétendre, invoquant les dispositions de l'article 9 du Code civil, que les photographies en cause ont été réalisées dans des circonstances privées, qu'elle n'a jamais eu l'intention de les voir diffusées à un public autre que restreint et qu'elles ont été publiées sans son autorisation. Ses demandes n'étant pas fondées, il y a lieu de l'en débouter intégralement. »*
> (TGI Nanterre, 11/10/2012, RG 11/14863)

Dans la rédaction d'un contrat « sur mesure », il est donc important de bien connaître les aspirations de chacune des parties, afin de détailler l'intérêt que chacune trouve dans l'opération, ce qui limite les risques de contestation à cet égard.

La validité de principe d'une autorisation signée sans limitation de durée

Dans une affaire fréquemment citée, la Cour de Cassation a eu l'occasion de confirmer la validité d'une cession de droit à l'image consentie sans limitation de durée.

> Une mannequin avait cédé contre rémunération une autorisation d'utiliser les 84 photographies prises lors d'une séance photo organisée outre-mer. La cession était libellée sans limitation de durée et de territoire, et précisait même qu'elle autorisait le photographe à utiliser les photos sur *« tous procédés connus ou inconnus à ce jour (presse, édition, publicité, etc.) »*, et ce pour tout type d'exploitation commerciale et notamment publicitaire, la seule réserve étant que les photos ne soient pas utilisées dans le cadre d'articles pouvant porter préjudice au mannequin (prostitution, sida, etc.).

> Je me contenterai à ce niveau de l'aspect relatif à la durée. Dans sa demande en justice, la plaignante invoquait le caractère illicite d'une autorisation contractuelle consentie sans limitation, notamment de durée. Les juges du fond avaient donné tort à la plaignante, notamment en ces termes : *« Qu'elle n'est pas davantage fondée à soutenir que la durée de la cession étant illimitée, la convention serait de nullité absolue ; qu'en effet, à défaut de terme stipulé, cet acte s'analyse en un contrat à durée indéterminée susceptible d'être dénoncé et résilié à tout moment par chacune des parties, de sorte qu'il n'encourt aucune nullité. »*
> (CA Paris, 4ème ch. civ., 10/9/2008 – RG 07/06534)
>
> Par un autre arrêt du même jour mettant en cause un autre mannequin et la même société la 4ème chambre de la Cour d'Appel de Paris se prononçait en des termes totalement identiques. Le mannequin s'est alors pourvu en Cassation. La Cour, par un arrêt du 28 janvier 2010 confirme toutefois les décisions rendues en premier ressort et en appel.
> (Cass.civ. 1ère ch., 28/1/2010, n°08-70.248)
>
> Enfin, la société mise en cause dans cette affaire, avait encore été destinataire d'une assignation identique dans une autre affaire, qui a donné lieu à un arrêt de Cassation un an plus tôt.
> (Cass. 1ère ch civ. 11/12/2008, n° de pourvoi 07-19.494)
>
> La Cour s'était prononcée dans le même sens à cette occasion.

Nous verrons ci-après pourquoi il est toutefois plus prudent, en pratique, de prévoir une durée limitée, fût-elle relativement longue.

Autorisation écrite à durée illimitée et conséquences en droit des contrats

Comme le rappelait la Cour d'Appel de Paris dans l'affaire des photos dénudées de la jeune étudiante, une convention conclue entre parties sans indication de durée doit être analysée comme « à durée indéterminée ». Et cette précision implique, juridiquement, qu'elle peut être résiliée à tout moment. Très logiquement, il faut alors être conscient de ce qu'en faisant signer une autorisation sans limitation de durée, le photographe (ou tout utilisateur ultérieur de la photographie) s'expose au risque d'un jour recevoir un courrier recommandé confirmant l'interdiction d'utilisation pour l'avenir, ce qui le contraindrait à renoncer à toute nouvelle publication, et qui poserait la question des utilisations déjà avérées (livre déjà imprimé, tous visuels déjà diffusés).

Bien entendu, on pourrait imaginer que l'utilisateur de la photo invoque alors, dans le chef du modèle, un abus de droit si la demande tend à faire supprimer également toute utilisation passée. À défaut d'avoir pu trouver de la jurisprudence à ce niveau, il est impossible de déterminer avec un minimum de certitude comment les juridictions trancheraient le problème : iraient-elles dans le sens d'un retrait total des supports déjà imprimés mais non encore vendus, ou accepteraient-elles que ceux-ci soient écoulés malgré tout ? Dans tous les cas, le risque minimal (et déjà important) est celui d'une procédure souvent coûteuse.

Pour cette raison, je conseille généralement de prévoir malgré tout une limitation de durée dans l'autorisation elle-même, fût-elle relativement longue.
Cela n'empêchera bien sûr pas le modèle de protester, ou même la jurisprudence d'évoluer dans un sens éventuellement moins favorable, mais à tout le moins les risques seront sensiblement limités.

ET APRÈS L'EXPIRATION DE LA DURÉE PRÉVUE ?

Lorsqu'une durée est prévue dans l'autorisation d'image, il parait évident que toute utilisation après la date d'échéance ne sera plus couverte par le document signé.

Mais ceci ne suffira pas pour fonder une condamnation à indemniser la personne représentée sur l'image. On retombe alors en effet sur les règles de base, exactement comme si l'autorisation n'avait pas été signée.

Le juge aura dans ce cas à examiner l'existence d'un préjudice éventuel, en ayant égard à tous les éléments de la cause, et écartera l'indemnisation si le plaignant ne démontre pas celui qu'il aurait subi.

L'éditeur d'un magazine distribué gratuitement sur le réseau SNCF avait publié en novembre 2000 un article consacré aux guinguettes des bords de Marne, et intitulé *Un dimanche au bord de l'eau*. Cet article était largement illustré par diverses photos, dont une représentait une fillette âgée de six ans, le bras en écharpe, assise à proximité d'une piste de danse.

La photo était accompagnée d'une légende ainsi rédigée : *« Pas de musette pour les moins de 16 ans rappelle un panneau qui semble laisser perplexe cette petite fille. Dehors des accordéonistes prolongent la magie de l'accordéon./.../ ».*
Le jour où la photo fut prise, le photographe veilla à faire signer à la mère de l'enfant, présente avec sa fille, une autorisation d'utilisation de l'image, sur laquelle l'intéressée avait apposé la mention *« Ma fille étant mineure, lu et approuvé »* avant de signer. L'autorisation était donnée *« pour toutes publications dans les journaux et revues »*, et ce pour une durée d'un an à compter de sa signature. L'autorisation expirait le 21 août 2000, soit donc trois mois avant la publication de la photo litigieuse.

Après la publication, la mère de l'enfant - ayant sans doute oublié qu'elle avait signé le document - adressait une lettre à l'éditeur en s'indignant de ce qu'une publication soit faite de la photo d'une enfant de cet âge *« en dehors de toute autorisation, de surcroît en lui attribuant une connotation extrêmement négative et dégradante ».*

Aucun accord ne fut trouvé, et les parents de l'enfant assignèrent alors l'éditeur. De leur côté, le photographe suivi par l'Union des Photographes Professionnel intervinrent volontairement à la procédure.

Au titre du préjudice de l'enfant, elle invoquait des railleries subies dans la cour de récréation, et au titre de son préjudice personnel, elle soulignait que sur l'image, l'enfant paraissait *« triste et abandonnée »*, ce qui permettait de conclure que l'enfant avait des parents irresponsables, élément attentatoire à l'honneur et à la réputation.
Le tribunal commença par relever la péremption de l'autorisation, et en déduire les conséquences qui en découlaient : *« Attendu que /.../ n'ayant été accordée que pour une durée d'un an, cette autorisation était caduque depuis le 22 août 2000 ; qu'en effet, cette autorisation devant être donnée en toute connaissance de cause, le point de départ du délai d'un an courait à compter du 22 août 1999, seule date connue de (la plaignante) et non comme le prétendent les défendeurs à compter de « la première exploitation de la photographie », dont la date indéterminée ne pouvait être utilement prise en considération dans leur accord par les parties.*
Attendu qu'il n'est pas contestable ainsi qu'à la date où la photographie

litigieuse est parue - de même qu'au jour de la cession du cliché par (le photographe) à (l'éditeur) le 2 novembre 2000, l'autorisation consentie était en tout état de cause caduque ; qu'il s'ensuit que la publication incriminée ayant été réalisée en l'absence d'autorisation, l'atteinte au droit à l'image alléguée (par les demandeurs) est constituée en son principe. »

Il revenait alors au tribunal à examiner l'éventuel préjudice, et à ce titre il estima que *« pour autant, la réalité des préjudices invoqués n'est pas démontrée ».*

Concernant tout d'abord le préjudice invoqué au nom de l'enfant, le tribunal considère à propos des railleries invoquées, que « *ces propos, du type de ceux échangés entre enfants dans une cour de récréation, ne sont pas en eux-mêmes traumatisants et constitutifs d'un préjudice véritable ; qu'en l'espèce, la part prise par les adultes eux-mêmes aux suites de la publication litigieuse - d'après les attestations produites - apparaît avoir été déterminante de la réaction de l'enfant et de ses camarades à cette publication.* »

Abordant ensuite le préjudice personnel invoqué par les parents, le juge va dans un premier temps relever l'atmosphère générale qui se dégage de l'article, en citant divers extraits et légendes de photographies (*« clichés d'insouciance dominicale », « instantané de la quiétude familiale »*, etc).

Se penchant ensuite sur la légende accompagnant la photo litigieuse, le tribunal indique qu'elle souligne seulement *« la perplexité de la jeune fille, tandis que le bras en écharpe et le regard lointain expriment tout au plus de manière allusive et humoristique le regret ou le remord que lui inspirent cette interdiction. »*

Enfin, ce jugement fut l'occasion pour le tribunal d'une définition de l'œuvre d'art qui mérite d'être reproduite :

« /.../ la vie privée de l'enfant n'est ici nullement en cause, les quelques instants de son «vécu», artistiquement figés par le photographe perdant leur caractère personnel pour acquérir la portée universelle et intemporelle assignée à toute œuvre d'art. »
(TGI Paris, 17ème ch. civile, 14/5/2002, RG 02/07990)

L'AUTORISATION SE PÉRIME-T-ELLE EN CAS D'INUTILISATION ?

Nous avons vu ci-avant que le bénéficiaire d'une autorisation d'image doit en respecter les modalités, notamment quant à la durée convenue. Mais à l'inverse, que se passe-t-il lorsque l'image n'a pas été utilisée pendant une longue période ? Ceci entraîne-t-il une péremption de l'autorisation avant la date d'expiration du document signé ? C'est à cette question que la Chambre sociale de la Cour d'appel de Versailles a répondu dans l'affaire suivante.

Une jeune femme ayant participé à un programme de téléréalité avait, à l'issue de celui-ci, assigné le producteur devant le Conseil de Prud'hommes afin notamment de voir reconnaître l'existence d'un contrat de travail qui la liait au producteur.

Outre cet aspect directement lié au droit du travail se posait une question liée au droit à l'image de la plaignante.
Celle-ci avait bien entendu signé, au moment du début du programme, une autorisation d'image notamment dans le cadre du merchandising lié à l'émission et à toutes les opérations liées à la promotion du programme. Cette autorisation était signée pour le monde entier, et devait être compensée par une avance sur rémunération prévue au contrat, et non remboursable.

Or, en l'espèce, la chaîne de télévision n'avait procédé à aucune exploitation pendant les cinq ans suivant le tournage. Au surplus, cette « avance » avait été requalifiée en salaire rémunérant les prestations pendant le tournage, de telle sorte que la plaignante soutenait que cette cession de droit à l'image n'était plus valablement rémunérée, et elle en demandait l'annulation.
Dans un arrêt du 9 novembre 2010, la Cour d'Appel de Versailles a toutefois considéré que : *« Attendu que la rémunération ainsi prévue dans les contrats de participants a été requalifiée par la cour en rémunération de la prestation de travail ; que l'exploitation de l'image des participants ne se trouve pas pour autant sans rémunération puisqu'il était prévu, selon les cas, le paiement d'une somme égale à 0,2 % ou 3,2 % des recettes ; que le seul fait qu'il n'y ait pas eu d'exploitation de l'image pendant les cinq années suivant le tournage ne rend pas le contrat sans cause. »*
(CA Versailles, 9/11/2009)

En d'autres termes, un contrat de cession de droit à l'image ne doit pas impérativement être exploité immédiatement par le cessionnaire du droit, il continue à lier les parties pendant toute la durée convenue.

L'AUTORISATION PEUT-ELLE EXCLURE D'EMBLÉE CERTAINES UTILISATIONS DE L'IMAGE ?

Il est fréquent que des contrats relatifs au droit à l'image, ou des autorisations signées de façon unilatérale par les personnes représentées prévoient de façon explicite l'interdiction de faire usage des images proposées à certaines fins.

Les exemples les plus fréquents concernent bien entendu les utilisations sur des supports de nature pornographique, xénophobe, raciste, etc.

À cela s'ajoutent parfois, selon soit la volonté du modèle, soit même les pratiques que peuvent mettre en œuvre certaines agences photographiques, voire certains sites de vente en ligne, des utilisations à caractère politique ou religieux.

Enfin, s'agissant d'un contrat pour lequel la liberté contractuelle reste la règle, les parties peuvent également prévoir elles-mêmes une interdiction spécifique. Dans ce cas, il sera alors utile de la rédiger de façon précise, et d'éviter les termes trop génériques. Ou à tout le moins, d'ajouter à ceux-ci, des exemples d'utilisations considérés dès la signature comme susceptibles de poser problème. Cette précaution évitera parfois le passage par une procédure pour demander au tribunal comment il convient d'interpréter les termes du contrat.

Une femme avait accepté de servir de modèle à un photographe pour une série d'images représentant sa profession principale (pépiniériste). Elle avait à cette occasion signé une autorisation d'utilisation rédigée de façon très large, et dans laquelle une réserve était formulée dans une clause de style interdisant *« toute reproduction pouvant nuire à l'image de la personne présente sur les photos »*.
Par la suite, elle avait constaté l'utilisation d'une photo qui la représentait sur un dépliant imprimé à la demande du Ministère des Finances, ce qui constituait selon elle une utilisation susceptible de lui nuire. Elle invoquait notamment le fait que les prises de vue n'auraient été autorisées au départ que pour la publicité locale de son employeur.

Elle avait donc assigné tant l'agence de communication qui avait livré les visuels que le commanditaire de l'impression, à savoir le Ministère des Finances.
En première instance, le Tribunal de Grande Instance de Bordeaux avait toutefois rejeté sa demande, de telle sorte qu'elle avait interjeté appel du jugement. Ceci valut à la Cour d'Appel de Bordeaux de se prononcer sur le caractère potentiellement nuisible (à défaut de précision dans le contrat) de l'utilisation litigieuse.

À son tour, la Cour débouta toutefois la plaignante au motif que l'autorisation signée était *« très large et nullement limitée /…/ à une seule production locale dans le cadre de son emploi; au demeurant la mention par laquelle le photographe s'interdit toute reproduction pouvant nuire à l'image de la personne présente sur les photos démontre que l'accord donné ne pouvait se cantonner à une opération publicitaire au seul bénéfice de (la plaignante). »*
(CA Bordeaux, 5ème Ch., 1er février 2007)

LE SUJET PEUT-IL EXIGER DE VISIONNER LES IMAGES AVANT LEUR DIFFUSION ?

Une autre possibilité serait que le sujet, au moment de donner son accord pour les prises de vue et un accord de principe pour leur diffusion, subordonne conditionne toutefois celui-ci au fait de visionner les images préalablement à leur diffusion.

Analyse de l'opération

On pourrait analyser cette modalité, en droit des contrats, comme une condition suspensive. Pour rappel, et comme on peut facilement le deviner, le Code civil définit la condition suspensive de la façon suivante :

« L'obligation est conditionnelle lorsqu'on la fait dépendre d'un événement futur et incertain, soit en la suspendant jusqu'à ce que l'événement arrive, soit en la résiliant, selon que l'événement arrivera oun'arrivera pas. »
(Art. 1168 du Code civil)

En d'autres termes, l'accord du sujet pour la diffusion serait subordonné à son assentiment sur les images réalisées, avant la diffusion de celles-ci. Cet assentiment serait la « condition suspensive » subordonnant l'exécution du contrat. Mais on se heurterait alors à une autre difficulté en droit.

En effet, si un contrat peut être valablement assorti d'une condition, il ne faut pas, par contre, que celle-ci dépende de la seule volonté d'une des parties. Elle doit être liée - à tout le moins en partie - à un événement extérieur aux cocontractants, de telle sorte que ce soit l'égalité qui préside dans la relation entre parties.

Ceci découle également du Code civil.

« La condition potestative est celle qui fait dépendre l'exécution de la convention d'un événement qu'il est au pouvoir de l'une ou de l'autre des parties contractantes de faire arriver ou d'empêcher. »
(Art. 1170 du Code civil)

« Toute obligation est nulle lorsqu'elle a été contractée sous une condition potestative de la part de celui qui s'oblige. »
(Art. 1174 du Code civil)

Autrement formulé, cela revient à interdire qu'un contrat soit subordonné à une condition qu'il est de la seule possibilité de l'une des parties d'exécuter ou non selon son bon vouloir.

Sous cet angle, on pourrait alors imaginer que l'autorisation d'image soumise à une telle condition soit déclarée nulle. Auquel cas, en l'absence de convention, le juge saisi d'un litige aurait alors à apprécier les droits respectifs des parties en fonction des dispositions plus générales.

Que dit la jurisprudence ?

Je n'ai trouvé qu'une seule décision à ce sujet, de telle sorte qu'il est difficile de se forger une opinion précise. De surcroît, la Cour d'Appel de Versailles qui eut à trancher la question n'aborde nullement l'analyse sous l'angle de la validité de l'autorisation signée.

La chaîne Arte avait co-produit avec une société tierce un documentaire intitulé *La vérité est ailleurs ou la véritable histoire des protocoles des sages de Sion*. Dans le cadre de la réalisation de ce documentaire, la réalisatrice s'était notamment rapprochée de l'auteur de différents écrits parus sur la question, en vue de réaliser une interview de ce dernier. Un extrait de l'interview avait été diffusé dans le documentaire.
Au moment des prises de vue, l'auteur interrogé avait signé une autorisation relative à la diffusion de son image, laquelle prévoyait toutefois une obligation pour la réalisatrice de faire visionner les séquences à l'intéressé avant leur diffusion, à défaut de quoi aucune prise de vue de l'entretien ne pourrait être diffusée.

Cette dernière condition ne fut toutefois pas respectée : le sujet n'a pas été mis en mesure de pré-visualiser ce qui allait être diffusé, et a ensuite attaqué Arte et le second coproducteur de l'émission en leur faisant notamment reproche d'avoir diffusé son image sans autorisation, c'est-à-dire sans avoir respecté, dans ce cas de figure, la condition sine qua non qui était prévue dans l'autorisation signée. En première instance, devant le TGI de Nanterre (TGI Nanterre, 3/6/2010, RG 09/01324) il avait toutefois été débouté de ses demandes, et avait interjeté appel.

Mais la Cour d'Appel de Versailles n'a, pas plus, suivi le plaignant et l'a débouté au terme de la motivation suivante ; *« Considérant que /.../ invoque une atteinte à son droit au respect de son image, par la diffusion sans son autorisation de l'entretien qui s'est déroulé à son domicile ; considérant que la lettre d'autorisation d'utilisation d'image prévoyait qu'à défaut de pouvoir visualiser préalablement la ou les séquences retenues lors du montage de l'émission, aucune prise de vue de l'entretien ne saurait être diffusée.*

Mais considérant que /.../ n'a pas été filmé à son insu mais a accepté de répondre aux questions de la réalisatrice de l'émission télévisée, afin de recueillir sa position en sa qualité d'éditeur de la revue /.../ dans le cadre d'un débat sur les «Protocoles des Sages de Sion» publié dans cette revue ;

que cet entretien s'inscrivait dans un débat d'idées d'intérêt général sur l'impact actuel de l'ouvrage à travers les générations et dans différents pays ainsi que sur la remise en cause

> *par les milieux négationnistes de la position des historiens sur la fausseté de ce document ;*
>
> *que l'implication (du plaignant) dans ce sujet d'intérêt général justifiait d'illustrer son témoignage par la diffusion de son image, sans qu'il y ait à retenir son autorisation, étant relevé qu'elle n'a pas été détournée du contexte dans lequel elle a été fixée ;*
>
> *qu'il s'ensuit que le jugement entrepris doit être confirmé en ce qu'il a débouté /…/ de sa demande fondée sur l'article 9 du Code civil. »*
> (CA Versailles, 1ère ch., 1ère section, 8/11/2012)

Cet arrêt ne manque pas d'étonner sur le plan légal.
De deux choses l'une en effet :

- Soit les juridictions abordent le litige sous l'angle purement contractuel, et dans ce cas, au motif éventuellement du caractère potestatif de la condition, constatent que l'autorisation de départ était nulle, avant de retomber sur l'examen de l'éventuelle illustration du débat d'intérêt général.

- Soit au contraire il n'est pas fait mention d'une nullité pour cette raison, mais dans ce cas il faut à tout le moins conférer une valeur à l'autorisation signée par les deux parties. La journaliste, dans cette affaire, s'était engagée à faire prévisualiser les images, et n'a pas tenu l'engagement pris.

En un mot comme en cent, la validité d'une telle clause reste très incertaine. Et s'il ne coûte rien de l'insérer, rien par contre ne garantit au modèle qu'un défaut de prévisualisation des images lui permettra à coup sûr de s'opposer à la diffusion de l'image ou d'en retirer une indemnisation.

LES PRÉCISIONS NE SONT TOUTEFOIS PAS INUTILES

Malgré ce principe de liberté contractuelle, régulièrement rappelé par les juridictions en matière de droit à l'image, force est toutefois de constater que, selon les circonstances et la nature de l'image ou du message à diffuser, quelques précisions ne sont pas inutiles. À nouveau, le bon sens présidera à l'appréciation du tribunal, et la solution retenue dans l'affaire suivante en est une parfaite démonstration.

Dans le cadre d'une campagne de lutte contre le tabagisme des jeunes, une Association avait fait appel à une société de communication pour la réalisation d'un visuel « choc » de nature à marquer les esprits. À l'approche des prises de vue, une agence de mannequins avait été contactée pour sélectionner une jeune fille. Celle qui fut choisie, encore mineure au moment des faits, obtint bien sûr l'autorisation de ses parents suite à un échange de mails dans lequel il était simplement question d'une *« publicité sur les droits des non-fumeurs »*. L'agence avait transmis aux parents de la jeune fille une série de détails pratiques sur l'organisation de la séance et les habits qu'il lui faudrait porter.

Les parents confirmèrent leur accord en une phrase : *« Je confirme que j'autorise ma fille /…/ à participer à des prises de vues pour un publicité sur les droits des non-fumeurs »*. La jeune fille fut amenée à se placer, en studio, une cigarette en bouche orientée vers le bas, regardant vers le bas, les yeux mi-clos.
Le cadrage retenu laissait toutefois apparaitre le pantalon d'un homme, et une main de celui-ci était posée sur la tête de la jeune fille.

Au final, le message délivré se voulait volontairement provocateur, la scène imitant une fellation dans le but, d'après l'association commanditaire de délivrer le message suivant : *« Faites plaisir aux industriels du tabac : continuez à fumer. En fumant vous leur permettez de réaliser 25 milliards d'euros de bénéfices. »*

Le tribunal, après avoir relevé les similitudes entre la scène représentée et celle à laquelle elle voulait implicitement se référer, examina l'étendue de l'accord qui avait pu être donné par les parents de la jeune fille : *« La société /…./, qui invoque l'existence d'un consentement éclairé des (parents, ne rapporte donc pas la preuve que ces derniers ont donné leur accord pour la réalisation d'un visuel à connotation indubitablement sexuelle.*
Il importe peu qu'à ce stade (la jeune fille), mineure, n'ayant pas la capacité de consentir seule une cession de on droit à l'image, ait eu connaissance ou non de la symbolique sexuelle retenue ; /…/ l'article 3 du contrat de mise à disposition conclu entre (les parents) et (l'agence de mannequin) le jour de l'échange de courriels autorise l'association ayant commandité la campagne à faire usage de son image et à la reproduire en apportant

> *le cas échéant des modifications ; cette autorisation est toutefois soumise à l'absence d'altération de l'image du mannequin et s'inscrit dans les limites prévues à l'article 1 de ce contrat. or cet article ne décrit pas plus avant que l'échange de courriels la nature des photographies projetées ; ce contrat ne peut donc, dans ces conditions, suppléer l'absence d'accord des demandeurs à l'utilisation de l'image (de leur fille) dans les conditions de la campagne litigieuse. »*
> (TGI Nanterre, 10/11/2011, RG 10/05482)

Dès que l'utilisation des photos est susceptible d'entraîner une polémique ou de sortir d'un cadre plus ordinaire, il sera donc indispensable d'obtenir un accord éclairé portant sur le projet précis qui est envisagé.

QUI DOIT SIGNER ?

La question de savoir qui doit signer l'autorisation pourra se présenter dans différentes circonstances.

Les enfants

Obligation de principe : autorisation signée par les deux parents

L'autorisation en matière de droit à l'image concernant un enfant doit être signée par les parents. En principe, les deux parents, ce qui découle des articles 372 alinéa 1er et 372-2 combinés du Code civil.

> Art. 372 du Code civil :
> *« Les père et mère exercent en commun l'autorité parentale. /.../ »*
> Art. 372-2 du Code civil :
> *« À l'égard des tiers de bonne foi, chacun des parents est réputé agir avec l'accord de l'autre, quand il fait seul un acte usuel de l'autorité parentale relativement à la personne de l'enfant. »*

En d'autres termes, il s'agira en pratique de déterminer si selon les circonstances l'autorisation donnée par un seul des parents peut s'inscrire dans la catégorie des

« actes usuels » pouvant engager les deux parents et accessoirement, si le tiers (l'utilisateur des photos) peut être considéré comme de bonne foi. Dans tous les cas où soit le tiers/utilisateur ne sera pas de bonne foi et/ou l'acte ne pourra pas être considéré comme « usuel », le défaut de signature de l'un des parents rendra l'autorisation unilatérale de l'autre parent totalement insuffisante.

La précision a son importance, car de fréquents litiges surviennent lorsqu'un parent séparé, éventuellement dans le cadre d'une procédure familiale houleuse, tire argument de la participation de sa progéniture à l'un ou l'autre événement pour reprocher à l'autre parent d'avoir autorisé cette participation sans leur en parler.

Et à ce moment, celui qui fera les frais de la plainte (et éventuellement de l'action portée au civil) sera non seulement le parent prétendument coupable de n'avoir pas veillé à la sauvegarde des intérêts de son enfant, mais aussi - puisqu'il faut bien un « adversaire » ayant utilisé à tort l'image d'un mineur - le photographe, vidéaste ou cinéaste ayant utilisé les images.

Pour illustrer ce sujet, les décisions ci-dessous concernent tant l'autorisation écrite que l'autorisation tacite dont nous avons déjà parlé. Mon propos à cet égard est de déterminer les cas dans lesquels l'accord d'un seul des parents peut être considéré comme suffisant quelle que soit la forme de l'autorisation donnée.

La règle fut tout d'abord rappelée dans différentes affaires où il était question d'autorisation écrite.

Un père séparé avait constaté que la photo de sa fille mineure avait été utilisée pour une campagne d'affichage relative à une foire aux vins et ce bien entendu sans son accord. Le caractère éminemment commercial de la manifestation avait amené la Cour d'Appel de Nancy à considérer que cette utilisation n'entrait en aucun cas dans la notion *« d'acte usuel de l'autorité parentale »* et qu'à ce titre, l'accord du père aurait dû être recueilli préalablement à toute utilisation de la photographie. (CA Nancy, 1ère ch. civ., 12/3/2009)
La mère de l'enfant avait pourtant bien tenté de se justifier en invoquant le fait qu'elle avait, antérieurement et sans opposition du père, autorisé la publication de l'image de leur autre enfant dans un journal régional, mais la Cour a considéré que la situation était différente, du fait précisément du

caractère commercial de l'utilisation qui était reprochée.
On peut rapprocher cet arrêt de celui de la Cour d'Appel de Versailles qui estima que le passage d'un enfant à la télévision n'était pas, non plus, un acte usuel, et que dès lors l'autorisation des deux parents était indispensable.
(CA Versailles, 11/9/2003, RG 02/03372)

Le consentement tacite, lorsqu'il est admis, doit également émaner des deux parents de l'enfant.

Un célèbre acteur français avait posé avec ses enfants mineurs pour quelques photos parues ensuite dans Paris Match, à l'occasion de la sortie de l'un de ses films.
L'une des photos se trouvait même en couverture du magazine, en guise d'accroche pour attirer les lecteurs.
Un second magazine du même éditeur avait également exploité le même sujet.
La mère des enfants, séparée de l'acteur, avait manifesté à l'éditeur son refus de publication, mais sans succès. Elle avait alors assigné l'éditeur des magazines et le Tribunal de Grande Instance lui avait donné raison. L'éditeur avait interjeté appel, apparemment seulement en ce qui concerne le second magazine concerné.

Outre un aspect procédural qui l'amenait à demander que l'action soit déclarée irrecevable, l'éditeur soulignait que la publication des photographies entrait dans l'information sur les activités des deux jeunes acteurs, et d'autre part affirmait avoir été dans l'ignorance de l'existence d'un différend entre l'acteur et son ancienne concubine sur la nécessité d'obtenir un accord commun des parents pour toute publication d'une photo des enfants. L'éditeur indiquait en outre que la plaignante avait, dans le passé, marqué de la complaisance pour la publication de différentes photos en dehors même de tout contexte professionnel.
De son côté, la plaignante invoquait le fait que quatre mois avant la sortie du film, il ne pouvait s'agir « d'information » concernant les activités des deux jeunes acteurs, dont rien n'indiquait en outre qu'ils feraient de cette activité

leur métier par la suite. Sur la question de sa complaisance passée, elle soulignait que ces publications dataient toutes d'avant sa séparation avec l'acteur, aucune publication n'étant intervenue depuis ce moment
La Cour d'Appel de Versailles avait rejeté l'appel de l'éditeur dans une formulation rédigée comme suit :
« Que chacun dispose sur son image et sur l'utilisation qui en est faite d'un droit exclusif qui lui permet de s'opposer à sa diffusion sans son autorisation expresse et spéciale, ce droit ne cédant que si la divulgation de l'image répond à une nécessité d'information du public ;
que, s'agissant de mineurs, la licéité de la publication de leur photographie ne peut résulter que du consentement spécial des parents titulaires de l'autorité parentale ;
que (la plaignante) et (le père) exerçant en commun l'autorité parentale, leur accord conjoint était nécessaire à la divulgation des photographies ;
que, par lettre recommandée du 21 janvier 2003, (la mère), par l'intermédiaire de son conseil, réitérée le 25 août suivant, a notifié au directeur de la rédaction une interdiction formelle de publier une quelconque photographie de ses enfants mineurs sans avoir recueilli préalablement son autorisation ;
qu'en publiant des photographies des enfants sans l'accord de leur mère, la société HFA a commis une faute, sauf à ce que ces publications soient licites comme répondant à un légitime besoin d'information du public ;
que les photographies illustrent un article écrit à l'occasion du tournage du film /…/ dans lequel (la fille des parties) jouait un rôle important ;
que la publication des photographies la représentant, dans un contexte de nature professionnelle et à des fins promotionnelles, afin de susciter l'intérêt du public sur un film qui serait diffusé à la télévision à l'occasion des fêtes de fin d'année, satisfaisait à un besoin légitime d'information du public ; qu'elle était licite ;
qu'en revanche, la publication de la photographie (du fils de la plaignante), qui n'avait aucun rôle dans le film, est fautive, n'étant justifiée par aucune légitime nécessité d'information ;
que la publication de cette photographie a causé à (la plaignante) un préjudice moral, direct et certain causé par la constatation de son impuissance à voir reconnus les droits qu'elle détient au titre de l'autorité parentale. »
(CA Versailles, 16/2/2006, RG 05/07803)

La mère est donc déboutée en ce qui concerne sa fille, dont la Cour d'appel estimant qu'elle jouait un rôle déterminant dans le film, et que le droit à l'information justifiait la publication. Par contre, la demande concernant le fils des parties était accueillie et l'éditeur condamné à ce titre.

Le pourvoi en cassation de l'éditeur concernant cette condamnation partielle fut également rejeté, la Cour de Cassation estimant que l'appréciation en fait par la Cour d'Appel était conforme au prescrit de la loi. (Cass. 27 février 2007, n° 06-14.273)

Il faut toutefois que les parents en question aient tous deux l'autorité parentale. Sinon, seul le parent investi de cette autorité devra signer le document.

Dans l'affaire évoquée plus haut concernant l'article sur les guinguettes du Bord de Marne, la plaignante avait également invoqué la nullité de l'autorisation du fait qu'elle n'avait été signée que par elle-même et non par le père de la fillette.
Or, le tribunal, à l'examen de l'acte de naissance de l'enfant, releva que le père biologique n'avait pas reconnu administrativement sa fille, de telle sorte qu'il n'était pas légalement investi de l'autorité parentale. Cela ne rendait pas son action irrecevable, puisqu'il obtint au même titre que la mère la condamnation à un euro symbolique, mais par contre l'absence de sa signature sur le document ne privait pas celui-ci de toute validité, puisque la seule personne investie de l'autorité dans ce cas - la mère - avait signé l'autorisation.

Les juges font parfois preuve de souplesse en fonction des circonstances précises du litige qui leur est confié, comme nous allons le voir dans les décisions commentées ci-dessous.

Autorisation émanant d'un seul des parents

Dans certains cas toutefois, l'autorisation donnée par un seul des parents a été considérée comme suffisante, le magistrat examinant la nature précise des prises de vues, leurs finalité, et le rôle joué par le mineur.

La maman de deux fillettes âgées de 11 et 14 ans avait participé en tant qu'actrice amateur bénévole et avec ses filles à un tournage organisé par l'association communale de photo/video de sa ville.

Les deux filles avaient été amenées à jouer des scènes inspirées de la vie quotidienne.
Le père des enfants, divorcé de leur mère, assigna le réalisateur du film en lui reprochant d'avoir fait tourner les enfants sans oui demander son consentement, ce qui portait selon lui atteinte à leur vie privée, le tout sans avoir égard au caractère conjoint de l'autorité parentale.
Il avait toutefois été débouté en première instance, ce qui lui valut de saisir la Cour d'Appel.
À l'appui de son appel, le père invoquait que *« le droit à l'image constitue un élément de la vie privée et que l'utilisation de l'image d'enfants mineurs nécessite le consentement des deux parents ; il critique le jugement en affirmant que la participation au tournage d'une oeuvre moralement discutable ne constitue pas un acte usuel au sens de l'article 372-2 du code civil et qu'elle exige l'accord des deux parents et qu'en ne sollicitant pas cet accord, (le réalisateur et producteur professionnel), a commis une faute justifiant sa condamnation. »*
De son côté, le réalisateur invoquait essentiellement qu'il n'y avait aucune *« atteinte à la vie privée »* des fillettes, puisque celles-ci avaient tourné des scènes de fiction dans des rôles de composition ne présentant par ailleurs aucun caractère contraire aux bonnes mœurs. Il démontrait en outre, par des attestations, que le plaignant avait parfaitement connaissance de ce tournage et avait donné son accord verbal à la mère des enfants. Enfin, le réalisateur indiquait qu'il était de bonne foi, ignorant totalement la situation matrimoniale de la mère des fillettes et que dès lors cette bonne foi permettait d'en déduire que l'accord de la mère engageait les deux parents.

Au final, la Cour d'Appel confirma le jugement et débouta à son tour le père, sur base de la motivation suivante :

« Attendu que l'utilisation de l'image des deux enfants dans un rôle de composition retraçant des actes usuels de la vie quotidienne comme le dressage d'une table, la réception d'une visiteuse au domicile ou l'utilisation d'une console de jeux pour le tournage d'un film amateur destiné

à une diffusion très limitée en dehors des circuits commerciaux ne peut être considérée comme portant atteinte à la vie privée des fillettes qui ont participé à ce tournage, hors temps scolaire, en présence constante de leur mère qui interprétait le rôle principal dans une oeuvre dénuée de tout caractère contraire aux bonnes moeurs ou aux principes essentiels qui doivent présider à l'éducation des enfants.

Attendu, dans ces conditions, qu'un tel tournage présenté par la mère comme une activité ludique et une participation à une activité de loisirs proposée dans le cadre d'une association municipale peut être assimilé à un acte usuel de l'autorité parentale qu'un seul parent peut faire en étant réputé, aux yeux des tiers de bonne foi, agir avec l'accord de l'autre ; qu'en l'espèce, (le réalisateur) est manifestement un tiers de bonne foi puisqu'il n'est même pas démontré qu'il connaissait la situation matrimoniale de son actrice principale, étant précisé que, selon certains témoins (du réalisateur)., les enfants avaient fait part à leur père de leur participation à ce tournage et qu'il n'avait alors élevé aucune objection ; qu'aucune faute ne peut donc être reprochée à l'intimé ; que le jugement sera donc confirmé. »
(CA Orléans, 14/3/2011, RG 09/03895)

C'est donc, dans cette espèce, la nature de l'œuvre finale qui a permis aux juges, tant en première instance qu'en appel, de considérer que la participation des fillettes ne sortait pas de l'ordinaire, et que l'autorisation unilatérale de leur mère entrait dans la catégorie des « actes usuels » de l'éducation. Mais comme vous l'imaginez, tout dépendra aussi de l'appréciation du magistrat.

Autorisation émanant d'un tiers

Il a également été admis qu'un enfant confié à une amie des parents - qui avait signé l'autorisation en son nom - pour une circonstance précise avait pu valablement participer à des prises de vue dont la finalité était connue.

Une banque avait organisé une séance de prise de vue au sein d'un club de rugby, dans le but de réaliser une publicité en vue du mondial de rugby dont elle était l'un des sponsors.

Pour chaque enfant, une autorisation avait été soumise à la signature des parents. Au moment des prises de vue, l'un des enfants se trouvait toutefois confié à une tierce personne, amie des parents, qui avait signé l'autorisation le concernant.
L'enfant, âgé de treize ans au moment des faits, figurait ensuite sur les séquences filmées, et ses parents ont assigné la banque ainsi que la société ayant réalisé les prises de vue au titre du droit à l'image de leur fils.
Ils réclamaient une somme de 50.000 € au nom de leur fils, et à titre personnel, 20.000 € chacun pour l'utilisation de l'image de l'adolescent dans la campagne de pub, ainsi qu'une condamnation sous astreinte à ne plus utiliser ledit visuel.
Les plaignants invoquaient le fait qu'ils avaient certes eu connaissance qu'un tournage se déroulait, mais que l'information transmise ne visait que d'un spot de promotion sur les valeurs du rugby, et non une publicité commerciale au profit de la banque.
Le Tribunal de Grande Instance de Paris s'est penché sur l'attestation soumise aux parents, laquelle portait la mention *« BANKER STORIES »* et était commanditée au nom de la banque concernée.
Il examina également la série d'attestations produites, signées par d'autres parents, en relevant qu'à une exception près, tous les parents reconnaissaient avoir été informés de la finalité des prises de vue.

Revenant à présent sur le point qui nous intéresse, à savoir le fait que la signature avait été donnée par l'amie de la famille, le tribunal considère que *« le document concernant (l'enfant des plaignants) n'a pas été signé par ses parents mais par /…/, mère d'un autre enfant. En effet, cette dernière a notamment attesté que (le père) lui avait téléphoné la veille pour lui demander d'emmener son fils au stade avec le sien, lui-même ramenant les deux enfants à la fin du tournage, ce qu'il a fait après avoir assisté à la fin de celui-ci. Elle précise qu'il était parfaitement au courant que ce dimanche (qui n'était pas le jour habituel des entrainements) était « exclusivement réservé à un tournage publicitaire pour la Société Générale » et qu'il avait « confié la responsabilité de (son fils) en tout connaissance de cause. »*
Il résulte de l'ensemble de ces éléments que les demandeurs ont consenti, au moins de façon implicite et tacite, au tournage et à la diffusion du film litigieux, aucune faute n'étant établie à la charge des défenderesses. »
(TGI Paris, 17ème ch., 10/5/2010, RG 09/04772)

Le tribunal dans cette affaire va donc en quelque sorte contourner l'impératif de signature de l'autorisation par les deux parents, en se rabattant sur l'autorisation tacite donnée par ceux-ci, de façon implicite.

L'un des parents est l'auteur des images, poursuivi par l'autre parent mécontent
Enfin, une autre hypothèse à envisager est celle où c'est l'un des deux parents qui prend et diffuse des photos de ses enfants, provoquant ainsi la colère de son conjoint ou ancien-conjoint (le plus souvent, il s'agit bien sûr de parents séparés, en cours de procédure à propos des enfants).

Deux époux photographes avaient eu ensemble trois enfants, dont une fille qui avait seize ans au moment de la procédure.
Après leur séparation, Monsieur avait reproché à son ex-épouse d'avoir soumis sa fille à des séances photos pour la réalisation de photos d'illustration sur des thèmes divers.
Il estimait que l'intérêt de sa fille n'était pas respecté. Faisant notamment référence à la réglementation existant pour le travail des enfants, il relevait que les profits issus de la diffusion des photos n'étaient pas versés sur un compte au nom de l'enfant comme l'exige la loi.
En première instance, le Juge aux Affaires Familiales avait toutefois débouté le père de ce chef de demande, de telle sorte que la Cour d'Appel de Bordeaux fut saisie du litige.

La Cour examine les éléments concrets qui lui sont soumis, considère :
« Le père affirme que l'intérêt de l'enfant n'est pas respecté en ce que son travail, consistant à se laisser photographier par sa mère en vue d'exploitation de son image, n'est pas rémunéré et que ses rémunérations ne sont pas versées sur un compte à son intention.
Cependant, les nombreux documents produits au débat, notamment les listings de (l'agente de presse) démontrent qu'il ne s'agit pas de photographies ayant en soi une forte valeur patrimoniale, mais de photographies dont l'intérêt réside en leur faculté d'illustrer un sujet. Par exemple, les photographies (numéro des fichiers) mettent en premier plan un réveil qui n'a manifestement pas d'autre objet que d'illustrer la fonction de réveil et la difficulté de réveiller un enfant.
Les affirmations de la mère selon lesquelles (l'agence) n'est en rien un agence de mannequin mais une agence de presse photographique illustrant

> *des sujets relatifs à la science, la santé et la médecine, sont vérifiées par ce contenu. La Cour, à l'examen de ces documents ne découvre aucune preuve inverse et aucun preuve des affirmations du père.*
> *Il n'est donc en rien établi que les séances de pose nécessaires à la prise de ces photographies soient susceptibles d'être rémunérées de façon substantielle. Par ailleurs, la mère a fourni la liste des séances dont le nombre est resté faible : six en 2007, un en 2009 et deux en 2009. Le père ne rapporte aucun élément contraire sur ces chiffres démontrant une activité limitée, de nature amateur et occasionnelle et non pas professionnelle. Or, il n'est pas contesté que les deux époux sont photographes et travaillaient ensemble dans la même société /.../ avant leur divorce et avant le licenciement du mari de l'entreprise. Et de nombreux listings photographies démontrent que tous deux avaient l'habitude de faire poser leurs différents enfants depuis plusieurs années pour illustrer divers sujets. L'article L373-2-1 du Code civil dispose qu'en cas de conflit relatif à l'autorité parentale, le juge pour trancher la difficulté doit prendre en considération la pratique que les parents avaient précédemment suivie et les accords qu'ils avaient pu antérieurement conclure.*
> *Ayant ainsi d'abord vérifié que l'enfant /..../ n'est pas privée d'une source substantielle de revenus, ce qui aurait été contraire à son intérêt, la Cour considère que le premier juge a exactement appliqué le droit en décidant que la mère devait être autorisée à poursuivre l'usage antérieur au divorce. »*
> (CA Bordeaux, 15/6/2010, n° 09/06330)

La décision, pleine de bon sens, applique donc en toute logique l'article L373-2-1 du Code civil auquel elle fait référence, et qui est rédigé en ces termes :

> Art. 373-2-11 alinéa 1er du Code civil :
> *« Lorsqu'il se prononce sur les modalités d'exercice de l'autorité parentale, le juge prend notamment en considération :*
> *1° La pratique que les parents avaient précédemment suivie ou les accords qu'ils avaient pu antérieurement conclure ; /.../ »*

Ce sont donc ici les habitudes antérieures du couple qui ont déterminé la décision de la Cour. Mais si, dans cette affaire, la mère des enfants n'avait pas pu démontrer que les deux parents avaient coutume de prendre leurs enfants en photo même dans le cadre de leur activité professionnelle, la Cour d'Appel aurait probablement statué en sens contraire.

Mais il faut souligner malgré tout que dans la majorité des cas, les tribunaux sont plus stricts, et qu'il n'y a que peu de marge en matière de signature d'autorisation d'image pour un mineur.

Et au-delà de cette obligation légale, je ne peux que conseiller aux photographes, lorsque des prises de vue ont lieu avec des enfants, de n'organiser celles-ci qu'en présence des parents, et de s'assurer qu'ils peuvent assister, s'ils le souhaitent, à toute la séance. Si celle-ci a lieu à l'intérieur, veillez à laisser les portes ouvertes entre la pièce où se trouvent l'enfant et celle où attend éventuellement son parent.
Ceci limitera les risques qu'un(e) adolescent(e) ayant éventuellement d'autres attentes n'aille ensuite imaginer l'un ou l'autre scénario pouvant mettre la réputation voire la responsabilité pénale du photographe en jeu.

Pour illustrer ce conseil, je me permets de relater un mail émanant d'un photographe qui pour venir en aide à des amis dont la fille adolescente souffrait d'un profond mal-être assorti d'un cruel manque de confiance en elle, avait proposé une séance de photos la mettant en valeur, habillée de vêtements plus féminins. Cette séance s'était si bien déroulée que d'autres avaient été organisées. L'adolescente, pour le bonheur de tous, reprenait confiance en elle et retrouvait même le sourire.

À sa demande de savoir s'il existait des modèles-types d'autorisation d'images pour ce genre de situations - sachant que les photos ne seraient utilisées que par la jeune femme et non par lui-même - je lui ai juste conseillé de veiller à ce que toutes les séances se déroulent en présence d'au moins l'un des parents de l'adolescente, éventuellement dans une autre pièce mais portes ouvertes. Si le « cruel manque de confiance en elle » de la jeune fille s'accompagnait éventuellement d'une recherche affective ou amoureuse, cela pouvait ainsi mettre le photographe à l'abri d'un scénario éventuellement imaginé par la jeune fille se méprenant sur les intentions du photographe.

Il ne faudrait pas que son aide apportée aux parents se transforme ensuite en cauchemar judiciaire. Transposez le scénario du film *Les risques du Métier* (André Cayatte, 1967) à l'époque contemporaine, assaisonné de la complicité nécessaire qui doit exister entre un photographe et son modèle (Jacques Brel, dans le film, n'était « que » instituteur, et n'amenait pas son élève à se sentir bien dans sa peau, appareil

photo à la main), et vous conviendrez que la précaution n'est pas inutile.
Bien entendu, si le photographe dans un tel cas souhaite aussi utiliser les photos, il faudra doubler cette précaution d'une autorisation en bonne et due forme, signée par les deux parents comme nous venons de le voir.

Les adolescents bientôt majeurs ont-ils leur mot à dire ?
La question peut aussi se poser pour des adolescents bientôt majeurs. Certains auteurs, faisant une analogie avec l'obligation d'obtenir l'accord des enfants à partir de treize ans pour certaines actions les concernant directement (notamment l'adoption) ont estimé qu'il fallait appliquer une solution identique pour ce qui est du droit à l'image.
La loi ne prévoyant bien entendu rien du tout, il faut appliquer les principes généraux, et dès lors, en théorie, obtenir le consentement des deux parents jusqu'à l'âge de 18 ans. Cela étant, il est évident que le tribunal pourrait tenir compte de la proximité de la majorité d'un mineur au moment d'apprécier le préjudice. Ce fut notamment le cas dans l'affaire suivante.

Une jeune fille avait accepté de poser seins nus sur une plage privée pour une séance photo sur le thème du body painting. Dans le cadre du litige qui s'ensuivit, les parents formulant différents reproches à l'éditeur, ils mirent notamment en avant le fait que celui-ci aurait dû solliciter leur autorisation, la jeune fille n'étant pas majeure ni au moment des prises de vue, ni au moment de la diffusion de la photo. Sur ce point précis, la Cour d'Appel, après avoir retenu pour divers motifs l'atteinte au droit à l'image, réduisit toutefois le montant sollicité au titre des dommages, en considérant notamment (entre autres arguments) que *« compte tenu de l'âge de (la fille des plaignants) qui a atteint l'âge de la majorité trois mois après la publication de sa photo et des circonstances qui ont permis le tirage de celle-ci, l'obligation non contestable à réparation de la société à leur égard ne paraît pas excéder un euro. »*
(CA Aix-en-Provence, 15/1/2009, RG 08/03163)

Tout est donc à nouveau question de circonstances.

Les majeurs frappés d'incapacité juridique

Un majeur en état d'incapacité peut être placé sous curatelle ou sous tutelle. Ces

deux régimes se distinguent essentiellement par l'étendue des pouvoirs que le majeur protégé conserve malgré la mesure de protection. Le majeur sous curatelle pourra en effet encore engage valablement son consentement dans certains domaines, nettement plus réduits pour le majeur sous tutelle. Je vous passe le détail des modalités possibles de ces deux régimes de protection principaux.
La question est donc de savoir si, concernant l'autorisation de diffusion d'image, le majeur protégé conserve une autonomie et si oui, dans quelle mesure.

Les règles du Code civil

Sans rentrer dans le détail des règles parfois complexes en matière de protection des majeurs incapables (Article 500 et suivants du Code civil), il est par contre possible d'avancer qu'en ce qui concerne le droit à l'image, ainsi que pour tout acte affectant la personne du majeur protégé, il faudra en tout état de cause que l'autorisation soit signée par la personne qui a le pouvoir de représenter le majeur concerné. Selon le type de protection mis en place, il s'agira soit du Conseil de Famille, soit du Juge des tutelles soit du curateur. En tout état de cause, il est donc dangereux de vous aventurer sur le terrain d'une exploitation de l'image d'un majeur sous protection sans avoir obtenu l'autorisation en question.

La jurisprudence

Il m'a fallu du temps pour trouver de la jurisprudence relative à cette question, ce qui semble même étonnant au vu de l'augmentation du nombre de litiges relatifs à l'image des personnes. Mais au final, deux décisions peuvent venir préciser les développements précédents.
Dans la première, le principe de la nécessité d'une autorisation est confirmé par la Cour de Cassation. L'arrêt n'est pas récent, mais reste valable.

Dans le cadre de la réalisation d'un film intitulé *Décompte de la folie ordinaire*, consacré à la vie de jeunes adultes souffrant d'un handicap mental, des prises de vue avaient été réalisées dans un établissement et mettaient en scène les pensionnaires, pour la plupart sous régime de tutelle. Le film, qui devait être diffusé sur les chaines publiques, avait toutefois fait l'objet d'une action en référé sur base de l'article 9 du Code civil, l'exploitant de l'établissement estimant que le droit au respect de la vie privée des pensionnaires s'opposait à une telle diffusion, et sollicitant donc du juge des référés, comme l'y autorise ce même article, qu'il prenne les mesures de nature à l'interdire. J'ignore ce qu'avait décidé le premier juge, mais en degré d'appel, la Cour d'Appel de Toulouse, par un arrêt dont je n'ai

pas pu trouver copie avait fait droit à la demande d'interdiction (CA Toulouse, 15/1/1991, cité dans l'arrêt de Cassation).
Les producteurs et/ou le réalisateur estimaient que la Cour d'appel n'avait pas suffisamment motivé l'éventuelle atteinte à la vie privée des sujets concernés, de telle sorte que sa condamnation devait être réformée. Ils estimaient également que l'article 500 du Code civil autorisait le tuteur à autoriser seul la diffusion des images.
À cette fin, ils avaient saisi la Cour de Cassation mais sans succès, celle-ci ayant rejeté leur pourvoi au terme de la motivation suivante : *« Attendu d'abord que la reproduction d'images représentant des handicapés mentaux dans l'intimité de leur existence quotidienne à l'intérieur des établissements où ils vivent et ce sans l'autorisation de leurs représentants légaux constitue, à elle seule, une atteinte illicite à l'intimité de leur vie privée.*
Attendu ensuite que l'arrêt (d'appel) énonce à bon droit que le gérant de tutelle ne peut accomplir seul les actes relatifs à la personne du majeur protégé, tel que celui de consentir à la reproduction de son image, et qu'il lui appartient, à cet effet, conformément à l'article 500 alinéa 2 du Code civil, de saisir le juge des tutelles qui pourra soit l'autoriser à faire ces actes et éventuellement sous les conditions qu'il déterminera, soit décider de constituer une tutelle complète. »
(Cass. 1ère civ. 24/2/1993, n°91-13.587)

Dans la seconde par contre, un tempérament semble être posé lorsque l'exploitation de l'image se fait dans le cadre de la liberté d'expression artistique.

Souvenez-vous de l'ouvrage photographique de François-Marie Banier qui avait donné lieu à l'arrêt de 2008 constituant la base - actuelle du moins - de solution du litige droit à l'image/liberté d'expression artistique (cf. ci-avant, Chapitre 1 / Les deux grands conflits de Normes/Le conflit droit à l'image c/ Liberté d'expression artistique). Ce même ouvrage qui avait permis à la Cour d'appel de Paris de poser les principes que nous avons évoqués avait, parallèlement, suscité une autre procédure.
Parmi les personnes photographiées et dont l'image figurait dans le livre incriminé se trouvaient également quelques adultes sous protection,

et notamment deux plaignantes qui par la voie de leurs représentants respectifs, assignèrent à leur tour l'éditeur et le photographe. La première des deux plaignantes était représentée à deux reprises dans l'ouvrage, et notamment en couverture de celui-ci. La seconde figurait sur cinq photographies disséminées dans le livre.

Après la découverte de l'existence de l'ouvrage, l'Association de tutelle qui représentait la première plaignante, et le curateur de la seconde avaient alors adressé une mise en demeure à l'éditeur en vue d'obtenir le retrait immédiat de l'ouvrage, mais sans succès. Ils avaient alors assigné devant le Tribunal de Grande Instance de Paris. Les griefs des demanderesses faisaient bien sûr état de leur manifeste et apparente fragilité et du fait qu'aucune autorisation n'avait été obtenue pour la publication des photographies, et sur le fait que, telle que publiées, les photographies entrainaient nécessairement le sourire, la moquerie ou le rejet.

De leur côté, l'éditeur et le photographe soutenaient que *« les photographies en cause ont (avaient) été réalisées de façon parfaitement loyale et reproduites avec l'assentiment (des plaignantes) »*. Sur ce dernier point, le tribunal ne les a bien entendu pas suivis, eu égard à l'incapacité civile frappant les sujets représentés, le photographe ne pouvant ignorer leur *« fragilité particulière et manifeste »*.

Le tribunal passe ensuite en revue différentes attestations témoignant de *« l'intérêt artistique et sociologique »* de l'ouvrage, et émanant notamment du directeur général de l'institut de veille sanitaire, du Maire de Paris, du Conservateur du Musée national d'art moderne et du Directeur de la Maison européenne de la photographie.

Mais, adoptant en cela une motivation identique à celle retenue dans la première affaire et confirmée ensuite par la Cour d'appel, le tribunal commence par rappeler l'équilibre qu'il convient de trouver entre droit à l'image, d'une part, et liberté d'expression artistique dans une société démocratique, d'autre part, et ce dans des termes en tous points similaires à ceux utilisés dans la première affaire.

Il va ensuite considérer *« /.../ qu'il convient donc de rechercher si la publication litigieuse porte atteinte à la dignité (des plaignantes), étant observé que la fragilité particulière de celles-ci conduit à une protection d'autant plus exigeante de leur dignité.*

Attendu que même si certains critiques ou commentateurs ont fait état à propos de l'ensemble de l'ouvrage de certains « comportements proches de la folie » ou de gens de la rue « parfois ridicules », tous ont souligné l'humanité des personnages, ainsi que celle du regard du photographe qui traite ses sujets « avec respect et tendresse » ; /.../ que cette appréciation coïncide avec la volonté affirmée de l'auteur /.../ (extraits d'un entretien publié en début d'ouvrage) ; /..../ attendu que compte tenu d'un tel contexte, les photographies litigieuses n'ont aucun caractère indécent et ne correspondent pas à une recherche du sensationnel; que le regard rempli d'humanité revendiqué par l'artiste - qui à l'audience est venu réitérer devant le tribunal la force de ses convictions - exclut toute provocation à la moqueri et ou au ridicule destinée à engendrer le rejet de l'autre ; /.../ attendu que malgré leur fragilité que le photographe respecte, (les plaignantes ne sont pas) représentées dans des situations humiliantes ou dégradantes /.../.

Attendu que dans ces conditions, en l'absence de toute atteinte à la dignité humaine, il convient de privilégier la liberté d'expression artistique sur le droit à l'image des personnes - même particulièrement vulnérables - que le photographe entend précisément défendre. »
(TGI Paris, 25/6/2007, RG 06/10149)

Pour être complet, il faut signaler que les photographies avaient entre temps été supprimées dans la seconde édition de l'ouvrage pour tenter d'aplanir le conflit, photographe et éditeur maintenant toutefois leur argumentation.

Cela étant, et même si cette jurisprudence devait être signalée, je me dois de conseiller la plus grande prudence. Car à proprement parler, droit d'expression artistique (ici en cause) et droit à l'information (dans la première affaire) sont malgré tout relativement proches, et à défaut d'une tendance mieux établie, je crois utile d'attirer votre attention sur les risques réels de diffusion d'une telle image sans l'accord des représentants légaux du majeur placé sous protection.

QUELQUES MODÈLES D'AUTORISATIONS

Rappels préliminaires

Je propose ci-après deux modèles d'autorisation d'image à télécharger sur *www.competencephoto.com*. J'attire toutefois votre attention sur le fait qu'ils sont surtout destinés à être utilisés dans une situation où la réactivité doit être immédiate (photo de rue, situation improvisée et risque de ne plus ensuite pouvoir retrouver l'interlocuteur, etc.). Dans tous les autres cas, lorsqu'il s'agit notamment d'une relation plus construite, par exemple entre photographe et modèle, il est utile de détailler d'autres aspects, parmi lesquels par exemple la question de la protection du droit d'auteur du photographe pour l'utilisation, par le modèle, des photos qui résulteront de la séance. De multiples litiges peuvent être évités si un contrat est établi «sur mesure», en fonction des accords précis intervenus entre parties.

Par ailleurs, ne perdez pas de vue les dispositions du Code du Travail dont j'ai fait mention à propos des mannequins (majeurs et mineurs). Il faudra donc impérativement respecter les aspects réglementaires à cet égard, et ce d'autant plus qu'il s'agit d'un modèle mineur. Pour ces derniers, une autorisation émanant du Préfet devra être présentée par les parents, sauf si la séance intervient à l'intermédiaire d'une agence ayant un agrément pour faire travailler les modèles mineurs.

Cela étant, si des circonstances vous amènent à ne pas pouvoir l'envisager pour une photo impromptue, mieux vaudra signer ce document plutôt que de n'avoir aucun cadre juridique.

Je vous propose différentes variantes de l'autorisation :

- Sujet majeur
- Sujet mineur
- Sujet majeur sous régime de protection
- Image d'un bien - Autorisation du propriétaire ou de l'occupant/utilisateur

Dans tous les cas, et pour les raisons longuement exposées ci-avant, je prévois une durée limitée (qu'il vous appartiendra de remplir), et ce afin d'éviter le risque d'une révocation de l'autorisation par le sujet à n'importe quel moment. Il a été exposé que l'autorisation serait valable même sans cette précision, mais il parait prudent, au vu de la jurisprudence actuelle, de la délimiter dans le temps.

Modèles d'autorisations

Autorisation pour un sujet majeur

AUTORISATION D'UTILISATION D'IMAGE (Sujet majeur)

Modèle	Photographe
NOM .... PRENOM .... Date de naissance : .... DOMICILE................................. .... Mail : .... Téléphone	NOM .... PRENOM .... DOMICILE................................. .... Mail : .... Téléphone .... Site Internet : ....

Le Photographe a réalisé une ou plusieurs photographies sur lesquelles apparaît le modèle. Ces images ont été réalisées en date du ....à ....
.... (lieu des prises de vues).

MODES DE DIFFUSION

Le modèle (qui atteste ne pas être lié avec un tiers par un contrat d'exclusivité sur son image) autorise expressément le Photographe à faire usage des photographies visées ci-dessus pour tous les usages ci-dessous. En cas de désaccord pour l'une des utilisations, le modèle raye la mention concernée. Il est informé de ce qu'en ne refusant aucune autorisation, sa photographie pourra être utilisée sur tous les supports indiqués ci-dessous.

o Presse	o Publications électroniques	o Projection publique
o Livre	o Objets de décoration	o Publicité
o Exposition	o Carte postale	o Autre : ... .

Les photographies pourront être exploitées directement par le Photographe ou cédées à des tiers, sous toutes les formes autorisées ci-dessus.

DURÉE DE L'AUTORISATION

La présente autorisation est accordée pour une durée de .... ans à compter de sa signature.

ENGAGEMENT DU PHOTOGRAPHE

Le Photographe s'interdit expressément de procéder à une exploitation des photographies susceptible de porter atteinte à la vie privée ou à la réputation du modèle, ni d'utiliser les photographies objets de la présente autorisation sur tout support à caractère pornographique, raciste, xénophobe ou toute autre exploitation préjudiciable.
Il tiendra à disposition du modèle un justificatif de chaque parution, disponible sur simple demande, et encouragera ses partenaires à faire de même en mettant personnellement tout en œuvre pour atteindre cet objectif.

CONDITIONS FINANCIERES

Le modèle marque expressément son accord sur les conditions suivantes, en cochant la ou les cases appropriées (les 2ème et 3ème hypothèses peuvent être combinées). Il est conscient que cet accord l'engage contractuellement conformément au Code civil.

Autorisation à titre gratuit	*Autorisation contre tirages papier des photographies*	*Autorisation contre rémunération*
Le modèle confirme que son autorisation est donnée en connaissance de cause sans contrepartie financière. Il manifeste ainsi son intérêt et son soutien au travail du Photographe. Il ne pourra prétendre à aucune rémunération du fait des utilisations des images réalisées.	Le modèle confirme que son autorisation est donnée moyennant l'engagement du Photographe de lui transmettre, dès qu'elles seront prêtes, et dans un délai maximum de .... semaines, les photographies sur tirage papier pour son seul usage personnel. Il s'engage à ne pas les reproduire, n'étant lui-même pas l'auteur des images qui lui seront offertes.	L'autorisation est donnée contre rémunération fixée de commun accord selon l'une **et/ou** l'autre des modalités suivantes: o rémunération fixe de .... euros, versée par le Photographe à la signature de la présente. Le document signé vaudra quittance o rémunération proportionnelle aux bénéfices générés par l'utilisation de l'image : ......% des droits d'auteur perçus par le Photographe, versée annuellement sur justificatifs.

Autorisation soumise au Droit français - Tout litige relatif à son exécution, son interprétation ou sa résiliation sera soumis aux Tribunaux français.
Fait à .... le .... et établi en deux exemplaires originaux.

Le modèle,   Le Photographe,

Autorisation pour un sujet mineur

AUTORISATION D'UTILISATION D'IMAGE (Sujet mineur)

Modèle	Photographe
NOM .... PRENOM .... Date de naissance : .... DOMICILE... .... Mail : .... Téléphone .... **<u>1er Représentant légal</u>** : .... Adresse : .... Qualité (père/mère/tuteur) .... Tel : .... Mail : .... **<u>2ème représentant légal</u>** : .... Adresse : .... Qualité (père/mère/tuteur) .... Tel : .... Mail :	NOM .... PRENOM .... DOMICILE.................................. .... Mail : .... Téléphone .... Site Internet : ....

Le Photographe a réalisé une ou plusieurs photographies sur lesquelles apparaît le modèle. Ces images ont été réalisées en date du ....à ....
.... (lieu des prises de vues).

MODES DE DIFFUSION

Le modèle (qui atteste ne pas être lié avec un tiers par un contrat d'exclusivité sur son image) autorise expressément le Photographe à faire usage des photographies visées ci-dessus pour tous les usages ci-dessous. En cas de désaccord pour l'une des utilisations, le modèle raye la mention concernée. Il est informé de ce qu'en ne refusant aucune autorisation, sa photographie pourra être utilisée sur tous les supports indiqués ci-dessous.

○ Presse	○ Publications électroniques	○ Projection publique
○ Livre	○ Objets de décoration	○ Publicité
○ Exposition	○ Carte postale	○ Autre : ... .

Les photographies pourront être exploitées directement par le Photographe ou cédées à des tiers, sous toutes les formes autorisées ci-dessus.

DURÉE DE L'AUTORISATION

La présente autorisation est accordée pour une durée de .... ans à compter de sa signature.

ENGAGEMENT DU PHOTOGRAPHE

Le Photographe s'interdit expressément de procéder à une exploitation des photographies susceptible de porter atteinte à la vie privée ou à la réputation du modèle, ni d'utiliser les photographies objets de la présente autorisation sur tout support à caractère pornographique, raciste, xénophobe ou toute autre exploitation préjudiciable.

Il tiendra à disposition du modèle un justificatif de chaque parution, disponible sur simple demande, et encouragera ses partenaires à faire de même en mettant personnellement tout en œuvre pour atteindre cet objectif.

CONDITIONS FINANCIERES

Le modèle marque expressément son accord sur les conditions suivantes, en cochant la ou les cases appropriées (les 2ème et 3ème hypothèses peuvent être combinées). Il est conscient que cet accord l'engage contractuellement conformément au Code civil. Les engagements sont pris au nom du modèle par ses représentants légaux, tous deux signataires de la présente autorisation.

Autorisation à titre gratuit	*Autorisation contre tirages papier des photographies*	*Autorisation contre rémunération*
Le modèle confirme que son autorisation est donnée en connaissance de cause sans contrepartie financière. Il manifeste ainsi son intérêt et son soutien au travail du Photographe. Il ne pourra prétendre à aucune rémunération du fait des utilisations des images réalisées.	Le modèle confirme que son autorisation est donnée moyennant l'engagement du Photographe de lui transmettre, dès qu'elles seront prêtes, et dans un délai maximum de …….. semaines, les photographies sur tirage papier pour son seul usage personnel. Il s'engage à ne pas les reproduire, n'étant lui-même pas l'auteur des images qui lui seront offertes.	L'autorisation est donnée contre rémunération fixée de commun accord selon l'une **<u>et/ou</u>** l'autre des modalités suivantes: o rémunération fixe de …….. euros, versée par le Photographe à la signature de la présente. Le document signé vaudra quittance o rémunération proportionnelle aux bénéfices générés par l'utilisation de l'image : ……% des droits d'auteur perçus par le Photographe, versée annuellement sur justificatifs. Aucune somme d'argent ne pourra être remise au mineur. Tout versement en exécution de la présente convention sera transmis aux représentants légaux du mineur, à qui il appartient - en cas de domiciles distincts - d'indiquer lequel d'entre eux est chargé de percevoir lesdites rémunérations.

Autorisation soumise au Droit français - Tout litige relatif à son exécution, son interprétation ou sa résiliation sera soumis aux Tribunaux français.

Fait à ………………………... le …………………………… et établi en deux exemplaires originaux.

Le modèle, **Le Photographe,**

1er représentant légal *2ème représentant légal*

Autorisation pour un sujet majeur protégé

AUTORISATION D'UTILISATION D'IMAGE (Sujet majeur protégé)

Modèle	Photographe
NOM .... PRENOM .... Date de naissance : .... DOMICILE... .... Mail : .... Téléphone .... **Représentant légal** : .... Adresse : .... Qualité (tuteur, curateur) .... Jugement instituant la protection : .... Tel : .... Mail :	NOM .... PRENOM .... DOMICILE.................................. .... Mail : .... Téléphone .... Site Internet : ....

Le Photographe a réalisé une ou plusieurs photographies sur lesquelles apparaît le modèle. Ces images ont été réalisées en date du ....à ....
.... (lieu des prises de vues).

MODES DE DIFFUSION

Le modèle (qui atteste ne pas être lié avec un tiers par un contrat d'exclusivité sur son image) autorise expressément le Photographe à faire usage des photographies visées ci-dessus pour tous les usages ci-dessous. En cas de désaccord pour l'une des utilisations, le modèle raye la mention concernée. Il est informé de ce qu'en ne refusant aucune autorisation, sa photographie pourra être utilisée sur tous les supports indiqués ci-dessous.

○ Presse ○ Livre ○ Exposition	○ Publications électroniques ○ Objets de décoration ○ Carte postale	○ Projection publique ○ Publicité ○ Autre : ... .

Les photographies pourront être exploitées directement par le Photographe ou cédées à des tiers, sous toutes les formes autorisées ci-dessus.

DURÉE DE L'AUTORISATION

La présente autorisation est accordée pour une durée de .... ans à compter de sa signature.

ENGAGEMENT DU PHOTOGRAPHE

Le Photographe s'interdit expressément de procéder à une exploitation des photographies susceptible de porter atteinte à la vie privée ou à la réputation du modèle, ni d'utiliser les photographies objets de la présente autorisation sur tout support à caractère pornographique, raciste, xénophobe ou toute autre exploitation préjudiciable.
Il tiendra à disposition du modèle un justificatif de chaque parution, disponible sur simple demande, et encouragera ses partenaires à faire de même en mettant personnellement tout en œuvre pour atteindre cet objectif.

CONDITIONS FINANCIERES

Le modèle marque expressément son accord sur les conditions suivantes, en cochant la ou les cases appropriées (les 2ème et 3ème hypothèses peuvent être combinées). Il est conscient que cet accord l'engage contractuellement conformément au Code civil. Les engagements sont pris au nom du modèle par son représentant légal.

Autorisation à titre gratuit	***Autorisation contre tirages papier des photographies***	***Autorisation contre rémunération***
Le modèle confirme que son autorisation est donnée en connaissance de cause sans contrepartie financière. Il manifeste ainsi son intérêt et son soutien au travail du Photographe. Il ne pourra prétendre à aucune rémunération du fait des utilisations des images réalisées.	Le modèle confirme que son autorisation est donnée moyennant l'engagement du Photographe de lui transmettre, dès qu'elles seront prêtes, et dans un délai maximum de …….. semaines, les photographies sur tirage papier pour son seul usage personnel. Il s'engage à ne pas les reproduire, n'étant lui-même pas l'auteur des images qui lui seront offertes.	L'autorisation est donnée contre rémunération fixée de commun accord selon l'une <u>**et/ou**</u> l'autre des modalités suivantes: o rémunération fixe de …….. euros, versée par le Photographe à la signature de la présente. Le document signé vaudra quittance o rémunération proportionnelle aux bénéfices générés par l'utilisation de l'image : ……% des droits d'auteur perçus par le Photographe, versée annuellement sur justificatifs. Aucune somme d'argent ne pourra être remise au modèle, du fait de l'existence d'une mesure de protection. Les montants seront remis à son représentant légal, à charge pour lui de les affecter conformément à la mission dont il a été investi.

Autorisation soumise au Droit français - Tout litige relatif à son exécution, son interprétation ou sa résiliation sera soumis aux Tribunaux français.

Fait à ……………………………… le …………… et établi en deux exemplaires originaux

Pour le modèle, son représentant légal,

Le Photographe,

Autorisation pour le propriétaire d'un bien

AUTORISATION D'UTILISATION D'IMAGE D'UN BIEN

Propriétaire / Occupant /Utilisateur du bien	Photographe
NOM	NOM ....
PRENOM	PRENOM ....
DOMICILE......................................	DOMICILE.................................
....	....
Mail :	Mail : ....
....	....
Téléphone	Téléphone ....
	Site Internet : ....

Description du bien photographié

- Bien mobilier : ....
- Bien immobilier (description et adresse) : ....
- ....
- Animal : Type / Race / Numéro de tatouage ou d'identification : ....
  ....
- Autre (préciser) : ....
- Qualité du signataire : Propriétaire / Locataire / Utilisateur (Rayer les mentions inutiles)

Le Photographe a réalisé une ou plusieurs photographies sur lesquelles apparaît le bien. Ces images ont été réalisées en date du ....à ....
.... (lieu des prises de vues).

MODES DE DIFFUSION

Le propriétaire/locataire/utilisateur autorise expressément le Photographe à faire usage des photographies visées ci-dessus pour tous les usages suivants. En cas de désaccord pour l'une des utilisations, le modèle raye la mention concernée. Il est informé de ce qu'en ne refusant aucune autorisation, les photographies pourront être utilisées sur tous les supports indiqués ci-dessous.

o Presse	o Publications électroniques	o Projection publique
o Livre	o Objets de décoration	o Publicité
o Exposition	o Carte postale	o Autre : ... .

Les photographies pourront être exploitées directement par le Photographe ou cédées à des tiers, sous toutes les formes autorisées ci-dessus.

DURÉE DE L'AUTORISATION

La présente autorisation est accordée pour une durée de .... ans à compter de sa signature.

ENGAGEMENT DU PHOTOGRAPHE

Le Photographe s'interdit expressément de procéder à une exploitation des photographies susceptible de porter atteinte à la vie privée ou à la réputation du propriétaire/locataire/utilisateur du bien, ni d'utiliser les photographies objets de la présente autorisation sur tout support de nature à créer un préjudice au signataire de l'autorisation. Il tiendra à disposition du modèle un justificatif de chaque parution, disponible sur simple demande, et encouragera ses partenaires à faire de même en mettant personnellement tout en œuvre pour atteindre cet objectif.

CONDITIONS FINANCIERES

Le propriétaire/locataire/utilisateur marque expressément son accord sur les conditions suivantes, en cochant la ou les cases appropriées (les 2ème et 3ème hypothèses peuvent être combinées). Il est conscient que cet accord l'engage contractuellement conformément au Code civil.

Autorisation à titre gratuit	*Autorisation contre tirages papier des photographies*	*Autorisation contre rémunération*
Le modèle confirme que son autorisation est donnée en connaissance de cause sans contrepartie financière. Il manifeste ainsi son intérêt et son soutien au travail du Photographe. Il ne pourra prétendre à aucune rémunération du fait des utilisations des images réalisées.	Le modèle confirme que son autorisation est donnée moyennant l'engagement du Photographe de lui transmettre, dès qu'elles seront prêtes, et dans un délai maximum de …….. semaines, les photographies sur tirage papier pour son seul usage personnel. Il s'engage à ne pas les reproduire, n'étant lui-même pas l'auteur des images qui lui seront offertes.	L'autorisation est donnée contre rémunération fixée de commun accord selon l'une **et/ou** l'autre des modalités suivantes: o rémunération fixe de …….. euros, versée par le Photographe à la signature de la présente. Le document signé vaudra quittance o rémunération proportionnelle aux bénéfices générés par l'utilisation de l'image : ……% des droits d'auteur perçus par le Photographe, versée annuellement sur justificatifs.

Autorisation soumise au Droit français - Tout litige relatif à son exécution, son interprétation ou sa résiliation sera soumis aux Tribunaux français.

Fait à ……………………….. le …………………………… et établi en deux exemplaires originaux.

Le Propriétaire / Locataire / Utilisateur **Le Photographe,**

CHAPITRE 7

MISE EN ŒUVRE PRATIQUE DES NOTIONS

Tous ces développements théoriques étant posés, il reste difficile de savoir dans quel ordre se poser les questions. J'ai donc imaginé un essai de méthodologie pour acquérir les réflexes de base, tout en précisant que cette matière - moins encore que toute autre matière juridique - n'est pas une science exacte. Il s'agit sans doute du dernier des sujets que l'on pourrait synthétiser de la sorte, mais j'aime les défis et il m'apparait évident, lors des conférences et formations dispensées, que ce qui manque le plus aux photographes dans leur pratique quotidienne, c'est un fil rouge auquel se raccrocher pour se poser les questions dans le bon ordre.

Voici donc un essai qui sera sûrement perfectible au fil des années, mais qui a au moins le mérite d'exister. Ce qui suit ne concerne que les hypothèses où aucune autorisation n'a été signée. Lorsqu'au contraire l'intéressé (ou le propriétaire du bien) a signé une autorisation, veillez à bien en respecter les limites. En cas de dépassement de l'autorisation, le magistrat fera le plus souvent application des critères dégagés pour les cas où aucune autorisation n'a été établie.

Enfin, tout ceci suppose bien entendu que vous soyez l'auteur de la photographie dont vous envisagez la diffusion. Dans le cas contraire, il y aura contrefaçon. Nous n'envisageons ici que votre droit à exploiter la photographie en tant qu'auteur de celle-ci, et votre rapport extracontractuel avec la personne représentée ou le propriétaire du bien qui figure sur l'image.

Après vous avoir proposé cet essai de méthode, je le testerai sur quelques cas pratiques, en images. Et je clôturerai le chapitre avec un entretien portant sur l'évolution de cette matière, sur le terrain, depuis quelques années.

PETIT ESSAI DE MÉTHODOLOGIE

À ce stade de l'ouvrage - et cela est tout à fait normal - vous avez sans doute en tête une série de notions qui se bousculent et qui sont pour la plupart comprises de façon individuelle, mais vous vous demandez comment, en pratique, arriver à mettre tout cela en oeuvre. Comment se poser, dans l'ordre, les bonnes questions ? Doit-on examiner d'abord la question de savoir si la personne sur la photo est reconnaissable, ou bien si l'utilisation est de nature commerciale ? Les questions à se poser sont-elle les mêmes pour le droit à l'information et pour la liberté d'expression artistique ?

Pour vous permettre d'y voir plus clair encore, je vous propose les essais de méthodologie que vous allez découvrir ci-après. J'attire à nouveau votre attention sur le fait qu'il ne s'agit que d'une analyse personnelle, aussi proche que possible de la jurisprudence que nous avons examinée jusqu'à présent, mais nécessairement imparfaite et sujette à évolution. Il est fort probable qu'en exposant la matière lors des prochaines conférences ou formations, l'une ou l'autre question posée me permettra de mettre en évidence un point faible de ces schémas, qu'il me faudra alors modifier à l'avenir.

Dans l'immédiat, j'espère pouvoir ainsi vous aider à raisonner de façon logique et systématique lorsque vous vous posez une question quant à la diffusion d'une image.

LES QUESTIONS À SE POSER AVANT DE DIFFUSER L'IMAGE D'UN BIEN

Le bien est-il approprié ?
Si **Oui**, poursuivre l'analyse.
(pour les biens non appropriés, la diffusion est libre.)

Le bien fait-il l'objet d'un droit de propriété intellectuelle ?

OUI
À quel titre ?

Droit d'auteur

Si l'auteur est vivant *ou* décédé depuis moins de 70 ans :
il faut son accord pour toute reproduction
- sauf éventuellement présentation accessoire
- ou aux fins d'information

Si l'auteur est mort depuis plus de 70 ans :
reproduction libre, sous réserve d'indiquer le nom de l'auteur et le titre de l'oeuvre.

Droit des marques, dessins ou modèles

La représentation de la marque (logo ou signe distinctif) ou le modèle représenté sont-ils utilisés d'une façon susceptible d'atteinte au titulaire des droits sur ces éléments (avec ou sans intention en ce sens) ?

Si **Oui** : s'abstenir de la diffusion
Si **Non** : l'image peut être diffusée.

NON
il n'y a aucun droit de propriété intellectuelle sur ce bien.

Le bien est-il soumis à une réglementation administrative (musée, gare, métro, etc.) ?

Oui

Vérifier le contenu de cette réglementation et son bien-fondé.

Non

Le propriétaire ne pourra s'opposer à la diffusion de l'image que s'il démontre que cette diffusion lui cause un « trouble anormal ».

Sous cette réserve, l'utilisation est possible dans le cadre du droit à l'information, de la liberté d'expression artistique et même dans un cadre commercial.

LES QUESTIONS À SE POSER AVANT DE DIFFUSER L'IMAGE lorsqu'aucune autorisation n'a été signée.

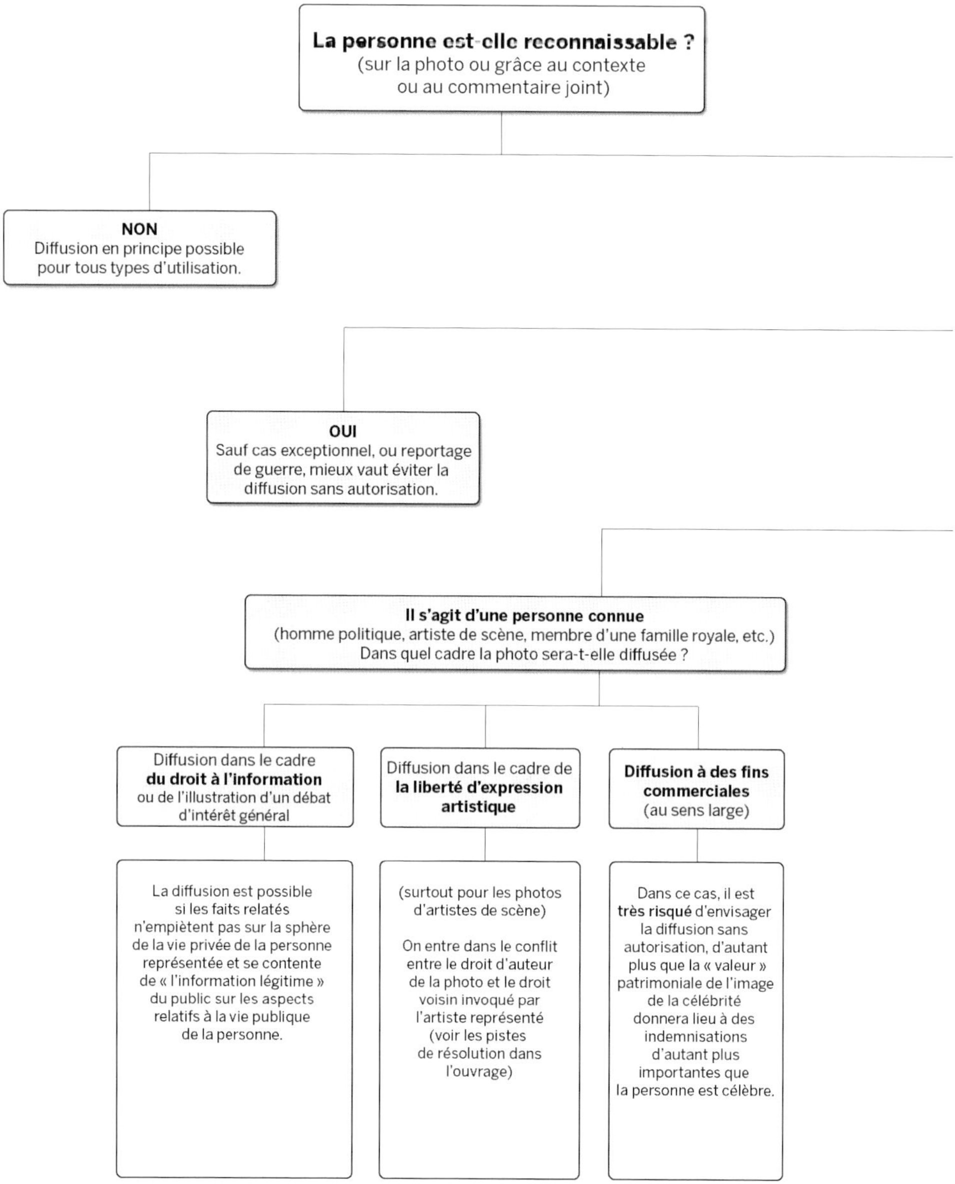

D'UNE PERSONNE PRISE DANS UN LIEU PUBLIC

Si la photo a été prise dans un lieu privé,
il faut en tout état de cause une autorisation
Dans tous les cas d'autorisation écrite
(lieu privé ou public),
veillez à bien en respecter les limites.

OUI
La photo est-elle contraire
à la dignité humaine ?

NON
La personne représentée
est-elle connue ou anonyme ?

Il s'agit d'une personne anonyme
Dans quel cadre la photo
sera-t-elle diffusée ?

Diffusion dans le cadre **du droit à l'information** ou de l'illustration d'un débat d'intérêt général

- La personne représentée est-elle liée à l'événement illustré ?
- La diffusion de la photographie est-elle nécessaire à l'information ?

Si **Oui**, la diffusion est envisageable.

Si **Non**, mieux vaut obtenir une autorisation ou s'abstenir.

Diffusion dans le cadre de **la liberté d'expression artistique**

La diffusion de l'image est-elle de nature à entraîner pour la personne des conséquences d'une particulière gravité ?

Si **Oui**, mieux vaut s'abstenir ou obtenir une autorisation.

Si **Non**, la diffusion est envisageable.

Diffusion à des fins commerciales (au sens large)

Dans ce cas, il est **très risqué** d'envisager la diffusion sans autorisation.

SITUATIONS PRATIQUES

Reste donc à tester les schémas que je viens de vous proposer sur des situations pratiques. Voyons comment raisonner dans différents cas. Pour chaque exemple, je vous propose à la fois une réponse rédigée de façon plus littéraire, et un enchaînement des questions/réponses sur base des schémas que nous venons de voir.

SITUATION N°1

Question : Je représente une société commerciale. Ai-je le droit d'utiliser cette photographie pour illustrer une campagne de publicité sans l'accord des parents de l'enfant ?

Réponse : Oui, l'utilisation est purement commerciale, mais le sujet n'est pas reconnaissable. Rien ne s'oppose donc à ce que la photo soit utilisée.

Nous aboutissons à la même solution en appliquant le schéma proposé plus haut, puisque les questions et réponses seront alors les suivantes :

- La photo a-t-elle été prise dans un lieu privé ? Non, une plage, donc un lieu public.

• La photo est-elle contraire à la dignité humaine ? Non.
• La personne est-elle reconnaissable (sur la photo elle-même ou grâce à un éventuel commentaire joint ? Non, donc la diffusion est en principe possible pour tous types d'utilisations.

SITUATION N°2

Question : Je suis moi-même exploitant viticole et souhaite utiliser cette photographie dont j'ai bien sûr acheté légalement les droits à l'auteur ou son agence, pour la promotion de mon exploitation, elle aussi située à flanc de colline dans la région où cette photo a été prise. Je suis en outre certain qu'il ne s'agit pas d'une construction d'architecte, et qu'aucun architecte n'a rénové la façade. Il n'y a dès lors pas de droit de propriété intellectuelle sur le bien. Puis-je envisager d'utiliser cette photographie sur mes visuels de communication ?

Réponse : L'utilisation dans ce cadre est dangereuse. En effet, si l'exploitation pour laquelle vous souhaitez utiliser l'image à des fins de promotion est un concurrent direct de l'utilisateur, une condamnation pourrait intervenir, fondée sur la notion de parasitisme ou de concurrence déloyale puisque l'utilisation de cette image créerait une confusion dans l'esprit du public entre les deux exploitations.
En appliquant le schéma, le cheminement serait alors le suivant :
• Le bien est-il approprié ? Oui. L'immeuble et les vignes qui l'entourent ont bien un

propriétaire (et un exploitant, qui peut ne pas être la même personne juridique)
• Le bien fait-il l'objet d'un droit de propriété intellectuelle ? Non.
• Le bien est-il soumis à une réglementation administrative quelconque ? Non.
• La diffusion est-elle de nature à engendrer un « *trouble anormal* » pour le propriétaire du bien ? Oui. Risque d'action au titre de la concurrence déloyale.

SITUATION N°3

Question : J'envisage de commercialiser un jouet pour chien sous forme de frisbee. Un photographe que je connais est en mesure de me fournir cette image pour mes visuels de communication. Dois-je obtenir l'autorisation du propriétaire de l'animal ? Cela serait en pratique très difficile, puisque la photo a été prise il y a plusieurs années, et que je n'ai aucun moyen de retrouver le propriétaire.

Réponse : Le chien étant - juridiquement - un bien, vous appliquerez la même solution que pour un immeuble. Le propriétaire du chien devrait démontrer un « *trouble anormal* » pour s'opposer à la diffusion de la photographie. Vous ne courez dès lors pas de risque à mon sens dans une situation comme celle-là.
À l'aide de l'essai de méthodologie sur l'image des biens, la solution serait donc trouvée avec les questions successives suivantes :
• Le bien (ici le chien) est-il approprié ? Oui. Il a un maître, donc poursuivre l'analyse.
• Le bien est-il l'objet d'un droit de propriété intellectuelle ? Non.

• Est-il soumis à une réglementation particulière ? Non.
• La diffusion est-elle de nature à engendrer un « *trouble anormal* » pour le propriétaire du bien ? A priori non, donc l'utilisation semble possible.
• Par contre, attention à l'hypothèse où le frisbee représenté sur la photo pourrait lui-même faire l'objet d'un droit de propriété intellectuelle (par exemple au titre des dessins et modèles s'il a une forme particulière).

SITUATION N°4

La chanteuse Ana Leonora

Question : J'ai eu l'occasion de photographier une artiste sur scène. La notoriété de celle-ci allant grandissant, je voudrais utiliser cette photo sur différents supports, notamment des t-shirts et posters, pour satisfaire un fan club de plus en plus nombreux. Dois-je demander l'accord du producteur de l'artiste et/ou de l'artiste elle-même ?

Réponse : Les utilisations envisagées sont toutes purement commerciales. Et à ce titre, il faudrait non seulement l'accord de l'artiste (au titre de son droit à l'image ou de son « droit voisin », celui qui porte sur son interprétation), mais également, par prudence, l'accord de son producteur à qui elle a vraisemblablement cédé les droits d'exploitation de son image pour la promotion de ses albums.

Appliquons à nouveau le schéma :
- La personne est-elle reconnaissable ? Oui.
- La photo est-elle contraire à la dignité humaine ? Non.
- La personne représentée est-elle connue ou anonyme ? Il s'agit d'une personne connue.
- Dans quel contexte la photo sera-t-elle diffusée ? Les t-shirts et posters sont des produits commerciaux. L'utilisation est donc indiscutablement commerciale. Il est dès lors indispensable d'obtenir l'autorisation de l'artiste et de son producteur.

SITUATION N°5

© Sculpture et photo : Ch. Le Brozec

Question : Cette œuvre d'art m'a plu lors d'une exposition. Trouvant la réalisation vraiment sympathique, j'envisage d'en faire des cartes postales. Dois-je obligatoirement proposer au sculpteur un intéressement sur les ventes de la carte postale qui sera diffusée ?

Réponse : Avant même de penser à proposer un intéressement, il faut déjà l'accord du sculpteur sur le principe même de la reproduction. Toute utilisation sans l'accord de l'artiste de l'œuvre représentée serait constitutive d'une contrefaçon.
Sauf à imaginer que le sculpteur soit mort depuis plus de soixante dix ans, auquel cas ne subsisterait que l'obligation de mentionner son nom et le nom de l'œuvre le cas échéant. L'artiste étant vivant, la reproduction de l'œuvre à titre accessoire serait admise (élément d'un plan plus large), ou à des fins d'information (par exemple dans une information sur la tenue de l'exposition). Mais la reproduction

commerciale n'est pas envisageable sans l'accord de l'artiste.

Application du schéma :
• Le bien est-il approprié ? Oui. Il appartient soit encore au sculpteur, soit éventuellement à la personne qui a acheté l'œuvre et n'est dès lors propriétaire que de l'objet, sans être titulaire du droit de propriété intellectuelle qui lui correspond.
• Le bien est-il l'objet d'un droit de propriété intellectuelle ? Oui.
• A quel titre ? Droit d'auteur du sculpteur.
• L'auteur est-il vivant ou décédé depuis moins de soixante dix ans ? Il est bien vivant. Il faut donc son accord pour toute reproduction sauf éventuellement présentation accessoire dans une vue plus large, ou aux fins d'information.

SITUATION N°6

Question : J'ai pris cette photo de Biarritz à partir du haut du phare qui domine la ville, en vue d'un ouvrage consacré à cette ville. Mais le propriétaire du phare (la DDE) me soutient qu'il aurait à donner son accord préalable pour toute utilisation des photos prises à partir d'en haut, même celles sur lesquelles on ne voit pas le phare, au titre du droit à l'image. En a-t-il le droit ?

Réponse : Cette situation - que j'ai personnellement vécue ! - amène bien sûr à une réponse négative. On aurait pu éventuellement imaginer un droit à l'image sur le phare lui-même, bien qu'à nouveau il aurait été très contestable et subordonné à la démonstration de l'existence d'un *« trouble anormal »* (sous réserve de l'évolution de la jurisprudence administrative sur l'image des biens). Mais rien ne justifierait que le propriétaire d'un bien prétende gérer la façon dont seront utilisées les photos prises à partir de ce bien, mais ne montrant que les paysages alentours.

Application du schéma :
• Le bien (ici le paysage photographié) est-il approprié ? Non. Un paysage n'a pas de propriétaire. Arrêter l'analyse, la diffusion est possible (quoi qu'en dise la DDE dans mon exemple).

SITUATION N°7

Question : En visite dans la grande galerie de l'évolution du Musée d'Histoire Naturelle de Paris, j'ai pris cette photographie. Le règlement du Musée n'interdisait pas les photographies mais interdisait l'usage du flash. J'ai donc fait ma photo sans flash dans le respect de ce règlement. Trouvant les lieux fort graphiques, puis-je utiliser cette photo dans le cadre d'une exposition ? Puis-je, ensuite, en faire des cartes postales ?

Réponse : La question est en réalité double, car elle évoque deux types d'utilisation différentes. Le tirage de la photo dans le cadre d'une exposition rentre dans le cadre de la liberté d'expression artistique. Par contre, l'impression de cartes postales est un acte purement commercial.

La première question à se poser est celle d'un éventuel droit d'auteur d'un architecte sur le lieu lui-même. Une recherche sur internet m'apporte les précisions suivantes : la construction d'origine date de 1872. Tout droit patrimonial d'auteur est désormais éteint pour cette partie.

Mais la galerie a fait l'objet d'une rénovation qui s'est terminée en 1994 et qui a été faite par les vainqueurs du concours international d'architecture préalablement organisé à ce sujet (voir à ce sujet *http://fr.wikipedia.org/wiki/Grande_galerie_de_l%27%C3%A9volution_du_Mus%C3%A9um_national_d%27histoire_naturelle*).

Dès lors, les droits moraux et les droits patrimoniaux de ces auteurs sont encore en vigueur. Et même s'il est difficile, sans se plonger dans les plans d'époque, de savoir où se trouvent les éléments restaurés, il y est évident que la vue d'ensemble que propose cette photographie doit en comporter une partie. Pour cette raison, il est donc en principe interdit de reproduire la photo sans l'accord des architectes. En pratique, s'il est probable que ceux-ci ne verraient pas d'objection à une utilisation dans le cadre d'une exposition (en indiquant toutefois le nom des architectes), il est par contre évident que l'impression et la vente de cartes postales risquerait de poser difficulté.

Application du schéma :

- Le bien est-il approprié ? Oui. Le Musée appartient à l'État.
- Le bien est-il l'objet d'un droit de propriété intellectuelle ? Oui.
- À quel titre ? Droit d'auteur des architectes de la rénovation de 1994.
- L'auteur est-il vivant ou décédé depuis moins de soixante dix ans ? Même s'ils sont décédés (ce qui n'est pas prouvé), c'est depuis moins de soixante dix ans.

Il faut donc son accord pour toute reproduction .

SITUATION N°8

Question : L'éditeur d'un guide touristique sur l'Ile de Ré me demande de lui céder des droits sur cette photo qui a été prise sur l'île. Je ne connais pas les propriétaires, et n'ai aucun moyen d'y retourner rapidement pour les retrouver. Dois-je obtenir leur accord ?

Réponse : Aussi longtemps que la publication n'entraîne pas de *« trouble anormal »* pour le propriétaire, il ne pourra pas s'opposer à l'utilisation de l'image. Il est peu probable qu'un guide touristique puisse engendrer un préjudice, sauf à faire un commentaire désobligeant sur le bien. Vous pourriez envisager d'assortir votre cession d'une condition selon laquelle l'éditeur s'engage à n'accompagner la photo d'aucune remarque ou d'aucun commentaire susceptible de causer un préjudice aux propriétaires, et s'engage à supporter seul les conséquences d'une éventuelle action. Ceci n'empêcherait pas le propriétaire de se retourner contre vous, mais dans vos relations avec l'éditeur, ce dernier aurait alors à vous garantir de toute condamnation éventuelle.

Application du schéma :

- Le bien est-il approprié ? Oui.
- Est-il l'objet d'un droit de propriété intellectuelle ? Apparemment non (il subsiste un doute théorique).
- Est-il soumis à une réglementation quelconque ? Non.
- La diffusion est-elle susceptible de causer un *« trouble anormal »* au propriétaire ? Vraisemblablement non, sauf commentaire ou légende désobligeants.

L'ÉVOLUTION DU DROIT À L'IMAGE DEPUIS QUELQUES ANNÉES

Mon intérêt pour le droit de la photographie restant - au regard de la lenteur de l'évolution du droit - très récent, j'ai souhaité obtenir le témoignage d'un professionnel confronté à cette question depuis de longues années.

Jorge Alvarez s'attache dès 1996 à la défense des droits des auteurs. Il intègre dans un premier temps l'Union des Photographes Créateurs, devenant le responsable des affaires juridiques. Il rejoint également la Société des Auteurs des arts visuels et de l'Image Fixe dont il est l'actuel vice-président. Son expérience professionnelle, associée à sa connaissance et à sa pratique des litiges propres à la profession, lui ont permis de devenir un interlocuteur privilégié des juristes et de développer ainsi une maîtrise avérée des questions relatives à la propriété intellectuelle. À ce titre, il a été convié à participer à de nombreux colloques et conférences, puis appelé à assumer les responsabilités de chargé de cours à l'École Nationale Supérieure Louis Lumière, pour initier les élèves à la vie professionnelle. De plus, il participe régulièrement à la rédaction d'articles et d'ouvrages dédiés aux questions des droits de l'image et des photographes professionnels, en étroite collaboration avec des juristes spécialisés en la matière.

Joëlle Verbrugge : Vous êtes membre administrateur de l'UPP (Union des Photographes Professionnels) et vous vous chargez notamment des problèmes liés au droit à l'image dans le quotidien des photographes. Depuis combien de temps vous intéressez-vous à cette question, et comment décririez-vous l'évolution depuis cette période ?

Jorge Alvarez : *Je m'occupe des questions de droit à l'image depuis plus de treize ans... J'ai intégré l'Observatoire de l'image (association informelle regroupant la presque totalité des organisations professionnelles concernées par ces problèmes : auteurs, agences, iconographes et éditeurs de la presse et du livre) pour travailler sur les questions de droit à l'image. De très nombreuses conférences et publications ont ainsi permis de faire évoluer les jurisprudences. Il est à noter qu'après la clarification par la Cour de Cassation en 2004 sur l'interprétation à donner à l'utilisation des images des biens tous nos problèmes se sont concentrés dans la question du droit à l'image des personnes.*

D'après vous, quelle est l'affaire la plus marquante de ces dernières années ?

Celle qui nous a rendu l'espoir : l'affaire des portraits des voyageurs du métro parisien. Luc Delahaye avait portraituré des quidams dans le métro sans rien demander, ni avant les prises de vue, ni après. Un livre et une exposition ont présenté ce travail un peu partout.

Une seule personne parmi quatre vingt dix a fait une procédure et elle l'a perdu ! La liberté d'expression, le but culturel et artistique, l'intérêt sociologique l'ont enfin emporté sur le droit à l'image d'une personne qui n'avait démontré aucun préjudice.

(ndlr : Il s'agit d'un jugement rendu en 2004 qui tranchait dans le même sens que l'arrêt de la Cour d'Appel de Paris le fit ensuite dans l'affaire Banier. Cf. le chapitre relatif aux règles générales du conflit droit à l'image/liberté d'expression artistique)

Ressentez-vous dans le chef des photographes une anxiété particulière au moment de diffuser une image et une crainte des conséquences de cette diffusion ?

Objectivement, les problèmes juridiques se situent au niveau de la diffusion mais ce choix échappe souvent au contrôle des auteurs. Concrètement, la difficulté des photographes se trouve dans leur quotidien, de très nombreuses personnes, policiers et gendarmes y compris, ne connaissent pas les évolutions jurisprudentielles et empêchent les photographes de travailler librement. Malheureusement, et c'est une réalité, on constate que la liberté de création se trouve bridée par les craintes de procédures judiciaires.

Dans les démarches et actions menées par l'UPP, certaines concernent-elles le droit à l'image ? Quelles sont-elles et comment pourriez-vous résumer la situation actuelle et vos espoirs de voir évoluer celle-ci au vu des contacts que vous auriez avec vos interlocuteurs ?

L'UPP assure une veille juridique et accompagne en justice ses adhérents quand ils sont poursuivis par des personnes sans véritable préjudice. Nous avons l'espoir de voir évoluer encore les décisions des tribunaux dans le bon sens. Mais les conflits n'ont pas encore diminué de façon notable.

Dans l'introduction de mon ouvrage, je suggérais aux photographes de ne jamais renoncer à prendre une photo pour des raisons liées au droit à l'image, et

de ne se poser les questions qu'au moment d'envisager la diffusion de celle-ci. Trop d'interrogations au moment de déclencher, et la lumière change, le sujet bouge, la composition n'est plus la même. La photo est partie et ne reviendra plus. En outre, la jurisprudence évolue, et ce qui est problématique aujourd'hui pourrait fort bien ne plus l'être demain, alors qu'il n'y a rien de plus frustrant qu'une photo qui nous hante parce qu'on ne l'a pas faite.
Si vous aviez de votre côté un seul conseil à donner à un photographe qui débute dans le métier à propos du droit à l'image, quel serait-il ?

J.A : Faire les images tout en pensant à quel type publication on peut les destiner. Ça aide aussi à remplir les champs IPTC exhaustivement, exiger leur respect et ne jamais signer une clause de garantie contre les recours des tiers en sachant qu'on ne connait pas les contextes éditoriaux de leurs publications. Mais surtout ne pas se priver de faire une photographie parce que on ne peut pas deviner quel sera le futur d'une image.

CHAPITRE 8

DROIT À L'IMAGE ET PROCÉDURE

LES PARTIES EN PRÉSENCE

LE DEMANDEUR

Le plaignant est majeur

Comme pour toute procédure, le demandeur devra démontrer qu'il a un intérêt à l'action, c'est-à-dire dans le cas qui nous occupe, qu'il est bien la personne représentée sur l'image dont il s'oppose à la diffusion. Il n'y a pour le surplus pas d'objection à formuler. Nous avons déjà longuement évoqué le fait que le droit à l'image, de nature essentiellement personnelle, devait être invoqué par la seule personne concernée par la publication, sauf éventuel préjudice indirect qu'il convient alors de démontrer pour les proches et qui sera fondé sur le droit au respect de la vie privée, et non plus sur le droit à l'image lui-même.

Le cas d'un enfant mineur

L'action introduite par des parents au titre du droit à l'image de leur enfant mineur doit impérativement l'être par les deux parents. Une action introduite par un seul des deux parents serait irrecevable, comme l'a confirmé le Tribunal de Grande Instance de Paris.

Dans une affaire où il était question uniquement de droit au respect de la vie privée (sans utilisation d'image), le Tribunal de Grande Instance de Paris fut saisi d'une action introduite par un seul des parents d'un enfant ayant fait l'objet de propos estimés contraires à l'intérêt de l'enfant. La demanderesse sollicitait dans son assignation la suppression des passages portant atteinte tant à sa propre vie privée qu'à celle de l'enfant mineur dont elle était l'un des représentants légaux. Mais eu égard au fait qu'elle avait introduit son action seule, elle ne fut déclarée recevable qu'en ce qui concerne les propos qui la touchaient personnellement, sans pouvoir réclamer quoi que ce soit pour son enfant.
(TGI Paris, 17ème ch. civ., 4/4/2012)

Les fondements légaux de cette obligation sont les articles 389-4, 389-5 et 464 alinéa 3 du Code civil, qui règlent de façon générale les actes que peuvent accomplir seuls les titulaires de l'autorité parentale et ceux qui, au contraire, doivent être exercés conjointement. Si le libellé de ces articles reste un peu complexe, leur reproduction, pour une fois, n'est pas indispensable pour une bonne compréhension de la matière.

En outre, l'action, en plus d'être introduite par les deux titulaires de l'autorité parentale, doit l'être au nom de l'enfant, et non en leur nom propre uniquement.

Dans la célèbre affaire dite *« du pull-over rouge »* les parents de la jeune victime en ont fait l'amer apprentissage. Après avoir déjà perdu leur premier enfant dans les circonstances que l'on connaît, un film avait été tourné sur ces faits dramatiques. Des prises de vue montrant leur fils cadet, encore mineur au moment du tournage, n'avaient pas donné lieu à leur autorisation. Ils avaient alors assigné le producteur du film, introduisant l'action en leurs deux noms et non pas au nom de leur fils. Ils furent déclarés irrecevables pour cette raison, ce qui bien sûr sur le fond, sachant les épreuves par lesquelles ils étaient passés, ne pouvait manquer de heurter le bon sens. Mais les règles de procédures s'embarrassent malheureusement rarement d'équité.
(CA Paris, 6/11/1979, D. 1981, Jur. 109)

En pratique, cela signifie donc que l'assignation devra être introduite avec une mention rédigée comme suit : *« Monsieur ... et Madame ... (noms, prénoms, adresses, professions, dates de naissance), agissant au nom de leur enfant mineur ... (nom, prénom, date de naissance, adresse), etc. »*
À cela s'ajoutera, pour autant qu'ils puissent démontrer un préjudice personnel, une mention : *«... ainsi qu'en leur nom propre »*.
Il faut impérativement que la précision figure sur l'acte introductif de ce qu'ils introduisent l'action au nom de l'enfant mineur.

Le conjoint de la partie représentée peut-il assigner ?
La nature strictement personnelle du droit à l'image - nous l'avons vu dans la question relative aux photos des défunts - interdit que la demande soit formulée par un proche de la personne représentée si celle-ci est encore vivante.
Il faudrait, pour que son action soit recevable, que ce proche démontre un préjudice personnel qui serait alors plutôt lié à son droit au respect de sa vie privée plutôt qu'à l'image à strictement parler (voir à ce niveau l'introduction de cet ouvrage sur la distinction entre les deux notions). Et la seule publication de l'image de son conjoint ne suffira pas.

C'est notamment ce qu'a également eu l'occasion de préciser la Cour d'Appel de Bordeaux dans la même affaire relative au dépliant publié par le Ministère des Finances, examinée lorsqu'il était question des réserves apportées sur l'autorisation de diffusion.

« Monsieur /..../ en sa qualité de mari de (la plaignante) soutient avoir subi un préjudice, mais le droit personnel et (le mari) qui ne figure pas sur la photographie ne peut invoquer aucun préjudice direct, ni même indirect, la Cour ne jugeant pas qu'il peut être injurieux pour un époux de voir la photographie de son conjoint dans un document publié par le Ministère des Finances. »
(CA Bordeaux, 5ème ch., 1/2/2007)

Une association peut-elle introduire une action au titre du droit à l'image ?

Il a été admis qu'une association introduise une action au titre du droit à l'image lorsque cette procédure entrait directement dans l'objet qu'elle s'était fixée et dans le but poursuivi en vertu de ses statuts.

Un détenu qui avait fait l'objet d'une condamnation à une très lourde peine d'emprisonnement (assortie d'une période de sûreté de trente ans) pour des faits commis à l'âge de 19 ans, avait, pendant sa détention, entamé une reconversion. Dans ce cadre, il avait poursuivi des études d'informatique, menant à un doctorat, tout en étant salarié en qualité de développeur. Il bénéficiait ainsi de l'appui des services sociaux et de la confiance de son employeur.
Parallèlement à cela, et dans le cadre d'un reportage destiné à une chaîne publique de télévision, son image avait été diffusée, accompagnée de commentaires sur la nature des faits qui avaient entraîné son incarcération.
Il avait alors assigné les différents producteurs et diffuseurs du reportage en question, en estimant que la révélation publique de la nature de ces faits était de nature à entamer la confiance que les différents acteurs de sa réinsertion lui témoignaient.
Dans le cadre de cette affaire, une association était intervenue volontairement à la procédure. Le but de cette association étant de *« favoriser la communication sur les problématiques de l'incarcération et*

de la détention, et d'aider à la réinsertion des personnes détenues », notamment en *« sensibilisant l'opinion publique et les autorités à la question du droit à l'oubli et de l'image des personnes incarcérées »*, elle estimait avoir un intérêt suffisant à l'action pour y prendre part.
Les diffuseurs et producteurs rétorquaient bien entendu, sur le fond, qu'il s'agissait de l'illustration d'un débat d'intérêt général et d'un droit légitime à l'information, réponse qui, à ce stade de l'ouvrage, n'étonnera plus le lecteur. Elles invoquaient également que le *« droit à l'oubli »* n'était protégé par aucune disposition légale et qu'en outre le détenu ne démontrait pas avoir subi un quelconque préjudice.

Dans ce cadre, la question de la recevabilité de l'intervention volontaire de l'association s'est bien entendu posée. À ce sujet, le tribunal a tranché par l'affirmative dans une motivation rédigée comme suit :
« Une association ayant le droit d'agir en justice au nom des intérêts collectifs qui entrent dans son objet social, l'association /..../ qui justifie qu'elle a été régulièrement déclarée à la préfecture de police de Paris et que son nouvel objet, selon mention au journal officiel /.../ est ainsi déterminé /... - retranscription totale de l'objet statutaire/ est parfaitement recevable à intervenir volontairement à la présente instance dès lors que le demandeur principal est une personne condamnée et encore détenue qui agit aux fins de voir faire respecter ses droits à l'image et à la vie privée. »
(TGI Paris, 14/1/2013,RG 11/03877)

Sur le fond, par contre, les demandes du détenu n'ont pas été accueillies, le tribunal estimant qu'en l'espèce, les faits révélés n'avaient pas causé de préjudice au demandeur.

Attention toutefois, il ne s'agit pas de ce que l'on nomme en droit anglo-saxon les *« class action »*, qui sont des actions de groupes dans le cadre desquelles plusieurs victimes d'un même acte se rassemblent de façon plus ou moins formelle pour introduire leur demande. Ici, l'association a sa propre personnalité juridique, et doit bien sûr agir en fonction du but qu'elle s'est assignée dans ses statuts.

En outre, il faut que l'association en question ait soit un objet entrant parfaitement dans le cadre de la demande formulée soit, à tout le moins, un mandat de représenter la personne photographiée.

Il a ainsi été décidé qu'un syndicat d'agences de mannequins n'était pas recevable à introduire une demande du fait de la violation du droit à l'image d'un mannequin : *« Attendu que le Syndicat des Agences de mannequins qui ne représent pas la profession de mannequins ne saurait se prévaloir de l'atteinte au droit à l'image des mannequins, qui est un droit personnel, ni de l'absence de rémunération des mannequins, seuls ceux-ci ou éventuellement leurs organisations syndicales ayant la possibilité d'agir en ce sens. »*
(TGI Paris, 6/6/2001, RG 00/08199)

LE OU LES DÉFENDEUR(S)

L'utilisateur de l'image

Il faut évidemment, en premier ordre, assigner l'utilisateur de l'image, quelle que soit la forme de la reproduction. L'éditeur s'il s'agit de presse (papier ou virtuelle), le titulaire du nom de domaine pour une utilisation web, le fabricant des produits éventuellement créés, etc.
Une même assignation peut, lorsqu'il s'agit des mêmes photographies, viser plusieurs défendeurs si l'image s'est propagée. Cela permettra en outre de choisir le tribunal compétent parmi ceux qui seraient fixés en fonction des domiciles (ou sièges sociaux) des différentes parties assignées.

L'imprimeur du document ?

Certains plaignants ont également dirigé leur assignation contre l'imprimeur du document sur lequel était utilisée la photographie litigieuse.
Ceci n'est toutefois pas utile, sauf à démontrer une faute personnelle de l'imprimeur, et risque même d'aboutir à une condamnation en faveur de cette partie injustement appelée à la cause.

Dans l'affaire des imprimés de l'administration fiscale, que nous avons évoquée plus haut, la plaignante et son époux avaient également assigné - outre le graphiste ayant créé le visuel - l'Imprimerie Nationale qui s'était chargée d'imprimer les dépliants d'information.
Il est évident qu'en agissant de la sorte, les plaignants cherchaient surtout à

> se prémunir contre une éventuelle insolvabilité ou insuffisance financière du premier défendeur. Mais ceci ne suffit pas à fonder une demande, et la Cour d'Appel de Bordeaux n'a pas manqué de le leur rappeler en les condamnant au paiement d'une somme de 1.000 € au profit de la partie inutilement appelée à la cause
> *« /.../ Il n'appartenait pas à l'Imprimerie Nationale qui s'est vue fournir par le Ministère des Finances ladite photographie faisant partie du cd-rom « photos-professions » spécifiant que les photographies sont libres de droit, à se livrer à des investigations quelconques pour s'assurer que ce que lui indiquait son commanditaire était exact. /.../ Il y a lieu de confirmer la décision du tribunal y compris l'octroi de dommages intérêts. En effet, dès l'origine du litige avant toute procédure, la S.A. Imprimerie Nationale avait signalé à qu'elle (la plaignante) n'était nullement responsable du choix de la photographie et qu'il convenait qu'elle prenne attache avec le Ministère des finances. Nonobstant ce fait, elle (la plaignante) l'a néanmoins assigné (l'imprimerie), ne lui a jamais indiqué qu'elle avait donné une autorisation (au photographe) et l'a attrait dans la procédure d'appel sans invoquer une faute personnelle de (l'imprimerie) ».*
> *(CA Bordeaux, 5ème ch., 1er février 2007)*

DANS QUEL DÉLAI DOIT-ON AGIR ?

Déroulement chronologique

Il y a en réalité deux questions à se poser. Imaginez la situation suivante : un enfant est pris en photo avec l'autorisation de ses parents. Devenu majeur, il s'oppose à l'utilisation de ces images. Peut-il encore le faire, des années après la première diffusion ? Et si oui, doit-il introduire son action dès qu'il atteint la majorité ou cela peut-il être envisagé à chaque nouvelle utilisation de l'image ?

Il y a deux aspects à envisager juridiquement :

- La prescription éventuelle du DROIT à l'image lui-même : celui-ci disparait-il du fait de l'écoulement du temps ? Si oui, au bout de combien de temps ?
- La prescription du droit d'agir en justice du fait de l'utilisation de l'image. On parle de prescription de l'ACTION.

Le droit à l'image lui-même se prescrit-il ?

La réponse à cette question est assurément négative. S'agissant d'un droit lié à la personnalité, il pourra être exercé par la personne concernée tout au long de la vie de celle-ci. Par contre, nous avons vu qu'il disparaissait avec la personne, ne laissant pour ses héritiers que le droit d'invoquer leur propre préjudice, le cas échéant.
En d'autres termes, et pour reprendre l'exemple cité plus haut, une personne qui aurait été représentée sur des photographies pendant sa minorité peut fort bien s'opposer à des utilisations de celles-ci alors qu'elle est devenue majeure.

La confirmation de cette règle a été donnée dans l'affaire suivante.

> Revenons à l'affaire Ionesco dont il a été question plus haut. Dans le cadre de cette affaire se posa bien sûr la question de la recevabilité de cette demande, des années après les faits. La plaignante avait en effet quarante huit ans au moment de l'introduction de l'affaire. Bien qu'en droit, l'articulation du jugement soit un peu critiquable par rapport à celle des demandes, un principe est toutefois affirmé de façon claire, puisque le tribunal relève que *« l'image étant un attribut de la personnalité, le droit à sa protection peut être exercé par son titulaire jusqu'à son décès. »*
> *(TGI Paris, 17/12/2012, RG 11/07888)*

La prescription de l'action en justice

Il s'agit là de la durée pendant laquelle l'action en justice elle-même peut être introduite, soit par le plaignant lui-même (au civil) soit par le Ministère public sur base d'une plainte de sa part (on parle alors *« d'action publique »*).

J'attire votre attention que cette matière, surtout lorsqu'il s'agit de tenir compte des éventuelles causes d'interruption ou de suspension de prescription, est très technique, et qu'il est donc prudent pour la personne qui s'estime lésée par le diffusion d'une image de ne pas attendre trop longtemps pour engager son action. Le professionnel qui vous aidera aura à cœur de vérifier s'il est encore temps d'agir (pour la victime) ou si l'action a été introduite dans les délais selon le fondement choisir (pour la partie qui a été assignée).

Les principaux délais de prescription sont les suivants.

- *Action civile sur base des articles 9 ou 16 du Code civil*

La matière de la prescription a fait l'objet de profondes modifications en 2008. Dorénavant, et en vertu de l'article 2224 du Code civil, il faudra agir dans un délai de cinq ans.

« Les actions personnelles ou mobilières se prescrivent par cinq ans à compter du jour où le titulaire d'un droit a connu ou aurait dû connaître les faits lui permettant de l'exercer. »
(Art. 2224 du Code civil)

- *Action civile sur base de la loi de 1881 sur la presse*

Lorsque le plaignant fonde son action sur la loi de 1881 sur la presse, il doit alors être attentif au délai très bref, puisque l'action doit être introduite dans un délai de trois mois.

- *Action pénale*

Enfin, si le plaignant fonde son action sur une disposition du Code pénal, il disposera d'un délai de trois ans, s'agissant de délits.

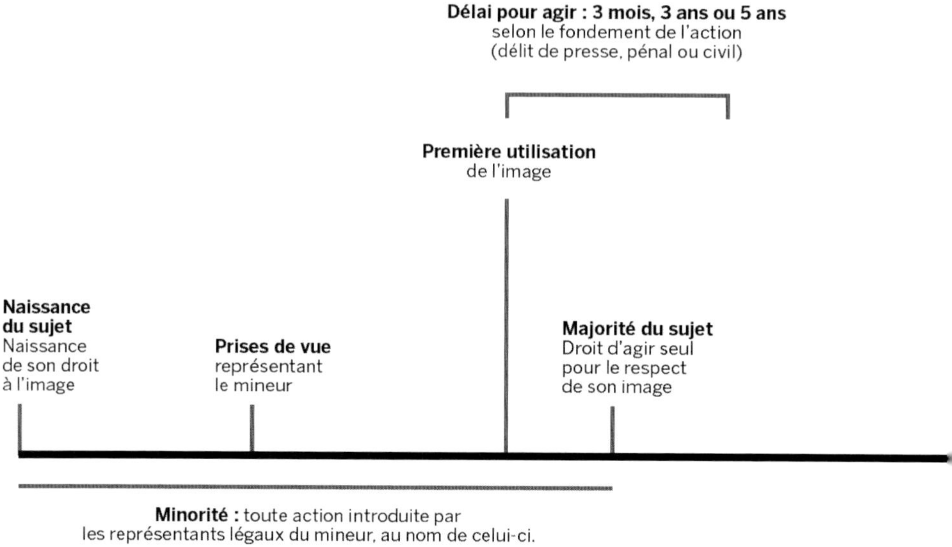

Synthèse

Ces notions de prescription étant souvent techniques et d'un abord difficile, je crois utile de représenter l'exemple donné en début de section sur une ligne du temps, qui pourrait alors se présenter comme ci-dessous.

L'hypothèse est celle - plus complexe en pratique - de photos prises pendant la minorité d'un sujet, et utilisées à différentes reprises, y compris peu avant le décès du sujet, ce qui pose la question du droit des héritiers à s'en plaindre.

Bien sûr, les principes seront identiques si les photos sont prises alors que le sujet est déjà majeur. Son droit d'agir éventuellement commencera à courir à partir de chacune des utilisations constatées, et il n'aura plus à être représenté par ses parents, étant déjà majeur au moment des utilisations.

TRIBUNAL COMPÉTENT SUR LE TERRITOIRE FRANÇAIS

L'application des règles habituelles du Code de l'Organisation Judiciaire

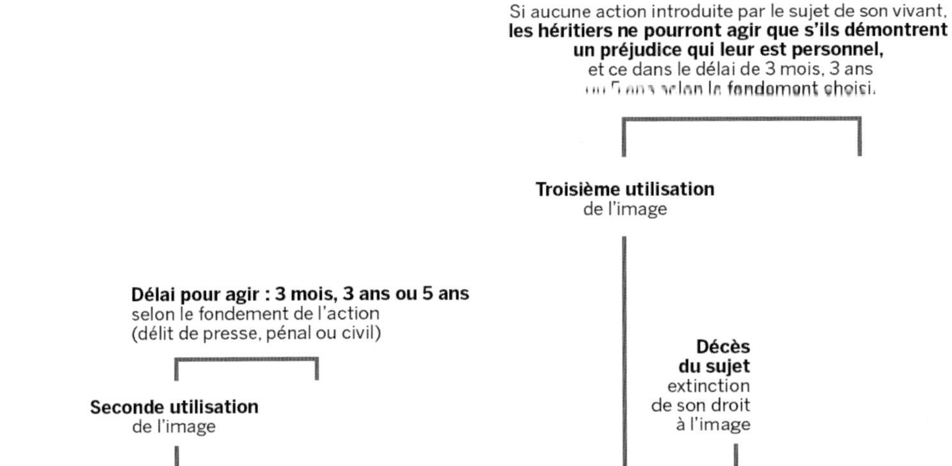

Deux aspects doivent être abordés :

- La question de la compétence matérielle : la matière du droit à l'image est-elle, comme celle de la propriété intellectuelle, dévolue à certaines juridictions en particulier ? Si oui, lesquelles, et sinon, comment se détermine le choix de la juridiction à saisir ?

- La question de la compétence territoriale : après avoir déterminé le type de juridiction à saisir, comment déterminer celle qui sera géographiquement compétente ?

La compétence matérielle

La compétence matérielle s'entend de la détermination du type de juridiction qui sera compétente pour trancher le litige. Je me réfère au tableau récapitulatif qui était proposé dans l'introduction de cet ouvrage à propos de la structure du système judiciaire français. Laquelle de ces juridictions doit-elle être saisie ?

Ce sera essentiellement le montant de la demande qui déterminera le choix du premier degré de juridiction (Tribunal d'Instance ou Tribunal de Grande Instance). En pratique, les montants réclamés sont quasiment toujours de la compétence des Tribunaux de Grande Instance. En revanche, en matière administrative, la juridiction du premier degré sera, comme nous l'avons vu dans le tableau, le Tribunal Administratif. La réponse n'était toutefois pas évidente, car le droit à l'image étant un droit strictement personnel, on aurait pu imaginer qu'à l'instar des actions en matière de statut des personnes (nom, état civil, etc.) il soit de la compétence du seul ordre judiciaire, et plus précisément du Tribunal de Grande Instance. Aucune loi ne prévoit toutefois une telle attribution, et j'ai pu trouver une jurisprudence confirmant la compétence, si besoin, des juridictions administratives, même en matière de droit à l'image.

Un psychanalyste avait accordé une interview au sujet de l'œuvre d'une artiste brésilienne précédemment décédée. Par la suite, et à l'occasion d'une exposition ultérieure de l'œuvre de cette même artiste organisée par le Musée des Beaux Arts de Nantes, l'interview en question avait été diffusée, de même que différents documents reproduisant l'image du psychanalyste.
Mais au moment de cette diffusion, celui-ci était lui-même décédé,

de telle sorte que son accord n'avait bien entendu pas été demandé.
Ses héritiers avaient alors saisi le Tribunal Administratif de Nantes du litige, fondé bien sûr sur l'article 9 du Code civil, mais avaient été déboutés du fait du décès du seul titulaire du droit à l'image : celui qui figurait sur les séquences.

Dans le cadre de cette procédure, la Ville soutenait en défense que les juridictions administratives n'étaient pas matériellement compétentes, du fait du caractère strictement personnel du droit à l'image.

Mais le Conseil d'État, saisi au final de ce litige, avait rejeté cet argument de compétence en estimant que *« la protection de la vie privée ne relève pas, par nature, de la compétence exclusive des juridictions judiciaires; qu'en conséquence, et en l'absence de dispositions législatives contraires, les demandes indemnitaires à raison des atteintes au droit à l'image, lequel est une composante du droit au respect de la vie privée, commises par une personne publique dans l'exercice d'un service public administratif, relèvent de la compétence du juge administratif. »*
(CE, 10ème et 9ème sous-sections réunies, 27/4/2011, n°314577)

La compétence territoriale

Le Code de Procédure civile énumère dans ses articles 42 et suivants les règles qui président au choix géographique du tribunal compétent. À ce niveau de l'examen des règles, citons notamment les règles suivantes :

Article 42 du Code de Procédure civile :
« La juridiction territorialement compétente est, sauf disposition contraire, celle du lieu où demeure le défendeur. S'il y a plusieurs défendeurs, le demandeur saisit, à son choix, la juridiction du lieu où demeure l'un d'eux. Si le défendeur n'a ni domicile ni résidence connus, le demandeur peut saisir la juridiction du lieu où il demeure ou celle de son choix s'il demeure à l'étranger. »
Article 43 : Le lieu où demeure le défendeur s'entend :
- S'il s'agit d'une personne physique, du lieu où celle-ci a son domicile ou,

> à défaut, sa résidence ;
> - s'il s'agit d'une personne morale, du lieu où celle-ci est établie.
> Article 46 : Le demandeur peut saisir à son choix, outre la juridiction du lieu où demeure le défendeur :
> - en matière contractuelle, la juridiction du lieu de la livraison effective de la chose ou du lieu de l'exécution de la prestation de service ;
> - en matière délictuelle, la juridiction du lieu du fait dommageable ou celle dans le ressort de laquelle le dommage a été subi ;
> - en matière mixte, la juridiction du lieu où est situé l'immeuble ;
> - en matière d'aliments ou de contribution aux charges du mariage, la juridiction du lieu où demeure le créancier.

Pour résumer, le litige sera dans la majorité des cas porté devant le tribunal du lieu où est établie la partie défenderesse (celle que l'on assigne), ou l'une d'elles en cas de pluralité de parties assignées. L'article 46 ci-dessus permet toutefois de faire d'autres choix, par exemple en matière contractuelle (notamment une autorisation d'image qui n'aurait pas été respectée) ou délictuelle. L'avocat choisi par le plaignant l'aiguillera au mieux à ce niveau.

Qu'en est-il des immeubles ?

La question a été posée de savoir si en matière de droit à l'image sur des biens immobiliers, il fallait appliquer l'article 44 du Code de Procédure civile. Pour rappel, cette disposition relative à la compétence territoriale des tribunaux prévoit que tout litige ayant pour objet un immeuble doit être soumis au tribunal du lieu où cet immeuble est situé.

> *« En matière réelle immobilière, la juridiction du lieu où est situé l'immeuble est seule compétente. »*
> *(Art. 44 du Code de Procédure civile)*

Mais ceci s'applique-t-il également aux conflits relatif au droit à l'image invoqué par le propriétaire de l'immeuble ? La réponse à cette question a notamment été donnée dans cette affaire dont je faisais état en début d'ouvrage (voir la section relative à la distinction entre vie privée et droit à l'image des biens).

Le film consacré à la vie du paysan marocain, dont il a été question déjà dans cet ouvrage, avait donné lieu à l'examen d'une question de procédure préalable à la solution donnée à la question de fond. Rappelons-nous que le plaignant, au titre de ses demandes, invoquait différents préjudices liés à la violation de sa vie privée et de son droit à l'image, ainsi qu'au droit à l'image de ses biens.
L'une des parties défenderesses soulevait devant le tribunal un argument lié à l'incompétence du magistrat, au regard précisément de l'article 44 du Code de Procédure civile, le litige concernant notamment un immeuble.

Le tribunal a toutefois rejeté cet argument de procédure en considérant que *« Dès lors que le droit revendiqué en l'occurrence - à supposer qu'il existe - est celui portant sur « l'image d'un bien » en raison de son « exploitation commerciale non autorisée », et ne peut être considéré comme fondant une action réelle immobilière, puisque ce n'est pas le bien immobilier, lui-même qui est en cause, mais le droit personnel de son propriétaire sur l'image dudit bien ; qu'il peut être, de surcroît, observé que cette action est, en toute hypothèse, liée de façon indivisible aux autres demandes fondées sur des atteintes aux droits consacrés par l'article 9 du Code civil ; que cette exception d'incompétence sera rejetée ».*
(TGI Paris, 17ème ch., 5/3/2013,RG 13/02453)

En d'autres termes, si l'action concerne directement le bien, par exemple parce qu'il s'agit notamment d'un litige entre co-indivisaires suite à une succession ou un conflit de voisinage relatif à un mur mitoyen, l'article 44 précité s'appliquera.

Mais tel n'est pas le cas en matière de droit à l'image comme l'a relevé le tribunal dans l'affaire que je viens d'évoquer, puisque ce n'est pas le bien immobilier en tant que tel qui est l'objet du litige, mais le droit de son propriétaire (ou de son occupant) sur l'image du bien.

ASSIGNER AU FOND OU EN RÉFÉRÉ ?

Comme exposé dans l'introduction de l'ouvrage, la procédure de référé est une procédure urgente, mais qui n'aboutit pas à une décision vidant l'intégralité du litige. Elle sera utilisée notamment pour faire interdire la publication d'un ouvrage annoncé ou à peine dévoilé.

La possibilité d'user de cette procédure rapide en matière de droit au respect de la vie privée (dont a découlé le droit à l'image comme nous l'avons vu) découle de l'article 9 du Code civil lui-même. Rappelons en effet qu'après avoir énoncé le principe de base du droit de chaque individu, cette disposition poursuivait en ces termes :

> *« Les juges peuvent, sans préjudice de la réparation du dommage subi, prescrire toutes mesures, telles que séquestre, saisie et autres, propres à empêcher ou faire cesser une atteinte à l'intimité de la vie privée : ces mesures peuvent, s'il y a urgence, être ordonnées en référé ».*
> *(Art. 9 alinéa 2 du Code civil)*

Il faut donc nécessairement une urgence (première condition) et une atteinte à « l'intimité de la vie privée » (seconde condition). La notion semble ainsi plus restrictive que la disposition générale du début de l'article, ce qui amène certains auteurs à vouloir tenter de tracer la limite entre ce qui relève de la vie privée ou de l'intimité de celle-ci. Au final, retenez qu'il appartiendra bien sûr au juge saisi (le président du Tribunal de Grande Instance, ou éventuellement du Tribunal d'Instance suivant le montant) d'apprécier si le litige qui lui est soumis entre dans le champ de cet article.

Une procédure en référé aboutit généralement à une ordonnance rendue en quelques semaines, et dont la partie qui succombe peut bien entendu faire appel. Mais, sauf accord ultérieur des parties, elle ne suffira pas dans la majorité des cas à régler l'ensemble du différent.

> Un exemple récent et qui a défrayé la chronique et suscité un légitime et très vif émoi dans le monde photographique fut celui de la condamnation du photographe Yan Morvan et de son éditeur au titre du livre *Gang's Story*. Suite à un travail journalistique sur le milieu des gangs, parmi lesquels des mouvements d'extrême droite et néo-nazis, le photographe avait publié l'ouvrage litigieux, dans lequel se trouvait la photo d'un jeune homme âgé de dix-sept ans en 1987 (au jour de la prise de vue), fier de tenir une arme dans une main, un marteau dans l'autre. Il posait devant des affiches de propagande nazie. En 2013, invoquant son droit à l'image, il demande et obtient l'interdiction du livre. Sur le fond, l'ordonnance est hautement critiquable.

Pour en revenir à l'aspect purement procédural que nous examinons pour l'instant, l'ordonnance rendue le 26 juillet 2013 par le Juge des Référés interdit donc la commercialisation du livre, et condamne le photographe ainsi que l'éditeur à un montant provisionnel de 2.000 € *« à valoir sur la réparation du préjudice moral résultant des atteintes portées à son droit à l'image »* (TGI Paris, référé,26/7/2013). Elle ajoute les frais de justice, et une éventuelle astreinte à défaut de retrait de l'œuvre dans un délai de huit jours. Ce montant n'étant qu'une provision, le plaignant pourrait donc encore saisir le Tribunal de Grande Instance aux fins de voir liquider son dommage, c'est-à-dire le fixer définitivement. Le photographe et son éditeur ont fait le choix de leur côté de ne pas interjeter appel.

L'ACTION ABUSIVE

Notion

Ne perdez pas de vue également qu'une action en justice peut être considérée comme abusive. Il ne suffit pas, bien sûr, qu'une partie se trompe sur l'étendue de ses droits pour que le tribunal reconnaisse un abus dans le droit d'agir. Par contre, lorsque dans le cadre d'un conflit, il peut arriver qu'une action soit introduite dans le but de nuire. Ou qu'une partie fasse preuve de mauvaise foi, ou d'acharnement judiciaire.

Un champion de karaté avait été photographié courant 2001 par un photographe professionnel spécialisé dans les arts martiaux, sans qu'aucun contrat ne soit conclu au moment des prises de vue. Une parution était envisagée dans la revue dont le photographe était salarié. Le sportif avait reçu à ce moment treize photos à l'usage de sa promotion personnelle, en dehors de tout usage commercial, en contrepartie de l'autorisation donnée au photographe de vendre ces photos à différents magazines. Cette autorisation donnée peut être déduite d'un courrier envoyé ultérieurement par l'avocat du sportif.
Quatre des photos issues de ces séances avaient ensuite été utilisées pour réaliser deux posters, l'un proposé par le même éditeur en annexe d'un

numéro ultérieur de son magazine, le second à l'en-tête de la Fédération Française de Karaté. Le sportif reprochait au photographe d'avoir utilisé son image à des fins commerciales. Le photographe, de son côté, soutenait que l'autorisation donnée par le sportif l'avait été sans restriction, comme cela découlait d'une lettre de son propre conseil, qui faisait état d'une *« autorisation de vendre les photographies le représentant à divers magazines /…/ sans qu'il ne perçoive la moindre rétribution. »*

Une première procédure entre les parties s'était déjà soldée antérieurement par une condamnation du sportif. Dans cette procédure-ci, le sportif réclamait au photographe pas moins de 15.000 € au titre de dommages et intérêts mais sa demande avait été rejetée.
Au vu des éléments de l'autorisation donnée par le karateka en 2001, le TGI de Paris déboute bien sûr le sportif de sa demande. En outre, les montants demandés dans cette assignation atteignant ceux des condamnations prononcée au préalable à charge du sportif contre le même photographe, le TGI retient, vu l'absence totale d'éléments de preuve et de fondement, une intention de nuire et condamne le karatéka à une somme supplémentaire de 1.500 € pour action abusive.
(TGI Paris, 15/6/2011, RG 10/01226)

Conséquence

Lorsque le tribunal relève un abus dans le chef d'une partie, il peut dès lors non seulement la débouter de ses prétentions, la condamner à une somme qu'il fixe sur base de l'article 700 du Code de procédure (comme c'est le cas dans n'importe quelle procédure). Mais au-delà de ces conséquences normales, le tribunal peut aussi faire application de l'article 32-1 du Code de Procédure civile et prononcer une condamnation complémentaire.

« Celui qui agit en justice de manière dilatoire ou abusive peut être condamné à une amende civile d'un maximum de 3 000 euros, sans préjudice des dommages-intérêts qui seraient réclamés. »
(Art. 32-1 du Code de Procédure civile)

LITIGE AVEC UN ADVERSAIRE ÉTRANGER

Différentes situations peuvent se présenter, selon notamment que le litige est d'ordre contractuel ou non, ou que l'on assigne au pénal ou au civil. Cette matière est particulièrement technique et complexe, de telle sorte que, sauf à vous proposer un traité complet de cette branche du droit qu'on nomme « droit international privé » et qui règle justement les questions de détermination des tribunaux compétents et des lois applicables en cas de litige entre nationaux de différents pays, je suis contrainte de vous résumer très succinctement la matière.

Lorsqu'un litige se présente, comportant un élément rattachant celui-ci à un État étranger (on parle *« d'élément d'extranéité »*), il conviendra en tout état de cause que votre avocat fasse une vérification stricte des règles qui lui permettent - pour limiter les frais et mieux maitriser la procédure - d'assigner devant une juridiction française.

Détermination de la loi applicable

La loi applicable pour un ressortissant français, lorsqu'il s'agit d'un droit personnel comme le sont les droits découlant de l'article 9 du Code civil, est le droit français. Cette solution est prévue par l'article 3 du même Code.

> *« Les lois de police et de sûreté obligent tous ceux qui habitent le territoire. Les immeubles, même ceux possédés par des étrangers, sont régis par la loi française. Les lois concernant l'état et la capacité des personnes régissent les Français, même résidant en pays étranger. »*
> *(Art. 3 du Code civil)*

Ainsi, un ressortissant français peut se plaindre devant un tribunal français d'une violation de son droit personnel à l'image.

Cette solution a été confirmée par la Cour d'Appel de Paris en 2008 dans l'affaire suivante.

Un mannequin français était en litige avec une société allemande qui avait utilisé certaines des photographies le représentant dans le cadre d'une campagne publicitaire. Il avait alors assigné cette société devant le Tribunal de Grande Instance de Paris. Celle-ci, parmi ses arguments en défense, invoquait le lieu de son propre siège pour contester la compétence du tribunal, mais son argumentation fut rejetée à cet égard, tant par le tribunal que par la Cour d'Appel à sa suite : *« Considérant que le tribunal a, à bon droit, jugé qu'en application de l'article 3 du Code civil, le demandeur français était libre d'invoquer à l'égard de tout utilisateur, fût-il de nationalité étrangère, de son image sur le territoire français les dispositions de l'article 9 du même code lequel, relatif à un droit de la personnalité, constitue une loi de police et de sûreté ; qu'il y a lieu de confirmer le jugement sur ce point. » (CA Paris, 17/9/2008, RG 07/07658)*

Imaginez à présent que ce ressortissant français souhaite attaquer un utilisateur de son image, lui-même établi dans un pays où la notion même de droit à l'image n'existe pas, ou fonctionne sur une philosophie totalement différente. Dans ce cas, l'utilisateur invoquera ses propres règles de droit, alors que le sujet de l'image arguera de l'article 9 du Code civil. De l'intérêt, bien sûr, de pouvoir alors assigner devant un tribunal français, qui en vertu de cet article du Code civil appliquera le droit français. Mais comment déterminer, géographiquement, le tribunal compétent dans un tel cas de figure ?

Détermination du tribunal compétent

Technicité des normes

Lorsqu'un litige oppose deux parties de nationalités différentes, le premier réflexe de l'avocat sera de plonger dans les traités internationaux en matière de compétence judiciaire. Il en existe au niveau international, mais également, bien sûr, au niveau européen.

Il s'agira de choisir le plus petit dénominateur commun entre les deux États concernés. Ainsi, un litige entre un ressortissant français et une partie située dans un autre État de l'Union Européenne se réglera à l'aide des règlements européens en matière de compétence judiciaire. Notez qu'il s'agit bien ici de l'Union Européenne (espace économique) et non plus du Conseil de l'Europe dont il a été question préalablement à propos des libertés individuelles.

Mais ces règles doivent, dans certains cas, être en outre combinées avec le droit interne français.
Certaines dispositions peuvent ainsi être citées, sans bien sûr que cette énumération soit exhaustive.

• En matière contractuelle : « *L'étranger, même non résidant en France, pourra être cité devant les tribunaux français, pour l'exécution des obligations par lui contractées en France avec un Français ; il pourra être traduit devant les tribunaux de France, pour les obligations par lui contractées en pays étranger envers des Français.* » Et : « *Un Français pourra être traduit devant un tribunal de France, pour des obligations par lui contractées en pays étranger, même avec un étranger.* »
(Articles 14 et 15 du Code civil - France)

• Le Règlement du Conseil de l'Union Européenne du 22 décembre 2000 concernant la compétence judiciaire qui fixe différentes règles de détermination du tribunal compétent (Règlement (CE) n° 44/2001 du Conseil du 22 décembre 2000 concernant la compétence judiciaire, la reconnaissance et l'exécution des décisions en matière civile et commerciale, disponible en ligne :
http://eur-lex.europa.eu/LexUriServ/LexUriServ.do?uri=CELEX:32001R0044:fr:HTML - Union Européenne)

• Pour simplifier, ajoutons à cela une jurisprudence récente de la Cour de Justice de l'Union Européenne qui par un arrêt de 2011 crée un nouveau critère de compétence : celui du juge du lieu où se situe « *le centre des intérêts de la victime* » *(CJUE 25/10/2011, aff. jointes C-509/09 et C-161/10) (Union Européenne)*

Jurisprudence
L'argumentation relativement à la compétence (ou à l'incompétence) du tribunal saisi reviendra bien entendu aux parties, et le juge statuera ensuite en fonction des normes à appliquer. Ce fut le cas dans la même affaire que celle évoquée ci-dessus.

Le mannequin français, après avoir fait admettre l'application du droit français à son litige, vit également confirmé le bien fondé de son choix de juridiction. La Cour d'appel considéra à cet égard « *qu'en application de l'article 5 du Règlement du conseil de l'Union Européenne du 22 décembre 2000 concernant la compétence judiciaire, la reconnaissance et l'exécution des décisions en matière civile et commerciale, le demandeur*

> *a le choix de saisir soit la juridiction dans le ressort de laquelle est établie la société /.../ compétente pour réparer l'intégralité des dommages subis du fait de l'utilisation litigieuse de l'image sur le territoire de l'ensemble des États membres, soit une juridiction dans le ressort de laquelle l'image a été diffusée, laquelle n'est alors compétente que pour connaitre du dommage causé sur le territoire de l'État de son siège. »*
> *(CA Paris, 17/9/2008, RG 07/07658)*

Cet arrêt montre qu'il y a parfois plusieurs solutions en matière de détermination de compétence. Ici, le demandeur aurait pu assigner tant en Allemagne qu'en France. Choisissant vraisemblablement le tribunal français pour la proximité et la maitrise des règles relatives au droit à l'image, il a dû par contre faire le choix d'une indemnisation limitée au préjudice subi du fait de la diffusion française de l'image.

Solution purement interne

Ce résumé étant donné, il faut, pour vous illustrer la complexité de la matière, préciser qu'il ne s'agit-là que des règles françaises ou, pour certaines, européennes.
Mais chaque système juridique comporte ses propres règles de droit international privé. De telle sorte que si vous deviez, vous-mêmes, être assigné devant un tribunal étranger et surtout hors de l'Union européenne, l'invocation des règles ci-dessus serait sans doute inutile, puisque le magistrat aurait à appliquer ses propres règles de détermination de la loi applicable et du tribunal compétent.

CHAPITRE 9

LE DROIT À L'IMAGE À L'ÉTRANGER

DROIT À L'IMAGE ET LOI NATIONALE

LES PRINCIPES

Le droit à l'image, lorsqu'il concerne des personnes, est intimement lié à leur loi nationale. Dès lors, il y aura sans doute autant de solutions juridiques différentes que de pays sur la carte de la planète, ou presque. Mais le photographe est par nature curieux, et lorsqu'il a le loisir de voyager, il se trouvera nécessairement confronté à des situations possiblement conflictuelles, où sa propre expérience nationale ne lui sera d'aucune aide dans bien des cas.

Il est bien sûr impossible de faire un relevé complet de la situation à l'étranger.
La première précaution à prendre est d'éviter toute assimilation trop hâtive : ce n'est pas parce que deux systèmes juridiques se ressemblent fortement, ou sont issus d'un même tronc commun, que les solutions sont identiques. Le meilleur exemple à donner est celui de la Belgique, dont le droit civil est pourtant en général très semblable mais qui en matière de droit à l'image est toutefois plus sévère que le système français comme nous allons le voir dans un instant.
Lorsque vous voyagez, ne perdez jamais de vue les aspects religieux du problème. Certaines prises de vue, quelles que soient les règles légales applicables, poseront difficulté en raison des convictions religieuses ou des interdits culturels.

Je suis consciente qu'il est difficile de concilier cela avec la règle d'or du début de l'ouvrage dans laquelle je suggérais de commencer par prendre la photo et de vous poser des questions au moment de sa diffusion seulement, quitte à vous brider à ce moment si les règles juridiques en vigueur vous commandent la prudence. Certains situations politiques ou religieuses peuvent sûrement, dans d'autres pays, justifier que l'on se pose plutôt la question avant de déclencher.

J'évoquerai donc les grandes lignes des règles en vigueur dans certains pays plus ou moins proches géographiquement. Hérédité aidant, vous ne m'en voudrez pas de commencer par notre voisin du nord.
Mais avant cela, la pratique valant bien mieux que les explications théoriques nécessairement fragmentaires que je pourrais recueillir sur les autres systèmes juridiques, j'ai sollicité le témoignage d'un professionnel.

ET SUR LE TERRAIN ?

Pour faire écho à ces exposés théoriques, j'ai souhaité recueillir le point de vue d'un homme de terrain. Philippe Rochot est photojournaliste et a couvert des événements majeurs pendant les dernières décennies. Il a accepté de répondre à mes questions en matière de droit à l'image, afin d'offrir aux lecteurs une approche pragmatique des situations susceptibles d'être rencontrées autour du globe. Merci à lui d'avoir bien voulu nous apporter son expérience pratique en la matière.

Philippe Rochot a couvert pour la télévision une bonne partie des événements majeurs de ces quatre dernières décennies : guerre du Kippour en 1973, débarquement turc à Chypre (1974), guerre civile du Liban, de 1975 à 1986, révolution iranienne (1979) guerre Irak-Iran (1983-1986), conflit d'Afghanistan durant l'occupation soviétique (1980), chute du mur de Berlin (1989) prise du pouvoir par les talibans à Kaboul (1996) et traque de Ben Laden après le 11 septembre 2001. Sa passion première reste l'image fixe car elle a valeur universelle et résiste au temps.

Joëlle Verbrugge : Dans votre expérience de photojournaliste, avez-vous pu constater de grandes tendances quant à la façon dont le photographe est perçu par une population selon les continents, selon les religions ou en fonction de tout autre critère auquel je ne penserais pas ?

Philippe Rochot : *Oui, de grosses différences selon les peuples et les continents. En Asie, se faire prendre en photo est plutôt un honneur, une fierté où l'on montre à l'étranger qui l'on est, à condition bien sûr que la situation ne soit pas déshonorante (misère, détresse). Il n'y a pas de problème pour photographier la religion si celle-ci est acceptée, reconnue par le pouvoir en place. Les fidèles pensent que le photographe pourra véhiculer leur message de par le monde. Je pense notamment aux grands pélerinages, comme Kum Mella en Inde ou même aux pélerinages à Lhassa au Tibet malgré la haute surveillance des autorités chinoises. Ou encore aux minorités chrétiennes en lutte dans les pays communistes, Chine, Vietnam...*

Il y a des difficultés en revanche dans le monde arabo-musulman avec l'interdiction de la représentation par l'image et celle de photographier la femme. De même, la méfiance vis-à-vis du photographe étranger facilement qualifié d'espion est bien réelle, notamment dans les pays touchés par le printemps arabe : Égypte, Libye et Syrie, à des degrés différents bien sûr.

Il sera plus facile de faire des photos dans une manifestation en Tunisie ou la population prendra l'étranger à témoin de ses problèmes, qu'en Iran ou le photographe sera tout de suite suspect.

De façon générale, il est plus facile de faire des photos à chaud car les gens sont occupés à autre chose et ne prêtent pas attention au photographe. Je pense à l'exode des Rwandais après le génocide ou au tremblement de terre d'Haïti. Dans tous les cas, il n'est pas concevable de demander l'autorisation préalable aux personnes photographiées ; on y perdrait le sel de la spontanéité.

Y a-t-il des erreurs à ne surtout pas commettre à certains endroits de la planète ou dans certaines situations précises ? La nature-même des conflits que vous avez couverts entraînait nécessairement un danger, mais ma question vise davantage la photographie des populations civiles.

Il faut choisir son camp, être avec une autorité ou un groupe d'opposition, une ONG ou une milice qui vous donnera le feu vert pour filmer ou photographier. À partir de là, l'image de la vie des populations civiles ne sera plus un problème dès l'instant où vous avez été accepté par un groupe responsable. Je pense aux multiples fractions au Liban ou même en Syrie, aux groupes armés en Afrique, ou en Afghanistan et Pakistan. Dès l'instant où ils ont accepté votre présence après parfois de longues semaines de négociations il devient possible de travailler... Mais il ne faut pas être un électron libre dans ce genre de pays.

Philippe Rochot à Gansu, 2008.

Mosquée de Banda Aceh, Indonésie. Prière des femmes, anniversaire du tsunami, 2005
© *Philippe Rochot*

Il faut aussi tenir compte de l'engagement de votre propre pays dans le conflit que vous couvrez. Un photographe français n'est pas forcément bien vu dans le nord du Mali ou chez les Talibans parce que l'armée française sur place est considérée comme une armée ennemie.

Qu'en est-il ensuite de la photo des militaires ou combattants engagés dans les conflits ?

Là aussi, il faut choisir son camp et rester avec une force combattante, armée ou milice qui donnera les autorisations mais imposera aussi les limites : pas de photos des visages des soldats par exemple, pas de vues panoramiques des positions occupées ou pas d'images des armements lourds. Mieux vaudra respecter les consignes... Les armées en général ne veulent pas qu'on photographie leurs morts, mais acceptent qu'on prenne ceux de leurs ennemis...

Quelle est, en rapport avec le droit à l'image, l'expérience la plus marquante de votre carrière ? Vous êtes-vous trouvé un jour dans la situation où vous hésitiez à prendre une photo ? Si oui, pourquoi, et qu'avez-vous fait ?

Après le tsunami de 2004, je me suis retrouvé seul dans le département des femmes à la mosquée de Bandar Aceh en Indonésie, la région la plus touchée. C'était la grande prière pour les victimes, il y avait au moins trois cents femmes et normalement je n'aurais pas dû être là. J'ai attendu un peu et commencé à faire discrètement quelques photos. Elles n'ont rien dit, elles m'ont accepté. Il y avait tant de ferveur que je ne pesais pas lourd et sans doute pensaient-elles que ces images aideraient à faire passer leur message de détresse au monde.

Dans l'introduction de mon ouvrage, je suggérais aux photographes de ne jamais renoncer à prendre une photo pour des raisons liées au droit à l'image, et de ne se poser les questions qu'au moment d'envisager la diffusion de celle-ci. Trop d'interrogations au moment de déclencher, et la lumière change, le sujet bouge, la composition n'est plus la même. La photo est partie et ne reviendra plus. En outre la jurisprudence évolue, et ce qui est problématique aujourd'hui pourrait fort bien ne plus l'être demain, alors qu'il n'y a rien de plus frustrant qu'une photo qui nous hante parce qu'on ne l'a pas faite.
Mais dans le même temps, je suis consciente que ce conseil est facile à dispenser du fond de mon fauteuil, ou même dans ma pratique de photographe purement locale dans un pays qui n'est pas en état de guerre, et que je n'ai aucune expérience de situations où il pourrait en être tout à fait différemment. Si vous aviez de votre côté un seul conseil à donner à un photojournaliste qui débute dans le métier à propos du droit à l'image, quel serait-il ?

Tout cela est une affaire de feeling. Il faut sentir d'abord s'il y aura hostilité et réaction violente face à la prise d'une photo. Il est effectivement impossible de demander la permission avant de photographier car on perd toute spontanéité, sauf bien sûr s'il s'agit de faire le portrait d'une famille victime d'une catastrophe, d'une injustice, etc. Il faudra mesurer ensuite les conséquences de la publication de l'image mais ça n'est pas la première chose à laquelle on pense. Il paraît que dans les pays d'Afrique du Nord, des avocats guettent la parution de photos d'individus dans la presse et les poussent ensuite à faire des procès en droit à l'image pour partager les indemnités…

APPEL À TEMOIGNAGES

Au-delà de cet entretien qui pourrait constituer la première pierre d'une série de témoignages de professionnels, je vous invite, si vous avez l'expérience de ce type de situations autour du monde, et afin précisément d'éviter à d'autres photographes de se retrouver dans des situations périlleuses, à me faire part de vos témoignages par mail. Précisez bien les pays concernés, la situation précise, et les éléments qui ont pu contribuer à vous mettre en danger ou vous causer des difficultés. Vous pouvez si vous le souhaitez y ajouter une photo prise à cette occasion.

Avec votre accord, je publierai les témoignages les plus intéressants dans le blog et/ou une prochaine édition de cet ouvrage si l'évolution jurisprudentielle rend utile une mise à jour ultérieure.

APERÇU DE QUELQUES SYSTÈMES ÉTRANGERS EN MATIÈRE DE DROIT À L'IMAGE

Après ce témoignage, voici quelques éléments sur les grandes lignes de certains systèmes que l'on peut trouver à l'étranger. Lorsque cela fut possible, j'ai sollicité l'aide de juristes pratiquant le droit concerné, ce qui est la meilleure garantie d'une information fiable et à jour, appuyée sur une pratique quotidienne. Il est illusoire pour un avocat de se prétendre compétent et à jour dans des systèmes aussi différents que ceux qui peuvent exister dans cette matière, sauf à exercer à plein temps une activité de recherche en droit comparé. Privilégiant la fiabilité de l'information, j'ai donc la chance de pouvoir compter sur un réseau de généreux juristes passionnés et compétents.

LE DROIT À L'IMAGE EN BELGIQUE

Les développements ci-dessous consacrés au droit à l'image en Belgique m'ont été offerts par deux juristes spécialisés, tous deux avocats et enseignants. Me Jean-Christophe Lardinois et Me Bernard Mouffe sont auteurs de multiples publications. Une partie de leur bibliographie est proposée en fin d'ouvrage. Ils sont également les créateurs du cabinet spécialisé *In Casu* (*www.incasu.net*). Merci de tout cœur pour leur aide.

Définition et fondement

En droit belge, le droit de la personne sur son image est d'abord une création jurisprudentielle souvent influencée par des décisions françaises qui s'appuie tantôt sur les dispositions classiques relatives au droit de propriété ou de la responsabilité civile, tantôt sur le droit à la vie privée (Voir M. Isgour & B. Vincotte, *Le droit à l'image*, éditions Larcier, 1998).

Par ailleurs, une certaine reconnaissance légale du droit à l'image se retrouve dans l'article 10 de la loi du 30 juin 1994 relative aux droits d'auteur et qui consacre la protection du portrait, ainsi que dans l'article 11 du décret sur les services de médias audiovisuels.

> *« Ni l'auteur, ni le propriétaire d'un portrait, ni tout autre possesseur ou détenteur d'un portrait n'a le droit de reproduire ou de le communiquer au public sans l'assentiment de la personne représentée ou celui de ses ayants droit pendant 20 ans à partir de son décès. »*
> *(Article 10 de la loi belge sur le droit d'auteur du 30 juin 1994)*
>
> *«/.../ La communication commerciale ne peut pas /.../ contrevenir /.../ aux droits de la personne sur son image. »*
> *(Article 11 du Décret belge sur les services de médias audiovisuels)*

Quelle que soit sa justification, il est clairement admis que le droit à l'image se rattache aux droits de la personnalité.

En vertu de ce droit, toute personne représentée *« possède par rapport à son image un droit permanent qui a pour fin de protéger sa personnalité à tout moment et de veiller au respect de son image et de toute utilisation, autorisée ou non, qui serait faite de celle-ci. » (Civ. Anvers, 5e ch. B, 20 sept. 2002, A&M, 2003, 145, obs. M. Isgour 148-151)*

Chacun peut s'opposer à la réalisation, l'exposition, la diffusion, l'exploitation ou l'altération de son image, faite sans son consentement (Perlberger, *Chronique de Jurisprudence. Le droit d'auteur 1976 à 1985*, *JT*, 1986, 635, n°s 62 et s., dont n° 65 ; C. Doutrelepont, *L'introuvable droit à l'image*, *op. cit.*, 225.)

L'image protégée en tant que droit de la personnalité porte sur les traits physiques d'une personne et principalement son visage, mais aussi sa silhouette ou tout autre élément corporel pour autant qu'il soit attribuable à une personne identifiée ou identifiable.

La personne représentée peut invoquer son droit à l'image non seulement lorsque la reproduction n'a pas été autorisée mais aussi lorsque la reproduction dénature l'accord passé ou lorsqu'il y a amalgame fautif (exemple : l'image d'un homme en illustration d'un article sur les drogués avec la légende : *« des morts vivants, des loques pour qui la vie est dans la fuite, l'avenir dans l'hébétude »* (Bruxelles, 14 mai 1968, J.T. 1968, p. 454) ; la photographie d'un cardiologue tenant un bébé dans ses bras, pour illustrer un article intitulé *Brigade de nurses* et traitant du malaise des infirmières d'une clinique (Civ. Bruxelles, 27 novembre 1992, J.L.M.B. 1994, p. 1001 et obs. F. Jongen F., confirmé par Bruxelles, 18 octobre 2001, A&M 2002, p.167).

La reproduction illicite peut résulter également d'un montage, d'une manipulation, voire d'un trucage (Civ. Bruxelles , 14è ch., 16 décembre 1987, J.T. 1988, p. 500 et confirmé par Bruxelles 8 novembre 1989, R.G.A.R. 1992, 11906).

Enfin, il a été jugé que concernant la reproduction à des fins politiques, la faute et le dommage subséquent sont d'autant plus présents si le parti politique en cause est soit d'une tendance radicalement opposée à celle de la « victime » dont l'image a été reproduite, soit d'une tendance extrémiste (Civ. Bruxelles (Référés.), 23 octobre 1998, JLMB 1998, 1748, à propos des photographies des familles Russo et Lejeune (prises à l'occasion de l'affaire Dutroux) dans un tract du Vlaams Blok, parti d'extrême droite belge).

La protection du droit à l'image ne peut être mise en œuvre qu'à la condition expresse que la personne représentée soit reconnaissable. Ce caractère ne doit pas nécessairement s'apprécier strictement et peut ressortir des circonstances particulières de la représentation ou du cliché photographique. En outre, la personne doit être reconnaissable par toute personne connaissant l'individu représenté.

Sous réserve du droit à l'information, toute diffusion de l'image d'une personne ne peut se faire qu'avec son consentement certain (Bruxelles, ch. B, 18 octobre 2001, RGAR 2003, n° 13708) ou celui de ses ayants droit, d'interprétation stricte (Cass 13 février 1941, Pas. 1941 ,I, p. 40 et Bruxelles 14 mai 1968, JT 1968, p. 454) et limité au domaine stipulé.

En principe, il importe de distinguer le droit de fixer l'image (photographie ou enregistrement) du droit de reproduire la fixation obtenue. En conséquence, ce n'est pas parce qu'une personne accepte de se faire photographier qu'il est automatiquement permis d'exposer ses traits publiquement.

La distinction entre le droit de fixation et le droit de reproduction est pertinente par exemple lorsqu'il y a utilisation commerciale de l'image dans un contexte qui n'est pas naturellement lié à la prise de vue initiale (Civ. Bruxelles, 17 mai 2002, A&M 2003, p. 138).

En principe, et particulièrement en cas d'exploitation commerciale ou politique, le consentement de la personne représentée doit être exprès (Bruxelles, ch. B, 18 octobre 2001, RGAR 2003, n° 13708) ; il ne peut pas être détourné et ne peut se déduire d'une tolérance ou d'une complaisance antérieure (Cass. 13 février 1941, Pas. I, p. 40) et l'accord à la réalisation n'implique pas nécessairement l'assentiment à la publication

(Malines, 29 mars 1983, R.W. 1984-1985, col. 61) ou à toute autre exploitation qui pourrait être faite pour l'avenir (Civ. Bruxelles, 12 octobre 1988, R.G.D.C. 1990, p. 250) ; l'autorisation consistera en un accord des parties sur l'étendue exacte de chaque reproduction autorisée (Bruxelles, 2è ch. , 7 avril 2000, JT 2001, p. 779) et du prix éventuel (Trib. Malines, 26 mars 1983, R.W. 1984-1985, col. 61)

Le tribunal de première instance (Bruxelles, 12 oct. 1988, RGDC, 1990/3, 250) suivi par la cour d'appel (Bruxelles, 9e ch., 12 nov. 1998, A&M, 1999, 361 (appel de Rb. Bruxelles, 7 nov. 1995, Ing. Cons., 1996, 23) de Bruxelles, a eu l'occasion de rappeler l'ensemble de ces principes dans une affaire qui concernait des atteintes portées à un modèle publicitaire. Il a été rappelé à cette occasion qu'il appartenait à l'agence de publicité d'informer son client des conditions restrictives quant à l'usage des photographies imposées par les ayants droit : cette obligation s'inscrit dans le cadre de l'obligation générale de bonne foi qui doit présider à l'exécution de tout engagement contractuel, ainsi que du devoir d'information qui pèse sur le cocontractant ayant la qualité de professionnel spécialisé (Bruxelles, 9e ch., 12 nov. 1998, ibidem.).

Par ailleurs, c'est à celui qui publie l'image d'une personne qu'il appartient d'établir la preuve de l'autorisation certaine et spéciale, cette règle probatoire devant, le cas échéant, se combiner avec cette autre règle imposant la charge de la preuve au demandeur en justice.

Sur la problématique de la portée d'un consentement tacite de la personne représentée soulevée souvent par les médias dans le cadre de recours judiciaire, on pointera un arrêt de la cour d'appel de Gand qui a condamné le magazine *Flair* pour avoir diffusé des photographies d'un couple parce que le sexe de l'homme y était représenté.
Cette publication faisait suite à une annonce du magazine invitant les lecteurs à participer à un reportage de nus. Si le couple en question avait bien donné son accord à la prise de vue et à leur reproduction, il n'avait pas donnée son accord à la reproduction *« des parties génitales »* en particulier (Arrêt Inédit du 20 septembre 2006, cité par D. Voorhoof dans *De Juriskrant* – 6 décembre 2006).

Dans une autre affaire, le tribunal civil de Bruxelles a écarté la demande de deux sportifs (Kim Gevaert et Jonathan N'Senga) qui s'opposaient à la publication de leur image dans le premier numéro d'un nouveau magazine *Menzo*. Il s'agissait de photos où différents sportifs, en ce compris les deux demandeurs, posaient nus. Le tribunal a relevé que leur consentement était certain, même s'il n'était pas écrit, dans la mesure où ils avaient participé librement et en connaissance de cause à une session de photos prises par un photographe professionnel ; il relève aussi que leur accord portait sur la publication des photos non seulement dans le magazine et sur la couverture mais aussi dans la campagne publicitaire lancée par l'éditeur du magazine (Civ. Bruxelles, 29 octobre 2001, A&M 2002, p. 184).

Enfin, il n'existe théoriquement pas en droit belge de *« droit de repentir »* en matière de droit à l'image. C'est donc à juste titre que je juge des référés de Bruxelles a ainsi jugé qu' *« une personne qui a permis que son image soit reproduite et publiée ne peut se dégager unilatéralement »* même si le film n'est pas *« à son goût »* (Civ. Bruxelles (Réf.), 13 décembre 2001, A&M 2002, p.189).

Toutefois, le tribunal de commerce de Bruxelles a pu aller, au siècle passé, jusqu'à reconnaître, même si très faiblement indemnisé, un droit de repentir (alors même que ce droit n'est pas expressément accordé aux auteurs) à un modèle qui avait pourtant donné son consentement pour publier sa photographie. *« La demanderesse a admis expressément que sa photographie soit dépendante d'une publicité contre la constipation et a, par la pose, modelé son visage comme le souhaitait l'agent de publicité. Toutefois, grâce à la faculté de repentir, la demanderesse pouvait révoquer son consentement. Quitte à verser une indemnité réparant le préjudice éventuellement causé par l'exercice du droit de repentir (J. Stoufflet, n° 38). Or cette publicité se poursuivit malgré les mises en demeure (...). La risée de parents, d'amis, de camarades de profession ne mérite pas plus d'un franc de dommages intérêts cependant que la demanderesse s'est imprudemment exposée à cette ironie d'un goût douteux. »* (Comm. Bruxelles, 11 sept. 1974, JT, 1975, 136, obs. M. De Salle [aff. Tisane Herbesan] ; Comm. Bruxelles, 24 fév. 1995, TC, 1995, 333, obs. L. Muller, *Le droit de repentir-retrait*). Sur le plan des principes, si c'est à tort que la 16e chambre du tribunal de commerce de Bruxelles a reconnu la possibilité pour la demanderesse de révoquer son consentement sous couvert d'une faculté de repentir, rien ne l'empêchait par contre de faire droit à une éventuelle (et bien faible) atteinte portée à son image.

Quant au droit à l'image sur les biens (mobiliers/immobiliers), la jurisprudence belge fréquemment citée considère que hors les notions de droit d'auteur, de droit des marques et logos, il n'existait pas dans notre ordre juridique de droit à l'image d'un produit qui permettrait d'interdire la reproduction de son image sans le consentement de celui qui l'a fabriqué (Voy. notamment Civ. Bruxelles (réf.) 4 juin 2003, A&M 2003/4, p. 308).
Cela étant, certaines juridictions belges ont estimé devoir protéger des biens, essentiellement immobiliers, par le biais des droits de la personnalité lorsque les images exploitées violaient expressément ces droits : images de l'intérieur, non accessible, d'immeubles (Civ. Bruxelles, 20 mai 1997, RGDC, 1999, 138. Mais refus

pour l'image d'un château, reproduit sur un tract électoral, mais visible depuis la route : Civ. Namur, réf., 12 sept. 2000, JLMB, 2001, 870) ou atteintes expressément et anormalement portées à la réputation des propriétaires ou gérants (Bruxelles, 12 mars 2004, JLMB, 2004, 784 ; NJW, 2004, 599, réformant Civ. Bruxelles, réf., 8 mars 2004, JLMB, 2004, 783).

Pour le surplus, il conviendra toujours de distinguer selon le type d'utilisation faite de l'image querellée entre l'utilisation purement commerciale, publicitaire ou politique (ouvrant, le cas échéant, à la théorie française du trouble anormal), d'une part, et l'utilisation justifiée par le droit à l'information et l'intérêt public, d'autre part.

Les titulaires du droit à l'image

Le droit à l'image appartient à la personne physique représentée. Le droit à l'image peut également appartenir aux ayants-droit de la personne représentée, soit les ayants droit légaux (parents, héritiers, etc.) soit les ayants-droit conventionnels (toute personne peut en effet concéder par contrat l'exploitation spécifique de son image, pour autant qu'il s'agisse d'un mandat spécial (Civ. Bruxelles, 7 novembre 1995, Ing-Cons. 1996, p. 23 , concernant une agence de mannequins).

Toute utilisation de l'image d'un mineur devra être autorisée par la ou les personne(s) qui exerce(nt) l'autorité parentale sur lui. L'âge de la majorité d'une personne en matière de droit à l'image est en principe de dix-huit ans.

Quant au droit à l'image d'une personne décédée, on considère généralement que ses héritiers ou ayants-droit ne peuvent agir, d'une part, que dans le respect du droit à l'information (ainsi au décès d'une personne publique, *« il n'est pas illicite de publier des images de l'intéressé en différents moments de sa vie »* (F. Rigaux, *La protection de la vie privée et des autres biens de la personnalité*, p.142) et d'autre part, dans le respect des intentions du défunt).

Ainsi, dans le cadre de la campagne publicitaire de *La Dernière Heure*, quotidien de presse populaire, reproduisant l'image d'André Cools (ministre d'état belge assassiné en 1991), le tribunal de première instance de Bruxelles a jugé que *« le droit à l'image est étroitement lié à la personne de son titulaire. Il cesse par conséquent d'exister au décès de celui-ci et ne peut , dès lors être transmis à ses héritiers »*. Mais le tribunal a néanmoins fait droit à l'atteinte portée à *« l'honneur de la famille »*, par l'exploitation à des fins strictement publicitaires de cette image (Civ. Bruxelles, 12 mars1996, A&M 1996/4, p. 449 et note F. Ringelheim).

Les exceptions du droit à l'image

À l'instar du droit à la vie privée et comme tout droit à la personnalité, le droit d'une personne sur son image entre nécessairement en conflit avec le droit à l'information.

Pour résumer l'antagonisme entre le droit de la personne sur son image et le droit de la presse à diffuser certaines images de cette personne, on pourrait considérer que si toute personne dispose en effet d'un droit subjectif sur son image en vertu duquel elle peut s'opposer à l'utilisation qui en est faite sans son autorisation préalable et exprès, une exploitation de son image sans son accord pourrait toutefois être justifiée par la qualité ou le comportement de la personne visée, par le contenu de l'information et l'intérêt public de sa diffusion ou par la relation d'un événement d'actualité ou historique auquel cette personne a participé ou est associée.

Selon la qualité de la personne, une plus ou moins grande liberté est donnée aux médias pour diffuser son image. On admet en effet communément que les personnes exerçant une fonction publique politique ou non, les personnalités / people ou les personnes impliquées dans l'actualité donnent une autorisation tacite à la reproduction de leur image (Par « personnes publiques » on cite généralement : le roi, les personnes exerçant une fonction publique politique ou autre (ministre du culte, magistrat, etc.), les célébrités et les vedettes, les personnes impliquées dans une actualité judiciaire, les personnes privées qui se projette volontairement dans une zone d'intérêt public).

L'autorisation tacite à la captation et à la reproduction de l'image ne vaut en principe que pour les actes relevant de l'exercice de la vie publique des personnes publiques et non pour les illustrations de leur vie privée.

Il existe une abondante jurisprudence, parfois contradictoire, en ce qui concerne l'image des personnes publiques.

Pour exemple , a été jugée illicite la publication dans *Le Soir Illustré* lors des travaux de la Commission Dutroux, de deux photographies de la juge d'instruction Doutrêwe (dont une en maillot de bain) prises dans la *« propriété d'un homme d'affaire inculpé »* (Civ. Bruxelles, 14è ch. 16 décembre 1997, Journal des Procès , n° 341, 23 janvier 1998, pp. 24 et s, note F. Jongen).

Par ailleurs, le consentement est présumé lorsque la personne représentée se trouve mêlée à un événement d'actualité (Bruxelles, 21 septembre 1994, R.G.D.C. 1996, p. 38 et note B. Vincotte).
Il est ensuite constant (Civ. Bruxelles, 16 décembre 1997, Journal des Procès n°

341, 1998, p. 24 et note F. Jongen) qu'il existe une exception au droit de la personne sur son image concernant les prises de vues effectuées dans un lieu public et plus particulièrement dans la rue.

Il est donc permis de reproduire l'image d'une personne présente dans un lieu public, à défaut de quoi il ne serait plus possible de publier la moindre photographie de foule ou d'une manifestation publique.

Par lieux publics, il faut entendre les lieux qui sont accessibles à tous, sans restriction et sans préalable (la voie publique, une gare , un marché, une plage non privée, etc.). On ne confondra pas ces lieux publics avec les lieux accessibles au public, soit des lieux qui, s'ils sont accessibles à tous, ne le sont que sous conditions (un cinéma, une école, un commerce, un hôtel ou une prison (Civ. Bruxelles, 17 janvier 1975, J.T. 1975, p. 441).

L'exception qui autorise a priori la publication de l'image obtenue ne s'applique strictement qu'aux seules images obtenues dans un lieu public accessible par tous et sans conditions. Dans les autres cas, le juge devra nécessairement apprécier l'opportunité et la légitimité de la captation.

On soulèvera toutefois que l'exception autorisant la diffusion de photographies obtenues dans des lieux publics n'empêche pas le tribunal de pondérer les intérêts en cause lorsque que les clichés litigieux décrivent ou illustrent une situation dévalorisante, préjudiciable, voire illégale.

La Cour d'appel de Liège a notamment jugé que les images de Gaia sur la maltraitance animale dans un abattoir pouvaient servir d'élément de preuve devant le juge pénal car Gaia avait le droit de filmer dans un lieu accessible au public de telles images, vu son but de tenter de prévenir de nouveaux faits et de provoquer une réaction judiciaire (Liège 27 juin 2003, Journal des Procès n° 463, p. 20 et note F. Glansdorff, réformant sur ce point la décision du tribunal correctionnel de Dinant du 14 novembre 2002).

L'exception qui s'appuie sur le lieu de la prise de vues n'autorise la reproduction de celle-ci que pour autant que ce soit le lieu ou l'événement qui s'y produit qui soient la raison même de cette publication : si le simple passant est expressément pris pour cible dans le lieu public, son accord sera généralement requis (Civ. Bruxelles, 7 juin 1974, J.T 1975, p. 135 ; Rb Brussel, 22èch., 28 septembre 2010, A&M 2011/3 , p. 334).

Le consentement tacite existant pour les personnalités, les événements de l'actualité et les lieux publics participe des nécessités du droit du public à être informé des questions d'intérêt public. Il vaut lorsque l'utilisation de l'image participe du droit à l'information.

Il en est ainsi d'abord de l'utilisation d'images qui appartiennent à l'histoire. Ainsi, dans une affaire opposant entre autres les parents de Julie et Mélissa à un éditeur flamand, le juge a précisé que *« dans le cadre de l'exercice du droit à l'image, il y a lieu de tenir compte du droit à l'information du public, lequel naît lorsque l'actualité franchit le domaine privé et devient une question d'intérêt général : dans ces circonstances, le droit de la personnalité à l'image cesse dans une certaine mesure d'appartenir à son titulaire original pour devenir l'objet d'un droit à l'information du public. » (Antwerpen (réf.) 8 février 1999, A&M 1999, p. 241).*

Ensuite, la prévalence du droit à l'information (c'est-à-dire de l'intérêt général) sur le droit à l'image trouve un terrain de prédilection avec les dossiers judiciaires.
Enfin, la caricature constitue une exception classique au droit à l'image. Contrepartie inévitable de la célébrité (M. Isgour et B. Vincotte, op. cit., p. 87) rien n'empêche dès lors la presse ou un journaliste d'en faire usage pour autant qu'elle soit conforme aux lois du genre et aux usages honnêtes.

Le droit à réparation pour les atteintes portées aux droits à l'image

En matière de non-respect de la vie privée et du droit à l'image, l'existence du préjudice de la victime n'a pas à être démontré par elle.
Le seul fait de la reproduction irrégulière de l'image peut constituer la faute sans qu'il faille prouver un quelconque dommage et qu'il y ait eu faute de la part de l'auteur de la publication.
Le seul fait de l'atteinte ouvre le droit à l'action qui le protège.
L'absence d'intention méchante ou frauduleuse n'enlève rien au caractère délictueux d'une reproduction illicite et ne supprime pas l'obligation de réparation du dommage subi. (Comm. Bruxelles, 11 sept. 1974, JT, 1975, 136)

Ce n'est en effet pas l'image qui est l'objet du droit mais bien l'obligation, de caractère négatif, pour toute personne possédant l'image de ne pas la publier sans l'accord de l'intéressé (Voir Civ. Bruxelles, 7 juin 1974, JT, 1975, 135 ; Civ. Anvers, 24 juin 1985, RW, 1985-86, col. 2645 ; Bruxelles, 19 juin 1981, RW, 1981-82, col. 2616).

Il a ainsi été jugé, concernant une photographie, que le droit à l'image apporte un complément indispensable au droit du respect de la vie privée *« car la photographie, plus redoutable que le simple regard indiscret déjà réprimé par les textes répressifs, prolonge dans le temps l'atteinte à la personnalité. Cette permanence en accroît la gravité, indépendamment de toute publication de l'image. » (M. De Salle, obs. sous Comm. Bruxelles, 11 sept. 1974, JT, 1975, 138)*

La violation du droit à l'image est de nature à provoquer un dommage moral (dont l'importance est liée à la dénaturation de l'image ou la malveillance des propos) et, le cas échéant, un préjudice patrimonial lorsque l'intéressé, par son activité ou sa notoriété, confère une valeur commerciale à son image : ainsi l'utilisation de l'image d'un top model en dehors des cas autorisés par cette personne la prive de la rémunération à laquelle elle pouvait prétendre. (Civ. Bruxelles (réf.), 21 mars 2001, A&M 2002, p.75)

Enfin, la récupération de l'image d'une personne à des fins commerciales est quelque fois plus subtile. Le tribunal de commerce de Liège a notamment décidé qu'une société de paris sportifs en ligne (Unibet) pouvait utiliser l'image de joueurs de football (ainsi que leur nom et les marques de clubs de football) à l'appui de son activité commerciale de vendeur de paris. (Comm. Liège , 24 novembre 2006, RTDI 2007, p. 107 et note M. Isgour)

Le tribunal a distingué l'utilisation illicite de l'image des joueurs *« en tant qu'élément d'information quant à l'objet du produit commercial en cause »* (les paris sportifs) et l'utilisation illicite de l'image des joueurs à des fins promotionnelles ou publicitaires.

Bernard Mouffe et Jean-Christophe Lardinois
Avocats au Barreau de Bruxelles
Cabinet In Casu Avocats (*www.incasu.net*)

LE DROIT À L'IMAGE AU CANADA

Les développements ci-dessous m'ont été offerts par Monsieur Jean Goulet, juriste et professeur d'université, par ailleurs très amateur de photographie. Impliqué dans la vie d'un club photo, il fut sollicité par les participants pour expliquer le droit aux photographes, ce qui lui valut de publier l'ouvrage *Grand angle sur la photographie et la loi* (Ed. Wilson & Lafleur), ouvrage que je conseille vivement pour sa clarté, la pertinence et la précision de ses références présentées avec humour.

Le système de protection juridique de l'image se structure au Québec à partir, d'une part, de deux dispositions législatives fondamentales et, d'autre part, d'un arrêt décisif du tribunal canadien de dernière instance autour duquel gravite un jeu de décisions qui s'en inspirent en en précisant le sens et la portée.

Parlons de ces textes avant de nous interroger en point final sur leur réception par le monde des photographes.

La législation

La Charte québécoise des droits et libertés de la personne affirme d'abord sans ambages que *« Toute personne a droit au respect de sa vie privée »* (Charte des droits et libertés de la personne, L.R.Q., c.12, a.5.). Ce texte plaît certes par sa concision mais laisse le justiciable un peu sur sa faim au plan de la précision.

Le législateur québécois a donc repris ce thème dans une forme à peu près identique au Code civil de 1994 (Code civil du Québec, a.35, ali.1), mais en nous rassurant cette fois sur le fait que la notion d'image s'intègre bien dans celle de la vie privée (Id., a.36).

Prolixe en matière de vie privée, le législateur avait d'ailleurs déjà traduit au même code la norme coutumière civiliste voulant que la vie privée constitue un attribut de la personnalité et, par conséquent, un droit inviolable et inaliénable (Id., a.3).

Traçons plus nettement le lien logique qui unit ces textes pour résumer la doctrine que ces normes établissent. Dès lors : *« Le droit à l'image, un des éléments constitutifs de la personnalité juridique, est un droit fondamental de l'ensemble juridique québécois ; il a préséance sur tous les autres droits à moins qu'il ne s'en trouve un autre qui jouisse du même statut privilégié, la liberté d'expression par exemple. »*

Voilà un beau principe qui demeure cependant imprécis dans sa grandiloquence. L'interprétation des tribunaux s'avère ici nécessaire.

La jurisprudence

La Cour suprême du Canada a rendu en 1998 un arrêt qui grave en un langage étonnamment clair la pierre d'assise du code québécois de la protection du droit à l'image au Québec.

Le tribunal se prononçait alors en dernière instance dans une affaire où un photographe avait innocemment pris le portrait d'une jolie fille rêvant un beau matin de printemps sur les marches de l'escalier menant à sa demeure. Le cliché rendit si bien la poésie de ce moment de tranquillité que son auteur le publia sur sa revue de photo. Cependant, il n'avait pas demandé préalablement à son modèle involontaire si elle consentait à passer ainsi à la postérité. Il résulta de cette omission une saga judiciaire qui dura près de dix ans.

Le photographe plaida son droit à la libre expression, son talent d'artiste et la presque inexistence de dommages subis pas sa victime. Rien n'y fit. Les magistrats optèrent pour la protection de la personne et du droit à l'anonymat et donnèrent raison à Pascale Aubry.

L'arrêt Aubry c. *Les Éditions Vice Versa* énonce désormais le code des règles à suivre en matière de droit à l'image au Québec. Il s'énonce à peu près ainsi :
« Nul n'est admis à publier l'image d'une personne sans le consentement explicite de cette dernière à moins que celle-ci ne soit pas identifiable sur le cliché en cause, qu'elle n'y figure qu'à titre d'accessoire ou dans le cas où elle y apparaît même à titre principal, parce qu'elle y est représentée en tant que partie prenante d'un événement que le grand public est en en droit de connaître. » (Aubry c. Éditions Vice Versa inc., [1998] 1 R.C.S. 591.)

Les photographes et Aubry

Cet arrêt n'a pas été accueilli par une approbation unanime (voir, par exemple, le film produit par Gilbert Duclos, le photographe ayant pris la photo de Pascale Aubry, *La rue, zone interdite*, accessible par Youtube) surtout que les magistrats y rejettent d'emblée l'exception artistique, un privilège dont il est difficile de dessiner les contours (voir l'affaire Aubry, citée supra note 5., par. [62].).

Certains photographes ont dès lors prédit la disparition de la photo de rue *à la Doisneau* alors que d'autres y ont vu l'énoncé d'une forme de censure ou une nouvelle façon d'infliger des brimades aux artistes créateurs. Il n'en demeure pas moins toutefois que cette décision s'est imposée et qu'elle constitue aujourd'hui l'armature principale de la défense du droit à l'image au Québec. Elle a été citée plus de deux cents fois par les tribunaux lors de litiges divers, certains provenant de la pratique ordinaire de la photo.

Retenons quelques cas pour l'exemple.

Nous restreignant aux trois dernières années seulement, nous voyons d'abord que les magistrats ont du interpréter le contenu et les limites du consentement fourni à un photographe lors de la prise de photo. L'artiste doit s'en tenir au seul objet de l'entente. Les photos prises lors d'une cérémonie de mariage, par exemple, ne doivent pas servir ensuite à mousser la publicité de l'auteur (Langlois c. Loisirs Scirocco inc., 2012 QCCQ 5722 (CanLII) ; mais aussi en matière de consentement, Laurin c. 9070-6391 Québec inc. (Hôtel Spa Water), 2011 QCCQ 1259 de même que Larente c. 9140-9599 Québec inc., 2011 CQQS 3430 (CanLII) et Geoffré c. 9140-9599 Québec inc., 2011 CQQS 3431 (CanLII).

Suivant encore la doctrine *Aubry*, les tribunaux ont refusé au passant qui figure par hasard sur la photographie d'une rue ou d'une place publique, le droit de s'en prendre à l'auteur du cliché pour atteinte à son image (Lacroix c. Poisson, 2013 QCCQ 8590 - CanLII). Si le figurant est bien ce qu'il est, son statut reste ici celui d'un accessoire. Rien de plus.

Se référant de nouveau à l'arrêt *Aubry*, les magistrats se sont interrogés sur les places qu'occupent respectivement les vies privée et publique des personnes.

Il est ainsi difficile pour quelqu'un qui aime jouer à la vedette de se plaindre si une journaliste illustre un article qui traite de cette personne, par une photo qu'elle-même affiche sur son blog (Blanc c. Éditions BangBang inc., 2011 QCCS 2623 - CanLII). Ce cliché n'est-il d'ailleurs pas déjà rendu public du fait même de la plaignante ? Qui cherche la notoriété, renonce à sa vie privée.

Une décision de la Cour supérieure rappelle enfin qu'il faut se garder de fondre en un tout la personne privée et la personne publique d'un individu. Le droit à l'image profite à la première mais pas nécessairement à la seconde. Une société s'adonnant aux tournages de films pour adultes sera ainsi admise à caricaturer à sa façon une fonctionnaire de police montréalaise rendue célèbre bien malgré elle par la diffusion d'images captées lors des manifestations parfois violentes du printemps 2012. On l'y représente exerçant alors sa profession avec un dynamisme qui a fait sa renommée (Trudeau c. AD 4 Distribution Canada inc., 2013 QCCS 2678 - CanLII). Or, c'était bien cette policière en action que les cinéastes souhaitaient parodier et non la personne elle-même.

Voilà donc comment le Québec construit son droit à l'image.

Il reste en cette matière culturellement civiliste sauf quand il s'agit d'appliquer aux publications de photos les règles pertinentes à la liberté d'expression. Il fait plutôt appel alors à des concepts de Common Law remontant à Blackstone lui-même et repris depuis par le premier amendement de la Constitution américaine. La liberté n'est donc pas alors celle de l'artiste qui souhaite être habilité à s'exprimer à sa fantaisie mais plutôt celle qui profite au grand public à partir de son droit de tout savoir des événements de la vie en société. Notre droit privé est d'origine française mais notre démocratie est britannique, voire même américaine.

Québec, le 12 septembre 2013.
Jean Goulet

LE DROIT À L'IMAGE AUX ÉTATS-UNIS

Les développements ci-dessous constituent la synthèse du document mis en ligne par mon confrère Bert P. Krages, avec bien entendu l'autorisation de celui-ci. Bert P. Krages est l'auteur de *Legal handbook for photographers*, ainsi que d'ouvrages de technique photographique.

Droit à l'image des personnes

La notion de vie privée s'entend de façon très restrictive : n'importe qui peut être photographié sans son consentement dans les lieux publics, à l'exception de certains endroits où il peut s'attendre raisonnablement à un minimum d'intimité : vestiaires, installations médicales, etc. Ainsi, bien sûr, qu'au sein du domicile des individus.
Ainsi, les photographes peuvent en principe photographier sans être inquiétés les sujets suivants :

- les scènes d'accidents et d'incendie
- les enfants
- les célébrités
- les ponts et autres infrastructures
- les bâtiments résidentiels et commerciaux
- les installations industrielles
- les services publics
- les gares, aéroports, terminaux de transports routiers
- les sites de traitement des substances dangereuses pour la santé publique ou l'environnement
- les activités criminelles
- les forces de l'ordre

Droit à l'image des biens

La règle

Aux USA, le principe est celui de l'autorisation de photographier dès que le photographe se trouve dans un lieu public, sauf l'hypothèse d'une interdiction légale spécifique.

S'agissant par contre des lieux privés, le choix revient aux propriétaires, qui peuvent interdire ou autoriser les photographies, mais ne pourront pas, en revanche, interdire que l'on photographie leur bien à partir de la voie publique. L'interdiction formulée par le propriétaire des lieux n'est par contre pas contestable, et le photographe se doit de s'y plier.

Les exceptions

Parmi les exceptions à cette règle de base figurent bien entendu les installations militaires, dans lesquelles les interdictions de photographier sont fréquentes, et justifiées par la préservation de la sécurité nationale. Il en va de même dans certaines installations contrôlées par le Département de l'Énergie, responsable notamment de la sûreté nucléaire.

Les situations conflictuelles

La majorité des situations de conflit surgissent lorsque des agents de sécurité prétendent interdire les prises de vue, sous des motifs invoqués tenant à la sécurité, mais souvent sans fondement légal.
Et s'il leur est légalement possible de vous interdire l'accès à certaines zones dangereuses ou interdites, ce droit ne leur permet pas d'interdire les prises de vues à partir des autres endroits.

Au surplus, personne n'est contraint à dévoiler la finalité des photographies, pas plus que de dévoiler son identité. Les règles précises peuvent varier d'un État à un autre, mais de façon générale, toute menace formulée à l'encontre d'une personne en train de prendre des photos, et tendant à faire croire notamment que le matériel pourrait être confisqué ou que le photographe pourrait être poursuivi ne repose sur aucun fondement, et peut même constituer une infraction en tant que telle.

Enfin, aucune rétention ne peut en principe intervenir à l'initiative d'une personne privée ou d'une société. Seules les forces de l'ordre peuvent y procéder, dans les cas légaux uniquement (c'est-à-dire en cas de crime ou d'atteinte aux personnes), et détention abusive serait en elle-même pénalement répréhensible.

La confiscation du matériel

Les agents privés de sécurité, agissant pour le compte de sociétés, centres commerciaux ou encore installations industrielles peuvent être amenés à vous menacer de détruire la pellicule ou de confisquer vos cartes mémoire. Or, ceci s'avère totalement illégal en l'absence d'une autorisation judiciaire.

Toute insistance en ce sens serait elle-même susceptible de poursuite au même titre qu'un vol.
La seule circonstance dans laquelle le matériel pourrait être confisqué est l'hypothèse d'une intervention des forces de l'ordre dans le cadre d'une arrestation, mais dans tous les autres cas, une autorisation de justice préalable est indispensable.

À l'exception de cette seule circonstance, toute menace relative à la personne du photographe et/ou à son matériel peut être dénoncée aux autorités, s'agissant d'une violation des droits constitutionnels de l'individu.

L'attitude en cas d'abus

Parmi les solutions conseillées par mon confrère en cas d'abus figurent les recours ou moyens de pression suivants :

- Signaler la difficulté à un média local, la plupart considérant que la violation des libertés fondamentales constitue un sujet méritant une couverture médiatique ; prévenir le supérieur hiérarchique de la personne responsable de cette atteinte à vos libertés.
- Signaler publiquement l'événement dans un espace de discussion virtuel consacré à la photographie et/ou aux droits fondamentaux.

Et afin de vous sortir de cette mauvaise passe, il est possible de poser à l'interlocuteur les questions suivantes :

- Quel est votre nom ?
- Quel est le nom de votre employeur ?
- Suis-je libre de quitter les lieux ? Dans la négative, si j'essaie, avez-vous l'intention de m'en empêcher ?
- Quelle est la base légale de cette détention et/ou confiscation ?

Ceci devrait amener votre interlocuteur à réfléchir sur les conséquences de l'atteinte à vos libertés.

D'après Bert P. Krages, *Your Rights and remedies when stopped or confronted for photography* - Avec l'accord de l'auteur, librement traduit et adapté du document disponible en ligne à l'adresse *www.krages.com/phoright.htm.*

LE DROIT À L'IMAGE EN GRANDE-BRETAGNE

Les règles en vigueur en Grande-Bretagne semblent sensiblement identiques à celles qui viennent d'être exposées pour les USA.

Le droit à l'image des personnes

Liberté de principe

Aussi longtemps qu'il se déplace sur la voie publique et ne crée aucune gêne pour les autres usagers, le photographe est libre de prendre toutes les photos qu'ils souhaite, même à des fins commerciales.
Une réserve est cependant faite à ce principe libéral et ressemble à ce qui était exposé ci-avant pour les USA : cette liberté est restreinte lorsque les sujets peuvent raisonnablement s'attendre à un peu d'intimité, mais je n'ai pas trouvé de définition précise de cette notion, ce qui risque sans doute de laisser aux tribunaux une marge d'appréciation aussi large que pour les *« conséquences d'une particulière gravité »* que nous connaissons désormais en droit français.

Les restrictions

Les choses semblent par contre plus complexes à certains endroits de Londres, notamment Trafalgar Square et Parliament Square, ainsi que dans les parcs royaux, du moins lorsque les prises de vue sont réalisées à titre professionnel.
Par ailleurs, et ce qui semble contradictoire avec l'affirmation de la liberté de principe que je viens d'énoncer, le fait de sortir un trépied et d'organiser des séances avec mannequins parait pouvoir entraîner le paiement de redevances, alors qu'on ne voit pas ce qui diffère - dans les principes - de l'utilisation des photos prises à la volée mais dans une finalité commerciale. Sans doute s'agit-il alors d'une forme de rémunération de l'occupation de l'espace public, comme il en existe d'ailleurs également en France.

Le droit à l'image des biens

Sur la voie publique

Le critère qui semble déterminant est l'endroit à partir duquel le photographe prend la photographie. Dès lors qu'il se trouve lui-même sur la voie publique, il est libre de photographier tout immeuble, œuvre d'art ou bien quelconque visible à partir de l'espace public. En cela, le conflit droit d'auteur/droit à l'image que nous connaissons en France se posera de façon nettement moins aigüe semble-t-il. Ceci est dû aux différences juridiques entre le droit de la propriété intellectuelle britannique et le droit français. À titre d'exemple, rappelez-vous le paragraphe que je consacrais dans la rubrique du *Street Art*, à la possibilité que le propriétaire du mur sur lequel se trouve un tag de détruire le mur ou au contraire d'extraire la partie taguée. En France, cela s'avère impossible, la propriété intellectuelle sur l'œuvre étant indépendante de la propriété matérielle du support (voir la section sur le *Street Art*).

Or, le droit britannique est à cet égard différent, et le propriétaire d'un mur a parfaitement le droit d'extraire la partie de ce mur comportant le tag et de le vendre à son unique profit. Ce fut le cas notamment pour un graffiti du célèbre Banksy représentant un enfant devant une machine à coudre, avec deux drapeaux britanniques. Cette œuvre d'un artiste désormais mondialement connu, échappa donc à son auteur.

Enfin, toujours quant aux lieux publics, une exception de taille semble être les stations de métro et les gares, où les prises de vues à destination commerciales sont subordonnées à une autorisation préalable.

Dans les propriétés privées

À partir du moment où la photographie est faite à partir d'un lieu privé, le propriétaire a tout pouvoir d'interdire les prises de vues, que ces lieux soient ouverts au public (comme des grandes surfaces, galeries commerciales, etc) ou non.

Et toute infraction à ces règles édictées par le propriétaire des lieux donne droit à ce dernier de demander au photographe de cesser ses prises de vues et, si besoin, de quitter les lieux. Il peut aller jusqu'à réclamer une indemnisation, sans avoir à prouver quelque dommage matériel que ce soit dont le photographe serait responsable.

Par contre, ses droits sont très limités quant à la possibilité de contraindre lui-même le photographe à sortir en exerçant une contrainte physique.

La faune sauvage

J'ai par ailleurs trouvé trace de règles qui se rapprochent de la condamnation que je soulignais à titre plus anecdotique en matière de faune sauvage (voir la section relative à l'image des biens).

En 1981 était promulgué le *Wildlife & Countryside Act*, prolongement d'une directive européenne. Cette loi dont le but est notamment la protection des espèces animales, crée une infraction réprimant tout comportement de nature à déranger les espèces concernées, dont les listes sont disponibles sur les sites officiels. Et à ce titre, photographier à proximité des nids de certaines espèces d'oiseaux protégées implique l'obtention d'une autorisation préalable émanant des autorités nationales concernées.

ANNEXES

BIBLIOGRAPHIE
REMERCIEMENTS

BIBLIOGRAPHIE

Pour aller plus loin dans l'analyse juridique de ces questions, je vous suggère quelques lectures.

France :

- **Le blog *Droit & Photographie*** (www.droit-et-photographie.com), régulièrement alimenté et prolongé par une page Facebook.

- ***L'exploitation de l'image des biens***, de Jean-Michel Bruguière, chez Victoires Editions, 2005. Cet ouvrage est plutôt destiné à des juristes. Mais la qualité du propos et la compétence de l'auteur m'incitent à le conseiller malgré tout

- ***Visiteurs photographes au Musée,*** de Serge Chaumier, Anne Krebs & Mélanie Roustan, éditions La Documentation Française, 2013

Étranger :

- **Belgique : *Les contrats de l'audiovisuel,*** de Jean-Christophe Lardinois, éditions Larcier (2e édition à paraître fin 2014) et ***Les contrats du secteur des arts graphiques et visuels***, éditions Larcier (à paraître fin 2013) . Me Lardinois est avocat à Bruxelles, spécialisé en propriété intellectuelle et assistant à l'Université Libre de Bruxelles (ULB). *www.incasu.net*

- ***Le droit de la presse***, de Bernard Mouffe et Stéphane Hoebeke, 3e édition, Ed. Anthemis, 2012. **«Le droit de la publicité», 4è éd.** Ed. Bruylant, 2013. Me Mouffe est avocat au Barreau de Bruxelles, Maître de Conférence (droit de la presse) aux facultés universitaires Notre-Dame de la Paix de Namur. Il est fondateur, avec Me Lardinois, de la structure spécialisée. *www.incasu.net*

- **Canada : *Grand angle sur la photographie et la loi***, de Jean Goulet, éditions EWilson & Lafleur. Cet ouvrage évoque la situation dans le droit canadien. Écrit par un professeur de droit, il est destiné à un public de non-juristes, et se lit d'une traite. Plein d'humour, et riche en informations et en références. L'ouvrage évoque également la matière du droit d'auteur, en plus des larges chapitres consacrés au droit à l'image. *www.wilsonlafleur.com*

REMERCIEMENTS

Merci à Philippe Rochot d'avoir accepté de faire part de son expérience sur le terrain pour nous donner un éclairage pratique.

Merci à l'UPP (Union des Photographes Professionnels) et plus particulièrement à Jorge Alvarez, qui m'a fourni quelques jugements et arrêts inédits et qui a accepté de répondre à l'entretien proposé.

Et merci aux lecteurs assidus du blog *Droit & Photographie*, qui ne cessent de m'encourager dans cette entreprise aussi passionnante que chronophage.

DOCUMENTS À TÉLÉCHARGER

Pour télécharger les modèles présentés dans cet ouvrage :
www.competencephoto.com/droit

ESPACE QUESTIONS/RÉPONSES

Pour poser vos questions de droit à Joëlle Verbrugge :
www.competencephoto.com/droit

ÉGALEMENT DISPONIBLES

Du même auteur

Vendre ses photos, 3e édition

En savoir plus : *www.competencephoto.com/droit*

Compétence Photo

- Le magazine bimestriel (en kiosque)
- Guide pratique *Le Format Raw*

En savoir plus : *www.competencephoto.com*

Beaux livres photographiques

- *Rêvalités*, de Julie de Waroquier (collection *Voir naître le talent*)
- *En attendant le facteur*, d'Alain Laboile (collection *Voir naître le talent*)

En savoir plus : *www.competencephoto.com/beauxlivres*

Compétence Mac

- Le magazine bimestriel 100% iPratique (en kiosque)
- Guide pratique *Le guide complet iPhone iPad avec iOS 7*
- Guide pratique *Tout savoir sur OS X Mountain Lion*
- Guide pratique *La vidéo sur Mac*
- Guide pratique *Le guide complet iPhone iPad avec iOS 6*
- Guide pratique *Bien débuter avec Mac OS X Lion*
- Guide pratique *Aller plus loin avec Mac OS X Lion*

En savoir plus : *www.competencemac.com*

LES GUIDES COMPÉTENCE PHOTO
www.competencephoto.com

Directeur de collection : *Gérald Vidamment*
Maquette : *Audrey Couleau*

Dépôt légal : novembre 2013
IMPRIMÉ EN FRANCE
Achevé d'imprimé en novembre 2013
sur les presses de l'Imprimerie de Champagne
52200 - LANGERS